エネルギー消費・炭素排出と中国経済のグリーントランスフォーメーション・メカニズム研究

赫永達 著

張鴻鵬 訳

CHICAGO ACADEMIC PRESS

enerugiisyohi • tansohaisyutsutotyuugokukeizainoguriintorannsufoumeiisy-onn • mekanizumukennkyuu
Author: He Yongda
Translator: Zhang Hongpeng
Language: Japanese
Word Count (for space of all pages): 395 Thousand words
Publisher: Chicago Academic Press
Number of Pages: 502
ISBN: 978-1-965890-96-7

Publishing	Chicago Academic Press 5923 N Artesian Ave Chicago IL 60659
Email	contact@chicagoacademicpress.com
Website	http://chicagoacademicpress.com/
Book Size	6X9 inches
First Edition	November, 2025

訳者略歴

張鴻鵬（ちょう　こうほう）、1976年11月、中国内モンゴル包頭市土黙特右旗に生まれる。1998年9月、中国内モンゴル大学外国語学部日本語学科に入学、2002年7月卒業。2007年6月、日本へ留学し、研究生として名城大学（名古屋）法学部に入学、2008年4月、名城大学法学研究科国際政治史専攻修士課程に入学、2010年3月修了、同大学より法学修士号が授与される。2010年4月、名城大学法学研究科国際政治史専攻博士課程に入学、2016年3月修了、同大学より法学博士号が授与される。2016年5月から2017年4月まで名城大学アジア研究所共同研究員、愛知大学（名古屋）国際問題研究所客員研究員を務める。2017年7月から2023年11月まで、中国信陽師範大学外国語学部日本語学科長、日本語講師をを務める。その後2023年12月から現在まで広東石油化工学院外国語学部日本語講師、准教授を務めている。著書、独著1部、共著4部、論文多数。

まえがき

中国経済の発展は新たな歴史的段階に入り、経済は高速成長段階から高品質発展段階へと移行した。その基本的特徴と内在的需要は、中国経済の発展に関する認識と行動戦略における基本的コンセンサスとなっている。経済が高品質発展へと転換する大きな背景の下で、カーボンニュートラル目標・環境規制・エネルギー安全という三大要素は相互に関連し合い、互いに作用しつつ、同時に中国経済の転型・高度化を制約し、また促進し、グリーン・低炭素・持続可能な発展の道筋とモデルへと安定的に収束しつつある。

したがって、エネルギー消費総量・エネルギー消費強度・エネルギー構造を含むエネルギー需要が中国のマクロ経済変数に及ぼす影響メカニズムとその定量的関係、エネルギー価格変動が中国の産業構造に与える影響、特に石油価格・天然ガス価格の変動が資本市場との相互作用を通じて国内マクロ経済に与える影響、環境規制が産業のグリーントランスフォーメーションに及ぼす影響、炭素排出総量と排出構造が経済構造に与える影響といった重大問題を深く究明することは、中国が新時代において経済の転型・高度化と高品質発展を実現するために、重要な学術的・現実的意義を有している。

本書は、まさに中国が新時代の経済転型発展という大きな背景の下で、以上の重要課題に向け、経済の低炭素化発展という大きな情勢の中で、エネルギー経済学・環境経済学・計量経済学・統計学などの学際的理論的枠組みと実証的モデリング手法を十分に活用し、中国のマクロ経済発展の質とエネルギー・環境依存の現実的基盤・制約条件・モデル選択といった問題について、体系的な数理論理の演繹と理論的推論を行ったものである。そして、複数の実証研究課題と仮説を構築し、計量・統計分析、シナリオ・シミュレーションなど多様な定量的分析手法を総合的に用い、識別された研究課題に対して段階的に分析を展開し、慎重かつ確実にその特徴を描写・検証している。

本書の全体構成は八章に分かれており、その概要は以下の通りである。

第1章　序論　本書の研究背景・研究目的と意義について論述し、国内外の文献を十分に整理・総括した上で、研究方法と技術的ルートを提示し、主要な研究内容を概括する。

第2章　エネルギー消費・環境規制とマクロ経済関係の理論分析「経済—エネルギー—環境」の三位一体的枠組みの下で、エネルギー消費・エネルギー価格変動がマクロ経済環境に与える影響を論述し、さらにエネルギー・環境に関する関連指標を検討する。その後、環境要因、特に炭素排出を生態環境評価指標に導入し、環境規制がグリーン技術イノベーションに与える影響、単純な経済成長の枠を打破し、中国経済のグリーン・低炭素発展と産業構造の合理的調整・高度化をいかに促進するかを探討し、後続章に理論的支柱を提供する。

第3章　エネルギー産業サイクルおよび価格変動がマクロ経済に与える影響に関する研究

まず、主成分分析法を用いて中国エネルギー関連産業の運営指数を算出し、それに基づきエネルギー産業サイクルの変動動向を考察する。さらに、時変パラメータ・ベクトル自己回帰モデルを用いて、エネルギー産業サイクル変動がマクロ経済に及ぼす時変的特徴を分析する。次に、Morlet連続ウェーブレット変換を用いて、不確実性・原油価格・為替レートの現状およびその相互関係を考察し、非線形Granger因果検定を用いて、それらとマクロ経済指標との因果関係を確認する。そして、SVARモデルを構築し、不確実性・原油価格・為替レートが中国マクロ経済に与えるショックの応答を詳細に描写する。

第4章　エネルギー価格変動が中国産業に及ぼす影響の異質性に関する研究

まず、中国37の工業大分類産業の月次PPIデータを用いてマルコフ転換モデルを構築し、エネルギー価格変動がPPIに伝導される過程における区制差異および産業間の異質性を実証分析する。次に、不完全競争のCGEモデルを構築し、異なるシナリオにおける国際天然ガス価格の変動が住民生活および産業構造に与える影響をシミュレーションする。

第5章　エネルギー価格と株式市場の相互作用効果に関する研究

まず、国内外の石炭・原油・天然ガス・電力など複数の主要エネルギー価格指標を選定し、中国総合エネルギー価格指数を構築する。その上で、Morlet連続ウェーブレット変換および最大重複離散ウェーブレット変換（MODWT）を用い、中国のエネルギー価格と株式市場、エネルギー関連株式間の相互関係を分析し、非線形関係検証を行う。次に、マクロ経済ルートと金融市場ルートの二側面から、国際原油価格変動が株式市場に与える衝撃の伝導メカニズムを理論的に分析し、国際原油価格の上昇または下落が、マクロ経済および金融市場の二つの伝導経路を通じて株式市場に及ぼす影響を明らかにする。最後に、Morlet連続ウェーブレット変換を用いて両者の相互関係を考察し、多重解像度分解に基づく非線形因果関係検証を行い、国際原油価格と原油輸出入国の株式市場との時周波数領域におけるより具体的な動的依存関係を解釈する。

第6章　環境規制とグリーン技術イノベーションの波及効果に関す

る研究

まず、空間パネル・ダービンモデルを用いて、中国省際レベルにおいて異なる性質を持つ隣接地域の環境規制に波及効果(リップル効果)が存在するか、すなわち「地域—隣接地域」間のグリーン技術イノベーション誘因の差異を検討する。そして、地域の産業投資構造転換の特徴的事実と結び付け、「地域—隣接地域」環境規制波及効果の形成メカニズムをさらに考察する。次に、外部性理論、ポーター仮説、環境クズネッツ曲線理論、空間相関性理論に基づき、省際パネルデータを用いて空間パネル・ダービンモデルを構築し、地理的重み行列を制約条件として、三種類の異なる環境規制のグリーン技術イノベーション波及効果の存在を考察する。最後に、経済距離行列・産業距離行列および地理・経済・産業の二者間結合重み行列を構築し、市場化の程度・汚染企業の移転・人的資源の質の視点から、異なる環境規制によるグリーン技術イノベーション波及効果の形成メカニズムを分析する。

第7章　中国における省際環境汚染の差異測定と時空間分布研究

まず、省際パネルデータに基づきPSTRモデルを構築し、エネルギー消費強度の視点から中国の環境クズネッツ曲線を再検討する。次に、本章では、省域内の各地級市における夜間光データ、単位面積人口、市轄区建成区の土地面積、貨物輸送量と旅客輸送量を用い、順位規模法則によって省域経済・人口・土地・貨物輸送・旅客輸送の多中心化指標を測定する。さらに、動態的および静態的な視角から、中国における都市の多中心化およびスモッグ汚染の発展状況と時空間変化の趨勢を分析し、各年度における省域PM2.5年平均濃度のグローバル・モラン指数とローカル・モラン指数を計算することにより、省域のスモッグ汚染の空間自己相関関係を検証する。最後に、これらの結論に基づき、STIRPATモデルと環境クズネッツ曲線理論に基づいた固定効果付き空間ダービンモデルを構築し、異なる次元の省域都市多中心化指標がスモッグ汚染に与える影響を分析する。

第8章　混合頻度データモデルに基づく中国のエネルギー需要・炭素排出およびその構造予測

まず、本章では四半期GDP・四半期工業付加価値および年間エネルギー需要という混合頻度データを用い、ADL-MIDASモデルを構築する。異なる重み関数の形式と予測方法を組み合わせたモデルの中から、中国のエネルギー需要を予測する最適なモデル形式を選択し、「第13次五カ年計画」期間における中国のエネルギー需要総量およびその構造を予測する。次に、省エネ・排出削減および「二重炭素」目標という大きな背景の下で、中国「第14次五カ年計画」で策定された「炭素排出総量の管理制度を設立し、徐々に炭素排出の絶対量削減へ移行する」という目標に対し、四半期GDP・工業付加価値などの指標を用いて、マクロ経済指標に基づく混合頻度データモデルを構築し、不確実性ショック下での「第14次五カ年計画」期間における二酸化炭素排出総量およびその構造の予測分析を行う。

目次

第1章　序論

エネルギー問題は、今日の世界各国が高度に注目する焦点的課題となっている。エネルギーは硬貨の両面にたとえられる。すなわち、経済発展を推進する原動力であると同時に、環境汚染を引き起こす根源でもある。また、エネルギーの資源属性は、その利用に限界があることを決定づけているが、各国の経済発展はエネルギー需要の持続的増加をもたらし、エネルギーの希少性と人類の無限のエネルギー占有欲求との基本的矛盾を徐々に形成している。このことは、世界各国、特に我が国のようにエネルギー資源賦存量に乏しい発展途上国に対し、国家エネルギー戦略を積極的に策定し、エネルギー開発に伴う「三角クローズドループ」論争を解決することを促している一方では、エネルギーの需給不均衡やエネルギー価格の変動がマクロ経済に与える衝撃は偶然的なものではなく、明らかに顕著な長期的関連性が存在している。例えば、1970年代の第一次石油危機は、資源再生のコストを無視した場合、資源価格の成長率は市場金利の成長率と等しくなるべきであることを示した。また、いくつかの経済危機の発生も、世界の石油供給と需要の配置に一定の関係がある。新型コロナウイルス感染症の発生と世界的な蔓延は、世界経済に一時停止ボタンを押すこととなり、多くの地域で操業停止・生産停止が生じ、原油需要不足を引き起こした。2020年3月、OPEC+会議で減産合意に至らなかったことから、サウジアラビアが率先して「石油価格戦争」を開始し、大規模な世界的石油余剰をもたらした。その結果、4月末には原油価格が暴落し、原油市場に大きな影響を与え、エネルギー安全保障問題が一層深刻化することとなった。他方、長期にわたるエネルギー消費の継続的投入は、環境汚染問題を引き起こしてきた。政府による環境規制とグリーン技術革新に依拠して汚染や温室効果ガス排出を削減し、経済成長様式をより低炭素型に転換することにより、経済をグリーンな背景の下でパレート最適状態に向かわせることは、我が国政府にとって喫緊の課題となっている。したがって、エネルギー制約の下で、いかに合理的にエネルギーを配分し、国民が期待する経済発展と生活水準の向上を満たすか。さらに、世界の不確実性の条件下で、持続的に信頼でき、かつ支払い可能なエネルギー供給を満たすだけの予測をいかに正しく行うか。これらに関連する問いへの答えは極めて切実なものとなり、我が国政府が直面せざるを得ない重大課題となっている。

1.1　研究課題の背景と意義

1.1.1　研究課題の背景

エネルギーは経済発展の鍵となる要素であり、その原動力でもある。特に第二次世界大戦以降、石油や天然ガスの大規模な開発・利用は世界経済の急速な成長を大いに促進し、多くの資本主義国家を先進経済国の仲間入りへと押し上げた（Hamilton,1983）。中国の経済発展とエネルギー消費の状況を見ると、改革開放以来、経済の高速成長に伴ってエネルギー需要が持続的に拡大してきた。特に2000年以降、世界貿易機関（WTO）加盟などの要因により、エネルギー消費は爆発的な増加を示した。2014年には、中国はすでに米国を超えて世界最大のエネルギー消費国となった。国家統計局のデータによれば、2015年における中国のエネルギー消費総量は約41億トン標準炭であった。その構成を見ると、石炭の比率が最も高く、次いで石油、天然ガス、水力、原子力、風力などのクリーンエネルギーの比率は依然として低い。近年、中国政府は石炭消費に対して一定の管理と抑制を行ってきたため、その比率は低下傾向にあるが、それでもなお60%以上を占めて。

表1.1は、中国におけるエネルギー消費量とエネルギー消費構造の変遷を示している。2010年から2019年にかけて、中国のエネルギー消費

は急速に増加し、2019年には総量が約45億トン標準炭に達し、経済の安定的かつ比較的速い発展を強力に支えた。統計データから次の二つの典型的な事実が導かれる。第一に、エネルギーは中国の経済急成長を支える主要な要因の一つであり、特にここ十数年において、エネルギーが経済成長に寄与する比率は上昇している。第二に、中国のエネルギー構造はいまだに石炭と石油を主とし、この二つが総消費量の80%以上を長期的に占めている。さらに、中国の石油埋蔵量が比較的少ないことから、最も汚染度の高い石炭が経済成長を支える主要なエネルギー源となっている。以上の事実は、中国の経済発展においてエネルギーが「二重属性」を持つことを決定づけている。一方で、中国はいまだ工業化後期および新型都市化の高速発展期にあり、現代的な産業体系の整備や都市発展は大量のエネルギー投入に依存している。他方で、エネルギー使用は必然的に大量の汚染をもたらし、国民の環境への要求が高まる中で、エネルギー使用は環境コストによって制約を受けている。したがって、エネルギー消費に関して、政府は経済成長と環境保護の両立という「ジレンマ」に不可避的に陥っている。同時に、中国が長期にわたり資源とエネルギー投入に依存する成長モデルを採用してきたことは、エネルギーの過剰使用を引き起こした。政府が大量のエネルギー投入によって経済成長を促進することを選択したとしても、中国のエネルギー供給が必ずしもそのような発展方式を支えられるとは限らない（林伯強・牟敦国,2008）。さらに、カーボン排出制約の下で、中国の比較的低いエネルギー使用効率は、積極的にエネルギー消費構造を調整し、高炭素エネルギーの消費比率を下げ、低炭素さらには無炭素といったクリーンエネルギーの消費比率を高めることを求めている。これにより、大気質の改善を図り、経済と環境の調和的発展を保障しようとするのである。これらはすべて、政策決定の複雑性と困難性を一層高めている。

表1.1 中国のエネルギー消費構造

年	一次エネルギー消費構造の割合（%）				総エネルギー消費量（10,000トン標準石炭）
	石炭	油	天然ガス	一次電力と その他のエネルギー源	
2010	72.7	18.4	4.2	4.8	343601.0
2011	73.4	17.6	4.8	4.2	370163.0
2012	72.2	17.9	5.1	4.8	381515.0
2013	71.3	18.0	5.6	5.1	394794.0
2014	70.0	18.4	6.0	5.6	402649.0
2015	68.1	19.7	6.2	6.5	406312.0
2016	66.8	20.1	6.6	6.5	410984.0
2017	65.3	20.4	7.4	6.9	423108.0
2018	63.9	20.4	8.3	7.4	432649.0
2019	62.8	20.7	8.7	7.8	447597.0

出典：国家統計局

1.1.1.1　経済成長に対するエネルギー攪乱性の顕著な存在

エネルギーは現代産業体系における中核的な生産要素であり、国家の安全や国民生活の福祉に深く関わっている（李智ほか,2014）。石炭・石油・天然ガス・電力といったエネルギー価格の変動は、生産資料価格や生活資料価格への波及を通じて、マクロ経済の運営コストに影響を与え、さらには景気循環の動向、マクロ調整政策の策定、重大な発展戦略の実施にまで作用する。現段階では、工業化が縦深的に進展し、新型都市化が持続的に推進されるなかで、都市発展とエネルギー消費との関連メカニズムはますます錯綜複雑になっている。そのため、エネルギー価格が一般物価水準に与える影響や伝達メカニズムも新たな規則性を示している。一方で、経済の安定成長は大量のエネルギー投入に依存しており、中国のエネルギー消費は持続的に上昇している。他方で、一部エネルギー供給の不足と消費需要の持続的な増大という矛盾がますます顕著となり、エネルギー輸入への依存度が高まっている。2016年には、中国の石炭・原油・天然ガス輸入総量はそれぞれ25.2%、13.6%、22.0%増加した。

工業化の発展は世界のエネルギー需要を絶えず押し上げており、その中でも石油資源は常に主導的地位を占め、各国の経済発展に不可欠な存在となっている。したがって、原油生産量およびその変動は世界各国が注視する重要課題である。1970年以降の原油価格は、3度の極めて顕著な高騰を経験している。1973年と1979年の二度の大規模な石油危機に加え、直近では2002年から2008年にかけて国際原油価格が21ドルから100ドルに急騰し、最高で147ドルという高値に達し、上昇幅は6倍に及んだ。その後、2009年6月以降は価格がやや緩和し、基本的に約70ドル前後で推移した。2010年以降、金融危機の影響が徐々に薄れ、世界各国の経済活動が回復し始め、特にアジア諸国の経済状況が好転したことにより、原油価格は基本的に安定し、70～80ドルを維持した。しかし2011年以降、世界各地で発生した一連のエネルギー・自然災害・政治的突発事件は、世界のエネルギー全体を厳しい試練に直面させた。これらの事象の頻発は必然的に原油価格の激しい変動を引き起こし、その結果として各国の発展に強い衝撃を与えた。影響を受けた国々は例外なく、この影響から脱するために相当長い時間を要したのである。以上のことから、国際エネルギー価格の変動は経済発展の持続可能性に深刻な影響を与え、産業構造の調整や高度化を強く制約していることが明らかである。

1.1.1.2　エネルギーシステムの不確実性変動の頻発

今日、世界はますますグローバル化へと向かって進展しており、国際的な関係は錯綜複雑化し、金融一体化の歩みも加速している。その結果、経済情勢はますます捉えどころのないものとなり、さまざまな不確実性要因が次々に現れている。現代における世界第2位の経済大国である中国にとって、この国際的地位は必然的に経済活動における不確実性要因の急増をもたらし、経済状況を一層複雑なものにしている。一方で、経済政策は一国の経済発展に根源的な作用を及ぼし、ミクロ主体の発展状況に影響を与えることで、ひいては経済の安定的運行に作用する。他方で、エネルギーシステムは複雑な体系であり、その発展過程では外部環境からのさまざまな不確実性要因の影響を受けやすい。不確実性と原油市場は密接に結びついており、不確実性要因の変動は原油価格に対して正または負の影響を及ぼす。また、原油価格の激しい変動は、経済政策、政治環境、さらには市場における恐慌度合いにまで変化をもたらす。これらの相互関係は多様かつ動的であり、時間・周波数・価格水準の変化に応じて異なる特性を示す。要因間の相互作用関係は相まって、開放的かつ動的な複雑システムを形成している。経済政策不確実性指数と原油市場の相互影響は、主として中長期的な周波数サイクルに集中しており、その特徴として、持続期間が長く、時間によって相互関係が変動し、さらに経済危機イベントに対して敏感であることが挙げられる（馮鈺瑶,2020）。

また、米中貿易摩擦、米連邦準備制度の金融政策調整、世界経済、特に新興経済国における景気変動といった外部要因は、いずれも中国経済の安定的な運行に影響を与える可能性がある。このような発展状況に直面する中で、中国のエネルギーと経済における不確実性問題を研究・予測することは、政策決定者が中国経済の情勢を正しく把握し、マクロ経済政策を誘導・策定し、経済の安定的成長を促進するうえで極めて重要な現実的意義を持つ。

1.1.1.3 グリーン技術のイノベーション効率の低さ

中国共産党第19回全国代表大会の報告は、我が国の社会主義現代化の奮闘目標を「富強・民主・文明・和諧」からさらに「富強・民主・

文明・和諧・美麗」へと拡張した。「美麗」という言葉は、我が国政府が環境ガバナンスに高度な重視を払っていることを如実に示している。経済発展と環境保護を同時に実現するためには、グリーン技術革新の道を歩むことが不可欠である。「粗放型発展」から「集約型発展」への転換過程において、多くの国がグリーン技術革新を促進する政策を打ち出してきた。例えば、米国は製造業の再興を図るために「アメリカ製造業再興フレームワーク」を提案し、新技術の研究開発および産業化への投資を強化した。ドイツは伝統的エネルギーが相対的に乏しい国であるにもかかわらず、経済の持続的発展能力において世界の先頭に立ち続けているが、これは同国政府が相次いで制定した「再生可能エネルギー法」や「10万ソーラールーフ計画」など、グリーン技術革新を推進する施策と切り離せない。日本政府も1979年に「エネルギー使用合理化法」を制定し、その後何度も改正・整備を行い、現在では90%以上の企業が同法の規制対象となっている。中国政府も2019年に「市場指向のグリーン技術イノベーション体系の構築に関する指導意見」を発表し、グリーン技術イノベーション体系の構築に制度的基盤を与えた。

しかし、我が国のグリーン技術イノベーションは主に東部沿海の経済発展地域に集中しており、中西部との差は拡大傾向にある。これは容易に理解できる。なぜなら、東部地域は産業発展が整い、資金の蓄積も十分であり、国家重点大学や研究機関も多数存在し、グリーン技術イノベーションを発展させる上での優位性を持っているからである。省・区・市ごとの発明特許出願件数で見ると、『中国科技統計年鑑2022』の統計によれば、2021年において広東・北京・浙江・江蘇・山東・上海・安徽の7省市の発明特許出願件数は全国（香港・マカオ・台湾を含まず）総量の67%を占めている。これにより、我が国のグリーン技術イノベーションの発展は過度に集中し、全体として東部に偏っていることが明らかであり、全国的な均衡的かつ長期的な発展には不利である。

研究開発能力の問題も顕著である。具体的には、革新を行う企業の多くが資金力のある大企業に集中しており、中小企業は経済下振れ圧力の下で存続性をより重視し、革新への意識も能力も欠いている。少数の企業のみに依拠した革新は、それら企業の競争優位を高め、トップ企業の影響力を強化し、次第に寡占化を形成する。これにより、中小企業の発展は圧迫され、全国的なイノベーション格局が不均衡となり、持続的発展力を欠いた「発展の罠」に陥る可能性がある。

1.1.2　研究の意義

中国の高品質な転型発展という大きな背景の下で、カーボンニュートラル目標・環境規制・エネルギー安全という三大要素は相互に関連し、互いに作用し合いながら、中国経済の転換・高度化を同時に促進し、また制約している。エネルギー消費に伴う様々な制約に直面するなかで、単一のエネルギー政策に依存することは、短期的には経済発展を促す効果があるものの、経済成長の深化とともに、省エネや排出削減といったグリーン技術の進展は十分ではなく、エネルギー利用効率を大幅に向上させることはできていない。そのため、形成される合力には限界があり、しばしば期待される成果を達成することは難しい。したがって、エネルギー消費制約というボトルネックの下で、いかにしてマクロ経済の安定的かつ持続的な発展を維持し、同時に汚染排出を効果的に削減し、環境規制を通じて技術革新を促進し、エネルギー安全を保障するかは、喫緊の課題となっている。

この観点から、本書はエネルギー消費（エネルギー消費総量、エネルギー強度、エネルギー構造を含む）が中国のマクロ経済に及ぼす影響メカニズムとその定量的関係、エネルギー価格変動が産業構造に与える影響、国際エネルギー価格（特に石油価格・天然ガス価格）の変動が資本市場との相互作用を通じて国内マクロ経済に与える影響、環境規制が産業のグリーントランスフォーメーションに及ぼす影響、炭素排出総量と排出構造が経済構造に与える影響などの重大問題を取り上げる。そして、生産要素といった視角から、総合的経済発展を展望し、エネルギー・経済・環境の関連性を考察することで、新時代における中国の経済転換・高度化と高品質な発展を深く理解する上で、学術的かつ現実的な意義を有する。

本書は、マクロ経済は一国の命脈であり、その繁栄と強大さは経済と密接に関連していると考える。マクロ経済が健全に発展することで、国民生活と環境改善に持続的な推進力を提供し、国家の繁栄と強盛の基盤を築くことができる。しかし現在、中国は工業化の中後期段階にあり、経済の安定的発展に伴って石油などのエネルギー資源需要は持続的に増加しており、今後も長期間にわたり急速な増加傾向が続くと予測される。現状、中国の石油消費は国内の産出水準を大きく上回っており、供給と需要の矛盾は常に存在している。このため、需要を満たすために石油輸入への依存度がますます高まっている。国際エネルギー機関（IEA）の資料を参照すると、石油需要とその増加率が現状のまま維持されれば、中国の石油輸入依存度は極めて高くなることが予見される。「第14次五カ年計画」では、現代的経済システムの建設を加速することに加え、2035年までにグリーンな生産・生活様式を広く形成するという将来目標も掲げられている。新常態の下では、エネルギー政策を正しく策定し、経済成長と環境保護を両立させる政策選択が緊急に解決すべき重大課題となっている。

具体的には、第一に、本書は中国のエネルギー消費と経済成長の内在的関連特性を明らかにし、エネルギー産業の周期的特性に基づき、エネルギー産業の周期変動がもたらす構造変化やエネルギー価格変化といった一連の連鎖反応を考察し、経済背景に応じたエネルギー政策の学理的根拠と論理的起点を提供する。第二に、エネルギー価格ショックの観点から、実体経済・産業構造・要素賦存などの差異を組み合わせ、時間・空間の両次元でマクロ経済運営とエネルギー消費間の動的伝導メカニズムとその差異性を描き出し、エネルギー需給と経済発展の関係を理解するための橋渡しを行う。第三に、資本によるエネルギー代替研究や金融等の虚擬経済と実体経済の関係を統合し、国際エネルギー貿易と株式市場の連動効果を利用して、金融市場経路の作用メカニズムを新たな角度から分析する。最後に、環境規制研究の枠組みの下で、静態から動態、局地から隣接地域、スモッグから二酸化炭素までを対象に、環境規制がグリーン技術革新に与える影響、およびそれらの相互作用が地域エネルギー効率と排出削減効果に与える影響を考察する。また、エネルギー強度や都市の中心化といった重要要素を空間モデルに組み入れ、それが環境汚染に及ぼす影響の程度や省域間の差異を分析し、中国の環境発展が環境クズネッツ曲線に適合しているかどうかを検証する。さらに、将来の二酸化炭素など温室効果ガス排出を予測することで、エネルギー利用研究を豊かにすると同時に、中国の長期的な省エネ・排出削減と経済の持続可能な発展に向けた政策決定の基盤を提供する。

1.2　関連研究の現状

1.2.1　エネルギー消費がマクロ経済に与える影響

エネルギー経済の分野において、エネルギー消費と経済成長の因果関係というホットなテーマについて、国内外の学者たちは深く探討してきたが、その見解は一致していない。エネルギーが産出に対して真の因果関係を持つかどうかについて、一部の研究は強い疑問を示している（Kraft,1978；NarayanとSmyth,2005；Payne,2009）。一方で、エネルギーが経済成長に対して確かにGranger因果関係を持つとする研究も存在する（NarayanとPrasad,2008；Stern,2000）。

また、エネルギー消費と経済成長の間に長期的な因果関係が存在するかどうか、さらに因果関係の方向性についても、学界において大きな分岐が見られる（Payne,2010）。関連する理論文献においても、エネルギー消費が経済成長に影響を及ぼすかどうかについて統一的な結論は存在しない。主流の経済成長モデル、たとえばソローの新古典派経済成長モデルは、エネルギーを主要な生産要素として取り上げていない。それに対して、多くのエコロジー経済学者の見解はエネルギーの役割のみを肯定し、資本や労働といった伝統的な投入要素の役割を軽視している（Stern,2011）。Stern（2011）やAyresとWarr（2010）は両者を総合的に分析しようと試みたが、経済成長におけるエネルギーの限界については未だ一致した認識が得られていない。

エネルギー消費と経済成長の関係に基づくエネルギー政策の意義は極めて重要である（NarayanとSmyth,2005；Asafu-Adjaye,2000；Ghosh,2009）。もし一方的に経済成長がエネルギー消費を牽引しているのであれば、エネルギー保護政策を策定することが可能である。しかし、もし一方的にエネルギー消費が経済成長を推進しているのであれば、単純にエネルギー使用を削減することは経済成長に対して景気後退的な影響を及ぼし、経済発展を制約し、失業率上昇など一連の問題を引き起こす。両方向的な影響を持つ場合には、その影響の特徴をさらに分析し、段階的かつ柔軟な政策を策定する必要がある。そうでなければ、エネルギー消費は経済成長に影響を与えないことになる。

1.2.1.1 国外におけるエネルギー消費がマクロ経済に与える影響に関する研究

米国の学者Kraft（1978）は、米国1947～1978年のエネルギー消費と経済成長に関するデータを回帰分析し、経済成長からエネルギー消費への一方向的なGranger因果関係を発見した。これは米国の経済成長がエネルギー消費の増加を牽引したことを示しており、エネルギー消費は経済成長を明確には促進していない。このことは、政府当局がエネルギー節約政策を実施しても経済成長に損害を与えることはないことを意味している。しかし、AkarcaとLongの研究では、Kraftの研究のサンプル区間を短縮すると、同じ手法を用いても同じ結論を得られないことが明らかになった。YuとHwang（1984）はサンプル区間を1947～1979年に変更して分析した結果、エネルギー消費と経済成長の間に因果関係は存在しないことを示した。その後、YuとChoi（1985）は標準的なGranger因果検定を用い、米国・フィリピン・韓国・ポーランド・英国のデータを比較研究した。その結果、英国・米国・ポーランドの3か国では因果関係は存在せず、韓国では経済成長がエネルギー消費の原因であり、フィリピンではエネルギー消費から経済成長への因果関係が存在することが分かった。Ster（1993）はGDP・資本・労働・エネルギー変数を用いてベクトル自己回帰モデルを構築し、米国1947～1990年のデータを分析した。その結果、エネルギー総量からGDPへのGranger因果関係は存在しないものの、特定のエネルギー種別からGDPへの一方向的な因果関係が存在することが示された。

EngleとGranger（1987）は、非定常時系列問題に協整理論を導入し、エネルギーと経済成長の関係研究に新しいアプローチを提供した。EdenとJin（1992）は協整分析を用い、エネルギー消費・所得・失業率の長期均衡関係を検証した結果、三者間に長期的な安定均衡は存在しないが、短期的な影響はあることを確認した。Yang（2000）はGDPとエネルギー要素（石炭・石油・天然ガス・電力）の因果関係を検証し、GDPと石炭・電力の間には双方向の因果関係が、石油とは一方向の因果関係が、天然ガスからGDPへの一方向Granger因果関係が存在することを発見した。Asafu-Adjaye（2000）は協整理論と誤差修正モデルに基づき、インド・インドネシア・タイ・フィリピンを対象に研究した。その結果、インドとインドネシアでは短期的にGDPからエネルギー消費への因果関係が、タイとフィリピンでは双方向のGranger因果関係が存在することが明らかになった。SoytasとSari（2003）は10の新興市場国とG7諸国におけるGDPとエネルギー消費の関係を比較研究し、アルゼンチンでは双方向の因果関係、韓国とイタリアではGDPからエネルギー消費への一方向の因果関係、フランス・ドイツ・日本・トルコではエネルギーから経済成長への一方向的なGranger因果関係が存在することを発見した。

さらに、計量経済学の発展に伴い、クロスセクションデータと時系列データを組み合わせたパネルデータモデルの分析方法が登場し、学者たちはこれに基づいてエネルギー消費と経済成長の関係を新たに分析し始めた。Mehara（2007）はパネル単位根検定と協整技術を用い、11の産油国における一人当たりエネルギー消費と一人当たりGDPの関係を検証し、経済成長からエネルギー消費への一方向的で強いGranger因果関係が存在することを発見した。Ghosh（2009）は自己回帰分布ラグモデルを用いてインドのデータを分析し、電力・失業・実質GDPの関係を実証研究した。その結果、経済発展の特定の時期に三者間に安定的な長期関係が存在し、電力と実質GDPが失業変動に重要な影響を与えることが示された。LeeとChia（2011）はパネル単位根・パネル協整・パネル誤差修正モデルを用い、1975～2001年の18の発展途上国を対象にGDPとエネルギー消費の因果関係を検証した結果、エネルギー消費から経済成長への短期・長期の一方向的因果関係が広く存在することを確認した。

国外におけるエネルギーと経済成長の関係に関する研究を通じて、多くの学者による因果関係研究の結論は、次の四つの仮説に整理できることが分かる。すなわち、「成長仮説」（エネルギー消費が経済成長の原因である）、「フィードバック仮説」（エネルギーと経済成長が相互に因果関係を持つ）、「節約仮説」（経済成長がエネルギー消費の原因である）、そして「中立仮説」（エネルギーと経済成長の間に必然的な関係は存在しない）である。

1.2.1.2　国内におけるエネルギー消費がマクロ経済に与える影響に関する研究

中国における関連研究の開始は比較的遅かった。20世紀末から21世紀初頭にかけて、エネルギー問題や環境問題がますます顕著になるにつれ、国内の学者たちはエネルギー消費と経済成長に関して数多くの研究を行うようになった。趙麗霞・魏巍賢（1998）はC-D生産関数にエネルギーを新たな変数として導入し、VARモデルの枠組みの下でエネルギー投入と経済産出の間に正の相関が存在することを分析し、エネルギー投入が代替不可能であるという結論を導いた。林伯強（2003）は協整理論および誤差修正法を用いて、中国における電力投入と経済産出の関係を研究し、両者の間に長期的な協整関係が存在することを明らかにした。一方、韓智勇・魏一鳴（2004）の研究は反対の結論を示している。すなわち、経済産出とエネルギー消費の間には長期均衡関係は存在しないが、双方向の因果関係は存在するというものである。馬超群ら（2004）の研究では、中国全体のエネルギー利用を総合的に見ると、エネルギー消費と経済成長の間に長期均衡関係が存在するが、エネルギーの種類（石炭・石油・天然ガス・水力）については協整関係が見られなかった。王海鵬・田澎（2006）は可変パラメータモデルを用いた研究により、中国におけるエネルギー消費量と経済成長の間には時間とともに変化する長期均衡関係が存在することを示した。汪旭暉・劉勇（2007）は協整分析とGranger因果検定を用いた研究において、中国のエネルギー消費量とGDPの間には短期的な変動関係があり、エネルギー消費量と経済産出の間には長期的な均衡関係があるが、エネルギー消費は経済産出の長期的原因ではないことを示した。

趙進文・范繼涛（2007）はSTRモデルの非線形的枠組みで経済成長とエネルギー消費の内在的依存関係を議論し、中国の発展段階によって依存関係が線形と非線形の間で転換するという結論を導いた。周建（2007）は状態空間の計量分析枠組みの中で、エネルギー消費と利用効率および経済産出の動的関係を分析し、両者の間には長期均衡関係が存在し、エネルギー消費量の制約は制度変遷を含む間接的要因の大きな推進力に由来することを発見した。呉巧生・陳亮（2008）はパネル単位根検定、異質パネル協整、パネル誤差修正モデルを用いた研究で、エネルギー消費量と経済成長の因果関係は調査期間と地域によって異なることを発見した。張志柏（2008）、馬宏偉ら（2012）はそれぞれ協整・誤差修正モデル・多変量生産関数に基づく多変量推計と分析を行い、経済成長とエネルギー消費量およびその他の変数の間に長期的かつ安定した協整関係が存在することを発見したが、因果関係の問題については一致した結論が得られていない。張欣欣・劉広斌（2011）は1978～2008年の中国のエネルギー消費量とGDPデータに基づき、Granger因果検定・協整検定・誤差修正モデル（ECM）を用いた計量研究を行い、経済成長からエネルギー消費への一方向的なGranger因果関係のみが存在することを発見したが、エネルギー消費量から経済成長への一方向的因果関係は見られず、中国の経済成長がエネルギー消費によって牽引されているかどうかを判断できないとした。牟敦国・林伯強（2012）の研究は、工業付加価値が電力消費や石炭価格に正の影響を与える一方で、電力消費が工業付加価値に与える効果は小さいことを指摘し、この現象の原因と政策提言を提示している。馬穎(2013)はマルコフ転換ベクトル自己回帰モデルを用い、エネルギー消費と経済成長の因果関係は経済状態によって変化するという結論を導いた。孫巍・赫永達（2015）はDivisia指数法を用いて異質なエネルギー消費量を加算し、さらにToda-Yamamoto検定法を用いてエネルギー消費が経済成長に与える作用方向を比較検証した。その結果、中国の経済成長とエネルギー消費量の間には依然として強い双方向の因果関係が存在することが明らかになった。

1.2.1.3　エネルギー消費がマクロ経済に与える影響に関する研究方法のレビュー

以上の文献発展の脈絡から明らかなように、研究方法の違いによって関連文献は大きく四つの段階に分けることができる。第一段階は、主に伝統的なVARモデル（Sims,1972）およびGranger因果検定（1969）に基づき、時系列が定常であることを仮定している。第二段階は、Granger因果関係の二段階検証に基づき、協整技術を利用して非定常時系列を検証し、その後、誤差修正モデルを用いて変数間のGranger因果関係を検証する。この段階の研究は、主に転換期にある経済体や発展途上国を対象としている。第三段階は、多変量推定手法を用いるものが多く（Johansen,1990）、Johansenが提起した検証方法は、多変量協整関係の検証にも適用できる（例：Masih,1996；Stern,2000；Asafu-Adjaye,2000；OhとLee,2004）。第四段階は、近年整備されてきた境界協整・パネル協整およびGranger因果検定などの方法を援用した研究である（Lee,2005；Al-Iriani,2006；MahadevanとAsafu-Adjaye,2007；LeeとChang,2007,2008；ApergisとPayne, 2009；LeeとLee,2010）。

研究方法の観点から見ると、既存の実証研究は主に線形回帰、時系列協整分析、応用一般均衡モデル（CGE）、構造ベクトル自己回帰モデル（SVAR）、マルコフ転換ベクトル自己回帰モデルなどを用いて、エネルギー消費・エネルギー価格・マクロ経済変数の間の関連メカニズムを分析している。これらのモデルは一定の成果を上げてきたものの、現段階では国内外のエネルギー価格変動が激化し、マクロ経済環境もますます複雑化しているため、変数間の関係も客観的に可変性を持つ。したがって、時変パラメータの枠組みで分析を展開する必要がある。

近年、海外の一部学者はSVARモデルを基礎とし、モデル係数や攪乱項分散が時不変であるという制約を緩和することにより、時変パラメータ・ベクトル自己回帰モデル（TVP-VAR）を構築し、経済における時変問題を分析している。Primiceri（2005）、Benati（2008）、Baumeister（2008）、Nakajimaら（2011）、D'Agostinoら（2013）は、このモデルを用いて金融政策の調整や景気循環の変動などの課題を研究した。TVP-VARモデルは時変特性を捉える点で優位性があるため、海外学者から高い注目を集めている。同時に、中国国内でも多くの研究において、このモデルがマクロ経済分析に応用されている。羅毅丹・樊琦（2010）、鄧創・徐曼（2014）、斉紅倩ら（2015）は、それぞれ金融政策調整効果、金融サイクル変動のマクロ経済効果、都市化問題を研究した。エネルギー分野では、牟敦国・林伯強（2012）がTVP-VARモデルに基づき、工業付加価値・電力消費量・石炭価格の相互作用を研究している。したがって、このモデルは中国のマクロ経済データの分析に適用可能であり、エネルギー研究においても一定の優位性を有しているといえる。

総じて言えば、国内外の学者はいずれもエネルギー消費が経済成長に寄与していることを概ね肯定しており、線形と非線形という二つの枠組みの下で有効な探討が行われている。

1.2.2　エネルギー価格の変動が産業に与える影響

1.2.2.1　エネルギー価格変動の影響に関する研究

エネルギーは生産の主要な投入要素の一つであり、一国の経済発展を保障する重要な物資である。そのため、エネルギー価格の変動は経済に衝撃を与える。国際エネルギー価格の変動が各国経済に与える影響は、近年学者たちの注目するホットな研究テーマとなっている。多くの研究は、国際エネルギー価格変動の伝導メカニズムを理論的に解明することに焦点を当てている。Balkeら（2002）はVARモデルを構築し、石油価格ショックが米国のフェデラルファンド金利・産出量・GDPデフレーターを代表とする物価水準に与える影響を分析し、石油価格が産出と物価に与える影響には非対称性があることを発見した。Hooker（2002）は異なる時期における石油価格とインフレーションの関連性を研究し、1962～1980年の期間にのみ両者の間に有意な関係が存在し、それ以外の期間には有意な関係がないことを明らかにした。CuradoとGracia（2003、2005、2014）、Phanら（2015）は協整分析を用いて、石油価格ショックが消費財価格・工業品価格・経済行動に与える影響を検証し、石油ショックが一般物価水準に顕著な影響を及ぼす一方で、その影響は国ごとに大きく異なり、最終的には住民の消費行動や産出に影響することを指摘した。他にも、Cushingら（1990）、Clark（1995）、CologniとManera（2008）、林伯強・王峰（2009）、姜春海（2013）、呉麗華・傅広敏（2014）などの関連研究がある。丁志華・李文博（2014）、趙玉・張玉（2014）らは、国際エネルギー価格の変動が中国の物価水準に直接的な影響を与えるとし、エネルギーやその関連製品の輸出入活動を通じて、ある国や地域の特定エネルギー価格が上昇または下降することを示した。これはエネルギー市場の内外均衡の必然的な結果である。学者たちは、エネルギー価格変動がマクロ経済の多くの側面に深い影響を及ぼすと指摘している（林永生,2008；王腊芳・王紹君,2014; 李優樹ほか,2014）。例えば、エネルギー価格が上昇した場合、第一に、企業主体はコスト最小化や利益最大化の原則に基づいて生産投資決定を調整し、コスト節約のために設備稼働不足や生産能力の大量遊休を招き、それが投資や労働需要の減少を引き起こす可能性がある。第二に、労働需要の減少により、住民主体は労働供給と消費決定の選択を迫られ、労働供給が相対的に過剰となって非自発的失業が増加する。さらに、政府のマクロ経済調整目標も均衡を失い、雇用情勢が悪化し、経済成長に下方圧力がかかる。

また、一部の学者は国際エネルギー価格変動の影響について実証分析を行っている。BlanchardとGali（2007）はトルコを対象に、VARモデルを用いた逐次分析により、石油価格上昇がインフレーションに与える影響を検証し、石油価格の影響は賃金・地代・利益などの変数の変動に依存することを指摘した。中国の学者である張斌・徐建炜（2010）、陳宇峰・陳啓清（2011）、唐運舒・焦建玲（2012）は、それぞれVARまたはSVARモデルを用いたシミュレーションにより、国際石油価格変動が中国の物価水準や総産出に衝撃を与えることを実証した。さらに、一部の学者は投入産出モデルを利用して、エネルギー価格変動と物価水準の関係を分析している。林伯強・王峰（2009）、任沢平（2012）は、投入産出価格影響モデルを用いて、政府によるエネルギー価格規制が、エネルギー価格から一般物価水準への伝導を一定程度抑制することを証明した。しかし、国際原油価格の変動が中国国民経済に与える影響は極めて広範であり、関係する産業チェーンは増加し、影響プロセスもますます複雑化している（韓国高,2016）。そのため、VARモデルや投入産出モデルは部分均衡や固定投入係数といった制約を受け、経済システムの複雑な関連を全面的かつ柔軟に描写することはできない。こうした背景から、計算可能な一般均衡モデル（CGE）はエネルギー経済分野で徐々に研究者の注目を集めるようになっている。代表的な研究として、林伯強・牟敦国（2008）、陳宇峰・陳准准（2012）が挙げられる。

1.2.2.2　エネルギー価格変動が産業構造に与える影響

魏涛遠（2002）、林伯強・牟敦国（2008）、胡宗義・劉亦文（2009）らは、一般均衡モデルに基づき、それぞれ異なるシナリオにおける原油価格が住民消費者物価指数に与える影響、石油と石炭価格の上昇が中国マクロ経済に与える影響、エネルギー価格がエネルギー強度や産業構造に与える影響を分析した。陳宇峰・陳准准（2012）はCGEモデルと2007年社会会計行列（SAM）に基づき、国際エネルギーショック下での中国マクロ経済活動およびミクロ労働市場の変動をシミュレーションし、エネルギーショックが部門間の労働需要構造に与える影響とその伝導メカニズムを分析した。また、学者たちは線形回帰モデル、パネル回帰モデル、数理分析法、状態空間モデルを用いて、石油価格変動の産出・物価効果、エネルギー消費強度の収斂、石油価格と技術進歩の関係、原油価格の下流への伝導メカニズムなどを研究した（劉強,2005；曽秋根,2005；楊柳・李力,2006；Chen,2009；Baffes,2010；Commoner,2015；NegroとGiannoni,2015）。これらの研究は、主流手法による分析の不足をある程度補い、既存研究の視点を効果的に補完している。

林伯強・牟敦国（2008）はCGEモデルに基づき、石油と石炭価格の上昇がマクロ経済に与える影響を分析し、エネルギー価格の上昇が緊縮効果を持つと同時に、産業構造にも一定の影響を及ぼすことを指摘した。石油価格が上昇すると、採油業と鉱業を除く各産業の実質産出はすべて減少し、石油価格の上昇幅が大きいほど、各産業の減少率も大きくなる。しかし、石油価格上昇時に鉱業の実質産出は増加し、他の産業とは異なる結果を示した。石炭価格が上昇すると、石炭採掘業を除く他の産業の実質産出はすべて減少した。任沢平（2012）は、エネルギー価格変動が物価水準に与える実際的および潜在的影響を測定し、エネルギー価格変動が上流産業に与える影響は下流産業より大きく、生産分野への影響は消費分野より大きく、企業への影響は住民より大きく、都市住民への影響は農村住民より大きいことを指摘した。その他の関連研究には、林伯強（2010）、李智ほか（2014）、韓国高（2016）、呉俊培・万甘憶（2016）などがある。

既存文献を概観すると、多くの研究はエネルギー価格変動、特に原油価格変動がCPIやPPIに与える影響とその伝導メカニズムを分析しているが、エネルギー価格が一般物価水準に与える影響のみを検討し、産業間の異質性への注目は比較的少ない。既存研究および現時点での経済運行の実態からみると、エネルギー価格変動はPPIへの影響が最も顕著であり、CPIへの影響は比較的小さく、またタイムラグが長い。例えば、2016年末の石炭・石油価格上昇の影響を受け、2017年1月と2月のPPI前年比伸び率はそれぞれ6.9%、7.8%に達したが、CPIの上昇率はそれぞれ2.5%と0.8%にとどまった。計量方法の観点からすると、経済構造調整が深化し、エネルギー価格変動幅が拡大する現状において、定係数モデルや線形回帰モデルの推計結果の安定性は不足している。そのため、エネルギー価格の伝導メカニズムを段階別・地域別に考察する必要がある。VARモデルは現在のマクロ経済計量の主流手法となっており、Hamilton（1989）がマルコフ転換モデルを提起した後、Krolzig（1997）はそれを拡張して非線形マルコフ転換ベクトル自己回帰モデルを構築した。このモデルは、区制の区分に基づき、ベクトルシステムの自己回帰と変数間の動的相互作用を処理することができる。このモデルは提案以来、非線形VAR問題の処理に広く応用されている（Krolzig,1997；Boyarchenkoら,2008；Kalら,2013；唐琳ら,2015；閆先東・朱迪星,2016；李力ら,2016）。

1.2.3　エネルギー価格と株式市場の連動

1.2.3.1　エネルギー価格と株式市場の相互影響

エネルギー価格と株式市場の関係は、国内外の多くの学者から注目を集め続けているホットなテーマであり、両者の間に密接な連動関係が存在することを裏付ける豊富な実証結果がすでに得られている。その中で、国際的には多くの学者がエネルギー価格の代理変数として国際原油価格を用いるのが一般的であるため、原油価格と株式市場の変動関係に関する研究成果が最も豊富である。Kling（1985）は1973～1982年の原油価格と株式市場の関係を初めて試みて分析した。その後の20余年間は石油市場と株式市場に関する研究の萌芽期であり、2007年以降が両者研究の発展期となり、特に2011年以降は関連研究が国内外で急速に増加した（Degianakisほか,2018）。

具体的に見ると、株式収益とエネルギー価格の関係に関する研究では、KanekoとLee（1995）が米国と日本を比較分析し、日本の株式収益率は原油価格の影響を大きく受けるが、米国には顕著な影響が見られないことを発見した。また、SalisuとOloko（2015）による米国株式市場の実証研究でも、原油価格は米国株式市場に影響を与えないが、逆に株式が原油価格に正の推進作用を持つと結論づけられている。ArouriとNguyen（2010）は多様な計量方法を用いて、欧州全体および各部門間の短期的な関係を研究し、その結果、株式収益が原油価格変動に反応するか否かは部門ごとの活動内容によって異なることを示した。さらに、石油資産を分散化した株式投資ポートフォリオに組み入れることで、資産ポートフォリオのリスク・リターン特性を顕著に改善できることを発見した。Filisら（2011）は6つの石油輸出入国を対象に研究し、2008年の世界金融危機のような深刻な経済混乱期には、投資ポートフォリオに石油資産を組み入れても投資リスクの有効なヘッジにはならないことを示した。これに対し、KilianとPark（2009）は世界石油市場と米国株式市場の関係を分析し、原油価格の変動は重要な要因であり、確かに米国株式市場に影響を与えると結論づけている。Lakeら（2010）はVARモデルとGranger因果関係検定を組み合わせて、原油価格の変動がギリシャ株式市場に有意な正の因果効果を持つことを示した。Mohantyら（2011）の研究では、クウェートを除く湾岸協力会議（GCC）加盟国において、原油価格ショックが株式市場に正の影響を与えることが示された。Nwosa（2014）はJohansen多変量協整検定とベクトル誤差修正モデルを用いて、長期的に石油価格とナイジェリア株式市場価格との間に有意な関係があることを明らかにした。Duら（2015）は株式市場が原油市場に対して顕著な正のリスク溢出効果を持つことを指摘した。朱慧明ら（2016）はCopula関数に基づきWTI原油価格とBRICS諸国の関連性を分析し、中国株式市場は他国と比べて原油価格との関連性が弱いという結果を得た。Bastianinら（2016）は原油価格ショックがG7株式市場の変動に与える影響を研究し、潜在的な原油価格ショックの主要な要因を描写した。その結果、株式市場の変動は原油供給ショックには反応せず、逆に需要ショックがG7株式市場の変動性に顕著な影響を与えることが明らかになった。

NarayanとSharma（2011）は上場している米国の560社を研究対象と

し、石油価格と企業収益との関係を分析し、石油価格が企業収益に遅行効果を及ぼすことを証明した。Yoonら（2015）は混合イノベーション時変パラメータVARモデルを用いて、構造的な原油価格ショックが米国株式市場の収益に与える影響を研究した。Duら（2015）はSとP500指数とWTI原油先物収益の日次データを用い、原油市場と株式市場間における極端リスクの溢出効果を検証した。その結果、金融危機以前には、原油市場から株式市場への負のリスク溢出効果が存在し、株式市場から原油市場には正のリスク溢出効果があったが、金融危機後には双方向の正のリスク溢出効果が顕著に強化された。また、正負両方のリスク溢出効果は非対称的な相関性を示した。Sajalら（2016）は多変量協整検定を用いて、国際原油価格とインド株式市場の間に非線形協整関係が存在すること、さらに国際油価は外部要因によって決定されることを明らかにした。CPFABら（2019）は石油価格と20の異なる株式市場との非トレンド相互相関係数を分析し、株式市場が2008年金融危機以前よりも現在の方が石油価格変動の影響を受けやすいことを示した。

中国の産業別研究は主に原油価格が株式市場に与える影響に集中している。Broadstockら（2012）は国際原油価格の変動が中国のエネルギー関連株の収益に与える影響を分析し、中国株式市場が国際原油市場の動向に明確に反応しており、特にエネルギー関連の投資家が最も敏感であるという結論を得た。金洪飛・金犖（2010）は二因子GED-GARCHモデルを用いて中国株式市場を産業別に研究し、国際油価の変動が中国の石油・天然ガス産業の株式収益に有意な正の影響を与える一方、他の産業に対しては負の影響または影響なしであることを示した。楊明慧（2017）の分析結果は、エネルギー価格と電力産業との間に短期的な双方向因果関係が存在することを示し、単一のエネルギ一価格変動の影響は小さいが、エネルギー総合指数の影響がより顕著であることを明らかにした。李紅霞・傅強（2011）はGARCHモデルに基づく研究で、油価が家電、医薬、ホテル産業にのみ影響を与える一方、石炭価格は大規模公共事業に有意な負の影響を与えるが、石油および石炭産業の株式収益には顕著な影響を与えないことを明らかにした。

国際原油価格と株価の関連性に関する研究は数多く存在し、状況によって両者の関係は大きく異なる。ここでは主に三つに整理される。第一に、原油価格と株式市場収益の間には非負的な影響関係が存在するというものである。KhaledとSalma（2014）は多変量GJR-DCC-GARCH法を用いて、原油価格と原油輸出入国の株式市場間の動的変動溢出効果を研究し、その結果、石油輸入国と石油輸出国の間で動的相関性に差はなく、国際油価と株式市場は収斂現象を示すことが分かった。第二に、原油価格と株式市場の関係は顕著ではないとするもの。ApergisとMiller（2009）は八つの先進国を研究対象に、ベクトル自己回帰モデルを用いて石油価格変化の内生的構造ショックが株式市場収益に与える影響を検証したが、国際株式市場収益は石油市場ショックに大きく反応しないことを発見した。第三に、原油価格と株式市場の関係の顕著性は多くの条件要因に依存するというものである。石油ショックの影響は直接と間接の二つのルートに分けられ、国際油価は株式市場に直接衝撃を与えるだけでなく、関連するマクロ経済要因や一般的な市場リスクを通じて間接的に影響する（Broadstockら，2014；秦松昆，2019）。さらに、その影響は大きく、国際原油価格ショック下で使用されるデータが株式市場の総合指数、部門別指数、あるいは業種別株式レベルのデータかによっても異なり、また株式市場が純石油輸入国か純石油輸出国かによっても違いが生じる。さらに、原油価格が株式市場に与える影響メカニズムに油価の他の影響要因を組み込むかどうかによっても異なる（Degiannakisら，2018）。原油市場の価格変動や金融市場の発展に伴い、国際油価と株式市場の関係はますます複雑化しており、サンプルや研究手法の違いによって、両者の相互作用の特性には一定の差異が生じ、原油価格と株式市場の関係には一貫した結論が存在しない。

以上の文献レビューから次のことが明らかとなる。第一に、原油価格ショックと株式市場の変動の間には確かに一定の関係が存在するが、その結果は必ずしも一致していない。第二に、実証研究で用いられる方法は主に計量モデルの応用と一定の拡張に集中している。第三に、実証分析は主に原油価格に集中しており、これは大部分の西側諸国が石油を主体とするエネルギー構造を持つことに関連している。しかし、中国はこれとは異なり、現段階では依然として石炭が主体で、石油がこれに次ぎ、天然ガスやその他のクリーンエネルギーが補完的な位置づけとなっている。このため、石炭を含む複数の主要エネルギーを含んだ総合的なエネルギー価格を考察することには重要な意義がある。

1.2.3.2　小波分析におけるエネルギー価格と株式市場の連動に関する研究

小波理論は比較的早い時期にGoffe（1994）、RamseyとLampart（1998）らによって経済研究分野に導入され、近年学者たちの注目を徐々に集めるようになった。現段階では、小波理論の経済・金融分野における応用は急速に発展しつつあり、次第に成熟へと向かっている。近年、国内外において小波理論に関する多くの実証研究成果が得られている。

JammaziとAloui（2010）は、小波分析とマルコフ転換ベクトル自己回帰モデルを組み合わせ、原油ショックが英国・フランス・日本の株式市場収益に与える影響を探った。その結果、日本を除き、原油ショックは株式市場の不況局面に影響を及ぼさないことが示された。Reboredoら（2016）は、連続小波および線形・非線形Granger因果関係を用いて、石油と再生可能エネルギー株価の共動および因果関係を研究し、その結果、高周波数では非線形因果関係、低周波数では線形因果関係が存在することを発見した。Reboredoら（2017）は、離散小波と連続小波を用いて異なる時間スケールにおける石油と再生可能エネルギー株式の相互影響を研究し、線形・非線形Granger検定を用いて両者の因果関係を検証した。その結果、異なる時間スケールに基づく両者の相互関係は必ずしも一致しないことが明らかになった。Huangら（2017）は小波変換とベクトル自己回帰モデルを組み合わせ、原油価格の上昇・下落と株式収益の異なる時期における動的関係を研究した。その結果、原油価格の上昇・下落が与える影響の方向性と程度は時間スケールによって変化し、株式市場に対して持続的かつ非対称的な効果は存在しないことが示された。BoubakerとRaza（2017）は、多変量ARMA-GARCHモデルと小波多重解像度分析を組み合わせ、原油価格の変動とショックがBRICS諸国株式市場に与える溢出効果を研究した。DebdattaとMitra（2019）は小波分析に基づき、石油価格と自動車株収益の時周波数領域における潜在的な共動関係を探討した。WuとLu（2019）は小波多重解像度分析に基づき、多変量BEKK-GARCHモデルを構築し、国際原油先物価格と中露両国の総合株価指数および工業株価指数との関係を研究し、さらに国際原油先物価格が最大の原油輸入国と最大の原油輸出国に与える影響を比較した。

黄暄（2015）は小波法に基づき、二変量時系列を構築して国際原油価格と上海総合指数を異なる変動期間に分解し、クロスウェーブレットを用いて両者の時間—周波数特性を分析した。杜建衛・王超峰（2008）、沈燁（2017）はMallat小波を利用して株価データを多重分解し、小波フィルタリング後の系列を用いた予測は、従来の予測方法を直接使用する場合よりも理想的な結果をもたらすことを確認した。陳羽瑱(2016)は最大重複離散小波分析を用いて原油先物価格と人民元為替レートの時系列特性を研究し、さらにクロスウェーブレットを用いて両者の時間-周波数特性を考察した。その結果、異なる変動期間において相関性は時間領域の変化に応じて変動することが明らかになった。黄書培（2017）は小波変換とベクトル自己回帰モデルを用いて、多時間スケールにおける供給型・需要型の国際原油価格変動と株式市場および各業種株価指数との動的関係を研究した。徐照宜ら（2019）は小波分析を用い、国際原油価格の変動が中国株式市場に与える影響メカニズムを研究し、異なる時間スケールにおいてその影響が異なることを発見した。

以上のように、国内外の学者は主に小波分析理論およびベクトル自己回帰モデルや多変量分析手法を通じて、国際原油価格と一国または複数国の株式市場との相関関係を多スケールで研究・分析している。その結果、研究対象・研究背景・分析ツールの違いによって、異なる先行・遅行関係および時間 - 周波数特性が得られている。

1.2.4　環境規制と技術進歩の関係

中国における40余年にわたる高投資・高成長は環境問題をもたらしたが、現段階では一部都市において大気質が明らかに改善している。これは地方政府が環境を重視し、環境規制を実施した結果であり、例えば汚染企業の閉鎖や移転を通じて地域の汚染物排出を抑制する取り組みが挙げられる。しかし、大気汚染物質の拡散しやすい特性は、それが単一地域の局所的な環境ガバナンス問題にとどまらないことを決定づけている。さらに、地方経済の競争性や地域間の環境政策の差異によって、環境規制が汚染の近接移転を引き起こしやすく（沈坤菜ほか, 2017)、環境規制の全体的な効果を弱める可能性がある。確かに、技術進歩は環境ガバナンスの過程において重要な役割を果たしてきた。しかし、自由市場環境においてはグリーン技術の研究開発は往々にして不足している。いかにして技術革新をクリーンな方向へと転換させるか（Acemogluほか, 2012；董直慶・王輝, 2019)、また環境規制と技術革新政策をいかに調和させ、相互にインセンティブ適合させるかが、今まさに喫緊の課題となっている。

環境規制が技術革新を効果的に促進できるのかどうかについては、学者によって異なる結論が導かれており、「促進論」「抑制論」「不確定論」などに分けられる。

1.2.4.1　環境規制が技術進歩を促進する場合

「促進論」の中で最も有名なのは「ポーター仮説」である。これは動態的視点に基づき「イノベーション補償理論」を提起し、厳格な環境規制は企業の汚染コストを引き上げ、研究開発投資を増加させる刺激となり、特に企業がより環境に優しい新たな生産方式を模索することを促し、技術進歩をクリーンな方向へと転換させるとするものである（Poppほか, 2009；Porterとvan der Linde,1995）。Meier（2003）、Hamamoto（2006）は実証的観点からこの理論を裏付けている。Meier（2003）はアメリカ製造業を対象に、環境規制と環境特許の関係を探り、両者の間に正の相関関係があることを発見した。Hamamoto（2006）は日本の製造業を対象に、環境規制と企業の特許出願数との関係を分析し、両者が正の相関を示すことを明らかにした。JaffeとPalmer（1997）は公共RとD支出と特許出願件数を企業イノベーションの指標とし、環境規制が企業の技術革新を顕著に促進することを検証した。BrunnermeierとCohen（2003）はさらに環境特許出願件数を環境技術革新の指標として、環境規制の作用を検討し、環境規制が当期の環境技術革新を効果的に促進し、国際競争力の高い産業ほどその効果が顕著であることを示した。Lanoieほか（2007）はEUデータを用いた研究により、環境規制がイノベーションコストを低減することで企業の革新行動を促進することを明らかにした。Johnstoneほか（2010）は1978～2003年の25カ国の特許データを用い、環境政策が地域の技術進歩水準を顕著に高めることを発見したが、環境政策ツールの種類によって技術革新への影響は異なるとした。Albrizioほか（2017）はOECD諸国のデータを用いて、環境政策がOECD諸国の産業および企業レベルの生産性に与える影響を分析し、環境規制が企業の生産性を有効に高めることを示した。Milani（2017）は28のOECD諸国、21の製造業産業を対象に、2000～2007年の環境規制が産業ごとの技術進歩に及ぼす作用を実証的に検証し、環境規制が移転困難な産業のRとD投資を有効に増加させ、その技術進歩を推進することを発見した。Acemogluほか（2012）はさらに生産部門をクリーン型と非クリーン型に分類し、技術進歩方向モデルを構築することで、技術進歩の内生化プロセスを体系的に展開し、環境政策によるインセンティブと技術革新方向の転換の作用メカニズムを数理的に演繹した。数値シミュレーションの結果、政府による環境汚染税とRとD補助金政策の組み合わせは、経済成長を犠牲にすることなく、クリーン技術革新を促進し、汚染排出を削減できることを明らかにした。中国国内に目を向けると、多くの学者も環境規制がグリーン技術革新に対してインセンティブ効果を持つとの結論を得ている。例えば張倩（2015）は、環境規制を外生変数としても内生変数としても扱っても、一貫して同じ結論が得られることを示した。王娟茹・張渝（2018）は環境規制を命令統制型と市場インセンティブ型に分類し、両者がグリーン技術革新に与える影響の強度には差があるものの、いずれも正の効果を持つことを明らかにした。

1.2.4.2　環境規制が技術進歩を抑制する場合

「抑制論」は、1987年にGray が提起した「遵守コスト仮説」にまでさかのぼることができる。彼は静的な観点に基づき、企業コストを考慮に入れ、環境規制は企業の研究開発コストを引き上げ、それによって資金配分に影響を及ぼし、企業の技術革新行動を抑制すると考えた。一般に、環境規制は短期的には企業の「遵守コスト」を高騰させ、コスト負担の増大によって企業のクリーン技術研究開発投資が減少することを誘発する（GrayとShaclbegian,2003）。Wagner（2007）はドイツ製造業企業のデータを用い、環境規制と企業の特許数の関係を研究した結果、環境規制は企業の特許数の増加を抑制することを示した。Iee（2008）は韓国の製造業データに基づき、環境規制と生産性の関係を探究したところ、環境規制と産業の生産性との間には有意な負の相関関係が存在することを明らかにした。Greenstoneら（2012）とHarisonら（2015）はそれぞれ米国とインドのデータを研究サンプルとし、環境規制が技術革新に与える影響を分析した結果、環境規制は全要素生産性の向上を顕著に抑制することを発見した。Porterとvan der Linde（1995）は、短期的には政府の環境規制が企業の生産コストを高め、企業の生産効率向上に不利であると認識した。しかし長期的には、環境規制が企業の資源配分をさらに最適化し、イノベーション補償効果を生み出し、それによって企業の技術革新を刺激するとした。Poppら（2009）は「遵守コスト」理論と「イノベーション補償」理論に基づきポーター仮説を検証した結果、環境規制がもたらす企業の「遵守コスト」は確かに企業の利益余地を圧縮し、短期的には企業の技術研究開発を有効に促進することはできないが、長期的には政策規制が企業に技術研究開発投資を増加させる傾向を促し、生産効率の向上や生産方式の転換によって得られるイノベーション効果を通じて「遵守コスト」の負の影響を補填し、生産利益の向上とクリーン生産への転換を両立させることができるとした。

1.2.4.3　環境規制と技術進歩の関係が不明確な場合

「不確定論」とは、通常、環境規制と技術革新との間に明確な正または負の関係が存在しないことを指す（Alpayら,2002；Arimuraら,2007）。あるいは一部の学者は、環境規制と技術進歩の関係は単純な線形関係ではなく、要素賦存構造の制約を受け、閾値特性が存在すると考えている（李斌ら,2011,2013；董直慶ら,2015；陳超凡,2016）。JaffeとPalmer（1997）は米国企業のデータを用いて、環境規制が企業の特許出願数に与える影響を研究したが、両者の間には有意な関係は見られなかった。Arimura Toshi（2007）は日本の19の製造業および非製造業データを用いて、環境規制とグリーン技術革新投資の関係を研究し、やはり有イではないという結論を得た。しかし、中国国内の関連研究においては、「不確定論」は多くの場合、両者の間に非線形関係が存在することを指す。例えば蒋伏心（2013）の研究によれば、環境規制とグリーン技術革新の影響は段階的であり、第1段階では抑制作用、第2段階では促進作用を示し、全体としてU字型の動態的関係を呈するという。董直慶（2019）は空間的な「本地ー隣地」効果に基づき、同様にU字型関係の存在を導いた。李婉紅ら（2013）は16の汚染集約型産業のデータを用い、産業規模や革新人材投入要素を考慮した場合には促進関係が見られるが、逆に考慮しない場合には抑制関係が見られることを発見した。

1.2.4.4　波及効果（リップル効果）

中国の省域間には明確な行政区分と縦割り構造が存在し、地域間の環境規制政策は顕著な断片化を示しており、企業が産業移転を通じて汚染防止コストを回避しやすい状況を誘発している。すなわち、ある地域で環境政策が強化されると、その地域に属する企業には二つの選択肢が生じる。一方では、企業が現地でグリーン技術へ転換し、汚染製品の生産を削減または廃止することで、生産性汚染処理コストを低下させる可能性がある。他方では、汚染企業が高汚染製品を強い環境規制地域から弱い環境規制地域へ移転させ、環境規制コストを回避する可能性がある。研究によれば、このような汚染移転は隣接地域で発生しやすい（KellerとLevinson,2002；Listら,2003；Wuら,2017）。また、汚染産業の地域間移転は、後進地域の環境規制において「底辺への競争」（Woods,2006；Konisky,2007）や「汚染の楽園」現象（Copelと と Taylor,2004）を引き起こす。ここで自然に生じる疑問は、環境規制による汚染の近接移転が、隣接地域のグリーン技術進歩に影響を及ぼすかどうかという点である。一般に、市場自由経済環境においては、市場がどのような製品や産業を主導するかによって、技術進歩はその製品や産業に偏りやすい（WrightとCzelusta,2007）。汚染性の高い低レベル産業は、地域のグリーン技術進歩を著しく抑制する（PapyrakisとGerlagh,2004；沈能・周品品,2018）。言い換えれば、汚染産業の地域間移転は、地域の技術革新の方向選択に影響を及ぼす可能性がある。LanjouwとMody（1996）の研究では、米国の自動車排ガス規制の強化が、ドイツや日本といった米国主要輸入元国の自動車排ガス関連特許出願件数を顕著に増加させたことが明らかになった。Dechezlepretre ら（2011）は中国の経済データを用いた検証により、先進国の厳格な気候規制政策が中国における低炭素特許技術の出願を促進したことを発見した。

波及効果は空間的視点から分析される。金剛・沈坤榮（2018）は空間デュービンモデルを用いて、地域の環境規制と都市生産性の関係を研究した結果、環境規制には非対称性が存在し、これは政府間の「底辺への競争」や「上方への競争」に起因する可能性があり、さらに隣接地域間に負の競争パターンを引き起こす。すなわち、一地域の環境規制が隣接地域の生産性低下を招く傾向が示された。一方、呉偉平・何喬（2017）の研究は正反対の結論を示している。彼らは、隣接地域の環境規制と汚染排出との間に顕著な空間スピルオーバー関係が存在し、地域経済・産業・環境の一体化が進んでいることを発見した。劉華軍ら（2015）はQAP手法を用いて、一定範囲内では環境汚染に顕著な空間スピルオーバーが存在するが、その範囲を超えると空間的波及は有意ではなくなることを実証した。董直慶・王輝（2019）は「本地一隣地」の視点を組み合わせ、環境規制が本地と隣地のグリーン技術革新に異なる影響を及ぼすことを発見した。本地に対しては「先抑後揚」の閾値特性を示し、隣地に対しては「先揚後抑」の閾値特性を示すことが明らかとなった。

1.2.5　環境汚染の測定および分布の差異

中国は経済の初期段階において、経済発展を強力に推進する一方で環境コストを十分に考慮しなかったため、長期間にわたり経済の高速成長は深刻化する環境汚染問題を伴ってきた。特にスモッグ汚染は政府および社会各界から広く注目を集めている。大規模な環境汚染問題は、経済成長のコストを高め、経済発展の持続可能性を制約すると同時に、住民の健康に深刻なリスクをもたらし、長期的な人的資本の蓄積に影響を及ぼしている。

1.2.5.1　スモッグ汚染の影響要因に関する研究

スモッグ汚染に関する研究において、その影響要因の解明は常に重要な議題となってきた。学界では一般的に、人口、経済成長、産業構造、エネルギー構造、政策実施などがスモッグ汚染に影響を与える主要な要因であると考えられている。

人口要因について童玉芬ら（2014）は都市人口の特徴とスモッグ気象の特性を理論的に分析し、都市人口とスモッグ汚染の間には双方向的な影響関係が存在することを指摘した。張雲輝ら（2018）はモデルに多次元人口変数を導入し、改良型STIRPATモデルを構築することで、人口規模、労働人口比率、人口の質がスモッグ汚染と全体的に負の相関関係を示し、人口密度が環境汚染と正の相関関係を示すことを明らかにした。劉耀彬ら（2020）は空間デュービンモデルおよびパネル閾値モデルを構築し、人口集中がスモッグ汚染に明確な空間的スピルオーバー効果と閾値特性を持つことを検証した。

経済成長について多くの学者は環境クズネッツ曲線（EKC）理論から出発し、経済成長とスモッグ汚染の関係を研究している。Tamazianら（2010）は24の経済体を対象にパネルデータのランダム効果モデルを用い、EKC仮説の成立を実証的に確認するとともに、金融発展が移行経済体の環境情報開示に積極的な役割を果たすことを指摘した。Kang（2015）は中国省級地域の二酸化炭素排出の観点から空間パネルモデルを構築し、経済成長と二酸化炭素排出量の間に「N字型」の関係が存在することを示した。邵帥ら（2016）はSTIRPATモデルに基づき、一人当たりGDPと安定夜間灯光データの両側面から分析し、経済成長とスモッグ汚染の間に「U字型曲線」関係が存在することを示した。孫攀ら（2019）は年平均 PM2.5濃度グリッドデータに基づき、探索的空間データ分析法と動的空間デュービンモデルを用いて経済成長とスモッグ汚染の関係を検証するとともに、中国の異なる地域がスモッグ汚染 EKC 曲線上で異なる特徴を持つことを探究した。

産業構造について徐盈之（2018）は空間計量モデルに基づき、産業集積がスモッグ汚染に与える影響を研究し、産業集積の規模と能力の向上はいずれもスモッグ汚染に負の影響を持つことを明らかにした。

羅能生（2018）は空間デュービンモデルに輸送距離行列と経済距離行列を導入し、専門化された産業集積がスモッグ汚染を加速させる一方で、多様化された集積の影響は顕著でないことを示した。楊嶸（2018）は閾値効果モデルに基づき、産業集積の外部性から出発して、産業集積がスモッグ汚染に対して明確な二重閾値効果を示すことを明らかにした。

エネルギー構造の側面では、魏巍賢（2015）が一般均衡モデルを構築し、エネルギー構造とスモッグ対策の関係を分析し、エネルギー構造の調整こそがスモッグ対策の根本的手段であることを明らかにした。馬麗梅ら（2016）は空間デュービンモデルを構築し、東部・中部・西部地域におけるスモッグ汚染の影響要因に差異が存在することを実証した。その中で、中部および西部地域はエネルギー構造の影響を強く受けており、エネルギー構造が石炭中心であることや産業の過剰がスモッグ汚染に正の影響を与えることを示した。孫紅震（2018）は空間的スピルオーバーの視点から石炭消費と大気スモッグとの関連性を探究し、中国における頻発するスモッグ汚染の主因は石炭消費にあることを明らかにした。

政策実施の側面では、唐蕊（2020）が環境規制の観点から環境規制評価指標体系を構築し、空間パネルモデルを用いて環境規制とスモッグ対策の関連性を実証的に分析した。その結果、環境規制はスモッグ対策に対して逆「U字型」の直接効果を持つだけでなく、顕著な正の空間スピルオーバー効果も存在することが示された。袁丙兵（2020）は地方政府の環境ガバナンスの視点から、チャネル差異・空間的関連性・閾値効果という三つの観点で、政府環境ガバナンスがスモッグ抑制に対して持つ有効性を探究した。その結果、地方政府によるスモッグ対策には科学技術水準や都市化水準に明確な閾値が存在すること、また地方政府の環境ガバナンス過程においては、環境立法や環境投資の効果が環境執行の効果を大きく上回ることが明らかになった。

1.2.5.2　EKC仮説に基づく環境汚染関連研究

中国の環境ガバナンスの実際の状況を見ると、政府の定める目標を達成するために、各地域では環境規制の強化、汚染産業の移転、汚染型企業の段階的閉鎖といった方法が多く採られてきた（斉紅倩ら, 2015）。しかし、これらの措置は中西部地域の汚染をさらに悪化させただけでなく、一部の先進省においても環境状況の顕著な改善は見られなかった。したがって、これらの問題に答えるためには、まず理論的に環境と経済発展の関係の一般的な規律を把握し、汚染発生の根源を明確にした上で、長期的な対策計画を提示する必要がある。Grossman とKruger（1991,1996）が提唱した「環境クズネッツ曲線（EKC)」は、環境と所得水準との関係を記述する経験的仮説であり、環境汚染は所得水準の上昇に伴い、初めは増加し、その後減少する「逆U字型」曲線を描くというものである。この理論は提起されるや否や学術界の注目を集めた。その後、国内外の学者はこの理論モデルを用いて数多くの実証研究を行ったが、結論は一致していない。中国において環境クズネッツ曲線は存在しないとする研究もあれば、「逆U字型」「逆N字型」「W字型」として表れるとする研究も存在する（Poonら,2006；李達・王春暁, 2007；劉揚・陳劭鋒, 2009；林伯強・蒋竺均,2009；Matusら,2012；郝宇ら, 2014）。これらの研究で結論が一致しない原因は、一方では実証モデルやデータ選択の違いによるものであり（包群ら,2005；宋涛ら,2006；韓玉軍・陸陽,2009）、他方では所得水準のみに基づいて環境問題を説明することが必ずしも十分ではなく、中国における環境と経済発展の関係を理解するためには新たな研究アプローチが必要であるからである。

環境クズネッツ曲線（EKC）は経験的な仮説であるため、関連研究は主として実証分析に集中している。

Panayotou（1993）は一人当たりGDPで所得水準を測定し、二酸化硫黄・窒素酸化物の排出や生態環境破壊などの指標で環境汚染の程度を測定した結果、異なる環境汚染物と所得水準の間にはいずれも「逆U字型」の関係が存在するという結論を得た。CropperとGriltith（1994）、Carsonら（1997）、WangとDavid（2000）、TsurumiとManagi（2010）なども、異なるサンプルや指標に基づく研究を通じて同様に EKC の存在を確認している。しかし、逆の結論を導いた学者もおり、「逆U字型」とは異なる形態を証明したり、EKC が存在しないことを示した研究もある。Holtz-EakinとSelden（1995）、BertinelliとStrobl（2005）、Wagner（2008）、WebberとAllen（2010）などの一連の研究では、EKCの転換点に対応する一人当たり所得水準が非常に高く、大部分の地域ではEKCが単調増加の形態を示し、すなわち所得水準の上昇に伴って環境汚染の程度が悪化し続けることが指摘された。Brajerら（2008）やVictorら（2011）は中国のデータに基づく実証分析により、EKCが「N字型」や「W字型」といった他の形態を持つことを示した。Harisら（2009）はエコロジカル・フットプリントと環境ストレスの観点からEKCは存在せず、所得水準の上昇が生態環境を改善することはないと指摘している。

以上のように、既存研究の結論は一致していない。その理由として、一部の学者はEKC仮説の問題点は安定性の欠如にあると考えている。すなわち、異なる実証モデルやデータ指標に基づく結果は必然的に一致せず、したがって環境汚染と所得水準の間に一定の曲線関係は存在しない可能性がある（Stern,2004）。近年、多くの文献でEKCの研究が拡張されており、主に「汚染物質の異質性」と「実証方法の革新」という二つの側面に表れている。汚染物質の異質性の観点からは、多くの研究が二酸化炭素排出と所得水準との関係に注目し、GaleottiとLanza（2005）は「炭素排出クズネッツ曲線（CKC）」を提起した。また、Azomahouら（2006）は実証研究によりCKCの存在を確認した。しかし一方で、CKC仮説を支持しない学者も存在し、異なる発展段階にある国々ではCKCの形態が一貫しないことを指摘している（RichmondとKaufmann,2006；Galeottiら,2006；HeとRichard,2010）。実証方法の革新の観点からは、従来の単純な時系列モデルに基づく線形回帰の限界を突破し、パネルデータや空間計量などの方法を用いた研究が展開されている。例えば、RothmanとBruyn（1998）は先進国のパネルデータに基づいてEKCを検証し、所得水準の上昇が汚染の悪化を招くが、技術進歩や産業構造の調整によって環境状況が改善される可能性を示した。Maddison（2006）の研究は、空間計量手法を用いることで回帰結果の偏りを回避でき、EKC方程式をより適切に適合させることができることを明らかにした。

中国の学者の研究を見ると、文献は主にEKC仮説の検証および地域環境汚染の差異とその対策に集中している。許広月・宋徳勇（2010）は省際パネルデータに基づく研究により、中国のEKCには地域差が存在し、東部および中部地域では EKC が存在するが、西部地域では存在しないことを示した。鄧暁蘭ら（2014）は一般化加法モデルを用いて中国のEKCを検証し、中国のEKCは伝統的な「逆U字型」ではなく、単調上昇の形態を示し、経済の規模効果と技術進歩が二酸化炭素排出に影響を与える主要因であると指摘した。鄒慶ら（2014）は動学的最適化の方法を用いた研究により、中国において EKC 仮説は成立するが、現段階ではまだその転換点を越えていないことを明らかにした。その他の関連研究では、中国にEKCが存在することを確認するとともに、地域差異の分析も行っている。同時に、中国の学者たちは異なる視角から環境汚染の影響要因と対策を分析している。牛海鵬ら（2012）は、産業構造の調整と環境規制の強化が環境汚染の改善に寄与することを指摘した。肖挺・劉華（2014）は産業構造調整の観点から環境汚染の原因を分析し、産業構造の均衡化が工業二酸化硫黄排出に明確な抑制効果を持つ一方で、産業構造の最適化は東部地域における一人当たり排出量にのみ抑制効果を持つと指摘した。斉紅倩・王志涛（2015）は地域差異と所得差異の観点から中国の汚染排出問題を分析し、汚染排出強度は所得の増加に伴い「尾を引くような」逆U字型の態勢を示すことを確認し、所得水準に基づく地域ガバナンスの対策を提案した。韓超ら（2016）および祁毓ら（2016）は環境規制効果を分析し、環境規制が汚染および経済成長に与える影響は、技術進歩や制度環境など他の要因に依存すると認識している。

1.2.6　エネルギー消費量と炭素排出予測

1.2.6.1　エネルギー需要予測に関する研究

エネルギー需要の予測は、これまで常に学者たちの注目を集めてきた重要な課題である。その焦点となる問題は、どのような指標を用いるか、そしてどのようなモデルで予測を行うかという点にある。指標の選択に関しては、エネルギー需要は経済成長、特に工業経済の成長速度との関連性が最も高いとされている。多くの古典的な文献が、一連の理論分析あるいは実証研究を通じて、エネルギー需要と経済成長の関連関係を論証してきた（KraftとKraft,1978；EdenとJin, 1992；Al-Iriani,2006；Ang,2006；王少平・楊継生,2006；趙進文・范繼涛,2007；劉愛芹,2008；Mishraほか,2009；張欣欣ほか,2011；OmriとKahouli,2014；Amri,2017；Bhattacharyaほか,2016；KivyiroとArminen,2014；SalahuddinとGow,2014；ZhangとDa,2015；YildinmとSukruoglu,2014；Blochほか,2015）。さらに、エネルギー需要は都市化の進展、人口規模、エネルギー効率、産業構造の調整、および生産技術水準などとも一定の関係を持つ（YuとZhu,2012；Sadorsky,2013；PoudinehとJamasb,2014；Yaoほか,2015）。したがって、既存研究ではこれらの指標を用いて単一予測あるいは組み合わせ予測が行われている（花玲・謝乃明,2014；ZhangとLin,2012；曹孜・陳洪波,2015；Pascualほか, 2015；Hongほか,2016；段海燕ほか,2017）。

予測モデルの選択に関しては、既存研究ではARIMA、共和分検定、マルコフ体制転換モデルといった古典的な時系列モデルを用いて、総体的エネルギー需要または単一エネルギー需要総量の予測が行われてきた（EdigerとAkar,2007；Suganthiほか,2012；Xieほか,2015；Bauwensほか,2010；劉衛東ほか,2016；Cifter,2013；DuangnateとMjelde,2017）。その一方で、人工知能など学際的モデルの応用にもより注目が集まっている（Chenほか,2011；Ahmadほか,2014；RazaとKhosravi,2015）。近年の関連研究では、遺伝的アルゴリズム、焼きなまし法、スレッショルドモデル、粒子群最適化アルゴリズム、オンライン最適化システム、ニューラルネットワーク法、物理統計手法、グレー予測理論などを構築して予測研究が行われている（McMenaminとMonforte,1998；AkayとAtak,2007；Azadehほか,2010；SuganthiとSamuel,2012；陳衛東・劉紅杰,2013；付立東ほか,2015；Xiaoほか,2015；Quilumbaほか,2015；Liiほか,2015；Widenほか,2015；Liほか,2016；EdigerとAkar,2007）。

既存の研究を概観すると、本書は、いかなるデータの組み合わせや予測モデルに基づこうとも、エネルギーデータの大部分が年次データであるため、予測過程において他の関連データもすべて年次データを用いることになり、年次データは変動が比較的小さいことから、予測情報の損失を招き、その結果、予測精度を低下させる可能性があることを指摘している。同時に、既存文献は主に総体的エネルギー需要または単一エネルギー需要総量の予測に集中しており、エネルギー需要構造の予測は比較的少ない（Ghyselsほか，2004）。異なる頻度のデータを用いたモデリングと予測の問題を解決するため、Ghyselsほか（2004）は混合頻度データモデル（MIDAS）を提案した。このモデルはマクロ経済データの高頻度情報を効果的に活用し、低頻度指標の予測過程における情報損失を回避し、予測精度を向上させることができる。モデルの提案後、Ghyselsほか（2006）、ClementsとGalvao（2008）、Armestoほか（2010）、FraleとMonteforte（2011）、Kuzinほか（2011）、MonteforteとMoretti（2013）、とreouほか（2013）、およびGhyselsとOzkan（2015）はモデル形式と推定方法を拡張し、自回帰分布ラグを導入した混合頻度データモデル（ADL-MIDAS）を提示した。伝統的なMIDASモデルと比べ、ADL-MIDASモデルは被説明変数と説明変数のラグ分布情報を十分に利用することができ、最大限に情報損失を減らし、予測精度を向上させる。これに基づき、同モデルは経済変数の予測に広く応用され、良好な成果を収めている（李正輝・鄭玉航，2015；王維国・于揚，2016；龔玉婷ほか，2016；SalisuとOgbonna，2017）。結果が示すように、サンプル内およびサンプル外（短期および長期）の予測期間において、ADL-MIDASはいずれも良好な成果を得ており、これはMIDASモデルに基づく結合がエネルギー需要の予測可能性を高めることを示している。

1.2.6.2　炭素排出予測に関する研究

現在、中国の炭素排出予測については、主に排出規模、排出強度、および構造的特徴の三つの側面から研究が行われている。気候変動に対応するため、中国は 2030 年までに二酸化炭素排出量をピークアウトさせることを提案し、その上で可能な限り早期に目標達成を実現することを掲げている。一方では、研究者たちはシナリオ設定を通じてモデルを構築し、エネルギー構造や産業構造をシミュレーションすることで、この長期目標の実現可能性や産業構造の具体的な発展経路について議論している（林伯強・孫伝旺，2011；童磊・王運鵬，2020）。他方では、現状に基づいて炭素排出を段階的に予測し、長期的に見れば、中国の総体的な炭素排出水準は 2030 年前後にピークに達する可能性があるとされている（Liほか，2019）。Tangほか（2018）は、地域別エネルギー・電力モデルを構築して分析を行い、産業技術や新エネルギーが積極的に普及する理想的な状態においては、2030年の排出削減目標が予定どおり、あるいは前倒しで達成可能であると指摘した。一部の研究成果は、一次エネルギー、特に石炭が電力産業の持続的かつ急速な拡張を牽引しているため、炭素排出は依然として急速に増加し続け、2025 年には中国の炭素排出量が41億トンを超え、「第14次五カ年計画」期間においても二酸化炭素排出の状況は依然として厳しく、省エネ・排出削減の課題はなお困難であると指摘している（Xingほか，2019）。

既存の文献を総合すると、炭素排出の予測は主に二つの角度から行われている。第一に、マクロ経済の運行メカニズムに基づき、人口、土地、工業生産、経済水準およびエネルギー活動などの炭素排出影響要因を組み合わせ、政策モデルを構築して炭素排出の分析と予測を行う方法である。一般的なモデルとしては、古典的なKaya恒等式、MERGEモデル、EKCモデル、IPACモデル、MARKAL-MACROモデル、投入産出モデル、LMDIモデルおよび拡張されたSTIRPATモデルなどがある（崔婕ほか，2018；林伯強・蒋竺均，2009；Zhangほか，2018；Liほか，2019）。第二に、時系列およびその組み合わせモデル、多変量ニューラルネットワーク、Logisticモデル、DDEPMモデル、グレー予測モデルなどのデータ分析手法を通じて予測モデルを構築し、予測を実現する方法である（Sutthichaimethee,2017；Sutthichaimethee と Ariyasajjakor,2018；杜強ほか，2013；Wangほか，2017）。近年、データ分析手法の応用範囲が拡大するにつれて、粒子群アルゴリズム、遺伝的アルゴリズム、レイ最適化アルゴリズム、ライオン群最適化アルゴリズムなどが各予測モデルの最適化に次々と導入されている（Wen とLiu,2017；Linほか，2018；AssarehとNedaei,2018）。

これらの研究において、学者たちは各国・地域における異なる時間区間の炭素排出状況を、多様な方法モデルを用いて予測している。我々が確認したのは、伝統的な計量モデルに高頻度情報を導入することにより、モデル予測がより効率的になり、経済成長、エネルギー消費と炭素排出、為替レートなどの低頻度指標の予測精度を著しく向上させるという点である（Ghyselsほか，2007；鄭挺国・尚玉皇，2013）。従来の予測手法と比較して、ADL-MIDAS を用いた炭素排出予測の主な利点は、高頻度の説明変数を低頻度指標分析に利用することにより、既存の情報を十分に活用しつつ、モデルの推定パラメータを可能な限り簡素化できる点にある（Andreouほか，2010；Andreouほか，2013）。

1.3　研究方法と研究の考え方

1.3.1　研究方法

本研究は、エネルギー—経済—環境など複数の領域を貫く、複雑かつ立体的で包括的な研究課題である。したがって、多様な理論と実証研究方法を組み合わせ、複数の角度から研究テーマを相互に検証することを目的とする。採用する研究方法は以下のとおりである。

1.3.1.1　定性的分析方法

国内外のエネルギー環境およびエネルギー経済に関する大量の文献

を読み整理することで、関連する基礎理論を深く分析し、現時点の研究動向、研究上の問題点および使用されている方法を明らかにする。そのうえで、自らの理論研究モデルを構築し、適切な研究手法を選択して研究を進めることにより、本研究の科学性と信頼性を高める。また、本研究は社会学、経営学および経済学などの学際的検証方法を通じて、各経済変数間の伝達メカニズムを明確化し、後続の研究仮説と実証分析のための堅固な基盤を築く。

1.3.1.2　定量分析方法

記述的研究法。この方法は主に第3章と第7章に適用される。例えば第3章では、研究対象の現状およびその変動傾向を記述し、不確実性・原油価格・為替レートの変化を直観的に示し、さらに国際的背景と結びつけてその変動の原因を説明することで、本書における不確実性・原油価格・為替レートの基礎的記述を行う。また第7章では、省域都市多中心化指標やPM2.5濃度指標を用いた時空分布図を作成し、都市の多中心化とスモッグ汚染の時空間的進化状況を把握する。同時に、全局的および局所的空間自己相関図に基づき、スモッグ汚染の空間的関連性を分析・説明する。

計量研究方法。国内外の関連データおよび中国各地域・各産業に関するデータを総合的に比較・分析・総括し、中国の金融資本発展、マクロ経済の現状、エネルギー消費および二酸化炭素排出の状況を把握し、各変数間の相互関係メカニズムを明確化する。時変パラメータ・ベクトル自己回帰モデルを用いて、環境クズネッツ倒U字曲線およびその時変的特性を直観的かつ鋭敏に捉える。Morlet 連続ウェーブレット変換を利用し、不確実性・原油価格・為替レートの現状および相互関係を考察し、それらとマクロ経済との関連を検証する。マルコフ体制転換モデルを構築し、エネルギー価格変動が PPI へと伝導する際の体制差異および産業の異質性を実証分析し、さらに不完全競争型CGE モデルを構築して、異なるシナリオ下での国際天然ガス価格変動が住民生活および産業構造に与える影響をシミュレーションする。空間パネル・デュービンモデルを組み合わせ、異なる性質を持つ隣接地域の環境規制に「波及効果」が存在するかどうか、すなわち「ローカル—ネイバー」間のグリーン技術革新インセンティブ差異を検証し、地域産業投資構造の転換という特徴的事実と結びつけ、ローカル—ネイバー環境規制波及効果の形成メカニズムをさらに考察する。マクロ経済指標に基づく混合頻度データモデル ADL-MIDAS により、不確実性ショック下における中国「第14次五カ年計画」期間の二酸化炭素排出総量およびその構造を予測分析し、エネルギー消費・二酸化炭素排出などの包括的課題に対して実証検証と修正を行う。

1.3.2　研究の考え方と技術ルート

本研究課題は外面的な現象から内在的メカニズムへと進む流れで進行する。まず、現代エネルギー経済発展の内包、中国の炭素排出および経済グリーントランスフォーメーションに関する理論を論述し、各章の分析の基礎を築く。次に、関連データを収集して記述統計分析を行い、統計データの変動規則や異常値を観察することで問題を整理・分析する。さらに、エネルギー—経済—環境理論の背景に基づき、研究課題に応じてモデルの適用性・合理性・解釈可能性を検討する。合理的なモデル構築とパラメータ設定に基づき、ソフトウェアを利用して経済政策をシミュレーションし、各種政策手段がマクロ経済やエネルギー消費、CO_2排出に与える影響を議論する。最後に、現在の中国の実情と結びつけ、外部ショックへの有効な対応および制度実施保障の観点から、中国のエネルギー・環境市場およびマクロ経済調整メカニズムを強化・改善するための建設的な提言を行う。本書の技術ルート図は図1.1に示す。

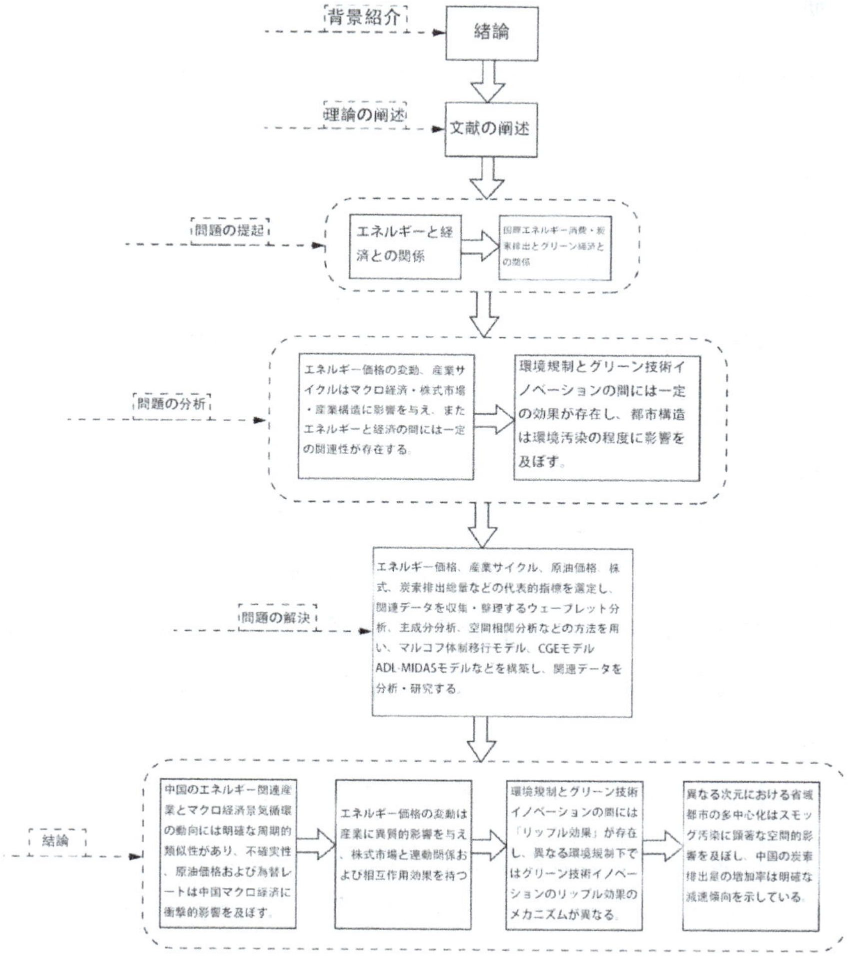

図1.1 技術ルートマップ

1.4　研究内容と構成の安排

1.4.1　研究内容

本書は、エネルギー・環境・経済の三つの角度から分析を行い、エネルギーと経済との関係を探究する。本書は、エネルギーの価格と産業サイクルがマクロ経済や株式市場の発展に重要な影響を及ぼすと考える。また、環境規制とグリーン技術革新は波及効果を生じる。さらに、本書は環境汚染という指標について差異的計測および時空間的分布研究を行い、エネルギー消費総量およびその構造を予測する。

まず、適切なエネルギーおよび経済指標を選定し、主成分分析を用いてエネルギー関連産業サイクルの変動動向を分析する。小波分析関連理論に基づき、不確実性・国際原油価格・人民元為替レートの現状およびそれらの連動関係、エネルギー価格と株式との相互作用効果、国際原油価格と原油輸出入国の株式市場との連動性を分析する。さらに、空間相関分析の知識を利用して、中国のエネルギー構造・消費・炭素排出を予測する。

次に、マルコフ体制転換モデルを構築し、エネルギー価格変動が PPI に伝導する際の体制差異と産業の異質性を探究する。CGE モデルを構築して政策シミュレーションを行い、国際天然ガス価格の変動が住民生活や産業構造に及ぼす影響を分析する。空間パネル・デュービンモデルを構築し、環境規制による波及効果の存在を検証する。さらに、ADL-MIDAS モデルを設定し、中国のエネルギー需要・炭素排出およびその構造を予測する。以上を基に、本書の構成は以下の通りである。

第1章 緒論。研究背景を踏まえ、本書研究の主な目的と意義を明らかにし、研究方法と章構成を紹介するとともに、研究テーマの現状を分析・論評し、また潜在的な革新点と不足点を検討する。

第2章 理論分析。中国のエネルギー消費・環境規制とマクロ経済の相互影響に関する国内外の研究を整理し、国内外文献の研究方向を総括・評価する。エネルギー消費やエネルギー価格変動がマクロ経済環境に与える影響を論述し、その基盤の上でエネルギー・環境に関連する運営指標を探究する。さらに、環境要素、特に炭素排出を生態環境評価指標に導入し、環境規制がグリーン技術革新に及ぼす影響を検討する。

第1章と第2章は、エネルギー分野・経済分野・環境分野の重要な概念と研究現状を含み、後続章の基礎となる。本部分には新しい概念が多く含まれ、各分野の古典的知識の要約であり、実証研究の理論的凝縮となっている。

第3章では、一連の不確実性要因の攪乱に直面する中で、中国がいかにして有効なマクロ政策を策定・実施してきたかを描写している。まず、本章では主成分分析法を用いて中国のエネルギー関連産業運行指数を算出し、それに基づきエネルギー関連産業サイクルの変動動向を考察する。さらに、時変パラメータ・ベクトル自己回帰（TVP-VAR）モデルを用いて、エネルギー関連産業サイクルの変動がマクロ経済に及ぼす時変的特徴を分析する。次に、不確実性・原油価格・為替レートの間には相互に関連と影響が存在し、それぞれが経済に作用しているため、この三者を組み合わせて、中国マクロ経済に対して生じ得る衝撃を比較検討する。研究方法としては主に小波分析と構造的ベクトル自己回帰（SVAR）モデルを採用し、経済政策不確実性、国際原油価格、人民元名目実効為替レートおよび適切なマクロ経済指標を主要研究対象として、不確実性・国際原油価格・人民元為替の現状、それらの連動関係、およびマクロ経済への影響を研究する。

第4章では、国際エネルギー価格市場に焦点を当て、エネルギー価格変動が中国の実体経済に及ぼす影響を探求し、その伝導メカニズムおよび中国社会や住民の福利への影響を研究する。本章では2007～2017年の中国37大工業部門の月次PPIデータを用い、マルコフ体制転換モデルを構築し、エネルギー価格変動がPPIへ伝導する際の体制差異と産業異質性を実証分析する。また、本章では中国にとって重要なエネルギーである天然ガスを重点的に分析する。これは、中国の天然ガス資源が乏しく対外依存度が高いため、国際天然ガス価格が中国経済発展に大きな影響を与えるからである。そのため、国際天然ガス価格の変動が中国経済に与える影響を探究することは、中国政府が関連政策を策定する上で大きな参考的価値を有する。本章ではCGEモデルを構築し、天然ガス価格規制の2種類の政策下で、国際天然ガス価格の10%・20%の上昇および10%・20%の下落をそれぞれシミュレーションし、住民生活や産業構造に対する影響を分析する。

第5章では、実体経済の仮想市場——株式市場に踏み込み、エネルギー価格と株式市場の関係を観察し、エネルギー価格動向への対応と予測に有効な方法を提示する。具体的には、国内外の石炭・原油・天然ガス・電力など複数の主要エネルギー価格指標を選定し、中国総合エネルギー価格指数を構築する。そのうえで、2007～2019年の中国におけるエネルギー価格と株式市場、エネルギー関連株式との相互関係をMorlet連続小波変換および最大重複離散小波変換（MODWT）を用いて分析し、非線形Granger因果関係の検証を行う。原油は重要なエネルギー形態の一つであり、その価格変動は一国の経済発展、物価水準、為替レートなどに顕著な影響を与える。したがって、国際原油価格と原油輸出入国株式市場との連動関係を研究することは極めて重要な意義を持つ。本章では小波分析手法とGranger因果検定の原理に基づき、Morlet連続小波変換を用いて両者の相互関係を考察し、多重分解に基づく因果関係検証を通じて、国際原油価格と原油輸出入国株式市場の時空間領域におけるより具体的な動的依存関係を明らかにする。

第6章では、グリーン・イノベーション技術を探究し、環境規制がグリーン・イノベーション技術に及ぼす影響を強調するとともに、隣接地域における差異的な環境規制の異なる表れをさらに研究する。本章では、中国の2003～2011年における30省区市（チベットおよび香港・マカオ・台湾を除く）のデータを用い、空間パネルモデルを構築して、異質性のある隣接条件下における中国の環境規制の波及効果、すなわち「ローカル—隣地」のグリーン・イノベーション誘因を検証し、さらに分類してその形成メカニズムを検討する。加えて、この研究の基盤の上に、環境規制を命令・統制型、市場インセンティブ型、自発型の三類に分け、波及効果をさらに探究する。外部性理論、ポーター仮説、環境クズネッツ曲線理論および空間的関連性理論を基礎として、2006～2017年の省際パネルデータを用い、空間パネル・ダービンモデルを構築する。まず、地理的重み行列を制約条件として、三種類の異なる環境規制に基づくグリーン・イノベーションの波及効果の存在を考察する。次に、その他の空間距離行列においてもこのような波及効果が存在するかを分析し、その差異を検討する。構築される重み行列には、経済距離行列、産業距離行列、そして地理・経済・産業の二者結合による重み行列が含まれる。最後に、市場化程度、汚染企業の移転、人材資源の質の視点から、異なる環境規制によるグリーン・イノベーションの波及効果の形成メカニズムを分析する。

第7章では、エネルギーの継続的使用と都市化の進展過程を研究し、中国の環境変化が国際的に提起されているクズネッツの「逆U字型」曲線の特徴に合致するかを検証し、省域における環境汚染の空間的分布を探究する。環境クズネッツ曲線は本質的に、高エネルギー消費・高汚染型の経済発展から、エネルギー集約型・環境調和型への転換過程を反映している。本章では、環境汚染の発生源に立脚し、2003～2014年の省際パネルデータを用いてPSTRモデルを構築し、エネルギー強度の視角から中国の環境クズネッツ曲線を再検討する。さらに、省域都市の多中心化の多次元性が地域の霧霾汚染に与える影響を具体的に研究し、中国の環境変化の特徴を分析する。本章は2000〜2018年の中国29省区市（チベット・青海および香港・マカオ・台湾を除く）のパネルデータをサンプルとし、実証的に中国の多次元的省域都市多中心化が霧霾汚染に及ぼす影響を分析する。まず、省域内の各地級市における夜間光データ、単位面積人口、市轄区建成区土地面積、貨物輸送量、旅客輸送量を用いて、順位規模法則に基づき省域経済・人口・土地・貨物・旅客の多中心化指標を測定する。次に、2000〜2018年における中国29省区市の異なる次元の都市多中心化と霧霾汚染の発展現状と時空間変動傾向を動態的および静態的視点から分析し、さらに歴年省域PM2.5年平均濃度の全域モラン指数と局所モラン指数を算出することによって、省域霧霾汚染の空間自己相関関係を検証する。最後に、これらの結論に基づき、STIRPATモデルと環境クズネッツ曲線理論を基礎として、固定効果を持つ空間ダービンモデルを構築し、異なる次元の省域都市多中心化指標が霧霾汚染に与える影響を分析する。

第8章では、既存データに基づき、新しい方法を用いて「第13次五カ年計画」「第14次五カ年計画」の目標における炭素排出総量とエネルギー構造を予測する。まず、本章では四半期GDP、四半期工業付加価値、年間エネルギー需要の混合頻度データを使用し、ADI-MIDASモデルを構築する。そして、異なる重み関数形式および予測方法を組み合わせたモデル群の中から、中国のエネルギー需要を予測する最適モデル形式を選択し、「第13次五カ年計画」期間における中国のエネルギー需要総量およびその構造を予測する。さらに、中国の「第14次五カ年計画」における「炭素排出総量管理システムを設立し、漸次的に炭素排出の絶対量削減へ移行する」という目標に対して、四半期GDPや工業付加価値などの指標を用い、マクロ経済指標に基づく混合頻度データモデルADI-MIDASを構築し、不確実性ショック下における「第

14次五カ年計画」期間の二酸化炭素排出総量および構造の予測分析を行う。

第3章から第8章までの内容は、本書における具体的な研究作業であり、実証分析の部分を成している。データ事例分析を通じて、本書の理論内容と緊密に結びつけ、実際の問題に応じたモデルの選択・応用・改良の方法を解明している。

1.4.2　イノベーションのポイント

本書は、エネルギー消費・環境規制・産業高度化を同一の枠組みに置き、ウェーブレット分析・空間計量・CGEなど複数の統計分析手法を総合的に活用し、エネルギー価格・消費が経済や市場など各方面に与える影響を研究するとともに、環境規制とグリーン技術の波及効果や環境汚染の時空間分布を探究し、さらにエネルギー需要総量とその構造を予測する。本研究の革新点は主に以下の通りである。

全体的に見て：(1) 既存研究の多くは特定の研究分野に限定されているが、本研究は発展経済学・都市経済学・エネルギー経済学など複数の分野を横断しており、中国のエネルギー・環境分野が直面する問題をシステム的な視点から考察することを可能にし、持続可能な発展への道筋を見いだすことに資する。また、既存研究では金融発展・都市化とエネルギー環境の関係について体系的整理が欠けていたが、本研究はそれら相互関係を体系的かつ包括的に整理し、これに基づく仮説提起をより根拠あるものとしている。(2) 研究テーマの先進性。時代の歩みに即応し、政策指向を明確にし、エネルギー安全の新戦略を貫徹・実行する。その上で多指標体系を構築し、中国の金融発展水準や都市化水準をよりリアルかつ包括的に反映する。(3) 理論と方法の革新。理論面では、現代エネルギー経済発展の内涵や特徴に関する研究はまだ少ない。本研究は現代エネルギー経済発展の内涵を定義し、それに基づいて適合する政策を設計する点で、探索性と革新性を有する。方法面では、現代エネルギー経済発展の理念をCGE等のモデルに組み込み、多角的かつ多様な手法を通じて中国の現代エネルギー経済発展政策がマクロ経済に及ぼす影響を数値的にシミュレーションする点で、開拓的意義を持つ。

1.4.2.1　エネルギー産業サイクルおよび価格変動がマクロ経済に与える影響研究

（1）多数の既存文献の調査・整理を通じて明らかになったのは、中国に関する既存研究はしばしば単一の衝撃要因のみを検討しており、例えば原油価格が国内マクロ経済に与える影響のみ、または不確実性が経済に与える影響のみを扱っているケースが多いことである。しかし、不確実性・原油価格・為替は相互に関連し合い、それぞれが経済に影響を及ぼすため、本書ではこれら三者を同時に取り上げ、連動分析を行った。これにより関連分野の研究成果を豊かにするとともに、中国の経済安定維持や政策調整のために有益な示唆を提供する。

（2）ウェーブレット分析の応用は主に生体信号・物理研究・気象・画像信号分析などに集中しており、経済分野への応用は比較的少ない。しかし、ウェーブレット分析は異なる周期を抽出し、時系列の周波数特性を把握でき、時間—周波数の両側面で信号変動を同時に表現できるため、各系列間の局所的な動的関連性を明らかにできる。これらの特徴は本書の研究課題に非常に適しているため、不確実性・原油価格・為替の変動と相互関係の分析にウェーブレット手法を用いた。

（3）不確実性・原油価格・為替とマクロ経済の関係に関する既存文献は、多くが伝統的な計量モデルに基づいている。しかし、古典的な計量モデルは、線形構造・誤差項の独立性や分散の正規性・説明変数の独立性など多くの厳格な仮定を前提としており、仮定が成り立たない場合、結果は実際と大きく乖離する可能性がある。本書ではこの点を踏まえ、ウェーブレット手法を導入し、不確実性・原油価格・為替の連動関係を実証的に分析した。既存研究では、マクロ経済への影響分析にVARモデルがよく用いられてきたが、VARモデルの深刻な欠点は、当期の関連性を正確に表現できず、結果の解釈に不十分さが残ることである。そこで本書は、SVARモデルを採用する。SVARモデルはVARモデルの欠陥を克服し、変数間の同時的な関係を明確に表現できる。

1.4.2.2　エネルギー価格と株式市場の相互作用効果研究

（1）国際原油価格と株式市場の変動特性が顕著である背景のもとで、国際原油価格と株式市場の連動関係を研究することは、従来の研究とは異なる側面を持つ。本書では、原油の輸入国と輸出国の株式市場をそれぞれ選定し、二つの次元から比較を行う。第一に、原油価格が輸入国と輸出国の株式市場に及ぼす影響を比較分析する。第二に、国際原油価格が原油輸入国と輸出国のそれぞれ内部に与える影響を比較し、より総合的な構造的議論を展開する。それによって、国際原油価格と異なる国々の株式市場の関係性の規則性を見出し、中国が原油価格の変動に具体的に対応し、株式市場の変動法則を把握するための示唆を提供する。

（2）研究方法の面では、既存文献における国際原油価格と株式市場の関係研究の多くは計量経済モデルを使用している。これらの古典的モデルは、一定程度までは両者の伝達関係を説明できるが、原油価格の頻繁な変動と株式市場の複雑化により、両者の非線形特性が顕著であるため、単に計量モデルを用いて二変量時系列の関係を分析するだけでは、短期・長期の関係を明らかにできるにとどまり、より細かな波動期における変化を深く分析することはできない。近年では、小波理論が資産間時系列の非線形問題を解決するために導入されている。本書は小波分析ツールを用いることで、従来モデルと比較して国際原油価格の変動と株式市場の変動における時系列的なダイナミクスを把握することが可能となり、国際原油価格と株式市場の動的関連性に関する研究に一定の参考を与える。

1.4.2.3　環境規制とグリーン技術革新の波及効果研究

（1）異なる環境規制の波及効果の存在性について。従来の文献は、多くが単一の環境規制を対象として、そのグリーン技術革新への影響を分析しており、かつ大部分はグリーン技術革新の属地的効果を考察するにとどまっていた。本書では、環境規制を「命令統制型」「市場インセンティブ型」「自発型」の三種類に細分化するとともに、属地的効果だけでなく隣接地域への波及効果も考察する。

（2）異なる環境規制の波及効果の形成メカニズムについて。環境規制とグリーン技術革新を研究する際、三種類の環境規制ごとに、市場化の程度・汚染企業の移転・人的資源の質といった要素を創造的に導入し、それらがグリーン技術革新に及ぼす影響のメカニズムを解明する。

（3）異なる環境規制の波及効果の制約条件について。環境規制がグリーン技術革新に与える影響に関する分析をより豊かにするために、地理的重み行列の構築に加えて、経済的重み行列、産業別の産業重み行列、さらには地理・経済・産業を二者間で結合した重み行列を構築し、環境規制の波及効果についてより深い探究を行う。

1.4.2.4　中国における省際環境汚染の差異測定と時空間分布研究

（1）従来の文献では、多くの学者が省域の都市化率の観点から出発し、異なる省・自治区・直轄市の全体的な都市化水準が大気汚染（特にスモッグ）に与える影響を研究してきた。これにより、一定程度までは中国における都市化建設とスモッグ汚染との関係が反映されたものの、省域内部における地級市（地市レベル都市）の発展格差が地域のスモッグ汚染に及ぼす影響は十分に考慮されていなかった。本書では、現在進行中の都市化転換発展の現状を踏まえ、貨物流動、旅客流動、経済発展度、人口集中度、都市建設面積という五つの都市特性に基づき、省域における異なる次元の都市多中心的空間分布の観点から新たな分析を行う。位序規模則を用いて省域都市の多中心化指標を構築し、都市多中心的な空間分布の程度が地域のスモッグ汚染に及ぼす影響を深く考察する。これにより、中国における京津冀、粤港澳大湾区、成渝経済圏などの都市群建設や、多中心型都市化建設をスモッグ防止の視点からより良く発展させるための理論的基盤と実証的指針を提供する。

（2）従来の都市多中心化研究では、多くの学者が形態的多中心性または機能的多中心性の観点から出発し、単一の次元や角度に基づいて都市多中心化指標を構築して研究を行ってきた。本書では、既存文献を統合したうえで、形態的多中心性と機能的多中心性の双方の観点に立ち、経済・土地・人口・旅客流・貨物流という五つの次元を組み合わせた多次元都市多中心化指標を革新的に構築する。これにより、都市化建設における異なる重点から出発し、異なる特性を持つ都市多中心的分布の程度が地域のスモッグ汚染に与える影響を研究することを目的とする。

（3）スモッグ汚染の研究においては、多くの文献が依然としてコロンビア大学が技術処理を通じてエアロゾル光学的厚さから算出したPM2.5 濃度データを採用している。しかしながら、このデータは更新周期が長く、またデータ測定方法が途中で変更されており（2014年以前のデータはすべて三年平均値）、研究に必要な即時性や一貫性を十分に満たしていない。そのため本書では、より革新的な方法として、ダルハウジー大学大気成分分析グループが公開している同類のデータを選定した。また、中国の地級市における人口統計は複雑かつ困難であるため、データの有効性を確保する目的で、本書ではリモートセンシング画像技術に基づきオークリッジ国立研究所が分析したLandScan人口データセットを人口の原始データとして採用し、研究に用いる試みを行った。

第2章　エネルギー消費・環境規制とマクロ経済関係の理論分析

第1章の文献レビューに基づき、エネルギーが生産要素または最終消費財として中国のマクロ経済運営において重要な役割を果たしていることを基本的に理解した。また、中国における現在のエネルギー消費水準と環境規制の状況、そして国際エネルギー価格の変動に正しく対応し、環境に優しいグリーン・イノベーション技術を強化することの重要性についても初歩的に把握した。しかしながら、エネルギーからマクロ経済、さらには環境ガバナンスの領域に至るまで、変動がどのように発生するのか、その伝導経路をどのように選択するのか、伝導における損失や効果の大小、さらにはどのような分析ツールを用いて測定するのかといった一連の理論的問題については、まだ具体的な説明や定義がなされていない。もし先にこれらを明確にしなければ、その後の分析、特に実証研究においては理論的基盤を欠き、説明力が不足してしまう。

したがって、本章の構成は以下のとおりである。まず、エネルギー消費に関する基礎理論から出発し、マクロ経済理論の枠組みの下でエネルギー消費変動の原因を分析し、エネルギー消費変動とマクロ経済の連動関係を導き出す。次に、エネルギー消費変動の内実を明らかにし、エネルギー価格変動によって引き起こされる経済成長効果と産業構造への衝撃という二つの側面から、実体経済と仮想経済の内在的作用メカニズムを総合的に論述する。さらに、マクロ経済変化を分析した後、エコロジー環境の要素を加え、環境規制とグリーン技術進歩理論を簡単に概観し、両者の関係およびマクロ経済産業構造への影響を分析する。最後に、人口・社会・経済・土地などを含む多次元システムを総合し、分析ツールを整理し、将来の環境変化を予測するための測定手段と根拠を提示する。

2.1　エネルギー消費がマクロ経済に与える影響メカニズム

人類社会が今日まで発展してきたのは、エネルギーが我々の生存と発展を支える基本的な保障となってきたからである。我々にとって、エネルギーの重要性はすでに水、空気、土地に劣らないものとなっている。エネルギー要素は重要な物質的基盤であり、経済体系において極めて重要な役割を担い、経済活動のあらゆる環節に浸透している。

エネルギー消費とは、生産や生活において消費されるエネルギーを指す。エネルギー消費の一人当たり占有量は、その国の経済発展水準や国民生活水準を測る重要な指標である。エネルギー消費総量は生産規模と生活規模に密接に関連しており、生産規模が大きければエネルギー需要量も大きくなる。しかし、人々のエネルギー需要はエネルギーの自然的な賦存状況や生産技術の発展水準に制約されるため、エネルギー供給と需要の間には不一致が生じる。一般的に、エネルギー消費量を決定する要因には、経済発展水準、エネルギー消費強度、産業構造などがある。

1. 経済発展水準

アダム・スミスは『国富論』において、経済成長に関する自身の認識を詳細に述べている。彼は、経済成長とは住民の所得増加を意味し、生活が改善され、消費需要が拡大し、商品やサービスが日増しに豊かになり、生活水準が向上することであると考えた。これは、高エネルギー消費製品やエネルギー消費製品への需要増加として現れ、家庭用電気製品や自家用車の保有量に反映される。特に住民の移動に関しては、自動車の割合が大幅に上昇することになる。

2. エネルギー消費強度

エネルギー消費強度とは、単位経済産出に対して消費されるエネルギー量を指し、単位エネルギー消費量、エネルギー密度、あるいはエネルギー消費係数とも呼ばれる。次の式で簡単に表すことができる:

エネルギー消費強度 ＝ エネルギー消費量 ÷ 経済産出量 ＝ E/Y

表面的には、エネルギー消費強度の大小はエネルギー消費量と経済産出量の相対的な変動によって決まるように見える。だが実際には、エネルギー消費強度はエネルギー消費量や経済産出量に比べて外生的な変数であるといえる。すなわち、エネルギー消費量や経済産出がエネルギー消費強度を決定するのではなく、むしろ経済産出とエネルギー消費強度がエネルギー消費に影響を及ぼすのである。本質的に言えば、エネルギー消費強度の変動は、産業構造、技術進歩の水準、管理方式、制度変化などが総合的に作用した結果である。経済運営の経験的観察によれば、一国のエネルギー政策は行政命令によって省エネ・消費削減を実現することもできれば、価格をツールとしてエネルギー需要をコントロールすることもできる。エネルギー価格が上昇すれば、ミクロ経済主体はエネルギー浪費を減らし、省エネ技術を積極的に採用するようになる。横断的に見れば、エネルギー価格の比較的高い日本やドイツのエネルギー効率は、価格の比較的低いアメリカよりもはるかに高い。実際、第2次石油危機以降、西側諸国で石油需要が減少したのは、高い石油価格のもとで企業がエネルギー効率の高い投資を行ったことによるところが大きい。価格がエネルギー消費強度に与える影響は、エネルギー消費強度における制度差にも現れている。計画経済体制におけるエネルギー消費強度は、市場化された工業経済体制よりも一般的に高い。その大きな理由の一つは、計画体制下では価格の内生的な推進作用が欠如していることである。

3. 産業構造

経済の発展に伴い、各国は必然的に重工業化の過程を経験する。典型的な大国経済にとってこれは避けて通れない必経の道である。

一方でマクロ的観点から見ると、経済発展水準の向上と人口集中による都市化の進展は、インフラ建設需要を一層高める。鉄鋼、有色金属、建材、化学工業といったエネルギー多消費産業は、市場需要に牽引されて大規模に発展する。また、都市化は雇用機会を創出する必要があると同時に、自らも雇用を生み出す過程であるため、労働集約型およびエネルギー集約型産業への需要が非常に大きい。他方、ミクロ的観点から見れば、どの企業の発展も規模に関する収穫逓増、一定、逓減という3つの段階を経る。その各段階において企業の生産は絶えず調整され、それに応じてエネルギー消費需要もまた調整される。

2.1.1 エネルギー消費変動とマクロ経済の景気循環との連動

中国経済はすでに中高速成長段階に入り、下方圧力が高まり続けている。従来の成長エンジンの推進力は弱まりつつあり、新たな成長エンジンはまだ形成されていない。その中で、エネルギー関連産業は今回の経済循環における経済下振れの主要因となっている。山西、内モンゴル、東北三省といったエネルギー・資源型省の経済成長率は顕著に低下している。したがって、安定成長を実現するためには、エネルギー関連産業とその所在省の役割が極めて重要である。そして関連政策を策定する前提と基盤は、エネルギー関連産業の発展が中国マクロ経済に与える影響メカニズムを明らかにすることである。実際のところ、エネルギー関連産業がマクロ経済に与える影響は、次の二つのサブ問題に分けられる。第一に、中国のエネルギー関連産業はどのような周期的変動パターンを示しているのか。現段階ではエネルギー関連産業はどの周期段階にあるのか。第二に、エネルギー関連産業の周期的変動はマクロ経済にどのような影響メカニズムをもたらすのか。その影響メカニズムは周期段階によってどのように時変的特徴を示すのか。これらの問題を理解・研究することは、新常態におけるエネルギー関連産業の発展動向や経済下振れの深層的原因をより包括的に把握する上で有益であるばかりでなく、エネルギー関連産業に関する政策策定に科学的根拠を提供することにもつながる。

大多数の新古典派経済学者は、経済成長を決定する要素を研究する際に、エネルギーを生産における重要な要素とは見なさず、資本・労働・土地といった主要な生産要素によって派生する中間変数であると仮定していた。内生的成長理論は1980年代に登場し、新古典派モデルの見解とは異なり、経済成長は外生的な技術進歩率と労働成長率によって共に決定されると考えた。1973年の石油危機以降、学者たちはエネルギー経済の研究に注目し始め、エネルギー消費と経済の関係、さらにエネルギー価格の変動が経済成長率に与える影響を認識するようになった。彼らは、エネルギーと経済成長の関係は、単に計量経済学的な因果関係や動学的衝撃関係といった定量的関係にとどまらないと考えたのである。理論的な定性的分析および中国の実際の状況から見ると、エネルギー消費が経済成長に与える影響は多次元的である。一方では、エネルギー投入の増加は経済成長を促進する。他方では、経済成長はエネルギーの持続的な発展を促す。エネルギー投入量と利用効率は経済成長の規模と速度を決定し、エネルギー投入が増加すれば産出も増加する。また、エネルギー産業の発展は他産業の発展に動力を提供し、間接的にGDPの成長を促進する。エネルギー産業の発展がなければ、他産業のエネルギー需要は保障されず、国民経済の発展は阻害されることになる。

具体的に言えば、エネルギーは以下の諸側面を通じて経済成長に衝撃を与える。(1) エネルギー供給不足による経済発展の制約。1990年代半ば以降、中国のエネルギー需給状況は自給自足から次第に大量輸入依存へと転換し、エネルギーの対外依存度は上昇し続けている。表2.1に示されるように、2019年における中国の原油と天然ガスの対外依存度はそれぞれ75.1%と42.3%に達した。現在、中国のエネルギー安全問題は総量だけでなく構造にも表れている。エネルギー安全上の矛盾は石油安全問題や油ガス安全問題に集中しており、国内の油ガス資源が経済の持続的発展を効果的に支えることができない状況にある。将来的にも中国の油ガス対外依存度は上昇傾向を維持し、エネルギー輸入の供給地や輸送ルートのリスクは中国経済の高品質発展を脅かし続けると予測される。(2) 埋蔵と分布の著しい不均衡性。中国のエネルギー構造分野では「石炭は多いが石油は乏しくガスは少ない」「北に多く南に少なく、西に多く東に少ない」というスローガンが長らく流布しており、これは不均衡性が経済の持続的発展を制約していることを深く反映している。中国の経済発展傾向もまたエネルギー分布と同様に大きな不均衡を呈し、東から西へ段階的に発展が進むという特徴を示している。発達した省市は東部や南部の沿海地域に集中している一方で、西部、特に西南や西北地域は相対的に遅れており、地域経済の発展に不均衡が存在する。そのため「西気東輸」といったエネルギー輸送措置を取らざるを得ず、コストやエネルギーロスを引き起こしている。(3) エネルギー消費に伴う構造的汚染問題が大きく、利用効率は依然として低い。中国のエネルギー消費において石炭の比率は60%を占めており、石炭消費を主体とする世界でも稀な国である。近年、国家の省エネ・排出削減政策の実施により石炭比率は減少傾向にあるが、それでも世界平均を上回っており、短期間で根本的な改善を実現するのは困難である。二酸化炭素排出やその他汚染物の排出は依然として低炭素発展モデルへの転換における大きな障害となっている。エネルギー消費強度は1980年代以来低下を続け、効率は比較的速い速度で向上してきたが、近十数年では経済の急速な成長によりその低下ペースが鈍化し、効率向上の幅も停滞している。

表2.1　我が国のエネルギーの外国への依存度

	2018	2019	2020年（推定）
原油（万トン）			
出口	262.7	81	-
輸入	46188.5	50567.6	-
依存	72.90%	75.10%	73%
石油（万トン）			
出口	7557.4	8211.4	-
輸入	54094.3	58102.2	-
依存	74.80%	77.30%	70%
天然ガス（億立方メートル）			
出口	33.6	36.1	-
輸入	1246.4	1331.8	-
依存	43.10%	42.30%	>43%
石炭（万トン）			
出口	494	603	-
輸入	28210	29977	-
依存	7%	7.30%	7%

データ出典：国家統計局

エネルギーは経済に対して負の影響を及ぼす一方で、経済発展に活力を与えることもできる。エネルギーは以下のようなメカニズムを通じて経済発展へ伝導し、経済の主要な推進力となる。（1）エネルギー消費は生産の進歩を促進する。物質資料の生産はエネルギー消費に依存して動力を得なければならず、同時にエネルギー消費は労働生産性の向上も促進する。例えば、電力の利用は機械化の程度を高め、労働コストを低下させ、一定程度エネルギーが労働力を代替することで、労働生産性の向上を推進した。（2）エネルギー消費は経済規模の拡大を促進する。生産要素として、エネルギー投入は資本・労働など他の生産要素の活力を引き出し、経済成長の前提条件となる。また、エネルギーは新産業の誕生と発展を促す。エネルギー製品、特に鉱物エネルギー製品は重要な工業原料でもあり、鉱物エネルギーを原料とする石炭化学工業や石油化学工業の勃興は、それ自体が重要な産業部門となるだけでなく、一群の新産業を急速に発展させ、同時に伝統産業の改造に条件を創出し、経済規模の拡大を推進した。（3）世界の発展史を振り返ると、ほぼすべての大きな「エネルギー革命」が技術進歩を推進してきたことが分かる。

総じて言えば、これらの連動関係を理解することは、エネルギーとマクロ経済成長の関係を把握し、関連する研究や経済政策の策定を行う上で大きな意義を持つ。

2.1.2　エネルギー価格変動が産業に及ぼす衝撃の伝導経路

エネルギーがマクロ経済に与える影響は、大きく二つの経路に分けられる。

一方では、前節で述べたように、エネルギー関連産業自体がマクロ経済の主要な構成部分であり、中国における既存のエネルギー関連産業は、エネルギーの採掘・加工・利用を包含しているため、その変動自体が直接的にマクロ経済全体の変動に影響を及ぼす。他方では、エネルギーは工業生産における重要な上流要素であると同時に生活資料でもあるため、エネルギー産業の運行や価格の変動は工業生産および生活コストに影響を与え、ひいては経済運行および一般的な物価水準に波及する。その中で、エネルギー価格の変動は、企業の要素使用やコストに影響を与えることでマクロ経済の運行に作用するだけでなく、生活資料と生産資料という二つのチャネルを通じて、消費者物価指数（CPI）および工業生産者出荷価格指数（PPI）に影響を与える。

現代世界のエネルギー市場において、石炭市場は埋蔵量が豊富で地域性が強く、基本的に自国でコントロール可能であるため、その経済への衝撃は比較的小さい。一方、石油市場は高度に一体化しており、世界の石油供給源は主に中東地域に集中しているうえ、短期的な石油需要には弾力性が乏しいため、原油価格は変動しやすく、その幅も大きい。表2.2に示すように、2010年から2019年のエネルギー市場では、原油価格が大幅な周期的変動を示しており、このような変動は必然的に国内マクロ経済の正常な運行に影響を及ぼす。かかる巨大な衝撃に対応するためにも、エネルギー価格が経済に与える影響を研究することは、すでに極めて必要である。

表2.2 年間エネルギー価格データ

	ブレント原油/米ドル/バレル	日本の輸入LNG/米ドル/Mbtu	中国の輸入石炭/米ドル/トン
2010	61.67	10.91	120.56
2015	52.39	16.01	59.30
2016	43.73	6.94	59.30
2017	54.19	8.10	83.57
2018	71.31	10.05	87.49
2019	70.00	10.00	53.56

データ出典：世界銀行

マクロ経済の古典的理論においては、中国におけるエネルギー市場化価格決定メカニズムの逐次的な形成と整備に伴い、エネルギーがその価格メカニズムを通じて実体経済に及ぼす影響が一層顕著となっている。エネルギー価格が経済システムに伝導する経路は主に二つある。

第一に、先物・現物市場や生産要素市場を通じて直接的にエネルギーコストに影響を与え、それにより一般物価水準に作用し、社会全体の総供給曲線をシフトさせる経路。第二に、エネルギー価格の変動が企業の生産行動に間接的な誘導メカニズムを形成し、エネルギー効率、エネルギー消費、環境保護行動および技術進歩に影響を及ぼすことで、全体的な産業構造や要素配分に動的調整を促す経路である。

エネルギー価格変動が産業に与える衝撃伝導の影響を具体的にみると、エネルギー価格変動が生産者物価指数（PPI）に及ぼす影響は二つの経路に区分できる。一方では、エネルギー価格変動が工業部門におけるエネルギー関連産業のPPIに直接的に作用する。他方では、エネルギー価格変動が生産コストに影響を与えることを通じて、他の工業部門の出荷価格水準に間接的に作用する。その具体的な作用メカニズムは以下の通りである。

第一の経路については、PPI総指数の変動はすべての工業大分類産業のPPI変動によって決定される。工業の上流・中流に位置するエネルギー関連産業、例えば石炭採掘・洗浄業、石油・天然ガス採掘業、石油精製・コークス・核燃料加工業などの産業PPIは、エネルギー価格の変動に直接的に依存している。したがって、エネルギー価格の変動はまずエネルギー関連産業に伝導され、これらの産業PPIが総合PPIの動向に直接的な影響を及ぼす。第二の経路については、現段階において中国の一部エネルギーは依然として政府による価格決定の下にあるが、全体的にみれば市場化の程度は高まっており、上流のエネルギー価格の変動は比較的円滑に下流へと伝導する。したがって、国際原油価格の変動、石炭先物価格の変動、電力価格や天然ガス価格の調整はいずれも直接的に工業企業の生産コストに作用し、その変動は該当産業のPPIを直接的に変動させ、さらにPPI全体水準に波及する。工業製品は中間財と最終財に区分できるが、エネルギー価格の変動は最終財の価格に直接作用するだけでなく、中間財の価格水準にも影響を与え、それを通じて最終財へとさらに伝導する。このため、エネルギー価格は最終財価格に対して二重の影響を持つことになる。さらに、経済発展の時期によって経済環境、政策、エネルギー価格変動幅には顕著な差異が存在するため、エネルギー価格変動がPPIに伝導するメカニズムにも一定のレジーム差異性がみられる。

総じて言えば、エネルギー価格がPPIに影響する伝導経路は、エネルギー関連産業の出荷価格に直接作用するほか、主として企業の生産コストに影響を与えることを通じてPPIに作用する。したがって、エネルギー価格変動がPPIに与える影響の程度は、産業の生産がエネルギーにどれほど依存しているかに依存している。これはまた、41の工業大分類産業において、エネルギー依存度の違いが、エネルギー価格変動が各産業のPPIに及ぼす影響に必然的に異質性をもたらすことを意味する。工業産業の区分からみれば、全ての大分類産業は大まかに、エネルギー・資源関連産業、エネルギー・資源集約型産業、労働集約型産業、技術・資本集約型産業、およびその他の産業に区分できる。

2.2　エネルギー価格と資本市場の相互影響

世界的な金融化の進展に伴い、株式市場の地位はますます重要となり、各国経済発展の「晴雨計」となっている。我々が知っているように、エネルギー価格の変動は即座に株式市場に反映される。しかし、エネルギー価格の変動と資本市場がどのように相互作用するのかを理解するためには、ミクロ的に変動効果の定量的規律を把握するだけでなく、マクロ的な連動の視点から影響メカニズムを分析する必要がある。国際エネルギー価格と国際総合株式市場、国内株式市場との連動関係を比較し、国際エネルギー市場の発展動向と金融市場間の内在的な関係メカニズムを深く解明することによって、原油価格の変動に対応し、株式市場の変動規律を把握するための示唆を提供し、中国の金融市場の多元的かつ健全な発展を促進することができる。

2.2.1　国際原油価格と国際エネルギー関連株式市場

グローバル経済の一体化が加速する中で、金融のグローバル化は貿易市場発展の必然的な流れとなっている。エネルギー市場と金融市場が相互に浸透・融合する過程において「エネルギーファイナンス」が誕生した。その核心はエネルギー市場化価格決定である。原油と金融の結び付きは日増しに緊密となり、世界最大のエネルギーであり基幹工業原料でもある原油の価格決定は、ある程度国家の政治経済的な発言権を象徴している。原油価格の変動は徐々に金融および通貨現象となり、世界経済の動態的変化に重大な決定作用を持つに至り、エネルギーファイナンス体系の重要な構成部分となっている。エネルギーファイナンスは、エネルギー市場の価格動向の指標として、エネルギー株価を通じて金融情報や国家エネルギー市場の動態を反映することができる。また、エネルギー株価と国際原油価格の間には極めて複雑な内在的関係が存在し、原油価格の変動は金融市場の安定にとって極めて重要である。

具体的に言えば、国際エネルギー価格と株式市場のメカニズム分析は主にマクロ経済経路と金融市場経路に基づく関連理論研究に基づいており、国際原油価格変動と株式市場の作用メカニズムを分析・総括することによって、理論的な観点から国際原油価格が株式市場の変動に一定の影響を及ぼすことを証明している。そして異なる国の株式市場に対する短期的・中長期的影響の作用も異なり、国際原油価格の上昇は株価の上昇または下落を引き起こす可能性がある。

2.2.1.1　マクロ経済経路

（1）供給ショック効果。供給ショックとは、製品やサービスのコストを変化させることによって価格変動を引き起こすことであり、このショックは好ましくない影響をもたらす。例えば、原油価格の変動は製品の生産コストに大きな影響を及ぼす。原油価格が上昇すると、原油輸入国では製品生産コストが上昇し、原油投入量が減少し、それによって産出が減少する。同時に、家計の可処分所得も減少し、消費が減退し、総産出が減少する。産出は投資収益と密接に関連しているため、投資家の不安を引き起こし、企業株価に影響し、株価の変動をもたらす。輸出国にとっては、原油輸出収入がコスト上昇による高い生産コストを相殺できる場合、需要の増加も株式市場の変動を引き起こす。

（2）所得移転効果。所得移転効果とは、経済バブルの発生前後において、実物資産または金融資産の保有構造が経済主体や部門間で変化することを指す。各国は依然として原油への依存度が高いため、原油価格の上昇は輸入国と輸出国の間で富の再分配をもたらす。輸入国にとっては、石油消費需要が減少し、国民の購買力が低下し、消費支出が減少するため、投資家は証券を売却する可能性があり、それによって株式市場に一定の影響を及ぼす。他方、原油輸出国にとってはその逆の状況が生じる。

（3）実質残高効果。実質残高とは、貨幣の実際的な価値を指す。原油価格が上昇すると、一般物価水準が上昇し、消費者の実質残高が減少し、消費支出が減少する。同時に、原油価格の上昇は貨幣の需給バランスを崩し、貨幣がタイムリーかつ効果的に供給されないことにより金利が上昇する。資金コストの上昇は投資の減少を引き起こし、産出が減少し、景気後退に至り、最終的に株式市場の変動を引き起こす。

（4）インフレーション効果。インフレーションとは、一定期間内に物価水準が持続的に上昇することであり、国家経済の発展にとって不利である。需要および供給ショックによって引き起こされる原油価格の変動はインフレーションをもたらす。もし軽度のインフレであれば株式市場への影響は比較的小さいが、適度なインフレであれば消費支出を増加させ、産出増加を引き起こし、株式市場に一定のプラス効果を与える。悪性インフレの場合、原油輸入国の製品競争力が低下し、外貨収入が減少し、外国資本を誘致できず、資金が他国へ流出し、自国通貨が減価し、その結果、株式市場にマイナスの影響を与える。他方、原油輸出国の場合は、自国製品の競争力が上昇し、外国資本を呼び込み、外貨収入が増加し、資金が自国へ流入することで通貨が増価し、国家の総合国力が高まる。

2.2.1.2　金融市場経路

（1）ポートフォリオ理論メカニズム。ポートフォリオとは、いくつかの証券を組み合わせて投資することにより、非システマティックリスクを効果的に低減させ、同時に収益を高めることを指す。一般的に、収益の高い資産はリスクも大きいため、投資ポートフォリオを通じて、相関性の低い二種類以上の資産を適切に配分することでリスクを分散し、期待される最大リターンと大きなリスク負担の間の最適なバランスを見つけることができる。原油と株式は異なるタイプの資産であるため、投資者はそれらを適切な比率で組み合わせることにより、リスクをある程度分散できるだけでなく、原油と株式市場の間に伝染性を生じさせることにもつながる。

（2）ノイズトレーディング理論メカニズム。ノイズとは、証券価格とその本源的価値との間に存在する乖離を指す。実際の取引過程において、投資者は価値判断に関して一種のコンセンサスを形成するが、それは多数の投資者の行動に影響され、市場情報が不完全であることから、このコンセンサスおよび価値判断と価格の間に乖離が生じる。原油と株式市場に関して言えば、原油関連市場が先に変動する。原油市場は株式市場に影響を及ぼすものの、この情報の非対称性により、投資者は過去の情報や経験に基づいて判断せざるを得ない。現代の国家金融市場は日々複雑化し、政治情勢も絶えず変動している。原油争奪戦は止むことがなく、経済・金融危機の勃発、自然災害やパンデミックなどのブラックスワン現象も投資者の意思決定に影響を与える。このような状況下で生じる投資の偏りは、株式市場に大きな変動を引き起こす。

（3）群集行動効果理論メカニズム。群集行動効果（ハーディング効果、追随効果とも呼ばれる）とは、人々が意思決定を行う際に個人の主観的判断を無視し、多数派に従う方向へと変化する現象を指す。すなわち、群集の中で独立した思考を行わず、または最初の考えを放棄し、大衆の考えや行動意志に従って同じ決定を行うことである。投資者が金融市場で投資選択を行う際、完全な情報を掌握できない場合や一部の情報を理解していても選択できない場合、しばしば多くの情報資源を持っているとされる投資者の選択に追随し、自分の意見を否定する。このような、いわゆる経験豊富な投資者への盲目的な追随行為は、株式市場に極端な変動を引き起こしやすい。

総じて言えば、実体経済の経路から見ると、国際原油価格の上昇は、生産コスト、所得水準、物価水準、金利の変化といったさまざまな経路を通じて一国の経済に影響を及ぼす。そして、原油輸入国と原油輸出国にとって、原油価格の変動が株式市場に与える衝撃も異なる。これらの衝撃は金融市場に現れ、国際株価の上昇や下落に影響を与える。そのほか、原油価格が急騰した際には、一部の投資家が投資ポートフォリオ、過去の経験、あるいは追随心理に基づいて初期的な判断を下し、個々の心理的期待を形成し、そのうえで投資決定を行う。このような予測に基づく投資行動もまた、国際株式市場の変動に衝撃を与えるが、投資行動の多様性や投資の不確実性のために、株式市場の変動も同様に確定できない。したがって、さまざまな理論的影響メカニズムに基づき、国際原油価格と国際株式市場との伝達メカニズム（図2.1参照）を総括でき、理論的な観点から国際原油価格が国際株式市場の変動に一定の影響を与えることを証明している。

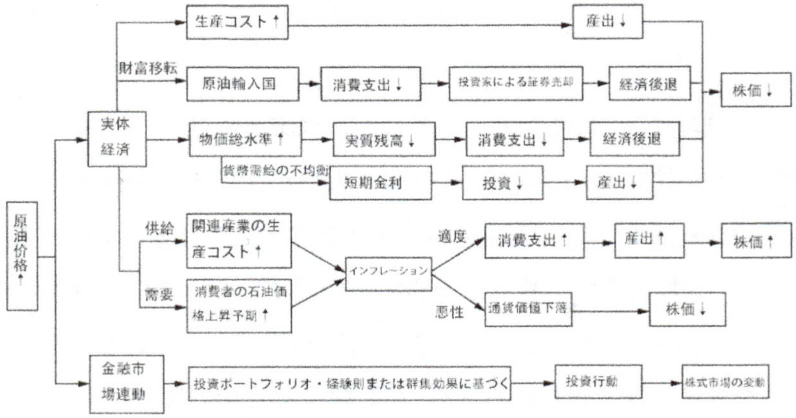

図2.1 国際原油価格が株式市場に与える影響の伝達メカニズム

2.2.2　エネルギー価格と中国エネルギー関連株式市場

改革開放以来、中国の経済政策は次第に緩和され、WTO 加入から今日の「一帯一路」構想に至るまで、世界の強国との差を縮めるために全国民が世界経済システムへの統合と国際的地位の向上に向けて努力してきた。中国株式市場は1989年の試行以来、中国証券監督管理委員会の設立とともに健全な発展を続けてきた。1998年に行われた石油価格形成メカニズムに関する三度の改革によって、中国の石油製品価格は国際原油価格と基本的に連動するようになり、市場化価格形成メカニズムの実現に基盤を築いた。周知のとおり、中国株式市場は標準化された発展段階に入って以降、国際原油価格の変動にますます敏感になり、中国の金融市場と世界金融市場との関連性が一層強まっている。現在、中国は世界第2の経済体かつ石油需要大国であるにもかかわらず、国際原油市場においては常に価格の受け入れ側に立たされてきた。国内供給だけでは発展需要を満たせず、大量の石油輸入に依存せざるを得ない状況である。国内エネルギー市場は制度の未整備、金融派生商品の単一性、海外エネルギー安全保障に対する圧力の大きさといった現実に直面しており、エネルギー価格の変動は中国経済の健全な発展や金融市場の安定的な運営に大きな影響を及ぼしている。

したがって、中国株式市場において顕著なセクター間の「連動現象」や「同時上昇・同時下落」現象が存在するかどうかを考察する必要がある。また、異なる銘柄、産業セクターおよび金融市場の間に強い相関性や長期均衡関係、共通の変動傾向があるかどうかを研究する必要がある。国際原油価格と中国エネルギー株価の同期性特性およびその影響要因に関する研究は、エネルギー金融市場の健全で安定的な発展、投資家の取引意思決定、リスク規制当局の政策立案に対し、重要な参考根拠および技術的支援を提供するだろう。

エネルギー価格が中国株式市場へ伝達されるメカニズムは、マクロの側面では消費、生産、投資、貿易など経済活動全般に作用し、ミクロの側面では市場参加者の意思決定行動を誘導し、最終的に株式市場の関連銘柄の株価に影響を及ぼす。既往研究では、何文忠（2012）の研究結果によると、国際エネルギー価格変動が中国株式市場に作用するメカニズムは、経済産出、富の移転、金利、流動性およびその他の不確実性の五つの伝達メカニズムに分解できるとされる。また、王俊博（2017）はこの伝達メカニズムを整理し、実体経済への伝達、マーケット経路、企業経路、投資期待メカニズムの四つの主要側面に分類している。ここまで主に実体経済の伝達角度から詳細に述べてきたが、以下ではその他の側面から具体的に研究を展開する。

（1）ミクロ資本とエネルギーの間に生じる要素代替理論。本質的には、一定の技術条件下で、ある生産要素の価格が変動すると、生産者は利益最大化のために要素投入の配分を再構成するという行動である。例えば、石油価格や電力価格が上昇すると、生産企業、特にエネルギー集約型企業は、生産コスト削減のために資本投入を増やし、石油や電力の使用を減らす。同様に、他の生産要素の価格や利用可能性が変化した場合、生産者もそれに応じて投入配分を調整する。具体的には、市場の生産要素をエネルギー投入と非エネルギー投入に分け、技術水準が不変の場合、要素相対価格が変化すると、合理的な生産者は最適条件を満たすために投入比率を調整する。そして、株式市場こそ資本を体現するものであり、資本の調整は株式市場に迅速に反映され、連動現象を形成する。

（2）マクロ市場伝達理論。貨幣需要理論モデルに基づき、経済原理に従って仮定を行う。貨幣需要において、貨幣と金融資産は相互に代替関係にあり、貨幣供給量が増加すると、貨幣の限界収益率は低下し、合理的経済人は金融資産の保有比率を高める。その結果、株式需要が増加し、株価が上昇する。逆に、貨幣供給量が減少すれば株価は下落する。また、貨幣供給量の増加は、企業が資金を調達する経路を多様化させると同時に、信貸ルートを通じて資金を放出する必要があるため、企業はより多くの資金を獲得することになる。資金を得た企業は投資支出を拡大し、この投資支出が一定程度まで企業利益を増加させ、企業の基礎的状況が改善される。その結果、投資家による企業収益力への評価が高まり、株式需要が増加し、それが株価上昇をある程度刺激することとなる。

以上のように、研究者がエネルギー価格と資本市場を考察する角度はそれぞれ異なるが、いずれも理論的に、エネルギー価格と金融市場の間には関連性が存在することを示している。これにより、エネルギー価格が中国経済発展に与える影響は、内包的側面と外延的側面の両面からより広く注目されるようになり、エネルギー資本相互作用理論が充実・発展したといえる。

2.3　環境規制・技術進歩が産業構造に与える影響経路

「第14次五カ年計画」では、現代化経済システムの建設を加速させることが提起されると同時に、2035年までにグリーンな生産・生活様式を広く形成するという将来目標も掲げられている。グリーン技術イノベーションは、高品質な発展を実現するための原動力の一つである。そして、異なる主体によって形成される環境規制とグリーン技術イノベーションの間には密接な関係が存在する。両者の関係を探究することは、一方では経済発展と生態保護を統合的に推進する上で、政府・企業・市民それぞれの役割を明確にすることに繋がり、他方では今後の政策立案の合理性と有効性を担保することで、経済・生態・社会の高品質発展を推進し、2035年に社会主義現代化をほぼ実現するという将来目標に向けて着実な一歩を踏み出すことを可能にする。

グリーン技術イノベーションの内涵を正確に把握するには、まず技術革新とグリーン技術の意味を理解する必要がある。技術革新理論の研究は1912年に遡り、オーストリアの経済学者シュンペーターが『経済発展の理論』において初めて明確にした。彼は、イノベーションとは、一群の全く新しい生産要素の「新結合」を生産体系に導入することであり、それは新製品・新技術・新市場・新しい組織の導入を含み、企業の競争優位を高め、高い利益を得て長期的な発展を遂げる行為であるとした。グリーン技術とは、従来の技術と比較されるものであり、その目的は汚染を削減し、環境を改善することにある。つまり、技術体系・製造プロセス・製品のいずれであっても、環境汚染の低減に寄与するものはすべてグリーン技術と呼ばれる。それは、一連の環境汚染による公害事件への対応の中で必然的に生まれたものである。グリーン技術イノベーションとは、その名の通り、技術革新であると同時にグリーン技術でもある概念であり、その内涵は主に以下の側面に表れている。

（1）経済発展と生態保護の両立。従来の技術革新には一定の自発性があり、企業を主体として高い収益率の追求を目標とする。その過程で、発展の目的を達成するために環境を犠牲にせざるを得ない場合も多い。短期的には確かに大きな利益を得ることができるが、生産やサービス分野の拡大に伴い、一方では各種資源への需要規模が拡大し、他方では環境への過度な消耗によって負の外部性が顕在化し、政府の関心を引き、技術革新のコストを押し上げ、技術革新のサイクルを中断させることになる。これに対し、グリーン技術革新の顕著な特徴は、経済発展の過程で環境問題を同時に考慮し、低エネルギー消費・低汚染を強調する点にある。これは深刻化する環境問題への必然的な選択であり、負の外部性をほとんど、あるいは全く生じさせない。そのため政府による規制を受けることなく、むしろ政策的な補助を獲得でき、良性のイノベーションサイクルを形成することができる。

（2）多元的経済主体の考慮。従来の技術革新は企業を主体としてきた。しかし企業の本質は利益追求であり、そのままにしておくと経済重視・生態軽視のモデルに陥る。そのため政府の介入が必要となり、環境問題に関する法律や規制を制定し、企業活動を厳格に監督する。政府が介入した後は、産業全体の良性な発展のために、各業界団体も政府政策の実施を補完する規定を打ち出す。また、社会の発展に伴い国民の教育水準が向上し、「青い空と清らかな水」の生活環境への要求が高まると、必然的にグリーン発展を求める世論が形成され、企業活動や政府管理に影響を与え、グリーン技術革新の前向きな発展を促進する。最終的に、グリーンイノベーションの主体は企業、各地域政府、業界団体などの社会組織および市民を含む。

（3）システム特性の強調。グリーン技術革新は単なる特定の技術革新を意味するものではなく、広範な内涵を持つシステム的なプロジェクトである。この革新は、発展理念、意識や行動の革新でもあり、例えば今日のオンライン教育における電子黒板などが挙げられる。さらには組織や制度の革新でもあり、中国で積極的に推進されている「放管服改革」などは、ある意味で企業のグリーン技術革新活動に相対的に緩やかな環境を創出する制度革新の一形態である。

グリーン技術革新は、マクロ経済における重要な投入形態として、環境に優しく持続可能な発展を基盤とする一連の革新活動である。これは現代の時代背景の下で、人と人、人と自然、人と社会の調和ある発展を実現する重要な方法であり、中国における環境保護理論を大いに充実・発展させるものである。

2.3.1　環境規制が技術進歩に与える作用

中国におけるグリーン技術革新の発展は、大まかに20世紀90年代に遡ることができる。有名なものとしては、「三河」「三湖」の水質汚染防止や「二控区」の大気汚染防止が順次展開されたことが挙げられる。これらの環境整備とともに、企業のグリーン技術革新がひそかに始まり、やがて政府を主導、企業を主体とする産業化・国際化されたイノベーション体系が徐々に形成された。

グリーン技術革新には莫大な資金準備が必要であり、企業の発展に対して目に見えない高いハードルを設けている。そのため、市場経済において企業の自発的な革新行為だけでは到底不十分であり、現段階におけるグリーン技術革新の多くは政府によって促進されている。全体の過程において、政府の役割は主に二つの側面に現れている。一つは、政府が資金・人材・産業に関する奨励政策を打ち出し、企業のグリーン技術革新に対する内生的動力を喚起すること、または政府が企業や大学などと協力して特定のプロジェクトや産業に直接的な定向革新を行うことである。もう一つは、政府が監督を強化し、「鉄腕治汚」による抑止力を形成することである。例えば、炭素排出権取引の導入や高額な罰金によって汚染コストを引き上げ、企業に対してグリーン革新行動を強制的に促すのである。いずれの方式であれ、政府が実施する環境規制の枠組みを離れては成立しない。その中には、グリーン技術革新に対する正の作用もあれば、抑制的な作用も存在する。

まず、グリーン技術革新に対する正の作用、すなわち動力源について述べる。第一に、企業が本質的に利潤追求を基盤としている点に現れる。企業が競争優位を保ち、市場において地位を確立し、長期的発展を遂げるためには、市場の需要に応えなければならない。そして市場の需要は経済発展、政策の制定、人々の消費習慣の変化に伴って変動するため、企業はその変化に順応しなければならない。この「順応」の直観的表れが、絶え間ない革新、技術の更新、製品性能の向上、あるいは生産コストの引き下げによって超過利潤を獲得することである。こうした理由から、企業がグリーン技術革新の道を歩むことは必然である。第二に、政府の重視に表れる。国連は1970年代に持続可能な発展のモデルを提唱し、中国も1990年代にグリーン発展の理念を打ち出した。近年では、「二山論」の提起や新発展理念における「グリーン」

の強調など、中国が健全な発展の道を歩む決意を伝えている。これに応じて、中国は「森林法」「鉱産資源法」「水汚染防止法」「大気汚染防止法」など、資源管理と汚染防止に関する一連の法律を公布した。これらの法律の制定は、社会全体における環境保護の方向性を形成するとともに、企業がグリーン技術革新を行うための良好な環境を提供している。第三に、人々の「よりよい生活」への憧れに表れる。40年以上の改革開放を経て、中国は世界第2の経済大国となり、豊富な物質的富を蓄積した。それと同時に、人々の精神生活への憧れもますます高まり、エコロジー分野が注目の焦点となっている。民間の自発的な監督組織から、環境問題に関する提案に至るまで、民衆の声はますます大きくなっており、これらは企業が無視できない要因の一つとなっている。そして、これもまた企業がグリーン技術革新を推進する重要な動力の一つである。

次に、グリーン技術革新に対する抑制作用については、一般的にコスト・技術・文化の三つの側面から考慮される。第一に、コストの側面である。周知のとおり、グリーン技術革新は単純な技術革新よりも難易度が高く、多額の資金需要を伴う。企業は単に技術研究開発への投入を考慮するだけでなく、開発された技術や製品が相応の利益を創出できるかどうか、すなわち革新の収益化能力を強く求められる。また、現段階の中国では資金調達コストが高く、調達チャネルが狭い上、ベンチャーキャピタルの仕組みも未だ改善途上にあるため、内外双方の圧力がグリーン革新行為のリスクを増大させ、企業がグリーン技術革新を行う惰性を強めている。第二に、技術の側面である。わが国のイノベーション指数ランキングは着実に上昇しているものの、多くの分野において依然としてコア技術を掌握できていないことは否めず、グリーン技術の発展を困難にし、高品質な発展と適合しない状況を生み出している。同時に、既存の人材育成構造の制約によりハイレベル人材の不足が深刻で、技術の発展を阻害し、ひいてはグリーン技術革新の創出を妨げている。さらに重要なのは、グリーン技術の外部性も企業がグリーン技術革新に惰性を生む原因の一つとなっている点である。第三に、文化の側面である。改革開放以来、中国は世界を驚かせるほどの発展速度を維持してきた。これは、中国人民がより良い生活環境を築こうとする熱意、苦労を厭わず勤勉で勇敢な優れた気質によるものである一方、一部の地域が経済発展を最優先に置いてきたことにも起因する。このような雰囲気の中で、企業もまた利益を重視し、社会的責任を軽視し、環境保護は政府の役割だと考え、自らの内生的な動力を欠いているのである。

以上より、環境規制はグリーン技術革新を促進する手段として各国政府に重視されている。その効果を評価する基準は、環境汚染が減少したかどうか、そして技術革新を促進し経済発展の重要な原動力へと転換したかどうかにある。種類の面では、環境規制の主体は政府に限らず、業界団体、企業自身、地域住民もその一翼を担い、手段もまた政府の法律や政策の制定に限定されるものではなく、企業の環境保護に関する誓約や計画、市民の「緑水青山」への美しい生活要求も含まれる。効果の面では、異なる環境規制の作用機序や効果には差異があり、地域内部への影響にとどまらず隣接地域へ波及し漣漪（波及）効果を形成することもある。したがって、差異化された環境規制とグリーン技術革新との関係を理解することは、高品質な経済発展への必由の道である。

2.3.2　環境規制・技術進歩が産業構造に与える影響

改革開放以来、中国の経済発展は大きな進歩を遂げてきた。しかし、これらの成果の一部は環境を犠牲にして得られたものであり、中国の生態環境は基盤が脆弱で自然条件の変化に大きく左右される。特に大気環境が深刻であり、また地域間の不均衡が顕著な問題となっている。とりわけ、中国においては産業構造の不合理性が長らく存在している。2000年から2013年の間、中国のサービス業がGDPに占める比率は平均で42.9%にすぎず、就業者数の比率も平均32.3%にとどまり、先進国と比べるとサービス業の発展は大きく立ち遅れている。経済発展と環境保護の矛盾を調和させるために、中国政府は数多くの環境規制措置を制定・実施してきた。例えば、資源環境圧力を打破するため、国家は生態文明建設の強化という戦略的方針を打ち出し、資源節約型・環境友好型の産業体系を構築し、産業構造の最適化を推進してきた。では、環境規制は中国の産業構造の変遷に実際に影響を与えているのだろうか？もし影響があるとすれば、その伝達経路は何か？ また、異なるタイプの環境規制が産業構造変遷に及ぼす効果にはどのような差異があるのか？これらの問いへの解答は、中国の関連政府部門が政策を制定する際に環境規制を考慮に入れ、多様な環境規制措置を実施するために有益である。

環境規制の核心は政府の関与と指導にある。正の外部性が発生した場合、社会全体には良い影響をもたらすが、実施主体は相応の報酬を得られないため、再び正の外部性行動を取る積極性が損なわれ、時間の経過とともに正の外部性は減少していく。反対に、負の外部性を伴う行動の実施主体は、社会に損失を与えても適切な罰を受けないため、再度負の外部性行動を行う意欲が助長される。したがって、いずれの外部性においても社会的なパレート最適は達成されず、政府の介入が必然的な選択となる。「ピグー理論」や「コース定理」を通じて、経済主体が十分に協議できる環境を構築し、市場の失敗を解決し、最終的に汚染削減の目的を達成することが可能となる。具体的に言えば、環境規制の実施という大きな環境下では、企業は生産活動で発生する汚染に投資して処理せざるを得ず、その結果、生産コストが増加する。最大利益を追求するために、企業はこの非生産的コストの増加をできるだけ抑えるべく、他の方法を模索することになる。その一つの方法は、環境コストを消費者に転嫁することであり、製品価格の上昇を引き起こし、消費者はその製品の使用を減らすか代替品を探すようになる。もう一つの方法は、産業移転によって環境コストを引き下げるか、技術革新によって環境コストの増加を補うことである。企業が技術革新を行えば生産性が向上し、環境コストを削減できるだけでなく、産業構造の変化を直接的に促進することにもなる。もしこれらの措置でも環境コストを削減できなければ、企業は利益がほとんどない、あるいは利益が出ない状況下で投資を減らすか、投資方向を転換することになり、投資構造の変化を通じて産業構造も変化することになる。総じて、環境規制の実施は生産コストを増加させ、最大利益を追求する企業は必ず生産行動を調整することになる。

技術革新は限界収益逓減を克服し、製品生産コストを削減し、市場を拡大し、産業の成長を促進することができる。また、新しい生産工程や道具の出現を促し、産業分業をさらに深化させる。さらにハイテク技術革新は新興産業の成長を促し、産業構造の高度化にも資する。まず、技術革新は既存の産業構造に拡張または収縮の効果を与える。もしある部門が技術革新によって労働生産性を高めれば、その部門と密接に関連しつつも技術革新の遅れた他の関連部門は、産業チェーン全体の発展に追随するため積極的に革新を行うか、あるいは新しい部門に取って代わられることになる。したがって、各部門は淘汰されないために積極的に技術革新を行い、産業チェーン全体、さらには産業構造の最適化と高度化を推し進めることになる。次に、技術革新は伝統産業を改造し、その発展を促進する。伝統産業は現代の経済発展において依然として代替不可能であるが、それでもなお伝統産業部門は新技術・新工芸・新設備を導入して全体的な技術水準を向上させ、高効率・低エネルギー消費・低汚染の状態で既存の生産部門や製品の更新を進め、さらには新製品を創出する必要がある。すなわち、技術革新を通じて伝統産業を改良し、産業構造に技術集約化の発展傾向を示すのである。同時に、この過程において技術革新は新興産業をも創出する。

総じて、一方では、規制は企業や消費者に対する強制的な行動制約であり、市場競争の格局や社会的なイノベーション環境を一定程度変えることになる。規制政策の策定と実施は企業の革新水準や競争力に影響を与える。他方で、政府の環境規制は新しい技術革新分野に良好な制度環境を創出し、需要誘導型の方法によって技術革新活動を刺激することができる。

2.4　環境汚染の時空間分布およびエネルギー消費と炭素排出の予測

世界各国は環境問題に高度な関心を寄せており、環境問題はテロリズムや地域紛争を上回る最重要課題とみなされている（許広月・宋徳勇,2010）。さらに、現段階では環境対策を通じて、より持続可能な経済成長を実現することが避けては通れない現実的課題となっている。我々は中国における環境汚染の認識を深め、環境に影響を及ぼす重要な要素を発見しなければならない。全体的に時間と空間の次元を組み合わせ、地域連動型の生態補償メカニズムを形成することによってのみ、エネルギー利用効率を効果的に高め、総合的な予想目標を達成することが可能となる。

2.4.1 環境汚染の省際測定と分布

改革開放以降、都市化建設が持続的に進展し、中国の都市化率は1979年の19.9%から2019年には60.6%へと上昇し、中国の経済総量、1人当たり生活水準、国際的地位の向上に大きく寄与した。しかし、この過程で環境コストを軽視した開発建設は、中国の生態環境、特に大気環境の深刻な破壊を招いた。2000年以降、中国におけるスモッグ汚染は徐々に悪化し、2013年にはピークに達した。

本節では、中国の都市化建設とスモッグ汚染の現状に基づき、空間発展の視点から都市の多中心化と地域スモッグ汚染の関係を分析する。そのため、以下では都市の多中心化、スモッグ汚染に関する概念や既存研究を整理し、後続の研究に理論的支援と方法的参考を提供することを目的とする。

（1）都市化と多中心化の内涵。都市化（城鎮化とも呼ばれる）とは、ある地域の社会的生産力、科学技術、産業構造などの発展と高度化に伴い、当該地域社会が伝統的な農村型社会から現代的な都市型社会へと徐々に転換していく過程を指す。都市化は複雑かつシステム的な過程であり、学派ごとに異なる解釈が存在する。しかし、その本質からみると、都市化は経済構造の変化、社会構造の変化、空間構造の変化の三つの次元から説明することができる。経済的次元からみれば、都市化は生産活動が単一の農業活動から多様な非農業活動へと徐々に移行する過程を意味する。社会的次元からみれば、都市化は人口移動による文化や価値観の変容、すなわち人口が農村から都市に集中し、さらに農村へと再分散する影響を受けて、都市の文化水準や価値観が発展する過程と理解できる。空間的次元からみれば、都市化は生産要素が農村から都市へ集中し、さらに農村へと再分散する過程を意味する。

また、都市化の発展は社会的次元でも空間的次元でも、おおまかに農村から都市への集中と、都市から農村への再分散という二つの段階に分けられる。したがって、都市化は二つのタイプに分類できる：一つは単中心型都市化発展であり、主に農村から都市への集中段階に現れる；もう一つは多中心型都市化発展であり、主に都市から農村への再分散段階に現れる。単中心型都市構造は典型的な都市構造であり、一つの主要な中心業務地区（CBD）を基点として外へと拡張する単核都市構造であり、中国の第一段階の都市化建設における主要な都市構造であった。しかし、社会経済の発展、都市人口密度の増加、都市規模の拡大、生産要素の飽和に伴い、中国は徐々に都市化建設の第二段階、すなわち都市から農村への再分散段階へと移行していくことになる。

その中で、多中心型都市化発展は主に都市レベルの多中心空間発展、地域レベルの多中心空間発展、国家・グローバルレベルの多中心空間発展を含む。本節が注目する都市の多中心化発展とは、具体的には地域レベルの多中心化を指す。つまり、一つの地域において、多中心都市システムの構築を目標とし、高度な機能的・空間的連結を通じて、特定の要素を複数の独立性を有する都市に比較的均等に分布させることを意味する。

（2）環境クズネッツ曲線（EKC）。クズネッツ曲線はもともと環境と経済の関係を研究するための道具ではなく、1955年に経済学者クズネッツが、一人当たり所得と所得分配の不平等との関係について導き出した曲線であった。1993年、「開発と環境」というテーマの高まりとともに、Panayotouがその理論を借用し、環境の質と一人当たり所得との間に逆「U」字型の関係が存在することを説明し、この関係を「環境クズネッツ曲線」と命名した。古典的な環境クズネッツ曲線は、ある地域の経済発展水準が低い場合、その地域の環境汚染は軽度であるが、一人当たり所得が増加すると環境汚染は徐々に悪化し、さらに一定の経済水準に達すると、一人当たり所得の増加に伴い環境汚染は緩和されることを示している。その後、多くの学者による補完を経て、環境クズネッツ曲線は経済と環境の質の関係分析にとどまらず、環境汚染の非線形的影響を分析する際に広く応用されるようになった。

(3) 空間効果の解釈。空間効果には「空間依存性」と「空間異質性」の二つの形式がある。空間依存性とは、主体行動間の空間的相互作用によって生じるクロスセクション依存であり、厳密には空間確率過程が独立していないことを指す。これは主に二つの原因によって生じる。第一に測定誤差であり、空間単位の固定的な区分や集約によって、社会経済活動が行政境界を越える際に、行政境界に基づく空間単位の区分が偏差を生み、社会経済活動を不適切に分割して空間依存を形成する。第二に空間的連関であり、空間相互作用、空間階層構造、空間スピルオーバー、空間ゲームなどの要因によって生じる。空間依存性の議論は複雑すぎるため、実際の研究では通常、空間依存性の特殊な場合、すなわち空間自己相関に注目する。空間自己相関とは、モデルの推定残差間に空間的な自己相関関係が存在することであり、正の相関、負の相関、無相関に分けられ、モラン指数によって測定される。モデルの誤差項によって空間相関が生じる場合は空間誤差モデル、説明変数の空間依存性によって空間相関が生じる場合は空間ラグモデルと呼ばれる。空間異質性とは、地理的空間構造の非定常性を指し、具体的には、異なる場所における空間構造や社会経済構造に明確な差異が存在し、社会経済活動における空間単位間の不安定な関係を反映するものである。これは主に二つに分けられる。第一はモデル係数の空間異質性であり、関数形式やパラメータの変化として現れる。第二は分散の空間異質性であり、モデル誤差の空間的異分散性を意味する。通常、空間異質性は可変パラメータ、ランダム係数、構造転換によって処理される。また、空間計量分析においては、すべての空間効果を空間重み行列によって測定する必要があり、その基本原則は「距離減衰原則」である。すなわち、二つの観測点間の距離が近いほど、空間関係が密接であるということである。このため、空間重み行列の設定は空間計量分析において特に重要である。

以上のことから、都市化建設が急速に発展する時期に、スモッグ汚染が稀な発生から高頻度の爆発的発生へと至った原因を探ることができる。これは、中国における地域協調発展の推進、地域発展パターンの最適化、新型都市化の質向上に重要な指導的意義を持ち、新型都市化建設の重要性を明確にするものである。

2.4.2　中国におけるエネルギー消費と炭素排出の予測

過去数十年間にわたり、中国は高度経済成長を遂げ、GDP の年間平均成長率は約 10% に達し、世界第2の経済大国となった（劉生龍・高宇寧・胡鞍鋼，2014）。しかし、中国経済の急速な成長という大きな成果と同時に、多大な資源と環境コストが伴った。2007年以降、中国は世界最大のエネルギー消費国となり、二酸化炭素排出量も世界第一位となっている。エネルギーのボトルネックや自然環境の許容力といった問題は、経済の深い転換期にある中国が直面せざるを得ない重要課題である。持続可能な経済発展を実現するために、「第11次五カ年計画」期間中、中国は「省エネ・排出削減総合的行動計画」に基づき、省エネ・排出削減の政策と定量的指標を厳格に実施した。「第11次五カ年計画」の制約目標を基本的に達成した後、「第12次五カ年計画」「第13次五カ年計画」における省エネ・排出削減目標も達成し、「第14次五カ年計画」では「炭素排出総量管理システムを設立し、徐々に炭素排出の絶対量削減に移行する」という目標を掲げている。

エネルギーと環境は非常に密接な関係にある。一方で、人類がエネルギーを獲得・利用する過程では、元々の自然環境を変化させたり、大量の廃棄物を発生させたりし、それを適切に処理しなければ人類の生存基盤である環境を破壊し、汚染する可能性がある。他方で、エネルギーと経済の発展は環境改善を大きく推進する力を持つ。エネルギー経済発展における矛盾は、大きく以下の側面に集約できる。①エネルギー資源の不足と一人当たり保有量の不足、②エネルギー構造の不合理、③エネルギー利用効率の低さと深刻な浪費、④炭素排出の予測精度の不足である。

①と②についてはすでに前文で詳細に説明したため、ここでは繰り返さない。エネルギー効率の向上は全要素生産性の改善に依存する。しかし、従来のエネルギー効率および資源・環境の全体的パフォーマンスの測定は、非エネルギー要素投入の動態的変化や、省エネ・排出削減制約の下で生産者がコスト削減のために行うエネルギー代替効果を軽視してきた。測定方法の改善に伴い、筆者の別著『エネルギー消費に基づく資本とエネルギーの代替効果研究』を参照し、パラメータSFA（確率的フロンティア分析）法を分析ツールとして用い、エネルギー効率を推計する。異なる距離関数形式を用いたシナリオ比較の方法を採用し、「非望ましい産出」を考慮に入れて、静的・動的な比較から資本によるエネルギー代替が地域の汚染排出削減潜在力や地域エネルギー効率空間の向上に与える影響を研究した。まずエネルギー消費と非望ましい産出を含めて生産技術を定義し、その後、資本によるエネルギー代替を考慮するか否かに基づき距離関数を設定する。最後に、確率的誤差による技術非効率性を減少させるため、超越対数型の関数形式を用いて SFA 方法によりエネルギー効率と環境効率を推計

し、各地域の省エネ・排出削減の潜在空間を算出する。

炭素排出の測定に関しては、まず炭素排出の概念を明確にする必要がある。炭素排出とは二酸化炭素だけでなく、その他の温室効果ガスの排出を指し、単一の二酸化炭素指標に限定されない。また、特定の地域、集団、または生物体の温室効果ガス排出量も含まれる。さらに、中国は経済発展水準や石炭燃焼技術、石炭の品質などにおいて諸外国と大きな差異があるため、国外の計算モデルをそのまま中国に適用すると、実際の排出量と大きな乖離が生じるのは必然である。そのため、中国は2000年以降、積極的に排出量の算定研究に取り組み、顕著な成果を上げてきた。

以上より、省エネ・排出削減は社会発展の根本的方向性であり、排出削減を実現し、低炭素社会を構築することは世界経済発展の必然的な潮流である。低炭素経済の発展は、世界的な流れに沿うだけでなく、社会の持続可能な発展を実現する必然的な選択でもある。炭素排出削減は低炭素経済の重要な前提条件であり、またその持続的発展の重要な基盤でもある。したがって、炭素排出の測定と予測を通じて、効果的な削減経路を探ることは、今日における重要課題の一つである。

第3章　エネルギー産業サイクル及び価格変動がマクロ経済に及ぼす影響研究

前章では、エネルギー消費変動がマクロ経済に与える影響メカニズムに関する既存研究を紹介した。研究結果によれば、経済成長とエネルギー消費との依存関係は発展段階によって変化し、すなわち周期的な連動関係が存在する。

現段階においては、潜在成長率の趨勢的低下、国際・国内の需給要因の衝撃、さらにエネルギー・資源制約の強まりにより、中国経済は新たな下行サイクルに突入している。このサイクルにおいて、伝統的エネルギーの過剰生産能力と新エネルギーの供給不足が相まって、中国のエネルギー関連産業の下落速度は加速し、主にエネルギー関連産業に依存する省では経済成長率が減速している。では、中国のエネルギー産業にはどのような周期的変動規律が存在するのか？そのマクロ経済への影響程度と時変的特徴はどうか？エネルギーシステムは複雑なシステムであり、その発展過程では外部環境からの多様な不確実性要因の影響を受けやすい。そして、不確実性・原油価格・為替レートの相互関係は動的かつ多様である。したがって本章では、エネルギー産業のサイクル及び価格変動がマクロ経済に及ぼす影響について研究を行う。

本章は二つの節から構成される。第一節では、中国エネルギー産業の周期的変動とマクロ経済への影響を分析する。まず、主成分分析に基づきエネルギー関連産業の指標を選定して「エネルギー産業稼働指数」を構築し、その周期的変動規律及びマクロ経済の運行規律との関係を分析する。続いて、TVP_VARモデルを構築し、エネルギー産業の周期的変動が産出や物価に及ぼす影響の時変的特徴を実証的に研究する。第二節では、不確実性・原油価格及び為替レートがマクロ経済に与える影響を分析する。まず関連指標を選択し前処理を行った上で、不確実性・原油価格・為替レートに対して Morlet 連続ウェーブレット変換を実施し、パワースペクトル変換を行って時周波数変動状況を示すスペクトル分析図を得て、その変動を分析する。さらに、二者間の位相コヒーレンス・パワースペクトルを描き、三者間の時—周波数領域における連動特性を分析する。最後に、各指標についてGranger因果検定及び非線形因果関係検定を行い、因果関係を分析する。そして、SVARモデルを構築し、インパルス応答図を通じて各指標が他の指標に与える衝撃影響に関する結論を導き出す。

3.1　中国エネルギー関連産業の周期変動とそのマクロ経済への時変的影響

前節までの既存研究は、エネルギーがマクロ経済に及ぼす影響メカニズムを理解する上で有効な参考・示唆を与えてきた。しかしながら、次の点が明らかとなった。第一に、エネルギー関連産業の動向がマクロ経済に与える影響を直接的に取り上げた研究はまだ多くなく、中国のエネルギー関連産業の周期的変動規律を探討する学者も極めて少ないため、更なる研究の必要がある。第二に、既存文献におけるエネルギーとマクロ経済の関連メカニズムの分析は、線形モデルや有限レジームの非線形モデルを用いるものが多く、時変的な枠組みでの検討は比較的少ない。このような背景から、本節ではまず主成分分析法に基づきエネルギー関連産業稼働指数を算出し、その周期的変動の動向を分析する。次に、TVP_VARモデルを用いた実証分析により、エネルギー関連産業の変動が産出や物価水準に及ぼす時変的特徴を明らかにする。最後に、本節の研究結論を提示する。

本節の貢献は主に以下の二点にある。第一に、中国のエネルギー関連産業の運行特性に基づいて産業稼働指数を構築し、その周期的変動特性を分析することで既存研究の不足を補った点。第二に、時変パラメータの枠組みの下で、エネルギー関連産業の発展段階に応じた周期的変動が産出および物価水準に及ぼす影響の時変的特徴と差異を検証し、新常態および供給側構造改革期におけるエネルギー政策立案のための実証的根拠を提供する点である。

3.1.1　主成分分析に基づくエネルギー関連産業周期変動の動向分析

一般に、エネルギー・資源関連産業は周期性の強い産業に属し、マクロ経済の景気度の変化に伴い周期的な変動規律を示す。エネルギーに関する既存研究では、主としてエネルギー価格、特に国際原油価格の変動の観点からその周期変動が分析されてきたが、エネルギー関連産業自体の周期変動への注目は比較的少ない。したがって本研究では、主成分分析法に基づき中国のエネルギー関連産業稼働指数を算出し、その周期的変動規律を分析する。

3.1.1.1　指標の選択とデータ処理

国家統計局が公表した最新の国民経済産業分類基準に基づき、本節ではエネルギー関連の上流の採掘、中流の加工、下流の利用という四大類産業を選定する。具体的には、上流の採掘においては鉱業の中から「石炭採掘・選炭業」（第6大類）と「石油・天然ガス採掘業」（第7大類）を選定する。中流の加工においては製造業の中から「石油精製、コークス及び核燃料加工業」（第25大類）を選定する。下流の利用においては「電力・熱力・ガス及び水の生産・供給業」の中から「電力・熱力生産及び供給業」（第44大類）を選定する。

具体的な指標の選定については、既存研究の多くがエネルギー製品の産出量または産業付加価値を用いて産業の稼働状況を測定してきた。

しかしこの方法は、生産状況を数量的側面から測定することはできるが、価格要因が産業景気度に与える影響を含むことはできず、また製品販売状況を反映することもできない。したがって本節では、以上の要素を総合的に考慮し、産業景気度の変化を最も適切に反映する指標として「主業務収入の対前年比増加率」という収益性指標を選定し、算出に用いることとした。

時系列データには通常、トレンド成分、循環成分、季節成分および不規則成分が含まれるため、エネルギー関連産業の周期的変動特性を効果的に計測するには、トレンド成分・季節成分・不規則成分を除去し、循環成分を分離する必要がある。まず、X-12季節調整法を用いて季節成分と不規則成分を除去し、四大類指標のトレンド成分と循環成分を分離した。次に、HPフィルター法を用いてトレンド成分を分離し、最終的に四大類指標の循環成分を抽出した。最後に、各指標の次元の影響を除去するため、循環成分に対して主成分分析を行う前に標準化処理を施した。本節で使用したデータは月次データであり、サンプル区間は2003年1月から2016年5月までである。すべてのデータは国家統計局ウェブサイトおよび中経網統計データベースから取得し、データ処理と計算はEviews7.0により行った。

図3.1は、本節で選定した四大類産業の周期的運行動態を示している。これを見ると、サンプル期間内における四大類産業の運行動態は基本的に一致しており、すなわち2003～2006年は小幅の下降後に小幅の上昇を示し、全体として変動幅は比較的小さい。2007年には工業経済の急速な成長と経済総量の急拡大に伴い、四大類産業は明確な上昇局面を迎え、2008年末にピークに達した。2009年、米国で発生したサブプライムローン危機が拡大し、国際金融危機として中国に波及したことで、国内投資と輸出入が大幅に落ち込み、2009年第1四半期の経

済成長率は6.4%という低水準にまで下がった。この背景の下、工業生産と需要の低迷がエネルギー需要の減少を招き、エネルギー関連産業の景況感は低下、特に工業生産と高度に関連する石炭・石油産業の落ち込みが顕著であった。2009年3月から9月にかけて、四大類産業の主営業収入の増加率は次々と最低点に達し、石油・天然ガス採掘業、石油精製・コークス・核燃料加工業、石炭採掘・選炭業、電力・熱力生産・供給業の主営業収入は前年比でそれぞれ69.8%、45%、30.5%、10%減少した。2009年末から2010年にかけて、危機の影響に対応するために政府が大規模な景気刺激政策を実施したことで、四大類産業は底部から徐々に上昇し、2010年にピークを迎えた。2010年4月時点で、石油・天然ガス採掘業、石油精製・コークス・核燃料加工業、石炭採掘・選炭業、電力・熱力生産・供給業の主営業収入は前年比でそれぞれ+51.3%、+38.4%、+16.8%、+9.7%の成長を示した。2011～2016年にかけては、景気刺激政策の効果の剥落や国際エネルギー価格の影響を受け、四大類産業の運行は再び大きな変動を示した。特に2015年には国内石炭価格と国際原油価格が大幅に下落したため、短期的に下降局面が現れた。しかし2016年に入ると、石炭や鉄鋼などの産業における過剰生産能力削減政策の効果が徐々に顕在化し、PPIの下落幅が縮小、産業の運行はやや回復傾向を示した。また、サンプル期間全体を通して観察すると、上流の採掘業と中流の加工業の変動幅は下流産業よりも明らかに大きく、すなわち採鉱業と石油精製業は経済景況の変化に対してより敏感であることがわかる。

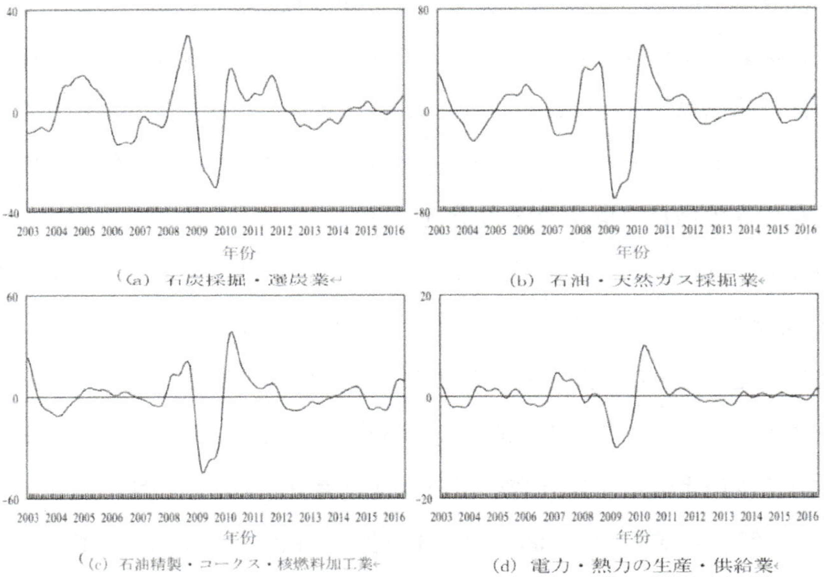

図3.1 エネルギー関連産業運行指数を構成する四大類指標の周期的運行態勢

3.1.1.2 エネルギー関連産業の周期区分と変動動態分析

前節で分離した4つの循環成分に基づき、主成分分析を行った。その結果を表3.1に示す。第1主成分の寄与率は78.15%であり、4つの指標の全体的な変動傾向を十分に反映できていることがわかる。さらに固有値を確認すると、第2主成分の固有値は明らかに小さく（0.5未満）、全体への寄与度は高くないことが分かる。また、第2主成分のスクリープロットにも明確な折れ曲がりが現れている。したがって、本節では第1主成分を抽出し、エネルギー関連産業の運行動向を反映させることにした。そして、第1主成分における各指標の重みを用いてエネルギー関連産業運行指数を合成し、それによってエネルギー関連産業の周期的変動傾向を測定した（図3.2の実線参照）。

表3.1 主成分分析結果

主成分	固有値	寄与率	累積拠出率
1	3.126015	0.7815	0.7815
2	0.463816	0.1160	0.8975

主成分	固有値	寄与率	累積拠出率
3	0.394962	0.0987	0.9962
4	0.015208	0.0038	1.0000

図3.2 エネルギー産業の経営動向とマクロ経済繁栄一致指数

本節では、4大類指標の循環成分を合成してエネルギー関連産業運行指数を作成したため、景気分析の一般的な規律に従えば、指数が0

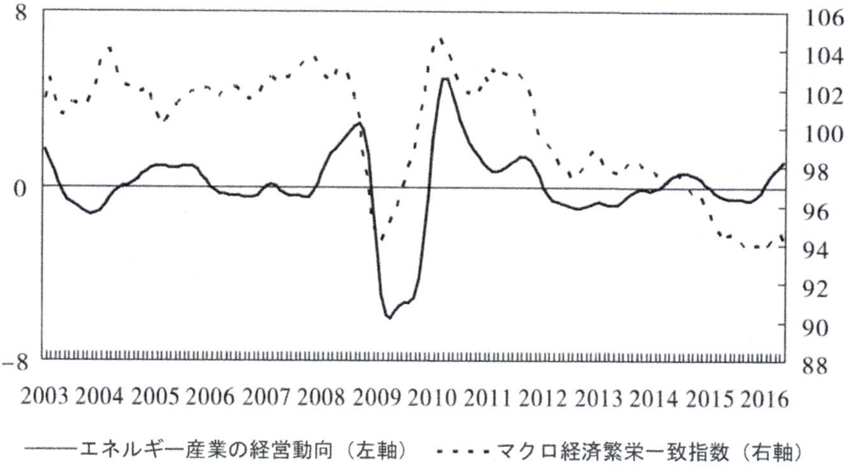

付近にある場合は、エネルギー関連産業の運行が均衡・安定状態にあることを示す。指数が0を上回る場合は、安定状態から逸脱して好況期に入ったことを示し、逆に指数が0を下回る場合は、産業運行が不況期にあることを意味する。また、指数が上昇している場合は、エネルギー関連産業の運行傾向が好転していることを表し、指数が下降している場合は、産業運行傾向が悪化していることを意味する。図3.2から分かるように、2003～2007年の間、エネルギー関連産業の運行は全体的に0ライン上下で小幅に変動しており、この間、中国の工業経済とエネルギー需要は比較的安定的に成長し、エネルギー関連産業の運行も基本的に安定を維持していた。この区間では、エネルギー関連産業は一度の低変動周期を経験している。すなわち、2003年末に谷値に達した後、2003～2005年にかけてインフラ建設や不動産を中心とした産業投資の過熱により、エネルギー関連産業の運行傾向は持続的に好

転し好況期に入った。しかし2006～2007年には、政府が政策調整や資本プロジェクトの清算などを通じて局所的な過熱を抑制したため、産業運行は減速した。2007年末から2009年初頭にかけて、産業運行は大きな変動周期を経験した。この間、2007年の株式市場の爆発的成長に牽引され、中国のマネーサプライと投資増加率が大幅に上昇し、エネルギー関連産業は好況を迎えた。しかし、2008年の米国サブプライム危機の勃発とその伝播によって中国の経済成長率は大幅に低下し、この区間においてエネルギー関連産業は「ピーク」から「ボトム」へと大幅に変動した。2009年初頭から2010年にかけては、政府による大規模な景気刺激策の導入により経済は「V字型」反発を示し、産業運行は再び拡張して好況期に入り、サンプル区間内で最高水準に達した。その後、経済成長率の持続的減速に伴い、産業運行は収縮を続け、2012年以降再び低変動区間に入った。この間、2012年の「ボトム」と2014年の「ピーク」を経験した。

以上の分析から分かるように、エネルギー関連産業の周期的変動規律はマクロ経済の運行規律と高度に関連しており、図3.2からはエネルギー関連産業運行指数がマクロ経済景気一致指数に遅行していることが確認できる。両者の正確な「先行—遅行」関係を数量的に導出するために、エネルギー関連産業運行指数とマクロ経済景気一致指数の交差相関性検証を行った。その結果は表3.2に示されている。これによると、景気指数が2期遅れたとき、両者の相関性が最も高くなることが分かった。したがって、エネルギー関連産業の周期変動はマクロ経済景気の変動に対して2か月遅行することが明らかになった。同時に、両者の運行規律が高度に一致していることは、我々が構築したエネルギー関連産業運行指数の妥当性を裏付けている。

表3.2 エネルギー産業稼働指数とマクロ経済繁栄指数の相関検定

景気指数の遅行期間	0	1	2	3	4	5
相関係数	0.4143	0.4779	0.5099	0.5081	0.4759	0.4202

我々はさらに、景気循環の分析手法を用いて、エネルギー関連産業の周期の回数、周期の長さ、転換点、拡張期の長さおよび収縮期の長さを区分し、エネルギー関連産業の周期的変動パターンをより正確に記述する。サンプル区間内で最初に出現した転換点が「谷」であったため、「谷から谷」を1つの周期とする判断基準を採用し、その区分結果を表3.3に示すこととする。これによれば、2003年1月から2016年5月までの間に、中国エネルギー関連産業の運行は合計4回の完全な周期を経験しており、そのうち最短の周期は19か月、最長の周期は46か月に達し、平均周期の長さは約3年（35.5か月）であった。特に、世界金融危機の前後において周期の長さが明らかに短縮しており、エネルギー関連産業の周期運行が経済危機の影響を強く受けることが示されている。2007年9月から2010年4月にかけては、2度の拡張局面がいずれも1年間続いた一方で、収縮期は7か月にとどまった。その原因は、危機の発生が突発的で衝撃力が大きいという特性を持つため、産業の周期的拡張を明確に抑制すること、また危機後に中国政府が果断に実施した景気刺激政策が、産業の周期的収縮期間を顕著に短縮させたためである。

表3.3 エネルギー産業における周期的変動の相区分

サイクル	転換点			周期の長さ（月）		
	トラフ	紋章	トラフ	拡大期	収縮期	サイクル
1	2003年11月	2005年8月	2007年9月	21	25	46
2	2007年9月	2008年9月	2009年4月	12	7	19
3	2009年4月	2010年4月	2012年8月	12	28	40
4	2012年8月	2014年8月	2015年9月	24	13	37

3.1.2　エネルギー関連産業サイクル変動が産出と価格に及ぼす影響の時変的特性

エネルギー関連産業のサイクルとマクロ経済サイクルの運行傾向は基本的に一致しているが、その周期的変動が産出と価格に与える影響の規則性については、さらなる実証的研究が必要である。産業の周期的運行規則の存在は、客観的に構築されるモデルに時変係数を備えることを要求している。したがって、本研究ではエネルギー関連産業サイクル変動が産出と価格に及ぼす影響の時変的特性を分析するため、時変パラメータ・ベクトル自己回帰モデル（TVP-VAR）をさらに活用する。

3.1.2.1　モデルとデータ

まず、基本的な構造的VARモデルを定義する：

$$Ay_t = F_1 y_{t-1} + \cdots + F_s y_{t-s} + \mu_t, t = s+1, \cdots, n \quad (3.1)$$

ここで、y_tは経済変数で構成された$k\times1$次元のベクトル、Aは$k\times k$次元の同時性パラメータ行列、F_1、...、F_sは$k\times k$次元の係数行列である。また、μ_tは$k\times1$次元の構造的ショックであり、本節では以下を仮定する：

$\mu_t \sim N(0,\Sigma\Sigma)$、ここで

$$A = \begin{bmatrix} 1 & 0 & \cdots & 0 \\ a_{21} & \ddots & \ddots & \vdots \\ \vdots & \ddots & \ddots & 0 \\ a_{k1} & \cdots & a_{k,k-1} & 1 \end{bmatrix}$$

既存研究の処理手法に従い、構造的ショックの同時関係行列は再帰識別過程に従うと仮定する。したがって、Aは下三角行列となる：

$$A=\begin{bmatrix} 1 & 0 & \cdots & 0 \\ a_{21} & \ddots & \ddots & \vdots \\ \vdots & \ddots & \ddots & 0 \\ a_{k1} & \cdots & a_{k,k-1} & 1 \end{bmatrix}$$

したがって、モデル(3.1)は以下のSVARモデルに簡略化できる：

$$y_t = B_1 y_{t-1} + \cdots + B_s y_{t-s} + A^{-1}\sum \varepsilon_t, \varepsilon_t \sim N(0, I_k) \tag{3.2}$$

ここで、$B_i = A^{-1}F_i, i = 1,\cdots,s$。Bの行要素を直列化して$k^2s\times 1$次元のベクトルβとし、また$X_t = I_s \otimes (y_{t-1},\cdots,y_{t-s})$と定義する（⊗はクロネッカー積を表す）。よって、モデルは次のように表される：

$$y_t = X_t\beta + A^{-1}\sum \varepsilon_t \tag{3.3}$$

この過程で基本的なSVARモデルが構築されたが、その係数および分散共分散パラメータは固定されており、時変性を持たない。これを基礎にして、本研究ではすべての係数と分散共分散パラメータを時変とし、さらにモデルを拡張してTVP_VARとする。モデルの形式は以下の通りである：

$$y_t = X_t\beta_t + A_t^{-1}\sum_t \varepsilon_t, t = s+1,\cdots,n \tag{3.4}$$

ここで、係数β_t、同時性パラメータA_t、分散共分散行列Σ_tはすべて時変である。モデル中のパラメータ進化には多様な方式があるが、本節ではPrimiceri(2005)およびJouchi　Nakajimaら(2011)の処理方法を採用する。下三角行列A_tの非0および1の要素を直列化して1つの列ベクトルとする。すなわち：

$$a_t = (a_{21}, a_{31}, a_{32}, a_{41}, \cdots, a_{k,k-1}),\quad h_t = (h_{1t}, \cdots, h_{kt}),$$

ここで $h_{it}=\log\sigma_{it}^2, i=1,\cdots,k$; $t=s+1,\cdots,n$。同様に、式(3.3)におけるパラメータは以下のランダムウォーク過程に従うと仮定する：

$$\begin{cases}\beta_{t+1}=\beta_t+\mu_{\beta t},\\ a_{t+1}=a_t+\mu_{at},\\ h_{t+1}=h_t+\mu_{ht},\end{cases}\quad \begin{pmatrix}\varepsilon_t\\ \mu_{\beta t}\\ \mu_{at}\\ \mu_{ht}\end{pmatrix}\sim N\left(0,\begin{pmatrix}I & O & O & O\\ O & \Sigma_\beta & O & O\\ O & O & \Sigma_a & O\\ O & O & O & \Sigma_h\end{pmatrix}\right),\quad t=s+1,\cdots,n$$

その中で、$\mathbf{h}_t=\left(h_{1t},\cdots,h_{kt}\right)$, $h_{it}=\log\sigma_{it}^2$, $i=1,\cdots,k$; パラメータが次の正規分布に従うと仮定する：

$$\beta_{s+1}\sim N(\mu_{\beta_0},\textstyle\sum_{\beta_0}),\quad a_{s+1}\sim N(\mu_{a_0},\textstyle\sum_{a_0}),\quad h_{s+1}\sim N(\mu_{h_0},\textstyle\sum_{h_0})$$

さらに、上記のランダムウォーク過程における各パラメータ攪乱項の共分散行列 Σ_β、Σ_a と Σ_h を設定する。本節では既存文献の大部分に従い、推定過程を簡略化するため、それらを対角行列と仮定する。上述のTVP-VARモデルは、ベイズ推定の枠組みにおいてマルコフ連鎖モンテカルロ（MCMC）法を用いて推定を行う必要がある。その際、ベイズ推定では多くの状態変数が非定常なランダムウォーク過程に従うため、過剰識別の問題が生じやすい。したがって、事前分布の設定が重要となる。ランダムウォーク過程の事前分布設定には主に2つの方法がある。1つはPrimiceri（2005）が提案した方法で、パラメータの事前値が正規分布に従うと仮定し、サブサンプル区間において非時変パラメータVARモデルを推定し、その推定された平均と分散を事前分布の平均と分散として用いる方法である。もう1つはJouchi Nakajimaら（2011）が提案した方法で、合理的な単調な事前値を主観的に設定し、複数回の推定によるロバスト性の検証を行う方法である。本節では第2の方法に従い、パラメータ β、α とhの事前分布を平均ゼロの正規分布と仮定し、さらに共分散行列の第i対角要素が以下の逆ガンマ分布に従うと仮定する：

$$\left(\Sigma_{\beta}\right)_{i}^{-2} \sim \mathrm{Gamma}(40, 0.02), \left(\Sigma_{a}\right)_{i}^{-2} \sim \mathrm{Gamma}(4, 0.02), \left(\Sigma_{h}\right)_{i}^{-2} \sim \mathrm{Gamma}(4, 0.02)。$$

事前分布の設定が完了した後、データ集合 $y = \{y_t\}_{t=1}^{n}$ と事前分布 $\omega = (\Sigma_\beta, \Sigma_a, \Sigma_h)$、に基づき、以下のMCMCステップに従ってTVP-VARモデルのパラメータ推定を行う：1.β、α、h、ω を初期化する。2.$\beta \mid \alpha, h, \Sigma_\beta, y$をサンプリング。3.$\Sigma_\beta|\boldsymbol{\beta}$をサンプリング。4.$a \mid \beta, h, \Sigma_a, y$をサンプリング。5.$\Sigma_a|\boldsymbol{\alpha}$をサンプリング。6.$h \mid \beta, a, \Sigma_h, y$をサンプリング。7.$\Sigma_h|h$をサンプリング。8.2.に戻る。このうち、第2歩と第4歩ではDeJongとShephard（1995）およびDurbinとKoopman（2002）のシミュレーションフィルターを用いてサンプリングを行う。第6歩ではShephardとPitt（1997）の考え方を借りて、多重移動サンプリング法を採用する。第3歩、第5歩、第7歩では、共役事前分布下のガンマ分布から直接サンプルを生成する。本モデルのパラメータ推定方法については、Primiceri（2005）およびJouchi Nakajimaら（2011）を参照されたい。本節ではこれ以上詳述しない。

上記のモデル枠組みにおいて、本研究ではエネルギー関連産業稼働指数、鉱工業付加価値、CPIおよびPPIの4つの変数を用いて計算を行う。エネルギー関連産業稼働指数は本節第2部で算出されたものであり、鉱工業付加価値は累計実質前年比成長率を採用する。価格の側面については、CPIとPPIの前年比成長率を用いる。すべてのデータは月次データであり、サンプル期間は2003年1月から2016年5月までである。鉱工業付加価値、CPIおよびPPIのデータは中経網統計データベースから取得した。データの記述統計は表3.4に示す通りである。

サンプル期間内では、マクロ経済変数もエネルギー関連産業稼働指数も平均値を中心に上下に変動しているが、標準偏差、最大値および最小値から見て、その変動幅は比較的大きいことがわかる。特に、エネルギー関連産業稼働指数の平均値は0であり、その周期的変動が比較的対称的であること、すなわち拡張と収縮の時間および振幅がほぼ同等であることを示している。単位根検定の結果、すべての系列は少なくとも10%水準で定常であり、時系列モデリングに利用可能である。ラグ選択基準に基づき、本節のモデルは2次ラグを採用し、計算過程はMatlab2008によって行われた。

表3.4 モデルで使用されるデータの記述統計

変数	産業付加価値成長率（%）	消費者物価指数（CPI）上昇率（%）	PPI成長率（%）	エネルギー業界 輸送 わかりました 参照する 番号
平均	13.20	2.73	1.49	0.00
標準偏差	4.87	2.08	4.54	1.77
最大	28.43	8.7	10.10	4.96
最小	-2.40	-1.8	-8.20	-5.99

3.1.2.2　推定結果と時変インパルス応答分析

まず、1000 サンプルを含む予備シミュレーション期間（Burn-in Period）を設定し、その後、M=10000 の通常シミュレーションサンプル長を選択した。表3.5には、モデルの一部パラメータ後方分布の平均値、標準偏差、95%信頼区間、Geweke収束診断値および無効影響因子が示されている。

Geweke収束診断値は、前方のn_0個系列と後方のn_1個系列の比較によって表され、MCMCシミュレーションで生成されたサンプル系列の定常性を測定するために用いられる。その定義は以下の通りである。

$$CD = (\bar{x}_0 - \bar{x}_1) / \sqrt{\hat{\sigma}_0^2 / n_0 + \hat{\sigma}_1^2 / n_1}, \bar{x}j = \frac{1}{n_j} \sum i = m_j{}^{m_j + n_j - 1} x^{(i)}, \quad (3.5)$$

ここで、$x^{(i)}$は第i番目の系列を表す。もしMCMCシミュレーションで生成されたサンプルが定常系列であれば、Geweke収束診断統計量は正規分布に収束する。本節のシミュレーションサンプル長に基づき、計算においてはm_0=1、n_0=1000、m_1=5001、n_1=5000と設定した。シミュレーションサンプル数と無効影響因子の比は、シミュレーションによって生成された非相関サンプルの数を意味する。表3.5の統計診断結果から見ると、5%の有意水準において、モデルの各パラメータはいずれも帰無仮説を棄却せず、すなわち後方分布に収束していることが確認された。無効影響因子の最大値は48.06（$(\Sigma_\alpha)_2$）であり、少なくとも10000/48.06≈208個の非相関サンプルが得られることを示している。以上の結果から、10000のシミュレーションサンプル数はパラメータ推定に十分であり、モデル推定は良好な結果を得たといえる。

表3.5 TVP_VAR モデルパラメータ推定結果

パラメータ	平均	標準偏差	95%信頼区間	ゲヴェケ収束診断価値	インパクトファクターが無効です
$(\Sigma\beta)_1$	0.0234	0.0147	[0.0073,0.0636]	0.01	40.25
$(\Sigma\beta)_2$	0.0067	0.0020	[0.0037,0.0117]	0.00	13.86
$(\Sigma a)_1$	0.0056	0.0016	[0.0035,0.0095]	0.03	42.91
$(\Sigma a)_2$	0.0055	0.0018	[0.0014,0.0098]	0.61	48.06
$(\Sigma h)_1$	0.0495	0.1190	[0.0034,0.4559]	0.00	16.84
$(\Sigma h)_2$	0.0061	0.0022	[0.0021,0.0121]	0.69	36.22

以上の推計結果に基づき、エネルギー関連産業稼働指数のショックが工業付加価値、CPIおよびPPIに与える影響を計算した。係数が時変的であるため、異なる時点に基づいてインパルス応答関数を算出することが可能であり、その結果を比較することで時期ごとの影響の差異を明らかにすることができる。本節では、2009年4月、2010年4月および2015年1月の三つの代表的時点を選択した。これらの時点を選んだ利点は、エネルギー関連産業の繁栄期と不況期における産出効果および価格効果の相違を比較分析できる点にある。第二節での区分によれば、2009年4月は第3循環期の起点（谷）にあたり、産業稼働の不況期

を代表する。一方、2010年4月は第3循環期のピークであり、産業稼働の繁栄期を代表する。本研究で第3循環期を選んだ理由は、第3循環期の変動幅が他の循環期よりも顕著であり、そのショック効果もより明確で代表性が高いためである。さらに、経済発展の「新常態」においてエネルギー関連産業が産出や価格に与える新たな特徴を検証するため、2015年1月を追加的に分析対象とした。

図3.3に示されるように、エネルギー関連産業稼働指数に一標準偏差のショックが発生した後、工業付加価値は3つの代表時点において基本的に同様の反応パターンを示し、2か月後に正の反応のピークに達し、その後影響は次第に減少していく。しかしながら、3つの時点においてエネルギーショックが工業付加価値に与える影響の大きさには明らかな差異が存在する。具体的にみると、不況期（2009年4月）においては、エネルギー産業の正のショックは短期的に産出増加を促進するが、その持続期間は5か月にとどまり、その後は中長期的に産出増加を抑制する効果をもたらす。すなわち、不況期においてエネルギー投入を大量に行い経済成長を刺激する方式は短期的効果しか持たず、その長期的弊害に十分な注意を払う必要がある。繁栄期（2010年4月）においては、エネルギーショックが産出に対して持続的な正の効果をもたらし、エネルギー関連産業の景況感の改善が産出増加を顕著に促すことが確認できた。この結果は中国の歴史的経済発展のパターンとも一致しており、石炭、石油、電力などの産出と収益が大幅に上昇した時期が、経済の急速成長期と重なることから、中国経済成長がエネルギーに対して比較的高い依存度を持っていることを示している。新常態期（2015年1月）についてみると、その反応パターンはエネルギー関連産業の不況期と類似している。当時、中国経済成長には下方圧力が強まっており、過剰生産能力、工業の有効需要不足、さらに国際

エネルギー価格の変動といった要因の影響を受け、エネルギー関連産業の景況感は歴史的に低い水準にあった。したがって、現段階では、大量のエネルギー投入によって産出増加を促進し続けるべきではなく、一部の大規模な「ゾンビ企業」と化したエネルギー関連企業を支援することも適切ではない。むしろ、供給側構造改革を断固として推進し、過剰生産能力を解消することによって、長期的にエネルギー関連産業の収益性向上を実現する必要がある。

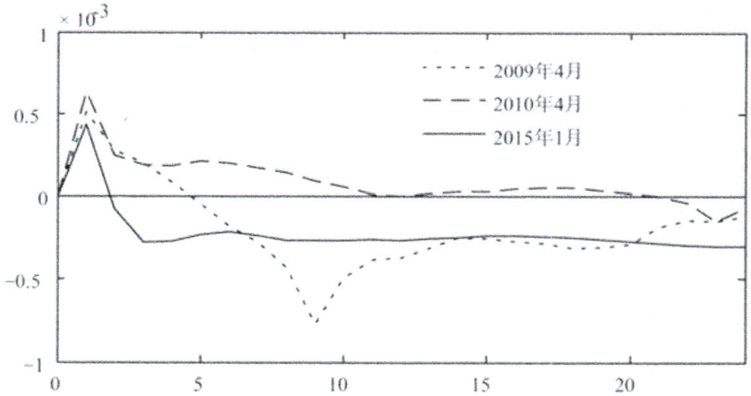

図3.3 エネルギーショックが産業付加価値に与える影響

価格効果の観点から見ると（図3.4および図3.5参照）、3つの異なる時期において、エネルギー関連産業ショックがCPIおよびPPIに与える影響の形態は基本的に一致しており、第2か第3か月に正の影響効果が最大となり、その後はエネルギー関連産業が物価水準に与える影響は徐々に低下していく。しかしながら、時期によってその影響の程度には顕著な差異が存在する。不況期においては、エネルギーショックが物価水準に与える正の影響はおよそ6か月間持続するが、その後はエネルギー関連産業の稼働水準の上昇が物価水準の上昇を抑制することになり、すなわちエネルギーショックが物価水準に与える影響は短期的効果にとどまり、長期的効果は持たない。この結果は、不況期においてエネルギー投入によって物価水準の回復を刺激し、エネルギー関連産業の発展を支援するというモデルが持続不可能であることを示している。そのような政策は将来的に物価水準のさらなる下落を引き起こし、さらにはデフレーションを招く可能性すらある。

これに対し、エネルギー関連産業が発展する繁栄期においては、エネルギーショックが物価水準に与える正の影響は短期的効果と長期的効果の両方を有している。すなわち、エネルギー関連産業の景況感が高いときに産業の健全な発展を奨励し促進することは、物価水準の回復に有利であることを意味する。「新常態」期の状況をみると、その影響効果はエネルギー関連産業が発展する不況期と類似しており、比較的長期にわたってエネルギーの正のショックが物価水準の上昇を抑制することになる。

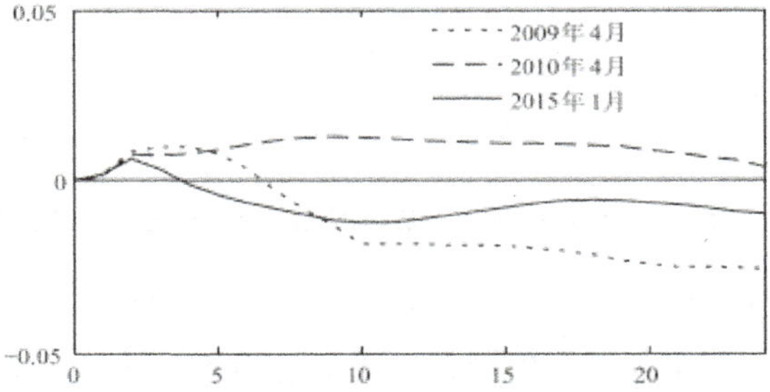

図3.4 エネルギーショックのCPIへの影響

エネルギー関連産業ショックが産出と価格に及ぼす影響の差異をさらに比較するために、サンプル全期間におけるエネルギー関連産業ショックが工業付加価値、CPIおよびPPIに与える最大衝撃反応図（図3.6参照）を作成した。その結果、以下の点が明らかになった。第一に、エネルギー関連産業ショックの価格効果は産出効果よりも明らかに大きく、すなわちエネルギーショックがCPIおよびPPIに与える影響の程度は工業付加価値よりも大きい。第二に、上流と下流の価格を比較すると、エネルギーショックがPPIに与える影響の程度はCPIよりも大きい。

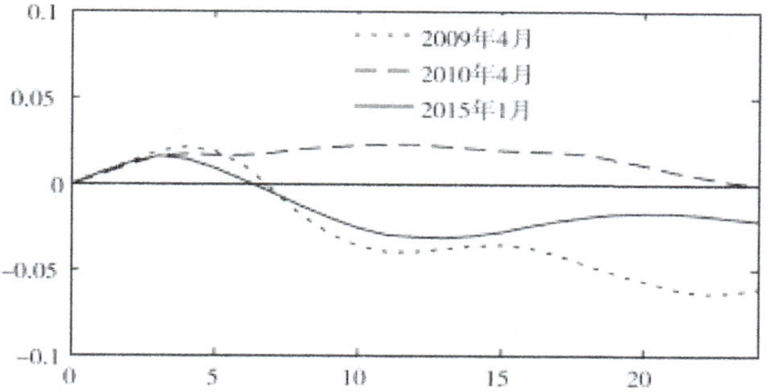

図3.5 エネルギーショックが生産者物価指数（PPI）に与える影響

以上の結果をもたらした原因は以下の通りである。第一に、エネルギー関連産業は価格に対して比較的敏感であり、石炭、電力、国際原油価格などの変動とエネルギー関連産業の稼働との間には顕著な連動関係が存在する。そして、エネルギー価格の変動は他の工業製品や一部消費財へ容易に波及する。第二に、エネルギー関連産業は工業部門の一部にすぎず、その周期的変動によって工業全体の稼働状況が決定されるわけではない。第三に、エネルギー関連産業自体は工業に属するため、その製品価格の変動は本質的にPPIに含まれる。同時に、その産業景気の変化は比較的速いスピードで他の工業製品に伝わりPPIに影響を及ぼすが、消費財の販売段階への伝達は相対的に遅く、場合によっては滞留が生じる可能性もある。

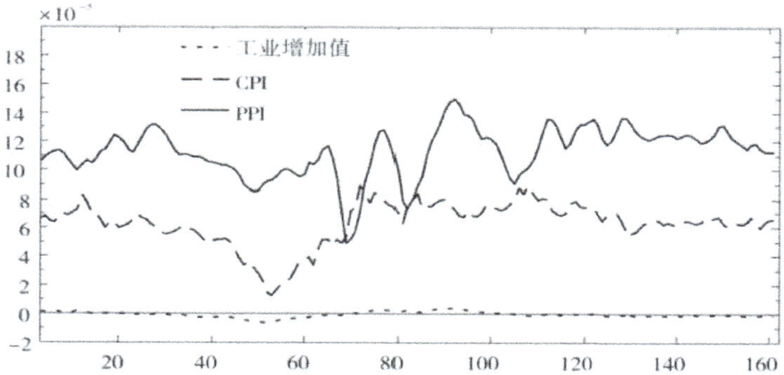

図3.6 時間変動インパルス応答の比較

総合的にみると、エネルギー関連産業ショックが産出と価格に与える影響には明確な順循環性が存在する。すなわち、産業発展の繁栄期においては、その正のショックが持続的に産出水準と価格水準を押し上げることができるが、景気低迷期においては、その影響は短期的効果にとどまり、長期的には産出水準の成長や価格水準の回復に不利となる。

エネルギーショックが産出と価格に及ぼす影響を比較すると、価格効果は産出効果よりも強く、またPPIへの影響はCPIよりも大きい。現段階において、中国経済の成長は下方圧力が強まり、CPIは低水準で推移し、PPIは持続的なマイナス成長を示している。同時に、エネルギー関連産業も相対的に低い景気局面にある。したがって、エネルギー投入を拡大し、エネルギー関連産業の発展を支援するモデルは、産出と価格水準を持続的に押し上げることができないだけでなく、現在提唱されている省エネ・環境保護の趨勢にも合致しない。長期的な視点から余剰生産能力を解消し、供給側から優良企業の競争力を高めることで、産業と経済発展を新たな上昇局面へと導く必要がある。

3.1.3 結論

改革開放以来40年以上にわたり、中国経済は持続的かつ高速な成長を遂げ、その間にエネルギー関連産業の急速な発展とエネルギー消費の持続的増加が経済成長を支える重要な原動力となってきた。現段階では、潜在成長率の趨勢的低下、国際・国内の需給要因の衝撃、エネルギーおよび資源制約の強まりに伴い、中国経済は新たな下降局面に突入している。この周期において、伝統的エネルギーの過剰生産能力と新エネルギー供給不足により、エネルギー関連産業の下落速度が加速し、エネルギー産業に依存する省の経済成長率も低下している。では、中国のエネルギー関連産業の周期的変動規律はどのようなものか。そのマクロ経済への影響程度と時変的特徴はどのようなものか。これらの問題を理解することは、中国エネルギー関連産業の稼働をより包括的に理解し、関連産業政策の策定に有効な参考を提供する上で有益である。

以上を踏まえ、本節ではまず代表的なエネルギー関連産業指標を選定してエネルギー関連産業稼働指数を構築し、その周期的変動規律を分析した。次に、TVP_VARモデルを構築して、エネルギー関連産業の周期変動が産出と価格に及ぼす時変的特徴を実証的に研究した。研究結果は以下を示している。2003年1月から2016年5月までの間に、中国のエネルギー関連産業は計4回の完全な周期を経験し、平均周期長は約3年であった。エネルギー関連産業の周期変動はマクロ経済景気変動に遅行し、その遅行期間は2か月である。エネルギー関連産業ショックが産出と価格に与える影響には明確な順循環性が存在し、価格効果は産出効果よりも強く、PPIへの影響はCPIよりも大きい。

実証結果と現象からみれば、中国のエネルギー関連産業とマクロ経済景気の変動動向には明確な周期的類似性があり、エネルギーは中国の工業経済発展において重要な役割を果たしている。特に、エネルギーショックがPPIに顕著な影響を与えている。この現象の根本的原因はさらに探究する必要がある。本質的には、この現象は中国の長期にわたる経済発展方式と生産技術水準の遅れを反映している。中華人民共和国成立初期には、生産の回復と完全な工業体系の構築が喫緊の課題であり、この時期にはエネルギーが相対的に不足していた。改革開放以降、現代工業体系の継続的な整備とエネルギー供給の増加に伴い、中国のエネルギー消費は持続的に増加し、特に2000年以降はエネルギー投入が急速に増大した。したがって、過去の中国経済の急速な成長は、ある程度エネルギー依存型として表れており、生産技術水準の遅れによって単位産出額あたりのエネルギー投入が多く依存する結果となった。この結論は多くの中国の学者の研究によっても裏付けられている。現在、「成長の安定」と「環境保護」という二重の圧力の下で、経済成長のエネルギー過度依存から脱却し、経済発展方式の転換と技術水準の向上を実現することは喫緊の課題である。

研究結果と議論に基づき、以下の政策的示唆を得ることができる。第一、現段階においてエネルギー関連産業とマクロ経済の周期的変動規律は類似しており、その稼働はマクロ経済景気指数に遅行するため、マクロ経済稼働を判断する遅行指標として利用できる。エネルギー関連産業の稼働規律を分析することで、マクロ経済景気一致指数の趨勢や先行指数の警告を検証・評価・補完し、マクロ経済の動向をより正確に判断・予測できる。第二、現在のマクロ経済下振れ、消費財価格の低位成長、工業製品価格の下落、エネルギー関連産業の不振といった背景下では、エネルギー規模の拡張やエネルギー関連産業の支援によって経済や価格水準の回復を刺激する政策は持続困難であり、むしろ逆効果をもたらす恐れがある。供給側構造改革を断固として推進し、エネルギー関連産業の過剰生産能力の削減やゾンビ企業の整理を通じて需給の不均衡を是正し、将来的に長期的に産業収益の改善と価格水準の回復を実現するべきである。第三、現段階において中国のエネルギー関連産業の稼働は依然としてマクロ経済に大きな影響を与えており、これは一定程度、国際エネルギーショックに対するマクロ経済の防御力を低下させている。そのため、産業転換・高度化と構造調整を継続的に推進し、国際エネルギー供給や価格変動が経済に与える影響を最小限に抑える必要がある。一方では、工業内部における戦略的新興産業など高技術製造業の比率を高め、エネルギー関連産業への依存を減少させる。他方では、第三次産業の比率を引き続き引き上げ、産業構造をより合理的なものとする必要がある。第四、中国の工業体系はいまだ中高水準への移行の鍵となる段階にあり、省エネと経済成長との間には不可避的に矛盾が存在する。したがって、エネルギー構造の調整を持続的に推進し、クリーンな新エネルギーを積極的に開発して、長期的に化石エネルギーの代替を進め、エネルギー集約型かつ環境に優しい経済発展方式を実現すべきである。

3.2　不確実性、原油価格および為替レートが中国マクロ経済に与える衝撃影響

エネルギーシステムは複雑なシステムであり、その発展過程において外部環境からの多種多様な不確実性要因の影響を受けやすい。不確実性と原油市場とは密接に関連しており、不確実性要因の変動は程度の差こそあれ原油価格に正または負の影響を及ぼす。また、原油価格の激しい変動は経済政策、政治環境、さらには市場における恐慌程度に相応の変化を引き起こす。それらの相互関係は多様であり、かつ動態的特徴を呈しており、時間・周波数・価格水準の変化に応じて異なる特性を示す。要因間の相互作用は、開放的で動態的な複雑システムを形成している。経済政策不確実性指数と原油市場との相互影響は主に中長期に集中しており、その持続時間が長く、また時間の変化や経済危機イベントに敏感であるという特徴を示している（馮鈺瑶・劉暢・孫暁蕾，2020）。

経済政策の不確実性は実体経済に重要な影響を与えると同時に、価格変数にも衝撃を与える。例えば住宅価格、為替レート、株価などもそれによって変化する（馮美星，2017）。不確実性と原油収益率の間にも動態的な相互関係が存在し、原油価格が不確実性に与える衝撃は、原油先物よりもはるかに大きい（朱徳忠・王茜，2017）。欧米地域の異なる市場間における為替レートと原油価格との相関関係は負であり、

この関係は比較的強い。一方、円と人民元の為替レートと原油価格との相関関係は正として表れることが多いが、その関係性は比較的弱い（付哲，2019）。

主観的な経済不確実性もまた経済に影響を与える。例えば、米国の主観的な経済不確実性は人民元の減価を引き起こし、人民元為替レートの変動を抑制する。一方、中国の主観的不確実性は人民元為替レートの変動幅を拡大させる（閻帥，2018）。中国の外国為替市場介入は人民元為替レート変動を平滑化する作用を持ち、とりわけ外貨売却操作に比べて外貨購入操作の方がその効果が顕著である。中国の為替市場介入は人民元為替レートの変動を低減させることができ、為替レートの不確実性が上昇すれば、人民元為替レートの変動幅は必然的に拡大し、同時に人民元の減価をもたらす。

不確実性は為替レート市場に対して負の影響を与え、しかもその影響は一定不変のものではなく、長期においてはその衝撃がより深刻となる。また、この影響の効果は国ごとに異なる。例えば米中両国の間には大きな差が存在する。不確実性の増加が為替レートの変化を引き起こす点では共通しているが、米国の経済政策不確実性は為替レートのボラティリティに対して中国よりも長期的に大きな影響を及ぼしている。期間構造の観点からみると、経済政策不確実性が遠期為替レートのボラティリティに与える長期的影響は次第に減少していく。不確実性が為替レートの収益率とボラティリティに及ぼす溢出効果を比較すると、不確実性が人民元為替レートに及ぼす溢出効果は、収益率よりもむしろボラティリティにおいて顕著に現れていることが分かる（王凱，2019）。

国際原油価格と為替レートとの関係は一層複雑であり、これを分析する際には一律に扱うことはできず、探究する具体的な問題と結び付けて考察する必要がある。国際原油価格の上昇は人民元の増価圧力を明らかに高める（周欣・何嘉慶，2015）。原油価格が人民元為替レートに及ぼす影響は、主に国際収支と国内経済の二つの側面に由来する。逆に、人民元為替レートの影響が国際原油価格へと伝達される経路は「価格決定」「投資」「貨幣市場」の三つが存在する（陳羽瑱，2017）。

原油価格変動と為替レートとの関係については、趙茜（2017）が、人民元為替レートは原油価格変動の顕著な影響を受け、その衝撃は一定の持続性を有し、為替レート変動の重要な要因であると指摘している。王三・韓俊（2019）は、WTI実質原油価格と中米為替レートが逆方向に変動する関係を発見した。オフショア人民元為替レートとWTI価格は長期的に逆方向の変動関係を顕著に示している（黄広儀，2019）。需要要因によって引き起こされる国際石油価格の変動が中米為替レート水準に与える影響は、その程度と方向において強い時変性を持ち、また人民元為替レート水準が国際石油価格に対して有する影響力も著しく強化され、その方向性も明確になっている（王浩宇，2020）。国際原油価格収益率と人民元為替レート収益率との間には高い負の相関関係が維持されており、すなわち国際原油価格が上昇すれば人民元為替レートは下落し、その結果として国際原油価格が下落する可能性が高まる。国際原油価格収益率と人民元為替レート収益率との間には安定的な動態的相関関係が維持され、持続性も良好である。これは原油価格と人民元為替レートの間にボラティリティの溢出効果が存在することを示している（聞卓，2018）。

文献の読解と整理を通じて、不確実性・原油価格・為替レートの変動はいずれも産出、物価、失業率などに経済的影響を及ぼすことが確認できる。また、既存の文献分析からは、現有研究においては国際原油価格や不確実性が経済状況に与える衝撃を個別に探究するものが多く、不確実性・原油価格・為替レートの三者を相互に関連付け、併せてそれらが中国マクロ経済に与える衝撃を考慮した研究は見当たらないことが分かる。さらに、現有文献の多くは伝統的な計量モデルに基づいて問題を分析しているため、古典的計量モデルの仮定が成立しない場合、結果に偏りが生じるのは避けられない。これらの問題を踏まえ、本節では小波分析ツールを導入し、SVARモデルを用いて実証研究を行うことを試みる。

本節は主に、不確実性・原油価格・為替レートの変動という三つの側面から、国内外における本問題に関する研究現状を総括する。不確実性・原油価格・為替レートの変動は、産出、物価、進出口、失業率などに影響を及ぼす。また、これらの間には一定の相互関係が存在し、経済に影響を与える。したがって、それらが中国マクロ経済に与える影響を研究することは応用的価値と現実的意義を有している。マクロ経済への影響状況の概念図は図3.7に示されている。

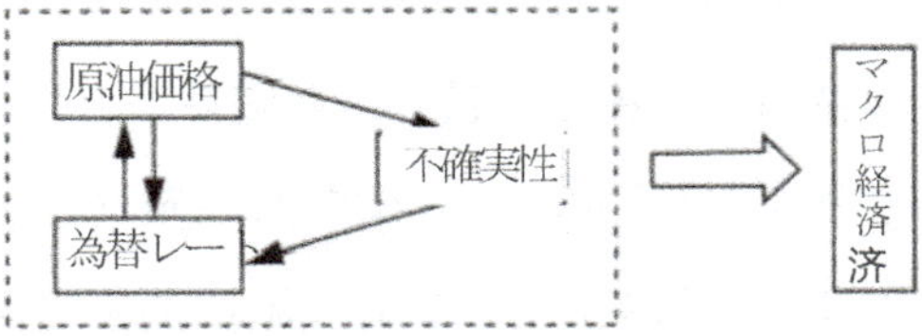

図3.7 マクロ経済が受ける影響状況の示意図

3.2.1 指標の選択とデータの出所

（1）経済政策不確実性指数（EPU）。経済政策不確実性指数は、経済体の発展状況における不確実性を反映する指数である。アメリカの不確実性指数は、ニュース指数、税法条項失効指数、経済予測差指数の三つの部分で構成されているが、中国においては、不確実性指数の計算は上記の第一の部分、すなわちニュース指数のみを指す。ニュース指数は、大手新聞社の記事における経済政策関連の内容を集計することで経済政策の不確実性を測定するものであり、その取得方法は、キーワードを用いて関連する記事を選別し、統計および標準化処理を行うことで得られる。

（2）WTI原油価格（WTI）。WTI原油価格の正式名称は West Texas Intermediate（Crude Oil）である。アメリカは世界において常に安定した国際的地位を維持しており、WTI原油価格は当然のことながら国際的な石油価格の基準となっている。国際的には他にもいくつかの基準原油価格が存在するが、それらの原油価格も多くの場合WTI原油価格に追随して変動する。したがって、本節の研究では油価指標としてWTI原油価格を使用する。

（3）人民元名目実効為替レート（EER）。実効為替レートとは加重平均為替レートのことであり、通常は一国の貿易における競争力を測定するために用いられる。また、通貨危機の研究や、一国の生活水準の高低を評価するためにも利用される。しかし、人民元実質実効為替レートはすでにインフレの影響を除去しているため、本節の研究には適さない。したがって、本節では人民元名目実効為替レートを為替指標として選択し、分析を行う。

（4）マクロ経済指標マクロ。経済の代表として、本節では関連文献の読解と要約に基づき、国内総生産（GDP）、消費者物価指数（CPI）、生産者物価指数（PPI）、失業状況（UNE）、輸出入総額（IEP）を選択して測定に用いる（徐華林，2014）。

国内総生産（GDP）：国の市場価格に基づいて計算される一定期間におけるすべての常住単位の生産活動の最終成果を指す。一般的に、GDPは国家経済状況を測定する最良の指標と考えられている。

消費者物価指数（CPI）：住民消費者物価指数のことであり、一定期間における消費財およびサービスの価格水準の全体的な変動を測定する相対数である。住民の消費財とサービスの価格水準の変動傾向と変動程度を総合的に反映する。

生産者物価指数（PPI）：工業生産者出荷価格指数であり、工業企業の出荷価格の変動傾向と変動程度を測定する指数である。一定期間における生産状況の変化を反映し、関連政策の策定や経済計算において重要な根拠となる。

輸出入総額（IEP）：実際に国から出入りした貨物の総額を指す。輸入額はある期間において国外から国内に輸入された商品の総額を表し、輸出額は同期間に国内から国外へ輸出された商品の総額を表す。輸出入は国家の国際交流を意味し、一国の発展において重要な内容である。今日の緊密に結びついた世界において、輸出入は国家発展にとって極めて重要な意義を持つ。

失業状況（UNE）：都市部における登録失業者数を指す。すなわち、一定期間において就業条件を満たしているにもかかわらず職に就いていない人口である。これは一国または地域の失業水準を反映する上で重要な役割を果たす。

以上に挙げたデータの出所は表3.6に示されている。

表3.6 データソース

変数		データソース
不確実性	経済政策不確実性指数（EPU）	スタンフォード大学とシカゴ大学
原油価格	WTI原油価格（WTI）	米国エネルギー情報局
為替レート	人民元名目実効為替レート（EER）	国際決済銀行
マクロ経済学	国内総生産（GDP）	国家統計局
	消費者物価指数（CPI）	

索引	生産者物価指数（PPI）	
	総輸出入量（IEP）	
	失業率（UNE）	

3.2.2　指標の前処理

本節の研究で使用するデータは、不確実性、原油価格と為替レート、ならびにマクロ経済データであり、いずれも1997年1月から2020年3月までの月次データである。データ分析の可行性を確保するためには、データの前処理が必要となる。

（1）国内総生産は四半期データであり、失業状況は年次データである。そのため、異なる変数データ間の整合性を保証するために、国内総生産は四半期内で均一な速度で変化すると仮定し、失業状況は一年間に均一な速度で変化すると仮定して、それぞれ対応する月次データを生成した（呉振信・薛冰・王書平，2011）。

（2）消費者物価指数は前月比指数であり、生産者物価指数は2011年以前のデータが前年比指数で、2011年以降になって初めて前月比指数が直接入手可能となった。したがって、直接ダウンロードした基礎データには計算処理が必要であり、消費者物価指数と生産者物価指数を1997年1月を基期とした定基指数に変換した。

以上の手順を完了すると、基礎データの準備は整い、データの基本的な状況は表3.7に示されている。

表3.7 主要変数の記述統計

変数名	サンプル数	平均	標準偏差	最小	最大
EPU	279	186.302	193.326	9.067	970.830
WTI	279	55.983	28.417	11.310	134.020
EER	279	101.418	12.150	80.710	126.540
GDP	279	100750.376	73650.485	16689.100	278019.700
CPI	279	126.190	22.070	97.645	170.126
PPI	279	107.620	10.317	89.487	123.692

IEP	279	200012371.649	133315123.006	17575612	429324834
UNE	279	828.031	142.143	554.800	1126.731

（3）各指標の線形トレンド図を分析した結果、各系列において年間の異なる月に比較的明確な周期変動が存在することが初歩的に確認された。検証を通じて、各マクロ経済指標および原油価格、為替レート、不確実性指標系列に季節性が存在することが判明したため、X-12法を用いて各系列を調整した。

（4）最後に、本節の研究では系列が定常性を満たすことが必要である。そのため、すべての研究対象変数に対して単位根検定を行い、不定常である場合には差分を取って定常性を満たすようにした。この過程において、もし系列がi回の差分を経た後に定常性を保持できるのであれば、その系列はi階の単位根過程であると判断する。本手順での操作結果として、各変数の定常性検定結果および差分の状況は表3.8に示されている。

表3.8 定常性検定の結果

元の変数			第一差分変数		
変数名	ADF統計	安定した状況	変数名	ADF統計	安定した状況
EPU	-0.01	非定常	DEPU	-16.973***	スムーズ
WTI	-1.043	非定常	DWTI	-11.313***	スムーズ
EER	1.001	非定常	DEER	-11.441***	スムーズ
GDP	2.565	非定常	DGDP	-1.709*	スムーズ
CPI	2.241	非定常	DCPI	-4.329**	スムーズ
PPI	0.771	非定常	DPPI	-7.086***	スムーズ
IEP	1.237	非定常	DIEP	-17.623***	スムーズ
UNE	2.736	非定常	DUNE	-2.110**	スムーズ

注: *、**、*** は、それぞれ信頼度レベル 10%、5%、1% で帰無仮説が棄却されたことを示します。

3.2.3　不確定性、原油価格と為替レートの連動分析と比較

3.2.3.1　小波分析方法の理論的基礎

（1）小波分析の原理。時間系列の研究において、時間領域と周波数領域は極めて重要な二つの部分である。これら二つの部分は注目点が異なり、時間領域の分析では時点の特定は可能だが、周波数情報は得られない。一方、周波数領域の分析は、周波数の変動を精確に把握できるが、系列が定常であることが前提となる。経済問題の研究において扱う系列の多くは非定常であり、趨勢や周期を持ち、さらにランダム性や突発性を含んでいる。それらは多時間スケールの構造を有し、多層的な進化規律を含んでいる。このような系列を研究するためには、時間領域と周波数領域の両面からの考察が必要であり、片方のみでは不十分である。このとき、時間・周波数領域における多重分解能を備えた小波法が登場し、この種の問題処理に新たな可能性をもたらした。この方法は系列の周期的変化を示すだけでなく、異なる時間スケール上での周波数変動の波動も表現できる。

小波法は最初にフランスの学者J.Morletによって提唱された。この方法は信号を分解し、周波数の差異と時間の差異を組み合わせ、同時に時間領域と周波数領域の結果を得て、時間・周波数分析の目的を達成するものである。短い長さの小波は時間系列の高周波特性を示し、長い長さの小波は低周波特性を示す。伝統的な多くの分析方法と比較すると、小波分析は過去30年間に新しく現れたツールであり、異なる周期を抽出し、時間系列の周波数特性を解釈できるだけでなく、信号変化の特徴を時間・周波数領域の双方で反映し、異なる時間系列間の局所的な動的関連性を示すこともできる。

小波分析の基本思想は、一群の小波関数系を用いてある関数を近似するというものである。小波関数は小波分析の核心であり、振動性を

持ち、急速にゼロへ減衰する関数の一類である。小波関数$\psi(t) \in L^2(R)$であり、次を満たす：

$$\int_{-\infty}^{+\infty} \psi(t)dt = 0 \qquad (3.6)$$

式（3.6）において、$\psi(t)$は小波基関数であり、これはスケールの伸縮と時間軸上の平行移動によって一群の関数を構成することができる。

$$\psi_{a,b}(t) = |a|^{-\frac{1}{2}} \psi\left(\frac{t-b}{a}\right) \text{その中で} a,b \in R, \quad a \neq 0 \qquad (3.7)$$

ここで$\psi_{a,b}(t)$は子小波；aはスケール因子で小波の周期の長さを反映し、bは平行移動因子で時間上の移動を反映する。

小波分析を行う際には重要な前提条件がある。それは適切な小波基を選択することであり、同一系列に対して異なる小波基を用いれば結果は異なる。そのため、小波基関数を選ぶ際には、異なる小波の処理結果と理論的根拠との誤差を比較し、最適な小波基関数を決定する必要がある。

（2）連続小波変換とMorlet小波。$\psi_{a,b}(t)$が式（3.7）で与えられる子小波である場合、与えられた信号$f(t) \in L^2(R)$に対する連続小波変換は次のように表される：

$$W_f(a,b) = |a|^{-\frac{1}{2}} \int f(t)\bar{\psi}\left(\frac{t-b}{a}\right)dt \qquad (3.8)$$

式（3.8）において、$W_f(a,b)$は小波変換係数、$f(t)$は平方可積分関数、aは伸縮尺度、bは平行移動パラメータである。$\bar{\psi}\left(\frac{t-b}{a}\right)$は$\psi\left(\frac{t-b}{a}\right)$の複素共役である。

式(3.8)から小波分析の基本原理を示すことができる。すなわち、aを変化させることによって異なる周波数の情報を得て、信号の具体的な内容を抽出し、異なる時間と空間における信号の特徴分析を完成させる。その中で最も重要なステップは、小波係数の取得および系列の時周波変化状況の分析である。

実際にデータを分析・応用する際には、主に小波分析法の処理結果の誤差を比較することによって、最適な小波基の選択を行う。これらの差異に基づき、それぞれの小波は固有の特性を有しており、最適な応用領域を持ち、各種データの特徴を表現するために用いられる。本節の実証ではMorlet小波を用いて連続小波変換を行う。Morlet小波は経済・金融データ分析において系列の振幅や位相を研究するためによく用いられるものであり、ガウス包絡下の単一周波数の複素正弦関数である。

$$\psi(t) = Ce^{-\frac{t^2}{2}}\cos(5x) \qquad (3.9)$$

ここでCは再構成時の正規化定数である。

（3）平方小波コヒーレンス係数。小波係数の平方値を積分することで、小波分散の結果を得ることができる。すなわち、

$$\mathrm{Var}(a) = \int_{-\infty}^{\infty} |W_f(a,b)|^2 \,\mathrm{d}b \qquad (3.10)$$

小波分散がaに応じて変化する過程が小波分散図であり、式(3.10)から、小波分散図は信号の変動エネルギーがスケールaに沿って分布する様子を表している。

小波コヒーレンスとは、二つの系列の小波相互変換係数と、それぞれの系列の連続小波変換係数の積との比率であり、一次元信号分析に

おいて二つの系列が特定の時-周波数領域における局所的な相関を研究するために用いられる。「平方小波コヒーレンス係数」という概念はTorrenceとWebsterによって提唱され、二つの系列の時周波共動性を測定するために用いられる。具体的には次のように定義される：

$$R_n^2(s) = \frac{\left|\left(s^{-1}W_n^{XY}(s)\right)\right|}{\left(s^{-1}\left|W_n^X(s)\right|^2\right)\left(s^{-1}\left|W_n^Y(s)\right|^2\right)} \qquad (3.11)$$

ここで，$R^2(s)$は系列間の相互依存程度を表す。x(t)とy(t)の依存性が弱い場合、平方小波コヒーレンス係数の値は0に近づき、依存性が強い場合は1に近づく。$R^2(s)$の分布は未知であるため、パワースペクトル分析を行う際には、その統計的有意性はモンテカルロ・シミュレーションによって得られる。

小波コヒーレンス位相差は、二つの時系列が時周波数空間において負の相関または正の相関を有する関係、さらには系列間の先行・遅延構造を捉えるために用いられる。TorrenceとWebsterは小波コヒーレンス位相差を次のように定義した：

$$\varphi_{xy}(s) = \tan^{-1}\left(\frac{\Im\left(s^{-1}\left(W_n^{XY}(s)\right)\right)}{\Re\left(s^{-1}\left(W_n^{XY}(s)\right)\right)}\right) \qquad (3.12)$$

ここで、$\Im$ と $\Re$ はそれぞれパワースペクトルの実部と虚部を表す。時系列間の位相関係は以下のように解釈される：矢印が右（左）を指す場合、系列は同方向（反方向）に変動し、正（負）の相関を示す。矢印が下（上）を指す場合、第2系列（第1系列）が第1系列（第2系列）を先導することを意味する。

3.2.3.2　不確実性、原油価格および為替レートの変動状況分析

実証分析における小波パワースペクトル分析結果に基づき、周波数の時間間隔の長さに応じて周波数領域を区分し、短期・中期・長期の衝撃をそれぞれ高周波・中周波・低周波に分類する。具体的には、短期に対応する周波数領域は1～8か月、中期は8～32か月、長期は32か月以上の周波数帯域と規定する。

小波変換の計算過程はデータ系列の循環を前提としているため、有限長の時系列データに対して小波パワースペクトルを計算すると、スペクトル分析の開始時点および終了時点で誤差が生じる。この問題に対応するために、本節ではコーン・オブ・インフルエンス（COI）を用いて、スペクトル分析結果の有効領域および端点効果を示す。COIの境界においては小波スペクトル値が e^{-2} まで減衰する。

不確実性、原油価格および為替レートに対してMorlet連続小波変換を行い、パワースペクトルに変換し、その時頻変動状況のスペクトル分析図を得た。図3.8は経済政策不確実性の変動状況を示している。図から分かるように、経済政策不確実性の時-周波数領域における変動は少なく、1997～2017年の間は基本的に安定した状態にあった。ただし、2010年から2012年にかけては1～3か月の軽微な短期変動が存在し、また2016～2018年には1～2か月および3～6か月の短期変動が見られた。より顕著な変動は2019～2020年に現れ、1～3か月の短期変動が観察された。同時に、2019～2020年の時—周波数高エネルギー領域は、中国の経済政策不確実性の明確な上昇と対応している。

総じて言えば、中国の経済政策不確実性は2019年に明確な分岐点を示し、それ以前の安定的あるいは微小な変動の状況と比べて、2019年以降は不確実性の変動が著しく激化したことが分かる。これは、2018年第2四半期および第3四半期の米中貿易摩擦が高い不確実性を引き起

こしたこと、さらに2019年における国内政策・経済ルールおよび国際的な政治情勢の不確実性が、経済政策不確実性の顕著な変動をもたらしたためである。

国際原油価格の1997～2020年における変動状況は図3.9に示されている。これによれば、国際原油価格の変動が生じた時-周波数領域は以下の通りである：2005～2007年における1～6か月の短期変動、2007～2010年における8～16か月の中期変動、2012～2013年および2015～2016年における3～6か月の短期変動、さらに2018～2019年における1～8か月の短期変動である。

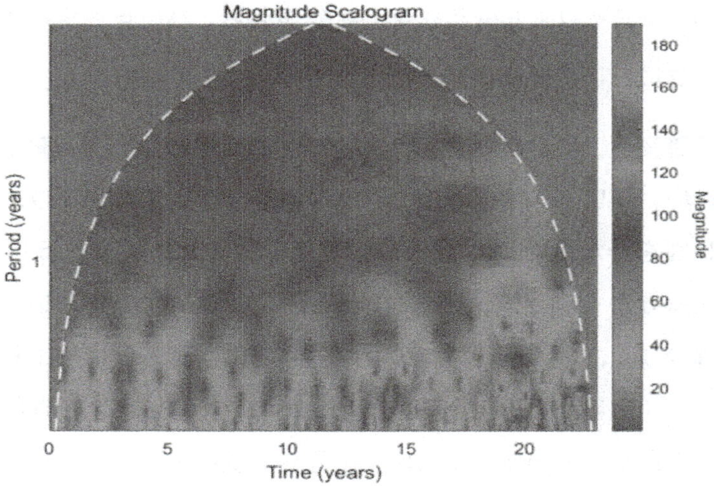

注：線の輪郭領域は、5%の信頼水準において統計的に有意であることを示す。

図 3.8 不確実性の連続ウェーブレットパワースペクトル

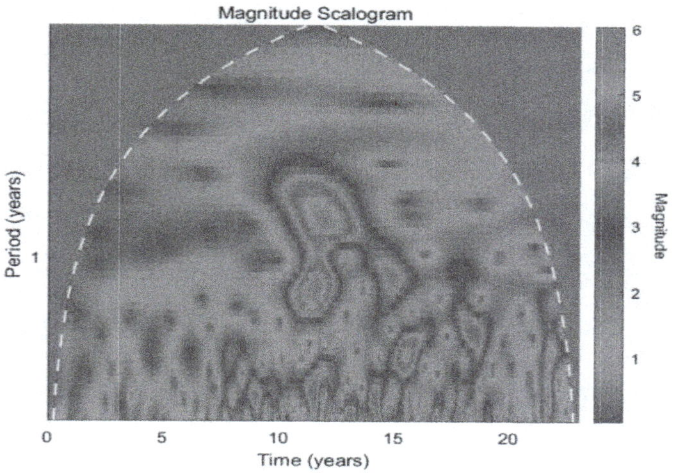

注：線の輪郭領域は、5%の信頼水準において統計的に有意であることを示す。

図 3.9 原油価格の連続ウェーブレットパワースペクトル

2007年から2010年にかけて最も顕著な変動が見られ、この期間における国際原油価格の変動は比較的低頻度で持続期間も長かった。これは金融危機の勃発後、国際原油価格が急速に上昇し、ピークに達した後に断崖式の下落を示し、わずか半年後には80ドル以上の下落幅に達したためである。その後、金融危機を経て世界経済が徐々に回復するにつれ、国際原油価格も再び上昇した。さらに、2013年および2016年の短期的変動は石油需要の減少による輸入石油数量の低下に起因しており、2018年から2019年の短期的変動は国際原油の需給変動によって価格が不安定化したためである。

1997年から2020年にかけての人民元為替レートの変動状況は図3.10に示されている。図から分かるように、人民元名目実効為替レートの変動が存在した時-周波数領域は、1997年から1998年にかけての1～5か月の短期変動、および2008年から2009年にかけての約1～6か月の短期変動である。1997年の金融危機発生当時、中国の為替制度はドルに連動する変動相場制であり、危機の勃発によって多くの通貨が対ドルで下落し、人民元の上昇傾向は一層急激なものとなり、1997年から1998年にかけて人民元為替レート指数は急速に上昇した。2008年にわが国政府は金融危機に対応するために各種政策を講じたが、その対応措置は外為市場の流動性を刺激し、人民元為替レートは持続的に下落した。しかし、為替レートの下落は輸出を促進し、国内経済の回復を加速させた。こうした背景により、国内外で人民元為替レートの上昇に対する強い期待が形成され、人民元為替レートは長期的に上昇することとなった。

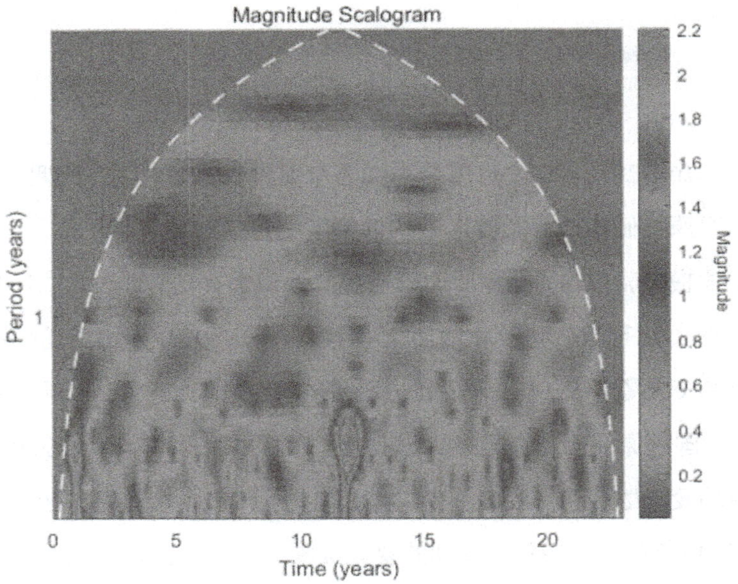

注：線の輪郭領域は、5%の信頼水準において統計的に有意であることを示す。

図3.10 為替レートの連続ウェーブレットパワースペクトル

3.2.3.3 不確実性、原油価格と為替レートの時-周波数領域における連動特性分析

図3.11の分析結果によれば、国際原油価格と不確実性の変動における時―周波数領域での強い関連関係は以下の通りである。1997年から2000年にかけて20～50か月の中長期的な負の相関関係が存在し、さらに3～6か月の周波数領域内に段階的な負の相関関係がみられるが、そ

の持続期間は非常に短い。2002年から2005年にかけて8～12か月の中期的な負の相関関係が存在し、2010年前後には1～6か月の短期的変動が観察されるが、先行-遅行構造は存在しない。2012年から2013年の5～8か月および2015年前後の1～6か月の短期的な負の相関関係、さらに2018年から2020年にかけて1～12か月の短期～中期的な負の相関関係が存在し、この時期には「国際原油価格-経済政策不確実性」の先行-遅行構造が確認できる。このように、両系列の連動特性は多くの場合、短期または中短期の周波数領域に集中している。

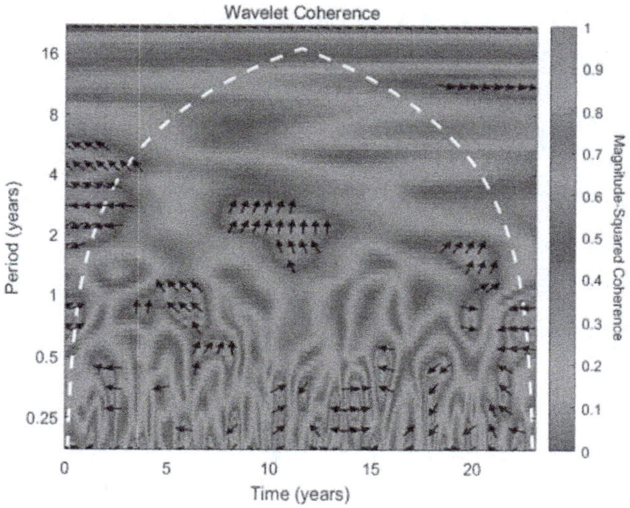

注：①線形輪郭領域は、5%の信頼水準において統計的に有意であることを示し、位相ランダム化による代替系列を用いたモンテカルロシミュレーションにより推定されたものである。
② 矢印の方向は2つの時系列間の位相関係を表す：矢印が右（左）を指すとき、系列は同（反）方向に変動し、正（負）の相関を示す；矢印が下（上）を向くとき、不確実性（原油価格）が原油価格（不確実性）の変動を先導することを意味する。

図3.11　原油価格と不確実性のコヒーレンス位相パワースペクトル

図3.12の分析結果によれば、国際原油価格と人民元為替レートの変動における時—周波数領域での強い関連関係は以下の通りである。1997年から2002年にかけて45～50か月の長期的な負の相関関係が存在し、「国際原油価格—人民元為替レート」の先行-遅行関係が確認され

る。2003年には1～6か月の短期的な負の相関関係がみられ、2005年から2015年にかけては8～50か月の中長期的な負の相関関係が存在し、この期間にも「国際原油価格—人民元為替レート」の先行-遅行関係が確認される。2015年には1～3か月の短期的な負の相関関係が存在するが、この場合には先行—遅行関係はみられない。

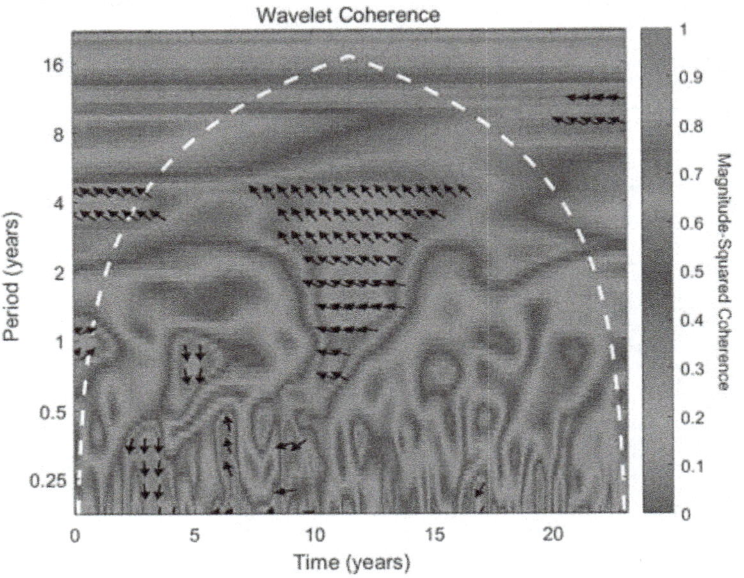

注：①線形輪郭領域は、5%の信頼水準において統計的に有意であることを示し、位相ランダム化による代替系列を用いたモンテカルロ・シミュレーションによって推定されたものである。
②矢印の方向は2つの時系列間の位相関係を表す：矢印が右（左）を指すとき、系列は同（反）方向に変動し、正（負）の相関を示す；矢印が下（上）を向くとき、為替レート（原油価格）が原油価格（為替レート）の変動を先導することを意味する。

図3.12　原油価格と為替レートのコヒーレンス位相パワースペクトル

図3.13の分析結果によれば、経済政策不確実性と人民元為替レートの変動における時-周波数領域での強い関連関係は以下の通りである。1997年から2000年にかけて45～54か月の長期的な正の相関関係が存在するが、この場合には先行-遅行関係はみられない。2005年から2010年にかけて24～48か月の中長期的な正の相関関係が存在し、この期間に

は「不確実性-人民元為替レート」の先行-遅行関係が確認される。2010年から2012年にかけて8～12か月の中期的な正の相関関係がみられ、さらに2018年から2020年にかけて1～6か月の短期的な負の相関関係が存在する。

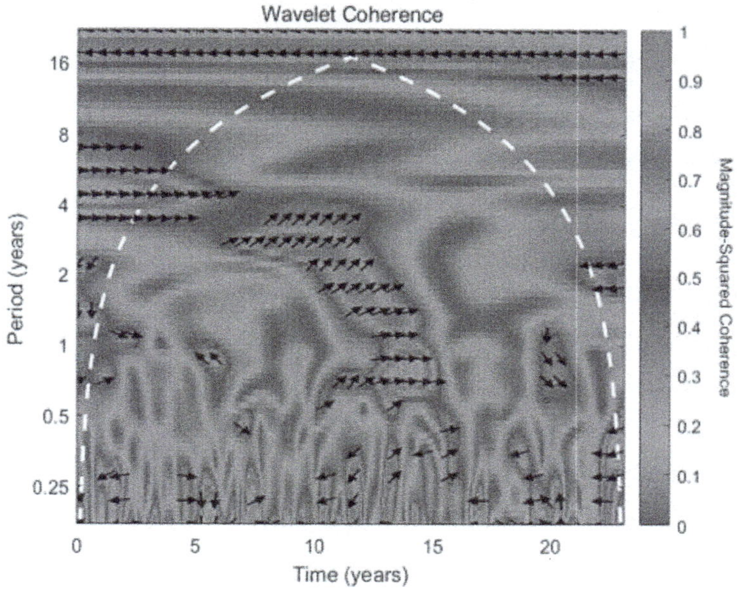

注：①線形輪郭領域は、5%の信頼水準において統計的に有意であることを示し、位相ランダム化による代替系列を用いたモンテカルロ・シミュレーションによって推定されたものである。
②矢印の方向は2つの時系列間の位相関係を表す：矢印が右（左）を指すとき、系列は同（反）方向に変動し、正（負）の相関を示す；矢印が下（上）を向くとき、為替レート（不確実性）が不確実性（為替レート）の変動を先導することを意味する。

図3.13　不確実性と為替レートのコヒーレンス位相パワースペクトル

3.2.4　不確実性、原油価格および為替レートがマクロ経済に与える影響

3.2.4.1　Granger因果関係検定

（1）検定の考え方と方法。Granger因果関係検定は、仮説検定に基づく方法であり、ある時系列Xが別の時系列Yの原因であるかどうかを検定するものである。回帰分析では異なる変数間の同時期の相関し

か得られず、自己回帰モデルでは同一変数の異なる時点間の相関しか得られない。自己回帰モデルにおいて、いくつかの検定方法を用いることによって、異なる変数間の異なる時点における関連性を把握することができる。

時系列データにおいて、2つの経済変数XとYの間にGranger因果関係があるとは、変数Yを予測する際に、Yの過去の情報だけを利用する場合に比べて、XとYの両方の過去情報を利用する方がより優れた予測結果をもたらす場合を指す。つまり、変数Xが将来のYを説明するのに役立つ場合、XはYのGranger原因であるとみなす。

もしGranger原因であるXの時系列がY系列の変化を引き起こすならば、X系列がある期間遅れて変化することでY系列に繰り返しの影響を及ぼす。この場合、X系列は将来のY系列を予測する指標となる。

Granger因果関係検定のもう一つの仮定は、yおよびxの各変数に関する予測可能な情報は、これらの変数の時系列の中にすべて含まれているというものである。検定では以下の回帰式を推定する：

$$y_t = \sum_{i=1}^{q} \alpha_i x_{t-i} + \sum_{j=1}^{q} \beta_j y_{t-j} + u_{1t} \qquad (3.13)$$

$$x_t = \sum_{i=1}^{s} \lambda_i x_{t-i} + \sum_{j=1}^{s} \delta_j y_{t-j} + u_{2t} \qquad (3.14)$$

ここで、白色雑音u_{1t}およびu_{2t}は互いに独立であると仮定する。

式（3.13）は、現在のyがその自身の過去の値およびxの過去の値に依存することを仮定し、式（3.14）はxに対して同様の仮定を行う。

式（3.13）に対しては、帰無仮説$H_0: \alpha_1 = \alpha_2 = \cdots = \alpha_q = 0$。

式（3.14）に対しては、帰無仮説$H_0:\delta_1=\delta_2=\cdots=\delta_s=0$。

この基礎の上で、因果検定の手順は以下の通りである：

まず、現在のyをすべてのラグ項および他の変数に回帰させる。すなわち、yをyのラグ項$y_{t-1},y_{t-2},\cdots,y_{t-q}$およびその他の変数に回帰させる。ただし、この回帰にはxのラグ項を含めない。これは制約付き回帰であり、その残差平方和RSS_Rを得る。次に、xのラグ項を含む無制約の回帰を構築し、その残差平方和RSS_{UR}を得る。

帰無仮説$H_0:\alpha_1=\alpha_2=\cdots=\alpha_q=0$,すなわちラグ項xはこの回帰に含まれない。

この仮説を検定するためにF検定を用いる：

$$F=\frac{\left(RSS_R-RSS_{UR}\right)/q}{RSS_{UR}/(n-k)} \qquad (3.15)$$

ここで、上式は自由度qと（n-k）のF分布に従う。nはサンプルサイズ、qはラグ項xの個数、すなわち制約付き回帰における推定パラメータの数、kは無制約回帰における推定パラメータの数である。

有意水準αを決定した上でF値を計算し、その結果が臨界値F_αを超える場合、帰無仮説を棄却する。これはラグ項xがこの回帰に含まれることを意味し、xがyの原因であることを示す。同様に、yがxの原因であるかを検定するためには、変数yとxを入れ替えて、同じ手順を繰り返して結果を得る。

（2）検定結果。表3.9は、経済政策不確実性とマクロ経済各指標との間のGranger因果関係検定の結果を示している。表中の検定結果によれば、経済政策不確実性は国際原油価格および人民元為替レートとの間には因果関係が存在しないことが分かる。不確実性が他の経済指標に及ぼす影響を検証した結果、ラグ期間を3とした場合、有意水準0.05において「不確実性は国内総生産および失業の変動の原因ではない」という帰無仮説が有意に棄却された。すなわち、不確実性の変動は国内総生産と失業水準の変化に影響を及ぼす要因であるが、消費者物価指数、生産者物価指数および輸出入総額の変動の原因ではないことが示された。

表3.9 不確実性とマクロ経済の因果関係検定の結果

テスト変数	帰無仮説	観察	ラグオーダー	F統計量	p値	結論
DGDP	A	275	3	2.97**	0.03	帰無仮説を棄却する
	B			0.51	0.68	帰無仮説を受け入れる
DCPI	A	275	2	0.48	0.62	帰無仮説を受け入れる
	B			3.26**	0.04	帰無仮説を棄却する
DPPI	A	275	3	1.32	0.27	帰無仮説を受け入れる
	B			1.02	0.38	帰無仮説を受け入れる
DIEP	A	275	3	1.08	0.36	帰無仮説を受け入れる
	B			1.12	0.34	帰無仮説を受け入れる
DUNE	A	275	3	3.71**	0.01	帰無仮説を棄却する
	B			0.45	0.72	帰無仮説を受け入れる

注：①Aは「不確実性（DEPU）が検定変数の原因ではない」という仮説を、Bは「検定変数が不確実性の原因ではない」という仮説を表す。②*、**、***はそれぞれ10%、5%、1%の信頼水準において帰無仮説が棄却されることを示す。

表3.10は国際原油価格とマクロ経済指標との間のGranger因果関係検定の結果を示している。表中の結果によれば、ラグ期間を3とした場合、国際原油価格と経済政策不確実性の間には因果関係は存在しない

が、国際原油価格は人民元為替レートのGranger原因であることが確認された。さらに、国際原油価格と他のマクロ経済指標との関係を検定した結果、有意水準0.05において「国際原油価格は生産者物価指数、消費者物価指数および輸出入総額の原因ではない」という仮説が有意に棄却された。すなわち、国際原油価格の変動は生産者物価指数、消費者物価指数および輸出入総額の変動のGranger原因であることが示された。しかし、国内総生産および失業の変動に関しては、そのGranger原因ではないことが明らかとなった。

表3.10　原油価格とマクロ経済の因果関係検定の結果

テスト変数	帰無仮説	観察	ラグオーダー	F統計量	p値	結論は
DGDP	A	275	3	1.08	0.36	帰無仮説を受け入れる
	B			5.51***	0.00	帰無仮説を棄却する
DCPI	A	275	2	3.99**	0.02	帰無仮説を棄却する
	B			1.45	0.24	帰無仮説を受け入れる
DPPI	A	275	3	31.13***	0.00	帰無仮説を棄却する
	B			1.82	0.14	帰無仮説を受け入れる
DIEP	A	275	3	28.07***	0.00	帰無仮説を棄却する
	B			2.44	0.06*	帰無仮説を棄却する
DUNE	A	275	3	0.50	0.68	帰無仮説を受け入れる
	B			5.40***	0.00	帰無仮説を棄却する

注：①Aは「原油価格（DWTI）が検定変数の原因ではない」という仮説を、Bは「検定変数が原油価格の原因ではない」という仮説を表す。
②*、**、***はそれぞれ10%、5%、1%の信頼水準において帰無仮説が棄却され

ることを示す。

表3.11は人民元為替レートとマクロ経済各指標との因果関係検定結果を示している。表中の内容によれば、ラグ期間を3とした場合、為替レートと不確実性の間には因果関係が存在しない一方で、原油価格は人民元為替レートに有意な影響を与えるGranger原因であることが確認され、これは前文の表3.9および表3.10の検定結果とも一致している。さらに、表中の検定結果では、「人民元為替レートは消費者物価指数、生産者物価指数および輸出入総額のGranger原因ではない」という3つの帰無仮説が有意に棄却されたが、為替レートがその他の経済指標のGranger原因ではないという帰無仮説は棄却されなかった。したがって、人民元為替レートは生産者物価指数、消費者物価指数および輸出入総額の変動のGranger原因であるが、国内総生産および失業水準の変動のGranger原因ではないことが明らかとなった。

表3.11 為替レートとマクロ経済の因果関係検定結果

テスト変数	帰無仮説	観察	ラグオーダー	F統計量	p値	結論は
DGDP	A	275	3	0.21	0.89	帰無仮説を受け入れる
	B			1.66	0.18	帰無仮説を受け入れる
DCPI	A	275	3	2.33*	0.07	帰無仮説を棄却する
	B			2.50*	0.06	帰無仮説を棄却する
DPPI	A	275	3	8.31***	0.00	帰無仮説を棄却する
	B			0.13	0.94	帰無仮説を受け入れる
DIEP	A	275	3	6.10***	0.00	帰無仮説を棄却する
	B			2.12*	0.09	帰無仮説を棄却する
DUNE	A	275	3	0.29	0.84	帰無仮説を受け入れる
	B			0.71	0.55	帰無仮説を受け入れる

注：①仮定Aは「為替レート（DEER）が検定変数の原因ではない」という仮説を、

Bは「検定変数が為替レートの原因ではない」という仮説を表す。
②*、**、***はそれぞれ10%、5%、1%の信頼水準において帰無仮説が棄却されることを示す。

（3）非線形因果関係検定。伝統的なGranger因果関係検定はすでに非常に成熟した方法であるが、重大な問題がある。それは、この方法が経済変数の非線形的な特徴を考慮できないため、結論の正確性に影響を与える可能性があるという点である。この理由から、今日の学者たちは各種研究において、変数間の非線形因果関係の検定をますます重視している。本節でも、変数間に線形的なGranger因果関係が存在しない場合でも、実際には非線形的な因果関係が存在する可能性を避けるために、不確実性、原油価格、為替レートと経済指標の間で非線形Granger検定を行う。

$X_t^{l_x}=\left(X_{t-l_x+1},\ldots,X_t\right)$および$Y_t^{l_y}=\left(Y_{t-l_y+1},\ldots,Y_t\right)$を2つの時系列のラグベクトルとし（$l_x,l_y \geqslant 1$）、帰無仮説は$X_t^{l_x}$が$Y_{t+1}$に関するいかなる情報も含まないこととする。この帰無仮説は以下のように表される：

$$H_0:Y_{t+1}\left|\left(X_t^{l_x},Y_t^{l_y}\right)\sim Y_{t+1}\right|\left(Y_t^{l_y}\right) \qquad (3.16)$$

$W_t=(X_t^{l_x},Y_t^{l_y},Z_t)$とし、ここで$Z_t=Y_{t+1}$とする。帰無仮説の下では$W_t$の分布は不変であるため、下付き添字tを省略し、$l_x=l_y=1$とすると、W＝(X,Y,Z)となる。帰無仮説条件下では、ZとXは独立であり、(X,Y)＝(x,y)および Y＝yの2つの条件下でZの分布は同一となる。結合密度を$f_{X,Y,Z}(x,y,z)$と表すと：

$$\frac{f_{X,Y,Z}(x,y,z)}{f_Y(y)}=\frac{f_{X,Y}(x,y)}{f_Y(y)}\cdot\frac{f_{Y,z}(y,z)}{f_Y(y)} \qquad (3.17)$$

これに対応して、非線形因果関係の帰無仮説は次のように改めて表される：

H_0:$\{X_t\}$が$\{Y_t\}$のGranger原因ではない:

$$q_g \equiv E\left[f_{X,Y,Z}(x,y,z)f_Y(y)-f_{X,Y}(x,y)f_{Y,Z}(y,z)\right]=0 \qquad (3.18)$$

すなわち、局所確率密度$f_W(W_i)$の推定量は次のように表される：

$$\hat{f}_W(W_i)=\frac{(2\varepsilon)^{-dw}}{n-1}\sum_{j,j\neq i} I_{ij}^W \qquad (3.19)$$

その中で、εはバンド幅パラメータであり、$\| W_i - W_j \| \le \varepsilon$の場合、指示関数$I_{ij}^W = I\left(\| W_i - W_j \| \le \varepsilon\right)$は1を取り、それ以外の場合は0を取る。これに基づき、以下のように統計量Tnを構築する：

$$T_n(\varepsilon)=\frac{(n-1)}{n(n-2)}\sum_i \hat{f}_{X,Y,Z}(x_i,y_i,z_i)\hat{f}_Y(y_i)-\hat{f}_{X,Y}(x_i,y_i)\hat{f}_{Y,Z}(y_i,z_i) \qquad (3.20)$$

標準化形式は次のように表される：

$$\sqrt{n}\frac{\left(T_n(\varepsilon)-q\right)}{S_n}\xrightarrow{d}N(0,1) \qquad (3.21)$$

各指標間で非線形因果関係検定を行った結果は表3.12に示されている。

表3.12の非線形因果関係検定の結果によれば、経済政策不確実性と国内総生産、消費者物価指数、生産者物価指数および輸出入総額との間にはいずれも非線形因果関係は存在せず、不確実性は失業状況とのみ非線形関係が存在し、すなわち不確実性は失業水準変動の原因であることが示された。国際原油価格は、国内総生産、消費者物価指数および生産者物価指数の変動に対して非線形的影響の原因ではないが、輸出入総額と失業状況との間には非線形関係が存在し、国際原油価

格は輸出入総額および失業水準変動を非線形的に影響する原因であることが示された。一方、人民元為替レートは、国内総生産、消費者物価指数、生産者物価指数、輸出入総額および失業状況とのいずれにおいても非線形因果関係は存在しない。

表3.12 非線形因果関係検定結果

変数X	変数Y	帰無仮説	観察	ラグオーダー	T統計量	p値	結論は
DEPU	DGDP	A	275	3	0.06	0.48	帰無仮説を受け入れる
	DCPI	B A B	275	2	-1.03 -0.38 -0.28	0.84 0.65 0.61	帰無仮説を受け入れる 帰無仮説を受け入れる 帰無仮説を受け入れる
	DPPI	A B	275	3	0.69 -1.45	0.24 0.93	帰無仮説を受け入れる 帰無仮説を受け入れる
	DIEP	A	275	3	0.95	0.17	帰無仮説を受け入れる
	DUNE	B A B	275	3	0.13 3.13*** 0.25	0.45 0.00 0.40	帰無仮説を受け入れる 帰無仮説を棄却する 帰無仮説を受け入れる
DWTI	DGDP	A B	275	3	0.40 1.41*	0.34 0.08	帰無仮説を受け入れる 帰無仮説を棄却する
	DCPI	A B	275	2	0.21 -0.10	0.42 0.54	帰無仮説を受け入れる 帰無仮説を受け入れる
	DPPI	A B	275	3	0.15 -1.32	0.44 0.91	帰無仮説を受け入れる 帰無仮説を受け入れる

変数X	変数Y	帰無仮説	観察	ラグオーダー	T統計量	p値	結論は
	DIEP	A B	275	3	1.77* 1.10	0.04 0.14	帰無仮説を棄却する 帰無仮説を受け入れる
	DUNE	A B	275	3	2.22** 0.10	0.01 0.46	帰無仮説を棄却する 帰無仮説を受け入れる
DEER	DGDP	A B	275	3	0.67 -0.32	0.25 0.62	帰無仮説を受け入れる 帰無仮説を受け入れる
	DCPI	A B	275	3	0.93 -0.36	0.18 0.64	帰無仮説を受け入れる 帰無仮説を受け入れる
	DPPI	A B	275	3	0.89 -0.96	0.19 0.83	帰無仮説を受け入れる 帰無仮説を受け入れる
	DIEP	A B	275	3	0.75 -0.64	0.23 0.74	帰無仮説を受け入れる 帰無仮説を受け入れる
	DUNE	A B	275	3	-0.82 -0.57	0.79 0.72	帰無仮説を受け入れる 帰無仮説を受け入れる

注：①仮説Aは変数Xが変数Yの原因ではないことを意味する。Bは変数Yが変数Xの原因ではないことを意味する。

②*、**、***はそれぞれ10%、5%、1%の有意水準で帰無仮説を棄却することを表す。

3.2.4.2 SVARモデルの推定

（1）SVARモデルの理論。SVARモデルはVARモデルの改良版であり、VAR（p）の表記は次のように定義される：

$$y_t = A_1 y_{t-1} + A_2 y_{t-2} + \cdots + A_p y_{t-p} + Qx_t + e_t \qquad (3.22)$$

ここで、y_t はM×1の被説明変数、x_t はK×1の外生説明変数、A_t はM×Mの係数行列、QはM×Kの係数行列、e_t は独立同分布のホワイトノイズ過程である。VARモデルの推定は単方程式推定法を用い、全ての方程式を逐次的に推定することができる。

VARモデルのLog-likelihood関数値は：

$$\ell = -\frac{T}{2}[(1+\log(2\pi))M + \log(|V|)] \qquad (3.23)$$

ここで、

$$V = \frac{1}{T}\sum_{t=1}^{T} e'_t e_t \qquad (3.24)$$

Hamilton（1994）は、このモデルの条件下では最尤推定と最小二乗推定の結果が同じであることを示した。しかしモデルのラグ次数 p は未知であり、情報量基準を用いて選択する必要がある。

SVARモデルの利点は、VAR分析で得られた最終結果を経済的に解釈する際に直面する困難を解決できる点にある。すなわち、VARモデルを基礎に、制約を課すことで構造式を識別するものである。

SVARモデルの表記形式は以下の通りである：

$$Ae_t = v_t = Bu_t, \quad u_t \sim N\left(0, I_M\right) \qquad (3.25)$$

ここで、u_tは構造的攪乱、AとBはともにM階の正方行列であり、上式は SVARのABモデル と呼ばれる。A=Iの場合はBモデル、B=Iの場合はAモデルと呼ばれる。式（3.24）の両辺で分散をとると：

$$AVA' = BB' \qquad (3.26)$$

すなわち：

$$V = A^{-1}B\left(A^{-1}B\right)' \qquad (3.27)$$

ここで、分散行列 V は対称であり、自由パラメータの個数は (M+1)M/2 である。一方、行列AとBにはそれぞれM^2個のパラメータが存在するため、少なくとも$2M^2 - \frac{(M+1)M}{2} = \frac{(3M-1)M}{2}$の制約条件を追加しなければ、式（3.25）を識別することはできない。制約条件に関しては、最も一般的なのは、Aを対角要素がすべて1の下三角行列とし、Bを対角行列とする設定である。また、制約の付与方法としては「長期制約」と「短期制約」の二種類が存在するが、本節では短期制約を課すことで実証を行う。

（2）SVARモデルの構築。①モデルの安定性検証。モデルに「擬似回帰」が生じないようにするためには、まず研究対象の系列そのものが平穏（定常）であることが必要である。本論文の前節において、データの前処理で差分を行い、実証研究に用いる変数系列を平穏化している。この条件を満たした上で初期のVARモデルを構築し、VARモデル自体の安定性を確保することが必要である。なぜなら、不安定な系列は分析上の価値を持たず、モデル全体が安定して初めて、後続の分析を行うことができるからである。

図3.14はVARモデルの安定性検証結果を示したものである。図中のAR根の検証結果によれば、原油価格・為替レート・不確実性を用いて各種マクロ経済指標に対して構築されたVARモデルにおいて、すべてのAR根が単位円の外側に出ていない。すなわち、本モデルの構築は安定性の前提条件を満たしており、その有効性が保証され、次の段階の実証分析に適していることが確認できる。

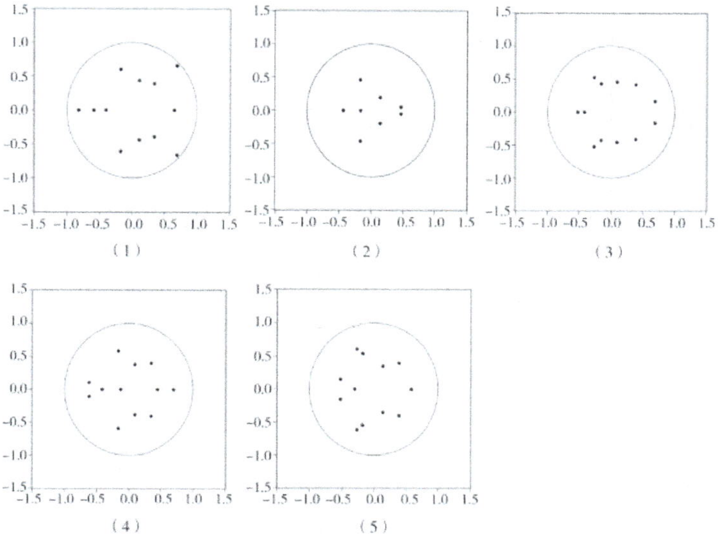

注：図（1）（2）（3）（4）（5）はそれぞれ、不確実性・原油価格・為替レートとDGDP、DCPI、DPPI、DUNE、DIEP に基づき構築されたVARモデルの単位根検定を示している。すべての特性根は1未満であり、すなわち図中の点が単位円内に存在するため、モデルが安定であることを表している。

図3.14 モデル安定性検証

②ラグ次数の決定。VARモデルの設定において、ラグ次数は任意に設定できるが、初期VARモデルの構築後に検定を行い、最適なラグ次数を確定する必要がある。これにより、モデルの調整時に最も適切なラグ次数を導入できる。本研究におけるラグ次数の検定結果は表3.13に示されている。

表3.13のラグ次数検定の結果によれば、モデル（1）（3）（4）（5）において最も適切なラグ次数は3であり、モデル（2）においては2である。上記のラグ次数に基づいてVARモデルを再構築・再検証した結果、修正後に再構築されたモデルも安定性条件を満たしていることが確認された。

表3.13 ラグオーダーの決定

	(1)		(2)		(3)		(4)		(5)	
	LR	AIC	LR	AIC	LR	AIC	LR	AIC	LR	AIC
0	NA	37.57	NA	21.66	NA	22.06	NA	28.08	NA	56.28
1	169.92	37.06	111.82	21.34	325.27	20.97	134.73	27.70	199.83	55.65
2	67.69	36.92	40.18*	21.32*	42.06	20.93	41.90	27.66	74.16	55.49
3	70.56*	36.76*			35.21*	20.91*	31.34*	27.65*	56.96*	55.39*

注：モデル（1）（2）（3）（4）（5）はそれぞれ、不確実性・原油価格・為替レートと DGDP、DCPI、DPPI、DUNE、DIEP に基づいて構築されたVARモデルのラグ次数の状況を示している。帰無仮説は「ラグ次数がjではない」とし、「*」を最終的に確定したラグ次数として表示している。

③因果関係検定。表3.14はモデルにおける因果関係の検定結果を示している。これにより、VARモデルに含まれる変数間の因果関係を明確に把握できる。表の結果から、国際原油価格がマクロ経済に与える影響は主に生産者物価指数、消費者物価指数および輸出入総額 に表れていることがわかる。また、経済政策の不確実性がマクロ経済に与える影響は 国内総生産と失業状況に表れており、人民元為替レートがマクロ経済に与える影響は主に生産者物価指数に見られる。この結果は、前文で行った変数間の直接的な Granger検定の結果とも一致している。

以上により、確定したVARモデルを構築でき、これを基礎として制約を加え、SVARモデルを構築することが可能となった。

表3.14 モデルにおける因果関係

	DGDP	DCPI	DPPI	DUNE	DIEP
DWTI	2.229	4.958*	81.954***	1.489	66.949***
DEPU	7.978**	0.671	3.787	10.849**	3.065
DEER	0.375	3.580	16.347***	1.707	5.722

注：①表は、SVARモデルにおける不確実性・原油価格・為替レートと DGDP、DCPI、DPPI、DUNE、DIEP の間の因果関係に関するカイ二乗検定結果を示している。帰無仮説は「変数間に Granger 因果関係が存在しない」とする。
②*、**、***はそれぞれ、10%、5%、1%の信頼水準で帰無仮説を棄却することを示す。

(3) インパルス応答関数の分析

インパルス応答関数とは、ある一度きりのショックによって、すべての内生変数が現在および将来にどのような影響を受けるかを示すものである。これは、モデルがショックを受けた場合、あるいは変数間の関係に変化が生じた場合に、変数がその方向性や程度にどのように反応するかを反映する。本節ではラグを10期に設定し、インパルス応答の結果を分析する（図3.15参照）。

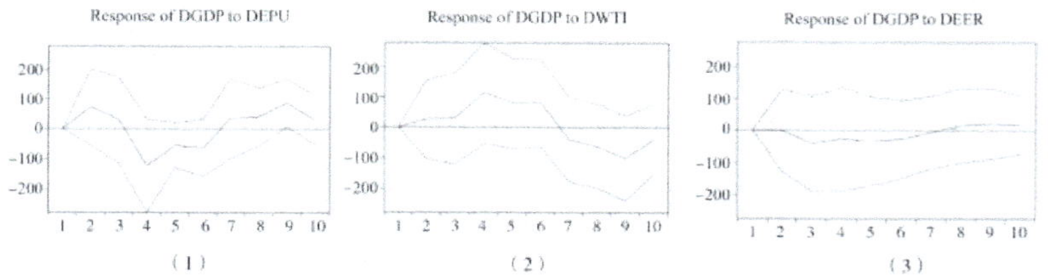

注：①図（1）（2）（3）は、それぞれ不確実性、原油価格、為替レートが国内総生産に与えるインパルス応答を示している。
②図中の破線は2倍の標準偏差範囲を表す。

図3.15 DGDP のインパルス応答図

図3.15は、不確実性・原油価格・為替レートを用いて国内総生産に対して構築された SVAR モデルのインパルス応答図である。図から次の結論が得られる。不確実性は初期には国内総生産に対して正の影響を与えるが、期数の経過とともにその影響は徐々に負に転じる。これは、不確実性の増加が短期的には国内総生産に対して正のショックを与えるものの、長期的にはその影響が負に転じることを意味する。すなわち、不確実性のショックは短期的にはGDPを刺激して正の応答を生むが、長期的にはGDPが不確実性の不安定性に対して正負交互の応答を示すことになる。

また、インパルス応答図によれば、国際原油価格は国内総生産に対して顕著な正の作用を持つが、前節の検定結果では、原油価格はGDP

変動の原因とはされなかった。同様に、人民元為替レートはGDPに対して負のショック効果を与えるものの、検定によれば、為替レートもまたGDP変動を引き起こす原因とは認められなかった。

図3.16は、不確実性・原油価格・為替レートを用いて消費者物価指数（CPI）に対して構築されたSVARモデルのインパルス応答図である。図から読み取れることは次の通りである。経済政策の不確実性が消費者物価指数に与える衝撃は比較的小さく、正負の効果が交互に現れつつ、期数の増加とともに次第にゼロへと収束していく。これは、経済政策の不確実性がCPIに対して衝撃を与えるものの、その影響は微小であり、比較的短期間で回復可能であることを意味している。一方、原油価格は消費者物価指数に対して顕著な正の影響を与える。原油価格が1単位標準偏差分正の衝撃を受けると、第1期からCPIの上昇を引き起こし、その後影響は徐々に弱まるものの、依然として有意な影響を与えている。この理由としては、原油価格が交通手段で使用される燃料価格に直接影響を及ぼすこと、さらに原油価格の変動が直接的に石油製品価格を刺激し、燃料価格を押し上げることで輸送コストが上昇し、その結果生活必需品の価格が上がることなどが挙げられる。これらはいずれも間接的にCPIに影響を及ぼす要因である。また、為替レートが正の衝撃を受けるとCPIに対して負の効果をもたらす。これは容易に理解できる。為替レートの上昇は人民元の価値が上昇（人民元高）することを意味し、それによって輸入が促進され、輸出が抑制される。その結果、本来であれば輸出されるはずの商品が国内市場に流入し、国内供給が増加することで物価が抑制され、最終的にCPIが低下するのである。

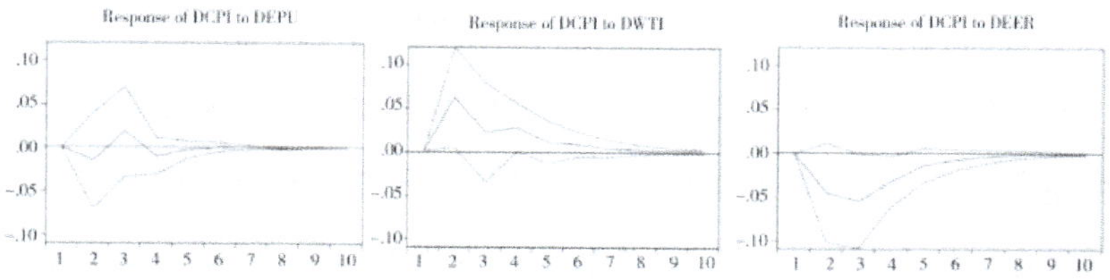

注：①図（1）（2）（3）はそれぞれ、不確実性・原油価格・為替レートが消費者物価指数に与えるインパルス応答を示す。
②図中の破線は2倍の標準偏差範囲を表す。

図3.16 DCPI のインパルス応答図

図3.17は、不確実性・原油価格・為替レートを用いて生産者物価指数(PPI)に対して構築されたSVARモデルのインパルス応答図である。図から分かるように、不確実性の正の衝撃はPPIに対してある程度の負の効果をもたらすが、その影響の大きさは非常に小さい。国際原油価格の正の衝撃はPPIの上昇を引き起こす。これは、原油価格の上昇が生産資材価格の上昇を招き、さらに国際原油価格の変動が石油採掘・加工の価格に直接影響を与えると同時に、プラスチック製品業、繊維業、化学工業、製薬業などの価格に間接的な影響を及ぼすためである。これらはいずれもPPIの重要な構成要素である。また、人民元為替レートもPPIに対して負の効果を与える。為替レートの上昇は人民元高を意味し、原材料の輸入価格を押し上げ、その結果PPIに負の影響を及ぼす。

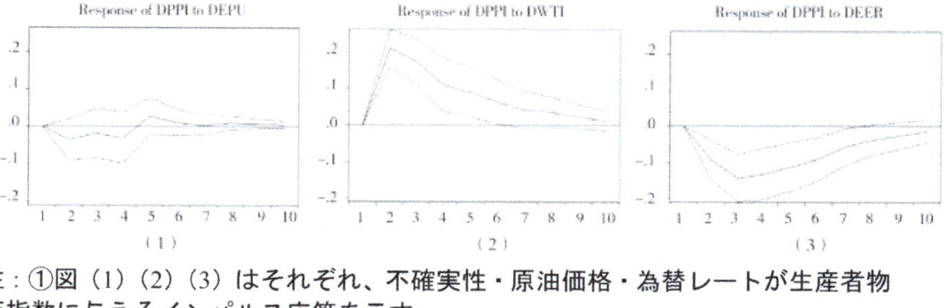

注：①図（1）（2）（3）はそれぞれ、不確実性・原油価格・為替レートが生産者物価指数に与えるインパルス応答を示す。
②図中の破線は2倍の標準偏差範囲を表す。

図3.17 DPPI のインパルス応答図

図3.18は、不確実性・原油価格・為替レートを用いて失業状況に対

して構築されたSVARモデルのインパルス応答図である。図から分かるように、不確実性の正の衝撃は国内の失業率に対してある程度の負の効果を与えるが、その影響は期数の増加とともに正負が交互に入れ替わる。ただし全体としては負の効果が優勢である。経済政策の不確実性が高まるということは、経済状況の不安定化を意味し、それが必然的に失業の増加、失業率の上昇を引き起こす。さらに、原油価格の1単位標準偏差の正の衝撃は失業状況に対して正負交互の影響を与える。また、人民元為替レートの上昇は、第4期前後において国内失業状況に比較的弱い正の効果を及ぼす。

図3.19は、不確実性・原油価格・為替レートを用いて進出口総額に対して構築されたSVARモデルのインパルス応答図である。図から分かるように、不確実性の正の衝撃は期数の推移に伴い、第2期から第8期にかけて国内進出口総額に対して正負交替の衝撃をもたらし、期数が増えるにつれてその影響は徐々に弱まる。原油価格の1単位標準偏差の正の衝撃は、進出口総額に対して正の衝撃を与える。期数の増加に伴い、第5期以降は正負交替の衝撃作用が現れるが、依然として正の効果が主体である。一方、人民元為替レートの上昇は第2期から国内進出口総額に負の効果をもたらし、第5期と第8期に短期的な正の効果が現れるが、より顕著なのは依然として負の衝撃である。

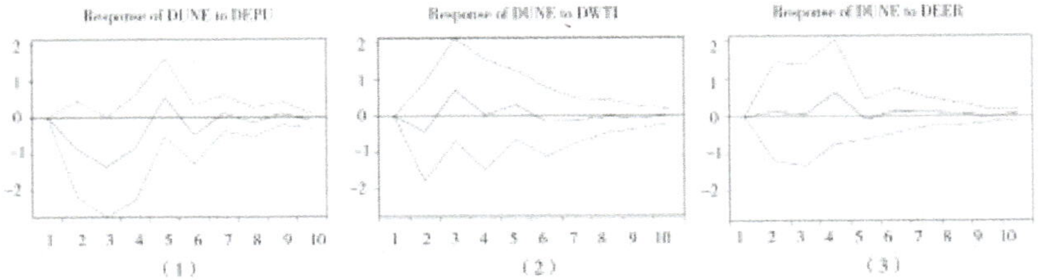

注：①図（1）（2）（3）はそれぞれ、不確実性、原油価格および為替レートが輸出入総額に与えるインパルス応答図を示す。
②図中の破線は2倍の標準偏差範囲を表す。

図3.19 DIEPのインパルス応答図

（4）動的分散分解分析。

モデルにおける撹乱はいずれも$y_{_t}$の予測に不確実性をもたらす。分散分解の考え方は、モデル中の内生変数を分解し、構造的ショックにおける各期の分散の線形結合を得ることである。そして各期の分散総和が各変数の総分散に占める割合を計算することによって、変数間に生じるショックを特定する。不確実性・原油価格・為替レートがマクロ経済に与える影響は図3.20に示されている。

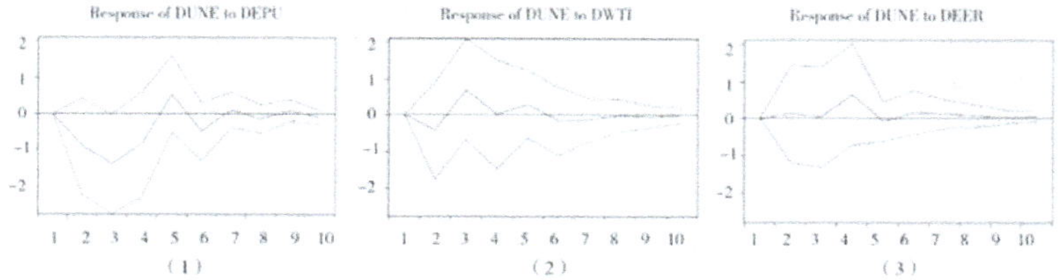

注：①図（1）（2）（3）は、それぞれ不確実性・原油価格・為替レートが進出口総額に与えるインパルス応答図を示す。
②図中の破線は2倍標準偏差の範囲を示す。

図3.19　DIEPのインパルス応答図

図3.20の分散分解に基づく結論は以下の通りである：

国内総生産（GDP）は、基本的に自らの水準の影響を受ける。中長期において自らの影響は低下するものの、分散寄与率は依然として92.75%と高い。しかし、その変動要因としての経済政策不確実性と人民元為替レートの分散寄与率は、それぞれ約5.50%と0.64%にとどまり、変動の要因であることは確かだが、その影響は依然としてごく小さい。

消費者物価指数（CPI）も自らの影響が顕著であり、4期以降は92.49%程度に低下する。不確実性・原油価格・為替レートの三者のうち、先行検証で国際原油価格と為替レートがCPI 変動の要因であることが示されている。分散分解の結果では、原油価格ショックが CPI に及ぼす長期的影響は約5.44%、為替レートの影響は約1.85%である。

生産者物価指数(PPI)は、自らの影響が3期以内に50.69%に低下し、その後も持続的に下降して約41.20%に達する。PPI に対して分散寄与率が大きい要因は国際原油価格と人民元為替レートであり、国際原油価格の分散寄与率は47.32%まで徐々に上昇し、人民元為替レートの分散寄与率は10.55%に上昇する。

失業状況（UNE）は、自らのショックによる影響が約95.73%に達する。不確実性・原油価格・為替レートの分散寄与率は相対的に小さく、原油価格と人民元為替レートの分散寄与率はそれぞれ0.39%と1.44%である。検証の結果、失業状況変動の線形的要因としての経済政策不確実性の分散寄与率もわずか2.44%に過ぎない。

輸出入総額自身の分散寄与率は、第4期以降88.32%まで低下する。経済政策不確実性の輸出入総額に対する分散寄与率は約2.04%であり、同時に国際原油価格と人民元名目実効為替レートが輸出入総額変動の要因となり、その分散寄与率は長期的にそれぞれ8.46%と1.45%に達する。したがって、為替レートが輸出入総額に及ぼす影響はそれほど強くないことが分かる。

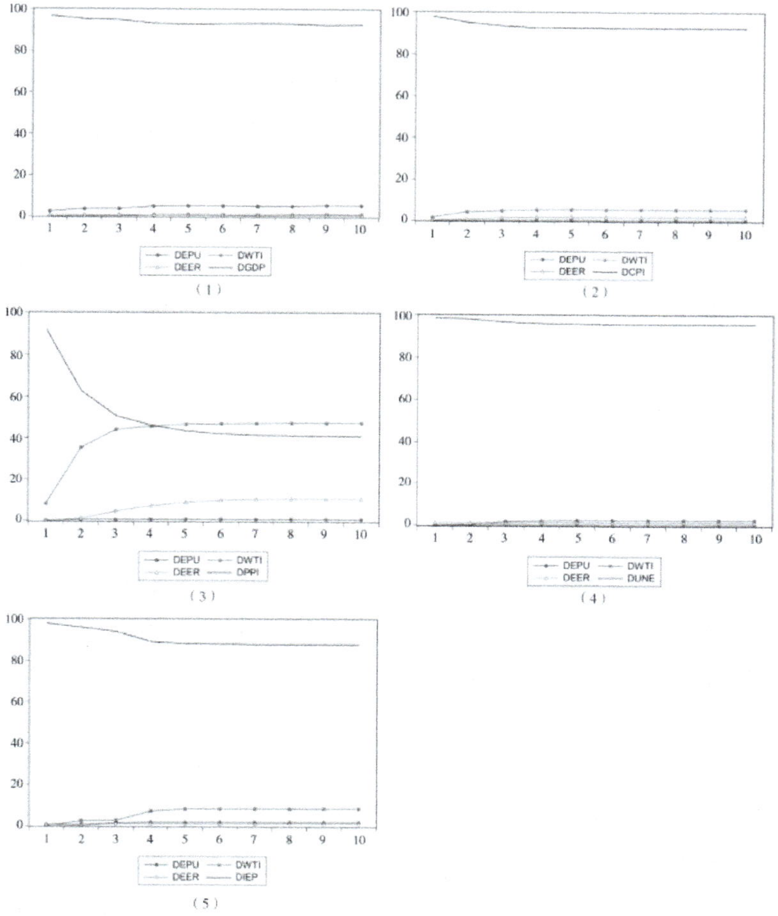

注：図（1）（2）（3）（4）（5）はそれぞれ、不確実性、原油価格および為替レートとDGDP、DCPI、DPPI、DUNE、DIEP に基づいて構築された SVAR モデルの分散分解の結果を示している。

図3.20 分散分解図

3.2.5　結論と政策提言

3.2.5.1　結論

本節の実証研究と分析に基づき、以下の結論を得ることができる。

（1）経済政策不確実性は、2019年において国内政策、経済ルールおよび世界的な政治情勢の不確実性により明確な変動が発生した。2008年の金融危機は国際原油価格を急騰させ、当時のピークに達した後、急速に下落した。このような変動は非常に激烈であったと言える。

その後、金融危機を経て世界経済は次第に回復した。人民元名目実効為替レートの顕著な変動は2008年から2009年にかけて現れ、当時わが国が金融危機に対応するために採った諸政策が為替レートの変動をもたらした。

（2）不確実性、原油価格および為替レートの時・周波数領域における連動関係については、国際原油価格と不確実性の間には研究期間内において一部の中短期的な負の相関関係が存在し、2018年から2020年にかけて「国際原油価格—経済政策不確実性」の先行—遅行関係が確認された。国際原油価格と人民元為替レートの間には一部負の相関関係が存在し、2005年から2015年には「国際原油価格—人民元為替レート」の先行—遅行関係が見られた。経済政策不確実性と人民元為替レートの変動には一部正の相関関係が存在し、2005年から2010年には「不確実性—人民元為替レート」の先行—遅行関係が現れた。

（3）中国のマクロ経済に対する影響としては、わが国の経済政策不確実性は国内総生産および失業状況に影響を与える要因であり、国際原油価格と人民元名目実効為替レートは、生産者物価指数、消費者物価指数および輸出入総額に影響を与える要因である。一方で、経済政策不確実性は生産者物価指数や消費者物価指数の変動要因ではなく、国際原油価格および人民元名目実効為替レートも国内総生産や失業状況の変動要因ではない。

（4）経済政策不確実性は、期数の増加に伴い国内総生産に対して正負交替の衝撃を与え、失業状況には負の衝撃を与える。国際原油価格は生産者物価指数、消費者物価指数および輸出入総額に正の衝撃を与える。一方、人民元名目実効為替レートは生産者物価指数、消費者物価指数および輸出入総額に負の衝撃を与える。

(5) 経済政策不確実性の国内総生産および失業状況への分散寄与率はそれぞれ5.50%と2.44%である。国際原油価格は生産者物価指数、消費者物価指数および輸出入総額にそれぞれ47.32%、5.44%、8.46%の分散寄与率をもたらす。人民元名目実効為替レートは生産者物価指数、消費者物価指数および輸出入総額にそれぞれ10.55%、1.85%、1.45%の分散寄与率をもたらす。

(6) 以上の結果から、不確実性、原油価格および為替レートはいずれも異なる側面で異なる程度にわが国の経済運行に影響を与えていることが分かる。最も影響を受けるマクロ経済指標は生産者物価指数であり、最も影響が小さいのは国内総生産である。わが国マクロ経済に最も大きな影響を与える要因は国際原油価格であり、すなわち世界経済情勢の変化は不可避的にわが国の経済状況に影響を及ぼすものである。

3.2.5.2　政策提言

本節の研究分析結果に基づき、わが国全体経済の安定的な発展を維持するため、以下の政策提言を行うことができる。

(1) マクロ経済情勢を迅速かつ正確に把握すること。各種マクロ調整ツールを合理的に活用し、経済変動によって引き起こされる不確実性の上昇を可能な限り抑制する。国家政府と市場との交流を強化し、大衆と市場の期待を適切に管理・調整することで、政府の意思決定と市場の期待・需要が相互に整合するようにし、政策実施の安定性を高め、不確実性をもたらす変動を軽減する。市場の変動に対して前瞻的な警戒と対応メカニズムを構築し、不確実性の出現に即応できるようにすることで、問題処理能力を高め、効率を改善する。さらに金融開放を拡大し、金融市場の透明性と金融監督の効率を向上させ、外部経済の不確実性ショックによる国際資本移動の変動を減少させ、中国経済の安定を達成する。

（2）わが国の石油安全戦略体系を構築すること。既存の石油企業を明確化し、これらを統合することで、わが国に属する実力のある石油グループを育成し、石油産業の安定的な発展を確保する。同時に、石油備蓄制度を堅持し、改善を重視する。省エネ文化を奨励し、新しい再生可能エネルギーを大力に発展させ、従来型石油資源の消費を削減し、エネルギー消費の実質的な低下を図ることで、石油依存度も同時に低下させる。国内エネルギーの多様化を進め、石油資源の代替となる新エネルギーを発展させるとともに、原子力技術の発展を促進し、その研究と応用を重視する。以上の進展を通じて、わが国の社会経済を前進させる。

（3）人民元為替レート改革を継続的に重視すること。為替レートの双方向変動弾力性を高め、為替レートが合理的かつ均衡を保つだけでなく、安定的な状態に維持されるようにし、国家経済の持続的な発展を推進する。同時に、人民元の国際化を一層推進するが、その過程においては外為市場の監督を軽視してはならない。基準面でも規制強度面でも十分な重視が必要である。国際協力を強化し、人民元の世界的普及率を効果的に高める必要がある。また、経済情勢が変化した際には、国家が適切に人民元為替レートを調整し、中国経済の健全で秩序ある発展を保証しなければならない。

第4章　エネルギー価格変動が中国産業に与える影響の異質性研究

これまでに、エネルギー産業の周期的変動および価格変動がマクロ経済に与える影響を分析した結果、中国のエネルギー関連産業の周期的変動は明らかにマクロ経済景気の変動に遅行していること、また不確実性・原油価格・為替レートの三者がそれぞれ異なる側面・程度で中国の経済運行状況に影響を与えていることが示された。

中国のエネルギー市場化価格決定メカニズムの形成・整備が徐々に進むにつれて、エネルギーはその価格メカニズムを通じて実体経済に対する影響を一層顕著にしている。経済発展の時期が異なれば、経済環境、政策、エネルギー価格変動幅も大きく異なる。そのため、エネルギー価格変動がPPIに伝達されるメカニズムにも一定のレジーム差異が存在する。さらに、PPIへの伝達経路からみれば、エネルギー価格はエネルギー関連産業の出荷価格に直接影響を与えるほか、主として企業の生産コストに作用することでPPIに影響を及ぼす。したがって、エネルギー価格変動がPPIに与える影響の程度は、産業生産がエネルギーに依存する度合いに依存する。エネルギー依存度が高い産業では、エネルギー価格変動がそのPPIに与える影響が相対的に大きく、逆に依存度が低い産業ではその影響は小さい。したがって、エネルギー価格変動のPPIへの伝達メカニズムには産業ごとの異質性が存在する。以上の分析に基づき、本章ではエネルギー価格変動が中国産業に与える影響の異質性について研究を行う。

本章は二節で構成される。第一節では、まず時系列データを用いて従来型のGranger因果検定および非線形因果関係検定を行い、エネルギー価格とPPIとの間の因果関係を検証する。その上で、二つのレジームを区分し、総合PPI、生産資料PPIおよび生活資料PPIを被説明変数とする3つのMS-ARモデルを構築し、回帰係数によってレジーム差異を比較する。その後、37の大分類産業のPPIデータとエネルギー価格指数を用いてMS-ARのレジーム転換モデルを構築し、エネルギー価格が各産業において「高変動レジーム」と「低変動レジーム」の下で持つ伝達係数を導出する。そしてこれに基づき37の大分類産業を4つの類型に分け、さらにMS-VARモデルを構築し、異なるレジーム下におけるインパルス応答関数を通じて、産業類型別のPPIがエネルギー価格ショックに対して示す動的応答メカニズムを研究する。第二節では、国際天然ガス価格変動が中国産業構造に与える影響をシミュレーションする。天然ガス部門が不完全競争であることを前提としたCGEモデルを構築し、天然ガス価格を統制するか否かという二つのシナリオの下で、国際天然ガス価格変動が中国経済に与える影響をシミュレートし、最終的な結論を導き出す。

4.1　エネルギー価格変動からPPIへの伝達におけるレジーム差異と産業異質性分析

理論的な観点から見ても、また現実の状況から見ても、エネルギー価格は一般的な物価水準に顕著な影響を与えており、特にPPIの動向と高い相関を示している。しかし、その影響メカニズムは一定の複雑性を有している。したがって、現段階の経済構造が大きく調整されている背景の下で、エネルギー価格からPPIへの伝達メカニズムを明確にすることは、物価水準の動向やマクロ経済調整を理解する上で現実的な緊急性を持っている。とりわけ、既存研究の多くはエネルギー価格がPPIまたはCPIの総水準に与える影響規則を提示するにとどまっており、エネルギー価格が異なるタイプの産業PPIへと伝達される規則性への注目は未だ十分ではない。同時に、マクロ経済構造の調整やエネルギー政策の転換は、客観的に見ても異なる運行レジームに基づいたエネルギー価格の伝達効果分析を求めている。

以上の事実に基づき、本節ではマルコフ・レジームスイッチングモデルと中国の時系列データを用いて、エネルギー価格からPPIへの伝達におけるレジーム差異およびその産業異質性を実証分析する。主に以下の三点を明らかにすることを目的とする。第一に、エネルギー価格がPPIに与える影響規則にはレジーム差異が存在するのか。第二に、エネルギー価格が生産資料PPIと生活資料PPIに与える影響の程度には明確な違いがあるのか。第三に、エネルギー価格が異なるタイプの産業PPIに与える影響にはどのような規則性が存在するのか。

4.1.1　実証モデルとデータ

4.1.1.1　実証モデル

（1）MS-ARモデル。研究課題の特徴に基づき、本節ではサンプルが二つのレジーム転換過程に従うと仮定し、ランダム擾乱項は条件付きガウス過程に従うものとする。この仮定の下で、被説明変数は次の混合正規分布に従う：

$$y_t = \alpha\left(S_t\right) + \varepsilon_t \quad \varepsilon_t \sim N\left(0, \sigma_t^2\right) \tag{4.1}$$

$$y_t \mid \Phi_{t-1} \sim \begin{cases} N\left(\left(1-\phi_1\right)\theta_1 + \phi_1, \sigma_1^2\right), & w.p. \quad p_{1t} \\ N\left(\left(1-\phi_2\right)\theta_2 + \phi_2, \sigma_2^2\right), & w.p. \quad p_{2t} \end{cases} \tag{4.2}$$

ここで、二つのレジームの値とその変化は次の形式で表される：

$$p_{1t} = Pr\left(S_t = 1 \mid \Phi_{t-1}\right), \quad p_{2t} = Pr\left(S_t = 2 \mid \Phi_{t-1}\right)$$

ここで、P_{1t}はt-1期の情報集合の条件下で、式がt期にレジーム1に属する条件付き確率である。相補性により、P_{2t}はt-1期の情報集合の条件下で、式がt期にレジーム2に属する確率であり、$p_{1t}+p_{2t}=1$となる。

パラメータ推定には最尤法を用いる。その条件付き確率密度は次のように表される：

$$\begin{aligned} f\left(y_t \mid \Phi_{t-1}\right) &= \sum_{i=1}^{2} f\left(y_t, S_t=i \mid \Phi_{t-1}\right) \\ &= \sum_{i=1}^{2} f\left(y_t \mid S_t=i, \Phi_{t-1}\right) Pr\left(S_t=i \mid \Phi_{t-1}\right) \\ &= \sum_{i=1}^{2} f\left(y_t \mid S_t=i, \Phi_{t-1}\right) p_{it} \end{aligned} \tag{4.3}$$

そして、t-1期の情報集合に基づくytの条件付き確率分布は次のように書ける：

$$y_t \mid \Phi_{t-1} \sim \begin{cases} f\left(y_t \mid S_t=1, \Phi_{t-1}\right), & w.p. \quad p_{1t} \\ f\left(y_t \mid S_t=2, \Phi_{t-1}\right), & w.p. \quad p. \quad p_{2t} \end{cases} \tag{4.4}$$

則ち、条件正規分布の確率密度は次のように表すことができる：

$$f\left(y_t \mid S_t=i, \Phi_{t-1}\right) = \frac{1}{\sqrt{2\pi\sigma_{it}}} \exp\left[\frac{-\left(y_t-\mu_{it}\right)^2}{2\sigma_{it}}\right] \tag{4.5}$$

ここで、$p_{1i}=\Pr(S_i=1 \mid \Phi_{i-1})$を一次マルコフ・レジーム転換形式の確率過程として設定する。P1tが利用できる条件情報は被説明変数の自己のラグ値であるため、$p_{1i}=\Pr(S_t=1 \mid \tilde{y}_{t-1})$とすることができる。以上のモデル設定の下で、本研究ではベイズ的枠組みに基づき方程式の逐次推定を行う。モデルに関するより詳細な説明についてはHamilton（1989）を参照されたい。

（2）MS-VARモデル。マルコフ・レジーム転換モデルとVARモデルを結合すると、MS-VARモデルが得られる。典型的なMS(M)-VAR(p)モデルは次のように表される：

$$y_t - \mu(s_t) = A_1(s_t)\left(y_{t-1} - \mu(s_{t-1})\right) + \cdots + A_p(s_t)\left(y_{t-p} - \mu(s_{t-p})\right) + u_t \tag{4.6}$$

$$\mu(s_t) = \begin{cases} \mu_1 & if \quad s_t = 1 \\ \cdots & \\ \mu_M & if \quad s_t = M \end{cases} \tag{4.7}$$

MS-VARモデルにおいては、自己回帰モデルのすべてのパラメータが状態変数S_tの下でのマルコフ連鎖となる。すなわち、各レジーム下において、VAR(p)モデルのパラメータ $A_{1m}, A_{2m}, \cdots, A_{jm} (m = 1, 2, \cdots, M)$ は次を満たす：

$$y_t = \begin{cases} \nu_1 + A_{11} y_{t-1} + \cdots + A_{p1} y_{t-p} + \Sigma_1^{1/2} u_t & \text{if} \quad s_t = 1 \\ \nu_M + A_{1M} y_{t-1} + \cdots + A_{pM} y_{t-p} + \Sigma_M^{1/2} u_t & \text{if} \quad s_t = M \end{cases}$$

$$u_{\mathrm{t}} \sim NID(0, I_{\mathrm{k}}) \tag{4.8}$$

MS-VARモデルの最大の特徴は、各レジームに基づいてインパルス応答関数を計算できる点にある。それによって、異なるレジームにおける変数間の影響関係の差異を比較できる。したがって、以下の実証分析ではMS-VARモデルのインパルス応答関数を用いて分析を展開する。

(3) 非線形Granger因果検定。原仮説H_0：$\{X_t\}$は$\{Y_t\}$のGranger原因ではない。したがって：

$$Y_{t+1} \left| \left(X_t^{lx}, Y_t^{ly} \right) \sim Y_{t+1} \right| Y_t^{ly} \tag{4.9}$$

ここで、$X_t^{lx} = (X_{t-lx+1},\cdots,X_t)$, $Y_t^{dy} = (Y_{t-ly+1},\cdots,Y_t)$, $lx, ly \ge 1$, $LetZ_t = Y_{t+1}$, $W_t = (X_t^{ls}, Y_t^{ly}, Z_t)$ とする。原仮説の下では、W_t の分布は不変であるため、しばしば時間次元tを省略して、$lx = ly = 1$ と仮定し、$W = (X\ \ ,Y\ \ ,Z\ )$ とする。もし原仮説が成立するならば、ZはXと独立であり、与えられた (X,Y)とYの二つの条件下でZの条件分布は同一となる。これは次の結合確率密度関数が成立することを意味する：

$$\frac{f_{X,Y,Z}(x,y,z)}{f_Y(y)} = \frac{f_{X,Y}(x,y)}{f_Y(y)} \cdot \frac{f_{Y,Z}(y,z)}{f_Y(y)} \tag{4.10}$$

これに基づき、DiksとPanchenko（2006）は確率密度関数を用いて原仮説を次のように再定式化した：H_0：$\{X_t\}$ は $\{Y_t\}$ のGranger原因ではない、すなわち：

$$q_g = E\left[\left(\frac{f_{X,Y,Z}(x,y,z)}{f_Y(y)} - \frac{f_{X,Y}(x,y)}{f_Y(y)} \cdot \frac{f_{Y,Z}(y,z)}{f_Y(y)}\right) g(X,Y,Z)\right] = 0 \tag{4.11}$$

その中で、$g(X,Y,Z)$ は常に正の重み関数であり、括弧内の式が0のときに限り、$q_g = 0$ が成立する。DiksとPanchenko はそれぞれ $g(X,Y,Z)$ が $f_Y(y)$、$f_Y^{\,2}(y)$、および $\frac{f_Y(y)}{f_{X,Y}(x,y)}$ に等しいと仮定し、モンテカルロ・シミュレーションによって $f_Y^{\,2}(y)$ が最も優れて安定的であることを発見した。そこで、$g(X,Y,Z) = f_Y^2(y)$ とし、さらに q_g を簡略化する：

$$q = E\left[f_{X,Y,Z}(x,y,z) f_Y(y) - f_{X,Y}(x,y) f_{Y,Z}(y,z)\right] \tag{4.12}$$

続いて、$f_W(W_i)$ を W_i における局所的確率密度として推定する。すなわち：

$$\hat{f}_W\left(W_i\right)=\frac{(2\varepsilon)^{-dw}}{n-1}\sum_{j,j\neq i} I_{ij}^W \qquad (4.13)$$

ここで、εはバンド幅パラメータであり、$I_{ij}^W = I(\| \bar{W}_i - \bar{W}_j \| \leq \varepsilon)$は指示関数である。すなわち、$\| W_i - W_j \| \leq \varepsilon$のとき関数値は1を取り、それ以外の場合は0を取る。これに基づき、DiksとPanchenko は検定統計量T_nを構築し、次のように表される：

$$T_n(\varepsilon)=\frac{(n-1)}{n(n-2)}\sum_i\left(\hat{f}_{X,Y,Z}\left(x_i,y_i,z_i\right)\hat{f}_Y\left(y_i\right)-\hat{f}_{X,Y}\left(x_i,y_i\right)\hat{f}_{Y,Z}\left(y_i,z_i\right)\right) \qquad (4.14)$$

さらに研究によって、T_n検定統計量は正規分布に従うことが示され、これを標準化すると次が得られる：

$$\sqrt{n}\frac{T_n\left(\varepsilon_n\right)-q}{S_n}\xrightarrow{d}N(0,1)$$

ここで、S_nは統計量の漸近分散の推定値である。なお、楊子暉・趙永亮（2014）は、T_n非パラメトリック検定方法の検定力に関するシミュレーション分析において、サンプルサイズを拡大することによって本方法の検定力が大幅に改善されることを発見した。したがって、本節では可能な限り大きな観測サンプルを選択し、本方法における「過度の棄却」問題を回避するようにした。

4.1.1.2　データの出所、処理および記述

本節で使用するデータは、中国における2007年1月から2017年1月までの月次時系列データである。具体的には、エネルギー価格の変動を石炭、石油、電力価格指数で測定し、工業生産者出荷価格指数（PPI）を用いて工業価格の総水準を測定する。また、生産資料工業生産者出荷価格指数を用いて生産資料価格の変動を測定し、生活資料工業生産

者出荷価格指数を用いて生活資料価格の変動を測定する。さらに、37の工業大分類業種の生産者出荷価格指数を用いて各業種の価格水準の変動を測定する。

石炭、石油、電力価格指数は中国人民銀行ウェブサイトの統計データから取得し、PPI総指数および各業種の価格指数は国家統計局ウェブサイトの統計データベースから取得した。データの選択および初期処理に関しては、以下の点に留意する必要がある。

第一に、サンプル範囲の設定について、本節研究の重点はエネルギー価格変動のPPIへの伝達における産業異質性であるため、工業大分類業種PPIデータは不可欠である。しかし工業大分類業種PPIデータは2005年から統計されており、2005—2007年の一部価格データは製品統計に基づいており、業種価格水準データが欠如している。したがって、本節ではサンプル範囲を2007—2017年に設定し、121期の時系列データを用いる。この規模のデータであれば統計および計量分析に十分である。

第二に、指標の選択について、総PPIおよび分業種PPIを用いて工業価格総水準および分業種価格水準を表すのは一般的な処理方法である。一方、エネルギー価格データの選択については比較的多様であり、既存研究におけるデータ選択も統一されていない。主流文献の多くは原油価格データをエネルギー価格の代表としているが、本節では中国の経済発展の実情を考慮し、石炭消費の比率が長期にわたり60%以上を占め、依然として主要なエネルギーであり、また電力も工業生産の重要要素であると考える。したがって、本節では石炭・石油・電力価格指数という、より総合的かつ代表性の高い指標を用いてエネルギー価格水準の変動を測定する。

第三に、産業分類基準について、国家統計局は2011年に産業分類基準（GB/T 4754—2011）を改訂したため、2007—2013年の工業大分類業種価格データは2002年の国民経済産業分類基準に基づき、2014年以降の関連データは2011年基準に基づいている。両者の産業構成には一定の差異がある。これを踏まえ、新旧産業分類基準を総合的に比較し、本節では一部業種データを削除または統合した。

具体的な処理は以下の通りである。

原分類基準の「その他の採鉱業」は更新が停止され、データ欠損があるため削除。新分類基準の「採掘補助活動」は新設業種であり、サンプルデータが不足しているため削除。原分類基準の「ゴム製品業」と「プラスチック製品業」を統合して「ゴム・プラスチック製品業」とし、2007—2013年のデータは両者の平均値を採用。新分類基準では「輸送機械製造業」を「自動車製造業」と「鉄道・船舶・航空宇宙およびその他の輸送機械製造業」に分割しているため、両者を統合して「輸送機械製造業」とし、2014—2017年のデータは平均値を採用。新分類基準では「廃棄資源・廃品回収加工業」を「廃棄資源総合利用業」と「金属製品・機械・設備修理業」に分割しているため、両者を統合して「廃棄資源・廃品回収加工業」とし、2014—2017年のデータは平均値を採用。

以上の削除・統合を経て、サンプルには最終的に37の工業大分類業種が含まれる。その内訳は、採鉱業5業種、製造業29業種、電力・熱力・ガス・水生産供給業3業種である。本節の計算に用いたすべての原始データの記述統計結果は表4.1に示す。

表4.1 生データの記述統計

エネルギー価格と生産者物価指数	平均	標準偏差	エネルギー価格と生産者物価指数	平均	標準偏差
エネルギー価格	100.85	10.94	石油精製、コークス化、核燃焼材料加工産業	101.63	14.08
全体的なPPIレベル	100.47	4.80	化学原料および化学製品カルマを生み出す	100.29	8.04
生産資材PPI	100.23	5.77	医薬品製造	101.41	1.61
日用品のPPI	101.25	1.93	化学繊維製造業	98.47	9.68
石炭採掘および精錬産業	101.70	14.76	ゴム・プラスチック製品産業	100.55	3.45
石油・ガス採掘産業	99.79	28.73	非金属鉱物製品産業	101.11	4.00
鉄金属採掘および選鉱産業	100.27	19.07	鉄金属の製錬および圧延業界	99.54	13.92
非鉄金属採掘および選鉱業界	102.71	11時40分	非鉄金属の製錬および圧延業界	99.96	12.64
非金属鉱物採掘および選鉱産業	102.72	4.95	金属製品業界	100.41	3.46
農業および副次的な食品加工産業	104.12	6.84	一般機器製造業	100.36	2.10
食品製造業	102.69	2.62	特殊機器製造業	100.58	1.38
飲料製造業	101.41	1.76	輸送機器製造業	99.93	0.75
タバコ製品業界	100.47	0.43	電気機械器具製造業	99.74	3.05
繊維産業	101.28	5.19	コンピューターおよびその他の電子機器製造業	97.87	1.01
繊維、衣料、靴、帽子の製造	101.29	1.14	機器製造業	99.58	0.58
革、毛皮、羽毛、 製品業界	101.76	1.62	その他の製造業	102.10	2.47
木材加工、木材、竹等 製品	101.56	1.89	廃棄物資源と廃棄物リサイクル 加工産業	99.51	9月18日
家具製造	101.36	1.05	電気と熱の生産と供給 責任あるカルマ	100.95	2.06
紙および紙製品産業	100.22	3.40	ガス生産・供給業界	102.09	5.45
印刷および記録メディア複製産業	100.46	1.13	水生産・供給産業	103.00	1.23

エネルギー価格と生産者物価指数	平均	標準偏差	エネルギー価格と生産者物価指数	平均	標準偏差
文化・教育・スポーツ用品製造業	101.42	1.58			

注：表の容量制限により、一部の業種名称を簡略化した（以下同じ）。

サンプル期間において、エネルギー価格、PPI総水準、生産資料PPIおよび生活資料PPIはいずれも全体的に小幅な上昇傾向（平均値が100を上回る）を維持しており、大部分の工業部門の価格水準も総じて上昇している。しかし、石油・天然ガス採掘業、化学繊維製造業、黒色金属冶金・圧延加工業、有色金属冶金・圧延加工業などの資源・エネルギー集約型産業の価格は、全体的に下落傾向を示している。さらに、輸送機械製造業、電気機械・器具製造業、コンピュータ等電子機器製造業、計測機器製造業、廃棄資源・廃品回収加工業の5業種でも価格水準が全体として下落している。その中で、生活と密接に関連する農副食品加工業の価格上昇幅が最も大きく、平均で4.12%に達している。

変動幅の観点から見ると、エネルギー価格の変動幅は相対的に大きく、これがエネルギー価格の大きな特徴でもある。一方、大多数の工業部門の価格変動幅は比較的小さく、石炭採掘・選鉱業、石油・天然ガス採掘業、黒色金属鉱業、有色金属鉱業、石油精製・コークス・核燃料加工業、黒色金属冶金・圧延加工業、有色金属冶金・圧延加工業の7業種のみ、PPIの標準偏差が10を超えている。その中で、エネルギー関連産業である石油・天然ガス採掘業の変動幅が最大であり、標準偏差は28.73に達している。

エネルギー価格とPPIの動向をさらに比較分析するために、本節では両者の原系列データを図4.1に描いた。図からわかるように、サンプル期間においてエネルギー価格指数とPPIは全体的にほぼ一致した動きを維持しており、理論分析部分での判断が裏付けられた。しかし、エネルギー価格指数の変動幅はPPIをはるかに上回っており、エネルギー価格の最大上昇率は25%以上、最大下落率も10%以上で、振幅は35%以上に達している。これに対してPPIの変動率は基本的に-10%から10%の範囲に収まっている。

両者の周期的変動から見ると、2007—2008年のPPIは比較的安定していたが、国際エネルギー価格のショックと国内エネルギー産業の大幅な上昇の影響を受け、エネルギー価格指数は急上昇した。2009年には国際金融危機の影響で国際貿易と需要が低迷し、エネルギー価格が急落、エネルギー価格指数とPPIはいずれも底値に達した。2010年には政府の大規模な景気刺激政策の影響で両者は急速に回復したが、エネルギー価格の回復幅の方がより顕著であった。2012—2016年には国内の過剰生産能力と需要不足の二重の影響により、PPIは持続的に低下し、エネルギー価格も持続的な下落傾向を示した。2016年末以降は国際エネルギー価格が底打ち反転し、同時に国内の供給側構造改革が着実に推進され、石炭などの過剰生産削減措置が実施されたことで、エネルギー価格の新たな急上昇がもたらされ、PPIの伸び率も2016年9月にマイナスからプラスに転じ、回復的な前年比大幅上昇が現れた。

以上の分析から、エネルギー価格指数とPPIの関連性が高いことが確認できたが、両者間の具体的な数量的関係については、さらに実証分析が必要である。さらに、データに対する季節要因の影響を排除するために、本節ではX-12法を用いてエネルギー価格指数、PPI、分業種PPIなど41変数の時系列データを季節調整し、季節要因とランダム要素を取り除き、トレンドと循環成分を残した。その後、ADF検定を用いてすべての季節調整後系列の平穏性を検定した結果、すべての系列が少なくとも10%の有意水準において平穏であることが示され、モデルの計算に使用可能であることが確認された。具体的な平穏性検定の結果については本節では割愛する。

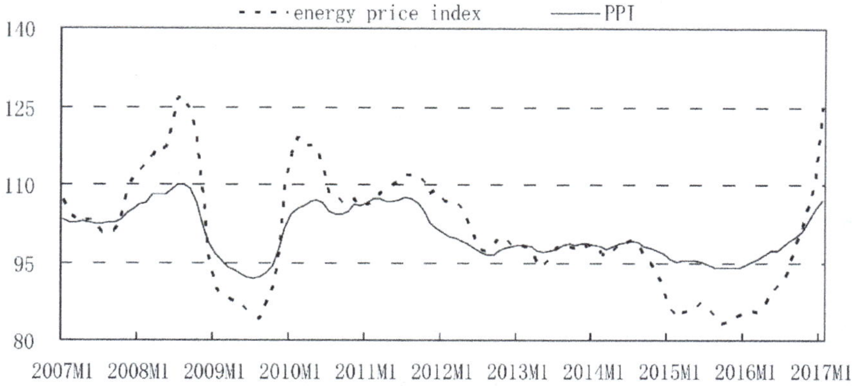

図4.1 エネルギー価格指数と生産者物価指数（PPI）のトレンドチャート

4.1.2　エネルギー価格変動のレジーム区分とそのPPIへの伝導のレジーム差異

本節の主要な研究目標は、「エネルギー価格が異なる変動レジーム下でPPIに与える影響の差異性」と「エネルギー価格が生産資料PPIと生活資料PPIに与える影響の差異性」という二つの問題を解決することである。そのために、本節ではMS-ARモデルを構築し、実証分析を展開する。

まず、エネルギー価格がPPIに与える影響の因果関係が単なる相関関係にとどまらないことを統計的にさらに証明するために、本節では伝統的なGranger因果関係検定と非線形因果関係検定を行った。こうした手続きを踏む理由は、エネルギー価格変動がPPIに与える影響が比較的複雑だからである。その主な経路は二つあり、一方ではエネルギー価格の変動が工業部門におけるエネルギー関連産業のPPIに直接影響を与え、他方では生産コストに影響を与えることによって、他の工業部門の出荷価格水準に間接的な影響を与える。この中には直接的影響と間接的影響の両方が含まれる。

変数間には線形的特徴と非線形的特徴の両方が含まれている。理論的および実証的研究は、エネルギー価格がPPIに与える影響は、レジーム内では線形的特徴を有し、レジーム間では非線形的特徴を有することを示している。このような線形および非線形の関係を包括的に検証するために、まずGranger因果関係検定を行い、その後に非線形因果関係検定を実施する。

Granger因果関係検定。表4.2によれば、PPI総水準およびすべての産業のPPIは、少なくとも10%の有意水準において「エネルギー価格はPPIのGranger原因ではない」という帰無仮説を棄却している。これは、エネルギー価格とPPIの間に実際に因果関係が存在することを証明するものであり、すなわちその伝導効果の存在を裏付けるものである。

表4.2 エネルギー価格がPPTに与える影響のGranger因果検定結果

PPI	F統計量	p値	PPI	F統計量	p値
全体的なPPIレベル	8.80	0.0003	石油精製、コークス化、核燃焼材料加工産業	15.81	0.0000
生産資材PPI	10.25	0.0000	化学原料および化学製品カルマを生み出す	16.67	0.0000
日用品のPPI	3.09	0.0492	医薬品製造	8.57	0.0003
石炭採掘および精錬産業	4.35	0.0152	化学繊維製造業	6.37	0.0024
石油・ガス採掘産業	2.80	0.0651	ゴム・プラスチック製品産業	10.67	0.0000
鉄金属採掘および選鉱産業	11.50	0.0000	非金属鉱物製品産業	19.24	0.0000
非鉄金属採掘および選鉱業界	9.97	0.0001	鉄金属の製錬および圧延業界	6.42	0.0023
非金属鉱物採掘および選鉱産業	10.68	0.0000	非鉄金属の製錬および圧延業界	13.53	0.0000
農業および副次的な食品加工産業	2.96	0.0558	金属製品業界	7.91	0.0006
食品製造業	2.38	0.0969	一般機器製造業	19.58	0.0000

PPI	F統計量	p値	PPI	F統計量	p値
飲料製造業	10.22	0.0000	特殊機器製造業	19.06	0.0000
タバコ製品業界	11.77	0.0000	輸送機器製造業	15.71	0.0000
繊維産業	9.58	0.0001	電気機械器具製造業	3.66	0.0287
繊維・衣料、 靴、帽子作りカルマを生み出す	7.89	0.0006	コンピューターおよびその他の電子機器カルマを生み出す	2.36	0.0986
革、毛皮、羽毛、製品業界	5.75	0.0042	機器製造業	8.89	0.0003
木材加工、木材、竹等製品	21.36	0.0000	その他の製造業	12.04	0.0000
家具製造	12.32	0.0000	廃棄物資源と廃棄物リサイクル加工産業	8.63	0.0003
紙および紙製品産業	9.33	0.0002	電気と熱の生産と供給責任あるカルマ	5.73	0.0043
印刷および記録媒体製造業	12.92	0.0000	ガス生産・供給業界	3.78	0.0258
文化・教育・スポーツ用品製造業	4.03	0.0203	水生産・供給産業	4.41	0.0143

注 : Granger 因果関係検定の帰無仮説は「エネルギー価格はPPI（総水準および各産業）のGranger原因ではない」であり、本表の結果は2階ラグに基づいて計算されたものである。他のラグを用いた計算結果も本表の結果と全体的に一致している。

非線形Granger因果関係検定。変数間の因果関係を伝統的なGranger因果検定のみによって行う場合、変数間の非線形関係を無視し、結果に顕著な偏差を生じさせる可能性がある。そこで、本節では変数間に対して非線形Granger因果関係検定を行った。近年、多くの研究が経済変数間には極めて複雑な非線形関係が存在することを示しており、線形の次元にのみ基づいて研究し、実際に存在する非線形関係を無視することは、研究が包括的かつ正確な結論を導くことを困難にする（MougoueとAggarwal,2011）。本節では、DiksとPanchenko（2006）が提案したTのノンパラメトリック検定方法を用いて、エネルギー価格とPPIの非線形Granger因果関係をそれぞれ検証し、両者間の非線形的作用関係を探討する（表4.3参照）。

表4.3 エネルギー価格がPPTに与える影響のT_n非線形Granger因果検定結果

異なるラグオーダーでのノンパラメトリック検定				
関連変数	ステップ　番号			
	1	2	3	4
全体的なPPIレベル	1.521495* (0.064068)	1.216165** (0.0411961)	1.383390* (0.053273)	1.574302* (0.057709)
生産資材PPI	1.302321* 0.096403	1.026966** 0.032218	0.886283** 0.047732	1.197053 0.115643
日用品のPPI	1.178377 0.109323	0.971947* 0.085538	1.452216** 0.043221	1.644931* 0.049992
石炭採掘および精錬産業	1.673531** 0.047111	1.485770* 0.068670	1.238397 0.107785	1.279559 0.100350
石油・ガス採掘産業	1.250170 0.105619	1.320087* 0.093403	2.771060*** 0.002794	2.849795*** 0.002187
鉄金属採掘および選鉱産業	1.564537 0.058846	1.545106* 0.061160	1.536972* 0.062150	1.473448* 0.070315
非鉄金属採掘および選鉱業界	-0.665974 0.747286	-0.611676 0.729624	-0.055463 0.522115	-0.053463 0.521318
非金属鉱物採掘および選鉱産業	2.560926*** 0.005220	2.547379*** 0.005427	2.466914*** 0.006814	2.363844*** 0.009043
農業および副次的な食品加工産業	1.048752 0.147146	0.776574 0.218705	0.980649 0.163383	1.411598 0.079034
食品製造業	2.025466** 0.021410	1.941222** 0.026116	1.819736** 0.034400	1.692976** 0.045230
飲料製造業	2.562724*** 0.005193	2.337215*** 0.009714	2.186719** 0.014382	2.280756** 0.011281
タバコ製品業界	0.349030 0.363533	-0.041831 0.516683	0.354985 0.361300	0.139658 0.444465
繊維産業	1.167935 0.121416	1.201174* 0.094842	1.338192* 0.090417	1.337793* 0.090482
繊維、衣料、靴、帽子の製造	1.156042 0.123832	0.862984* 0.094073	0.512179 0.304263	0.841064 0.200156
皮革、毛皮、羽毛およびその製品産業	2.3925376*** 0.00836	2.301242** 0.010689	2.313119** 0.010358	2.3853212*** 0.00853
木材加工および木材・竹製品産業	2.334977*** 0.009772	2.252367** 0.012150	2.377330*** 0.008719	2.241983** 0.012481
家具製造	2.087631** 0.018416	2.039632** 0.020694	1.792759** 0.036506	1.616956** 0.052944

異なるラグオーダーでのノンパラメトリック検定				
関連変数	ステップ　番号			
	1	2	3	4
紙および紙製品産業	2.574764*** 0.005015	2.121716** 0.016931	1.958027** 0.025113	1.887765** 0.029529
印刷および記録メディア複製産業	2.351721*** 0.009343	1.785245** 0.037111	1.673456** 0.047119	1.880030** 0.030052
文化・教育・スポーツ用品製造業	2.573044*** 0.005040	2.472291*** 0.006713	2.440855*** 0.007326***	2.456855*** 0.007008
石油精製、コークス製造、核燃料処理産業	1.927491** 0.026959	1.793337** 0.036460	1.878210** 0.030176	1.854304** 0.031848
化学原料および化学製品製造業	1.430403* 0.076301	1.577804* 0.057305	1.647841** 0.049693	1.729533** 0.041857
医薬品製造	-0.139715 0.555557	0.288349 0.386540	0.725936 0.233939	0.694758 0.243603
化学繊維製造業	2.418320*** 0.007796	2.252687** 0.012139	2.190891** 0.014230	2.166594** 0.015133
ゴム・プラスチック製品産業	2.396771*** 0.008270	2.252032** 0.012160	2.089525** 0.018330	1.907746** 0.028212
非金属鉱物製品産業	0.945703 0.172150	0.517415 0.302433	0.443419 0.328732	0.779544 0.217830
鉄金属製錬および圧延加工産業	0.605177 0.272531	1.190372 0.116950	1.446900 0.073963	1.883840 0.029793
非鉄金属製錬・圧延加工業	2.431001*** 0.007529	2.334002*** 0.009798	2.157923** 0.015467	2.045226** 0.020416
金属製品業界	2.144581** 0.015993	2.068024** 0.019319	1.987125* 0.023454	1.895858** 0.028989
一般機器製造業	2.474470*** 0.006672	2.183711** 0.014492	2.067275** 0.019354**	1.946050** 0.025824
特殊機器製造業	2.584464*** 0.004877	2.455707*** 0.007030	2.303326** 0.010630	2.298308** 0.010772
輸送機器製造業	0.344112 0.365381	0.257701 0.398319	0.919827 0.178832	1.668841 0.047574
電気機械器具製造業	-0.265761 0.604789	0.485812 0.313550	1.015473 0.154940	1.061835 0.144155
コンピューターおよびその他の電子機器製造業	0.343568 0.365586	0.042626 0.483000	0.246503 0.402647	0.695387 0.243406
機器製造業	2.529045*** 0.005719	2.446757*** 0.007207	2.260261** 0.011903	2.069754** 0.019238
その他の製造業	1.824078** 0.034070	1.862420** 0.031272	1.788332** 0.036861	2.058019** 0.019794

異なるラグオーダーでのノンパラメトリック検定				
関連変数	ステップ　番号			
	1	2	3	4
廃棄物資源および廃棄物リサイクル産業	1.431617* 0.076127	1.471734* 0.070546	1.377479* 0.084182	1.407124* 0.079695
電力および熱の生産および供給産業	1.840524 0.032846	1.660662** 0.048391	1.799989** 0.035931	1.799067** 0.036004
ガス生産・供給業界	-0.350611 0.637060	-0.700179 0.758092	-0.094234 0.537538	0.206356 0.418257

注：①研究の必要上、ここでは「エネルギー価格がPPIの非線形Granger原因であるか」の検定のみを列挙する；②括弧内の数値はP値を示す；③***、**および*は、それぞれ1%、5%、10%の有意水準で「非線形Granger因果関係が存在しない」という帰無仮説を棄却することを表す；④バンド幅パラメータ&は0.5に設定；⑤T検定統計量は漸近的に正規分布に従い、右片側検定である。

表4.3は、共通のラグ次数（1～4階）に基づくエネルギー価格とPPI総水準、生活資料PPI、資本財PPIおよび各産業PPIとの非線形Granger因果関係検定結果を報告している。表4.3から分かるように、エネルギー価格はPPI総水準、生活資料PPI、資本財PPIおよび大部分の産業別PPIに対して有意な非線形Granger因果関係を有している。

Granger因果関係検定と非線形Granger因果関係検定の結果に基づき、さらに本節ではMS-ARモデルを用いてエネルギー価格の変動レジームを区分し、総PPI、資本財PPI、生活資料PPIを被説明変数として、それぞれ3つのMS-ARモデルを推定した。その際、各モデルにおいてゼロ階ラグ（AR(0)）および一次ラグ（AR(1)）を基準に計算を行い、比較分析を行った。2区制の区分結果（図4.2および図4.3参照）によれば、本節のサンプル期間において、エネルギー価格指数は「高変動レジーム（Regime0）」と「低変動レジーム（Regime1）」に区分することができる。具体的には、「高変動レジーム」に該当する期間は2008M5—2010M4、2011M10—2014M8および2016M12—2017M1である。「低変動レジーム」に該当する期間は2007M1—2008M4、2010M5—2011M9および2014M9—2016M11である。詳細に見ると、2008M5—2010M4においては、マクロ経済は繁栄から危機、そして急速な回復へと推移したが、それに伴いエネルギー価格指数も「ピーク—ボトム—ピーク」の大幅な変動を示し、指数は126.8から83.9の低点へと急落した後、再び119.2の高点へ上昇した。2011M10—2014M8では、エネルギー価格指数は高点から一貫して下落し、その変動幅も大きかった。2016M12—2017M1では、エネルギー価格は前年同月比で大幅な回復を示し、その変動幅も再び拡大した。以上3つの期間が「高変動レジーム」を構成する。

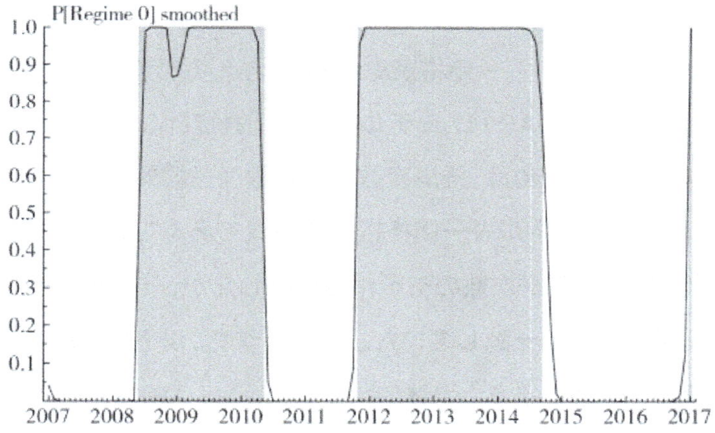

図4.2　高ボラティリティ領域の区分

一方で、2007M1—2008M4および2010M5—2011M9の2期間においては、エネルギー価格は比較的緩やかな上昇を経験した。2014M9—2016M11においては、エネルギー価格は直近の下落局面の底部に達し、価格下落はほぼ安定的に推移し、指数は底部で横ばい状態を保ち、変動幅も比較的小さかった。したがって、これら3つの期間が「低変動レジーム」を構成する。

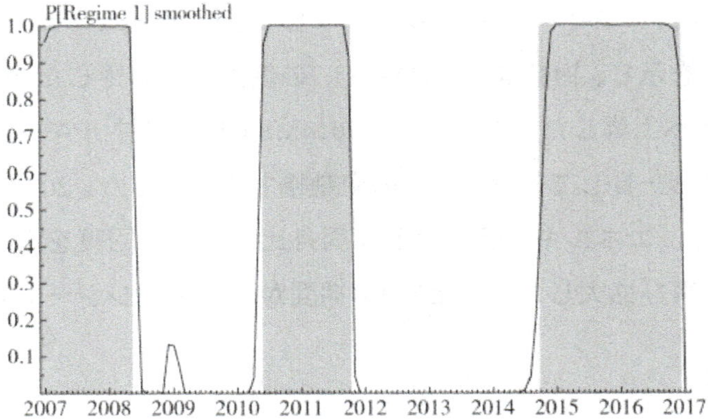

図4.3 低ボラティリティ領域の区分

表4.4では、エネルギー価格が総合PPIに与える影響について、MS-AR（0）モデルとMS-AR（1）モデルをそれぞれ推計した。MS-AR（1）モデルを推計する理由は、経済変数は一定程度連続的な変動特性を示しており、PPIとエネルギー価格指数も同様であるためである。実際に、本節では他のラグ次数のモデルも検証したが、その回帰結果は一次ラグモデルとほぼ一致していた。したがって、以下の分析では一次ラグモデルを基盤とする。全体的に見ると、MS-AR（1）モデルの2つの推移変数を除き、他の主要パラメータはいずれも少なくとも10%の有意水準で有意であり、モデル推計の有効性を示している。推定された係数値に基づけば、「高変動レジーム」であれ「低変動レジーム」であれ、エネルギー価格の変動はいずれもPPIに対して正の伝達効果を持つことが分かる。この結果は直感的理解とも一致する。具体的には、MS-AR（0）モデルにおいてエネルギー価格指数が1ポイント上昇すると、PPIはおよそ0.4ポイント上昇する。MS-AR（1）モデルにおいては、エネルギー価格指数が1ポイント上昇すると、PPIはおよそ0.3ポイント上昇する。

表4.4エネルギー価格の地域的移転回帰モデルの全体生産物価指数への推定結果

MS-AR(0)モデルの推定結果				MS-AR(1)モデルの推定結果			
パラメータ	推定値	標準偏差	p値	変数	係数	標準偏差	p値
c	58.5211 ***	0.9160	0.000	AR(1)	0.9978 ***	0.0074	0.000
β_0	0.4021 ***	0.0091	0.000	c	59.3867 ***	20.6700	0.005
β_1	0.4295 ***	0.0092	0.000	β_0	0.2952 ***	0.0162	0.000
P_{0|0}	0.9617 ***	0.0268	0.000	β_1	0.2952 ***	0.0162	0.000
P_{0|1}	0.0506*	0.0284	0.077	P_{0|0}	0.4974	25.7100	0.985
-	-	-	-	P_{0|1}	0.5311	19.7400	0.979
Log-likelihood: 180.16		AIC:3.08		Log-likelihood: -98.55		AIC:1.76	

注：***、**および*はそれぞれ1%、5%、10%の水準で有意であることを示す。cは定数項を表し、β_0とβ_1はそれぞれ「高変動レジーム」と「低変動レジーム」におけるエネルギー価格からPPIへの伝達係数を表す。pはレジーム推移確率を表す（以下同様）。

さらに回帰係数のレジーム差異を比較すると、MS-AR（0）モデルでは「低変動レジーム」の伝達係数が「高変動レジーム」より高く、すなわちエネルギー価格の変動幅が小さい時期の方が、その価格変動がPPIに伝達されやすいことが示された。一方、MS-AR（1）モデルでは両者の係数がほぼ一致している。「高変動レジーム」においては、エネルギー価格指数が持続的に上昇（下降）するか、あるいは「ジェットコースター」式の大幅な変動を経験するため、企業のエネルギーコストは頻繁に変化し、安定的なコスト予期を形成しにくい。そのため、短期的に企業は生産量や要素構成を調整せず、エネルギー価格変動への反応が相対的に遅れる。これに対し「低変動レジーム」では、エネルギー価格の上昇や下降がすでに明確なトレンドを形成し、価格指数も比較的安定しているため、企業は安定的なコスト予期を形成しやすく、生産量・在庫・要素組み合わせを適切に調整し、利潤最大化を図ることができる。その結果、エネルギー価格変動のPPIへの伝達

能力も強まる。推移確率の観点から見ると、「高変動レジーム」にあるエネルギー価格は自己維持確率が高く、その推定値p{1|0}は0.9617に達する。確率持続性変換式1=1/(1-p)に基づけば、サンプル期間における「高変動レジーム」の自己維持期間は26か月となる。同様に計算すると、「低変動レジーム」の自己維持期間は20か月となる。これらの結果から、両レジームにおいて自己維持確率はいずれも高く、持続期間も長いため、同一レジーム内におけるエネルギー価格の「慣性」が強いことが分かる。

さらに比較すると、MS-AR（1）モデルでは2つの推移確率はいずれも有意ではなく、かつ異なるレジーム下におけるエネルギー価格の伝達係数も一致しており、レジーム差異が確認されなかった。そのため、MS-AR（0）モデルの推定結果の方が優れている。また、Log-likelihoodおよびAIC統計量においても、MS-AR（0）モデルはMS-AR（1）モデルより優れている。これは、エネルギー価格変動からPPIへの伝達がPPIの変動をより良く説明できる一方で、このモデル設定下ではPPI系列の自己説明力が弱く、一次ラグを導入すると推移確率が有意でなくなり、統計量の結果も劣化することを意味している。

表4.5および表4.6は、エネルギー価格が資本財PPIおよび生活資料PPIに与えるレジーム推移の結果を示している。その結果は表4.3で示した回帰結果と概ね一致しており、MS-AR（0）モデルの推定結果の方が優れている。したがって、以下の分析では主にMS-AR（0）モデルの結果に基づいて考察を行う。同様に、「低変動レジーム」ではエネルギー価格が資本財PPIおよび生活資料PPIに与える伝達係数は「高変動レジーム」より高いこと、また「高変動レジーム」「低変動レジーム」いずれにおいてもエネルギー価格変動の自己維持確率が高いことが確認された。

表4.5 エネルギー価格と生産材料の生産物価指数の地域移転回帰モデルの推定結果

MS-AR(0)モデルの推定結果				MS-AR(1)モデルの推定結果			
パラメータ	推定値	標準偏差	p値	変数	係数	標準偏差	p値
c	49.6288 ***	1.0500	0.000	AR(1)	0.9600 **	0.0256	0.000
β_0	0.4859 ***	0.0104	0.000	c	63.3440 ***	2.5310	0.000
β_1	0.5168 ***	0.0105	0.000	β_0	0.3733 ***	0.0201	0.000
P_{0|0}	0.9625 ***	0.0261	0.000	β_1	0.3733 **	0.0198	0.000
P_{0|0}	0.0491*	0.0277	0.078	P_{0|1}	0.5254	301.8000	0.999
-	-	-	-	P_{0|1}	0.4846	186.1000	0.998
Log-likelihood: -199.72		AIC:3.40		Log-likelihood: -118.32		AIC:2.09	

さらに比較分析を行うと、エネルギー価格変動が生産財PPIに与える影響は、生活財PPIに与える影響よりも顕著に大きいことがわかる。エネルギー価格指数が1%上昇すると、生産財PPIは約0.5%上昇するのに対し、生活財PPIはわずか約0.15%上昇するにとどまる。この結果は、両大類製品の生産における技術構成の違いに関連している。生産財の生産産業には、すべてのエネルギー・資源集約型産業や重工業が含まれており、エネルギー依存度が高い。そのため、生産コストはエネルギー価格変動に対して敏感であり、そのPPIもエネルギー価格の影響を大きく受ける。一方、生活財の生産産業には労働集約型や資本集約型の産業が多く集まり、軽工業が主体であるため、エネルギー依存度は比較的低い。その結果、コストはエネルギー価格変動に対して敏感ではなく、そのPPIがエネルギー価格の影響を受ける程度も相対的に小さい。

表4.6 エネルギー価格の地域移転回帰モデルによる生活資材の生産物価指数への推定結果

MS-AR(0)モデルの推定結果				MS-AR(1)モデルの推定結果			
パラメータ	推定値	標準偏差	p値	変数	係数	標準偏差	p値
c	87.2596 ***	0.7259	0.000	AR(1)	0.9842 ***	0.0188	0.000
β_0	0.1308 ***	0.0071	0.000	c	94.5719 ***	2.3490	0.000
β1	0.1505 ***	0.0072	0.000	β_0	0.0566 ***	0.0090	0.000
P_{0|0}	0.9591 ***	0.0243	0.000	β_1	0.0566 ***	0.0090	0.000
p_{0|0}	0.0637*	0.0358	0.078	P_{0|1}	0.4989	44.1300	0.991
-	-	-	-	p_{0|0}	0.6545	78.0100	0.993
Log-likelihood: -141.45		AIC:2.44		Log-likelihood: -71.2		AIC:0.97	

図4.4は、区制転換モデル（MS-AR（0））の当てはめ結果を示したものであり、この図はエネルギー価格変動が総合PPIに与える影響を対象とするモデルに基づいて描かれている。図からわかるように、本節のモデル枠組みにおいて、被説明変数であるPPIの実際値と推定値は高い一致を示しており、モデルの科学性と信頼性が裏付けられている。同時に、一歩先予測値を見ると、エネルギー価格変動に基づく予測では、2017年2月のPPIの前年比が引き続き大幅に上昇し、かつ上昇幅が拡大することが示された。この予測結果は実際の状況とも高度に一致している。2017年2月、中国のPPIは前年比7.8%上昇し、上昇幅は1月より0.9ポイント拡大した。したがって、当てはめ結果から見ても予測結果から見ても、本節で行ったマルコフ区制転換枠組みに基づくエネルギー価格変動がPPIに与える影響の分析は合理的かつ実行可能である。

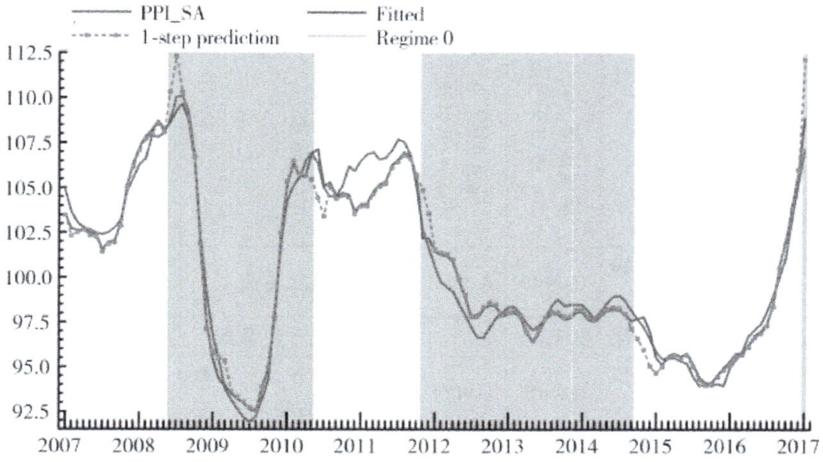

図4.4　MS-AR（0）モデルのフィッティング図

4.1.3　エネルギー価格からPPIへの伝達における産業異質性の検証

産業ごとにエネルギー依存度が異なることが、それぞれのエネルギー価格に対する感応度の違いを決定づけている。エネルギー依存度の高い産業にとって、エネルギー価格変動がそのPPIに与える影響は相対的に大きく、逆にエネルギー依存度の低い産業に対しては、その影響は比較的小さい。前節の実証結果により、エネルギー価格変動がエネルギー依存度の高い生産財PPIに対して、生活財PPIよりも有意に大きな影響を及ぼすことが証明された。これを踏まえ、本節ではさらに37の産業大分類に基づき、エネルギー価格変動の伝達における産業異質性を分析する。具体的には、37の産業大分類のPPIデータとエネルギー価格指数を用いてMS-AR（0）の区制転換モデルを構築し、各産業に対するエネルギー価格の「高変動区制」と「低変動区制」における伝達係数を導出し、その結果を表4.7にまとめた。

表4.7 エネルギー価格変動の産業別生産者物価指数への伝達係数

業界	高いボラティリティ 地区制度	低ボラティリティ 地区制度	業界	高いボラティリティ 地区制度	低ボラティリティ 地区制度
石炭採掘および精錬産業	0.4995	0.5788	医薬品製造	0.0351	0.0351
石油・ガス採掘産業	2.7144	2.8338	化学繊維製造業	0.6906	0.8208
鉄金属採掘および選鉱産業	0.9902	0.9068	ゴム・プラスチック製品産業	0.1248	0.1248
非鉄金属採掘および選鉱業界	0.6844	0.6115	非金属鉱物製品産業	0.1407	0.1440
非金属鉱物採掘および選鉱産業	0.2426	0.2957	鉄金属の製錬および圧延 業界	0.7845	0.9114
農業および副次的な食品加工産業	0.1870	0.1712	非鉄金属の製錬および圧延 業界	0.6019	0.6019
食品製造業	0.0791	0.0790	金属製品業界	0.2461	0.2748
飲料製造業	0.0377	0.0466	一般機器製造業	0.0702	0.0967
タバコ製品業界	0.0011	0.0003	特殊機器製造業	0.0355	0.0346
繊維産業	0.1372	0.0973	輸送機器製造業	0.0295	0.0375
繊維製品の衣類、靴、帽子 カルマを生み出す	0.0226	0.0216	電気機械器具製造業	0.1450	0.1450
革、毛皮、羽毛、製品業界	0.0140	0.0140	コンピューターおよびその他の電子機器カルマを生み出す	0.0285	0.0377
木材加工、木材、竹等 製品	0.0506	0.0500	機器製造業	0.0071	0.0128
家具製造	0.0361	0.0285	その他の製造業	0.0711	0.0735
紙および紙製品産業	0.1845	0.1845	廃棄物資源と廃棄物リサイクル 加工産業	0.5242	0.4694
印刷および記録媒体製造業	0.0318	0.0221	電気と熱の生産と供給 責任あるカルマ	0.0195	0.0107
文化・教育・スポーツ用品製造業	0.0405	0.0535	ガス生産・供給業界	0.1609	0.1885

業界	高いボラティリティ 地区制度	低ボラティリティ 地区制度	業界	高いボラティリティ 地区制度	低ボラティリティ 地区制度
石油精製、コークス化、核燃焼 材料加工産業	1.1592	1.1073	水生産・供給産業	0.0147	0.0028
化学原料および化学製品 カルマを生み出す	0.5557	0.5228			

注：本表ではエネルギー価格が各産業別PPIに与える伝達係数のみを示し、その標準誤差や統計検定結果は省略している。本表中のすべての係数はMS-AR（0）モデルに基づいて算出され、少なくとも10%の有意水準で有意である。

「高変動レジーム」と「低変動レジーム」の伝達係数を比較すると、産業ごとに明らかな異質性が存在する。多くのエネルギー・資源集約型産業においては、「低変動レジーム」の伝達係数が「高変動レジーム」よりも大きい。一方、多くの労働集約型産業および一部の技術集約型産業では、「高変動レジーム」の伝達係数が相対的に大きい。エネルギー・資源集約型産業はエネルギー依存度が高いため、「低変動レジーム」において安定的な期待を形成しやすく、エネルギー価格の変動に迅速に反応・調整することが可能である。これに対し、労働集約型産業および一部の技術集約型産業はエネルギー依存度が比較的低く、「低変動レジーム」ではエネルギー価格をもとに生産調整を行わないが、「高変動レジーム」ではエネルギー価格の大幅変動が企業のコストに影響を与える。

産業別の伝達係数の異質性をみると、鉱業部門の伝達係数が最も高く、石油・天然ガス採掘業の伝達係数は2.7以上である。すなわち、エネルギー価格指数が1%上昇すると、石油・天然ガスPPIは2.7%上昇する。また、資源集約型製造業の伝達係数も比較的高く、石油精製・コークス・核燃料加工業では1.1以上となっている。一方、労働集約型・技術集約型・資本集約型産業の伝達係数は低く、たとえばたばこ製品業では「高変動レジーム」で0.0011、「低変動レジーム」で0.0003にとどまる。さらに、電力・熱供給・ガス・水道の生産・供給業に含まれる3つの大分類産業の伝達係数も比較的小さい。その理由は、一方では同部門の生産部分がエネルギーと密接に関連し、エネルギー価格の影響を強く受けるのに対し、供給部分はエネルギー価格との関係が比較的弱いこと、他方では公共料金が政府による規制を受けており、その価格形成メカニズムが完全に市場化されていないため、エネルギー価格変動の影響があまり顕著ではないことにある。

エネルギー価格変動が異なるタイプの産業に与える伝達パターンをより正確に記述するために、本節では37の大分類産業をさらに分類し、エネルギー・資源型産業（鉱業）、労働集約型産業、エネルギー・資源集約型産業、および技術・資本集約型産業に区分した。そして同一タイプ産業の伝達係数の平均値を算出し、比較分析を行った。具体的には、エネルギー・資源型産業には鉱業の全5大分類（表4.7の順序で石炭採掘・選炭業から非金属鉱業まで）を含む。労働集約型産業には製造業の12大分類（農副食品加工業から文教・スポーツ用品製造業まで）を含む。エネルギー・資源集約型産業には製造業の9大分類（石油精製・コークス・核燃料加工業から金属製品業まで）を含む。技術・資本集約型産業には製造業の装備製造業（一般機械製造業から計測機器製造業までの6大分類）を含む。

その他の製造業および廃棄資源・廃棄物リサイクル業は、その構成が複雑であり、明確な定義が困難であるため、本稿では独立した研究対象としない。また、電力・熱供給・ガス・水道の生産・供給業に含まれる3つの産業については、その特殊性から分析しても実質的な経済的意味を持たないため、本節では分類対象から除外する。具体的な産業分類結果と伝達係数については表4.8に示す。

表4.8 エネルギー価格変動の各種産業の生産者物価指数への伝達係数

業種		エネルギーと資源ベースの	労働集約的	エネルギーと資源を大量に消費する	技術と資本集約型
伝導係数	高ボラティリティゾーンシステム	1.0262	0.0685	0.4821	0.0526
	低ボラティリティゾーンシステム	1.0453	0.0640	0.5048	0.0607

表4.8の結果を見ると、労働集約型産業を除き、他の3つのタイプの産業においては「低変動レジーム」における伝達係数が「高変動レジーム」よりも高いことがわかる。伝達係数の産業間異質性をみると、伝達係数の大きさは、エネルギー・資源型産業、エネルギー・資源集約型産業、労働集約型産業、技術・資本集約型産業の順となっている。このうち前二者の産業は、エネルギーの生産・採掘と直接的に関連するか、あるいは生産過程において大量のエネルギー投入を必要とするため、エネルギー価格の変動がその産業コストや生産行動に大きな影響を及ぼす。エネルギー価格が持続的に上昇する場合、エネルギー関連産業の出荷価格はそれに伴って上昇し、またエネルギー・資源集約型産業のコスト上昇もその出荷価格を押し上げる。逆に、エネルギー価格が下落すれば、これらの産業の出荷価格も低下する。一方、後二者の産業においては、エネルギー依存度が比較的低く、そのコストの主要部分は労働コスト、資金コストあるいは技術コストである。そのため、エネルギー価格変動がコストや生産行動に及ぼす影響は限定的であり、その製品出荷価格への影響も比較的小さい。

以上の分析は、伝達係数の観点からエネルギー価格がPPIに伝達される際の産業間異質性を説明したものである。この異質性の動的特性を分析するため、本節ではさらにMS-VARモデルを構築する。異なるレジーム下におけるインパルス応答関数を通じて、各タイプ産業のPPIがエネルギー価格ショックに対して示す動的応答メカニズムを検討する。ここでは産業数が多く紙幅の制約もあるため、各タイプの産業から代表的な一つの産業を選定して分析を行う。具体的には、石油・天然ガス採掘業をエネルギー・資源型産業の代表、繊維・衣服・履物製造業を労働集約型産業の代表、黒色金属冶金・圧延加工業をエネルギー・資源集約型産業の代表、コンピュータ・通信・その他電子機器製造業を技術・資本集約型産業の代表とした。VARモデルのラグ次数の検定結果に基づき、本節では2次のラグを採用する。

図4.5は、エネルギー・資源型産業のPPIがエネルギー価格ショックに応答する様子を示している。「高変動レジーム」においては、エネルギー価格が1標準偏差のショックを受けた後、短期的にエネルギー・資源型産業PPIに正の影響を与えるが、中長期的にはその影響は徐々に収束し、有効伝達期間はおよそ1年である。「低変動レジーム」においては、エネルギーショックはエネルギー・資源型産業PPIに長期的な正の影響を与え、その有効伝達期間は2年以上に及ぶ。この結果は、MS-ARモデルの伝達係数の推定結果とも一致しており、「高変動レジーム」では短期的な影響にとどまるのに対し、「低変動レジーム」では長期的影響を持つため、その係数が「高変動レジーム」よりも大きいことを裏付けている。図4.6は、労働集約型産業のPPIがエネルギー価格ショックに応答する様子を示している。エネルギー・資源型産業と同様に、「高変動レジーム」においては、エネルギー価格ショックが労働集約型産業PPIに与える影響は短期的であり、有効伝達期間は

およそ1年である。一方、「低変動レジーム」においては、その影響は長期にわたり、有効伝達期間は2年以上となる。しかしながら、この二つのタイプの産業のインパルス応答の相違は、エネルギー価格ショックが労働集約型産業PPIに与える影響の程度が、エネルギー・資源型産業PPIに与える影響の程度よりも明らかに小さい点にある。この点もまた、MS-ARモデルの推定結果と一致している。

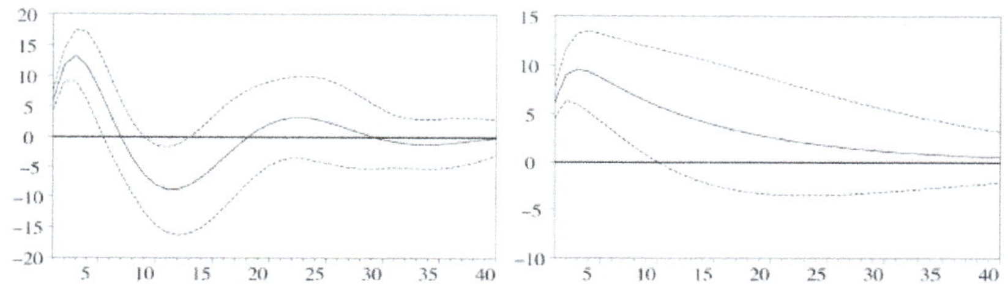

（a）高ボラティリティ体制　　（b）低ボラティリティ体制

図4.5　エネルギー・資源集約型産業のPPIに対するエネルギー価格ショックの反応

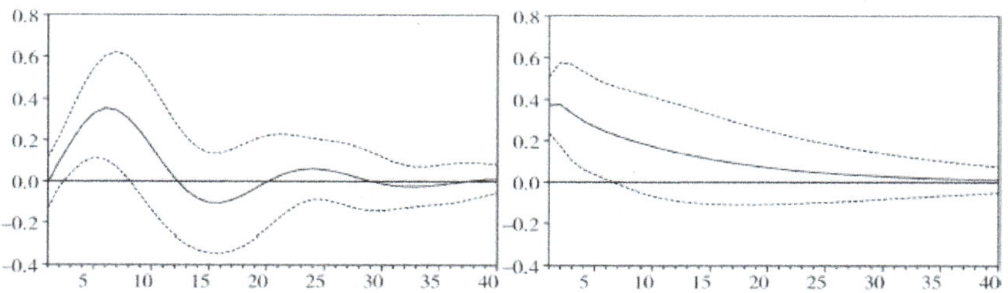

（a）高ボラティリティ体制　　（b）低ボラティリティ体制

図4.6　労働集約型産業のPPIに対するエネルギー価格ショックの反応

さらに、エネルギー・資源集約型産業および技術・資本集約型産業のPPIがエネルギー価格ショックに対して示すインパルス応答（図4.7および図4.8参照）を考察すると、「高変動レジーム」においては、両産業のPPIの動的応答パターンはほぼ一致しており、短期的効果のみにとどまり、中長期的には収束傾向を示し、その有効伝達期間はおよそ1年であることがわかる。一方、「低変動レジーム」においては、エネルギー・資源集約型産業のPPIに対する長期的効果は顕著ではなく、有効伝達期間も比較的短い。これに対して、技術・資本集約型産業のPPIは、一時的に負の影響を受けた後、長期的に持続する正の影響を示すものの、その影響の程度は弱い。したがって、技術・資本集約型産業のPPIにおける「低変動レジーム」での応答は、短期的ショックよりも長期的な累積に依存することが示唆される。

エネルギー価格ショックが4つの産業のPPIに及ぼす動的影響の大きさを最大のインパルス応答（ピーク値）に基づいて比較すると、影響の大きさは大から小へ順に、エネルギー・資源型産業（ピーク値約13）、エネルギー・資源集約型産業（ピーク値約6）、労働集約型産業（ピーク値約4）、技術・資本集約型産業（ピーク値約3）となる。この結果は、表4.8に示されたMS-ARモデルの回帰結果とも一致している。

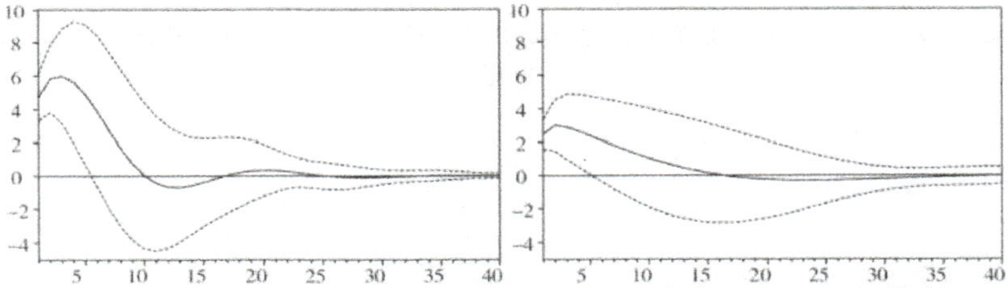

(a) 高ボラティリティ体制　(b) 低ボラティリティ体制

図4.7　エネルギー・資源集約型産業のPPIに対するエネルギー価格ショックの反応

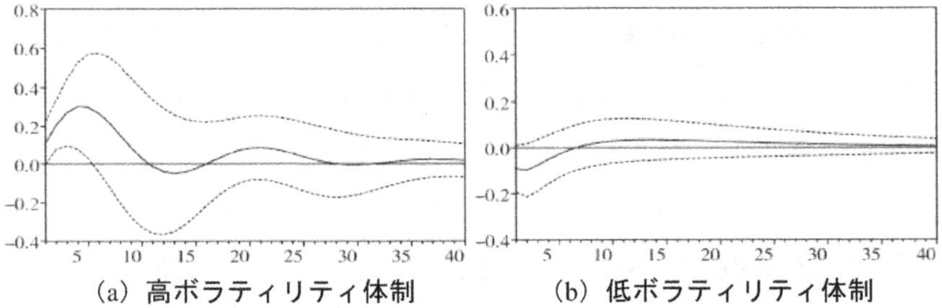

(a) 高ボラティリティ体制　(b) 低ボラティリティ体制

図4.8　技術・資本集約型産業のPPIに対するエネルギー価格ショックの反応

総合的に実証結果を考察すると、エネルギー価格からPPIへの伝達係数には明確なレジーム差異性と産業異質性が存在することが分かる。すなわち、「低変動レジーム」における伝達係数は「高変動レジーム」

よりも高く、「高変動レジーム」では短期的な伝達効果にとどまるのに対し、「低変動レジーム」では長期的な伝達効果を有する。また、生産資料PPIへの影響は生活資料PPIよりも大きく、エネルギー・資源産業およびエネルギー・資源集約型産業の伝達係数は、労働集約型産業や技術・資本集約型産業よりも大きい。さらに、マルコフ・レジームスイッチングの枠組みにおいて、MS-ARモデルとMS-VARモデルを用いて得られた実証結果は基本的に一致しており、相互にモデルの合理性と安定性を裏付けている。

4.2　CGEフレームワークに基づく国際天然ガス価格変動が中国産業構造に与える影響のシミュレーション

天然ガスは最もクリーンなエネルギーであり、燃焼後にはごく少量の二酸化炭素と水しか発生しないため、他の高排出の化石エネルギーにとって理想的な代替資源である。しかし、中国における天然ガスの一次エネルギー消費比率は世界平均を下回っている。天然ガスの開発と利用を強化することは、中国の一次エネルギー消費構造を最適化し、大気汚染（スモッグ）対策などにおいて極めて重要な積極的意義を持つ。中国政府は『エネルギー発展戦略行動計画（2014—2020年）』や『国家気候変動対応計画(2014—2020年)』などの政策文書において、天然ガス資源の利用規模を拡大することを繰り返し明確に打ち出してきた。西気東輸プロジェクトなどのパイプライン施設の整備・普及に加え、政府の奨励政策も相まって、天然ガスは一次エネルギー消費構造における比率、ならびに各省・自治区・直轄市での普及率が著しく上昇している（胡建雄・趙春玲,2014）。

しかしその一方で、中国のエネルギー資源賦存構造において天然ガスは相対的に稀少な資源であり、残存可採埋蔵量は世界全体のわずか

2%に過ぎず、確認済みの一人当たり可採埋蔵量は世界平均の7%にも満たない。近年、天然ガスは「最もクリーンな化石エネルギー」として消費量と輸入量がともに拡大を続け、対外依存度が急速に上昇している。国家統計局のデータによれば、2010年の中国における天然ガスの対外依存度は11.8%であったが、2013年にはすでに30%という国際的なエネルギー安全保障の警戒ラインを突破した。2014年には天然ガス輸入量が580億立方メートルに達し、2010年の3倍以上に膨らむとともに、対外依存度は32.2%に上昇した。5年間で約20%増加し、年平均では約4ポイントの上昇となる。現在の中国は、ロシア、トルクメニスタン、カザフスタンなどの中央アジア諸国およびミャンマーとの間で陸上パイプラインによる天然ガス輸入協力を進める一方で、カタール、オーストラリア、インドネシア、マレーシアなどとの間では海上輸送によるLNG輸入に関する幅広い協力も行っている。予測されるところでは、今後も中国の天然ガス輸入量と対外依存度はさらに上昇し続け、中国経済発展が国際天然ガス価格の変動から受ける影響はますます無視できないものとなる。そのため、国際天然ガス価格の変動が中国経済に与える影響を探究することは、中国政府が関連政策を策定する上で重要な示唆と参考的価値を有している。

回顧すると、これまでの研究は主に国際石油価格の変動影響に集中しており、天然ガスという重要なエネルギー品目の国際市場価格変動の影響についてはあまり注目されてこなかった。現時点で国際天然ガス価格変動の影響に言及した研究はごく少数であり、比較的代表的なのは朱治双（2015）、李強と魏巍（2015）である。朱治双はVARモデルを用いて国際ガス価格ショックの影響を分析し、国際ガス価格の上昇が中国の経済成長率に負の影響を与えること、さらにそのショックがマクロ経済変数に一定の持続性を持つことを指摘している。李強と魏巍はSVARモデルを利用して、国際天然ガス価格変動が中国のマクロ経済（物価指数、金融政策、経済成長率）に与えるショック効果を分析し、その結果、国際天然ガス価格の上昇は中国のCPI指数を押し上げる一方で、金融政策やマクロ経済全体への影響は顕著ではないことを示した。しかしながら、これらの研究はすべて単純な部分均衡フレームワークに基づいており、経済体系各部分間の相互作用を十分に反映できていないため、その結論の信頼性には疑問が残る。また、これらの研究は国際天然ガス価格変動が中国のマクロ経済に与える影響により多く焦点を当てており、住民生活や産業構造への影響に関する研究はやや不足している。したがって、本節では既存研究の欠落を補うことを試み、計算可能一般均衡（CGE）フレームワークに基づき、国際天然ガス価格が住民生活および産業構造に与える影響を分析し、「価格規制が存在する場合」と「価格規制が存在しない場合」という二つのシナリオを比較する。さらに、従来のCGEモデルが完全競争を仮定するのとは異なり、本節で構築するCGEモデルは天然ガス市場の独占的特徴を描写しており、中国の現実により近いものとなっている。

4.2.1　モデル構築

一般均衡理論に基づくCGEモデルは、経済変動ショックを分析する上で顕著な利点を有しており、国民経済体系における異なる経済主体間の相互関係を比較的包括的に反映できる。特に、価格が経済システム内で資源を配分する役割を描写できる点が重要である。中国の実情に即したCGEモデルを構築することで、国際天然ガス価格変動が経済システム内の各経済主体に与える相互影響をシミュレーションすることが可能となる。本節ではBaoら（2013）の研究を基礎にCGEモデルを構築し、必要な調整を行った（図4.9に基本的な枠組みを示す）。本CGEモデルでは、産業部門を6つのエネルギー部門（天然ガス採掘業、石油採掘業、石炭採掘業、石油加工及びコークス製造業、ガス生産・供給業、電力・熱力の生産・供給業）および7つの非エネルギー部門（農業、化学工業、建設業、交通運輸・倉庫郵便業、軽工業、重工業、サービス業）に統合整理している。生産要素としては資本と労働の2種類の典型的生産要素を含み、土地や原材料などの生産要素は考慮していない。国内経済体は主に3部門（住民部門、企業部門、政府部門）から構成される。本節で構築するCGEモデルは、主に生産と貿易モジュール、価格モジュール、機関モジュール、マクロ閉鎖モジュールの4つのモジュールを含む。

生産と貿易モジュール。生産においては、生産関数は5層の入れ子構造によって記述される。最下層はCES関数形式を採用し、主に天然ガス、原油、石炭、石油、ガスを複合して化石エネルギー複合品を形成し、次式（4.15）で表される。

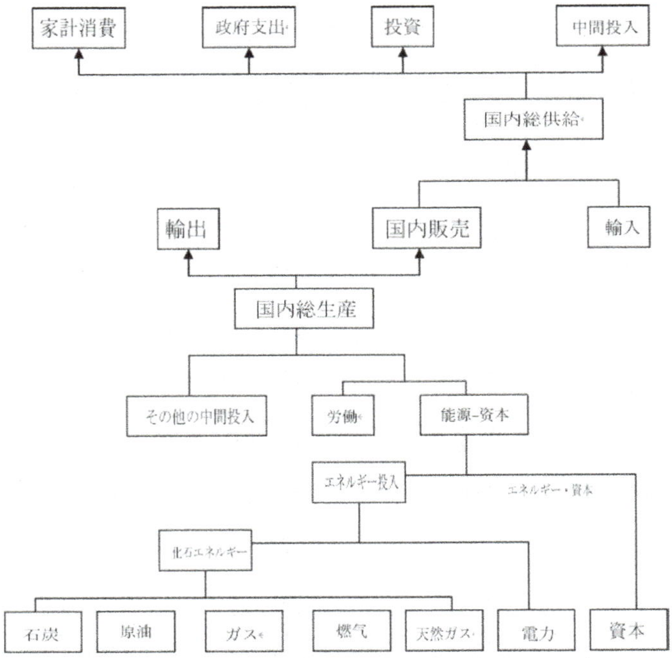

図4.9　モデルの基本構造図

$$EN_c = \alpha^{EN}\left[\delta_a^{EN}\sum EN_{ac}^{\frac{\gamma_{1c}-1}{\gamma_{1c}}}\right]^{\frac{\gamma_{1c}}{\gamma_{1c}-1}} \tag{4.15}$$

化石エネルギー複合品と電力エネルギーが結合してエネルギー複合品を形成し、式（4.16）で表される。

$$E_c = \alpha^{E}\left[\delta_1^{E} EN_c^{\frac{\gamma_{2c}-1}{\gamma_{2c}}} + \left(1-\delta_1^{E}\right) EL_c^{\frac{\gamma_{2c}-1}{\gamma_{2c}}}\right]^{\frac{\gamma_{2c}}{\gamma_{2c}-1}} \tag{4.16}$$

エネルギー複合品と資本が結合してエネルギー-資本複合品を形成し、式（4.17）で表される。

$$EK_c = \alpha^{EK}\left[\delta_1^{EK} E_c^{\frac{\gamma_{3c}-1}{\gamma_{3c}}} + \left(1-\delta_1^{EK}\right) K_c^{\frac{\gamma_{3c}-1}{\gamma_{3c}}}\right]^{\frac{\gamma_{3c}}{\gamma_{3c}-1}} \tag{4.17}$$

エネルギー-資本バンドルと労働が結合してエネルギー-資本-労働バンドルを形成し、式（4.18）で表される。

$$QVA_c = \alpha^{EKL}\left[\delta_1^{EKL} EK_c^{\frac{\gamma_{4c}-1}{\gamma_{4c}}} + \left(1-\delta_1^{EKL}\right) L_c^{\frac{\gamma_{4c}-1}{\gamma_{4c}}}\right]^{\frac{\gamma_{4c}}{\gamma_{4c}-1}} \tag{4.18}$$

最後に、最上層ではレオンチェフ関数形式を用い、エネルギー-資本-労働バンドルと中間投入が結合して総産出を形成し、式（4.19）で表される。

$$QA_c = \min\left(QVA_c, \frac{QINT_{ac}}{ia_{ac}}\right) \tag{4.19}$$

貿易においては、国内総産出は輸出と国内販売の二部分に分けられる。国内総産出の内需と輸出間の配分は、定弾性転換関数（CET）形式を用いて表され、次のように示される：

$$QX_c = \alpha_c^t \left[\delta_c^t QDA_c^{\gamma_c^t - 1} + \left(1 - \delta_c^t\right) QE_c^{\gamma_c^t - 1} + \left(1 - \delta_c^t\right) QE_c^{\gamma_c^t} \right]^{\frac{\gamma_c^t}{\gamma_c^t - 1}} \quad (4.20)$$

輸入財については、異なる国が生産する同一財は不完全代替性を有する（Armington仮説）。生産された最終財は輸入財と国内内需財から構成され、住民消費需要、投資需要、政府消費需要および中間投入需要を満たすために用いられる。その関係は式（4.21）で表される：

$$QQ_a = \alpha_a^q \left[\delta_a^q QDC_a^{\frac{\gamma_a^q - 1}{\gamma_a^q}} + \left(1 - \delta_a^q\right) QM_a^{\frac{\gamma_a^q - 1}{\gamma_a^q}} \right]^{\frac{\gamma_a^q}{\gamma_a^q - 1}} \quad (4.21)$$

ここで、EN_cは化石エネルギー複合品、EN_{ac}は化石エネルギー財、E_cはエネルギー複合品、EL_cは電力、EK_cはエネルギー–資本複合品、K_cとL_cはそれぞれ資本と労働、QVA_cはエネルギー–資本–労働バンドル、QA_cは総産出、$QINT_{ac}$は中間投入、QX_cは部門産出量、QDA_cは国内生産・国内使用財の数量、QE_cは輸出向け国内生産の部分、QQ_aは国内市場財の数量、QDC_aは国内生産・国内使用財cの数量、QM_aは輸入財を表す。αは規模係数、δはシェアパラメータ、γは弾性パラメータである。

価格モジュール。本節で構築するCGEモデルは、さまざまな価格関係を通じて異なる経済主体や産業部門を結び付けるものであり、主に各種製品の販売価格、コスト価格、税率の関係を含む。部門製品の単位コストは、生産要素投入コストと中間投入コストによって表され、式（4.22）で示される。

$$PA_c^P = \sum ia_{ac} \cdot PQ_a + \frac{\left(P_{EK_c} \cdot EK_c + W \cdot L_c\right)}{QA_c} \qquad (4.22)$$

部門製品の単位コストに生産税を加えると、部門製品の基礎価格となり、式（4.23）で表される。

$$PA_c = \left(1 + t_c^P\right) \cdot PA_c^P \qquad (4.23)$$

本モデルでは、CIF価格とFOB価格は一定と仮定し、輸入税を考慮するが輸出税は考慮しない。輸入価格と輸出価格はそれぞれ式（4.24）、式（4.25）で表される。

$$PM_a = PWM_a \cdot \left(1 + tm_a\right) \cdot \phi \qquad (4.24)$$

$$PE_c = PWE_c \cdot \phi \qquad (4.25)$$

部門cが生産する財の価格は式（4.26）で表され、財の最終消費価格は式（4.27）で表される。

$$PX_c = \frac{\left(PDA_c \cdot QDA_c + PE_c \cdot QE_c\right)}{QX_c} \qquad (4.26)$$

$$PQ_a = \frac{\left(PDC_a \cdot QDC_a + PM \cdot QM_a\right)}{QQ_a} \qquad (4.27)$$

ここで、PA_c^p は第c部門の単位コスト、PA_c は第c部門の基礎価格、t_c^p は第c部門の生産税率、PM_a は輸入財の価格、PWM_a は輸入財の国際価格、ϕ は為替レート、PE_c は輸出財の価格、PWE_c は輸出財の国際価格、PX_c は部門生産財の価格、PQ_a は財の最終消費価格を表す。

機関モジュール。この部分では、異なる経済主体（家計、企業、政府など）の所得分配関係を定義する。本モデルでは、家計が労働の供給者であり、労働によるすべての所得は家計に帰属すると仮定する。生産における資本投入による収益は企業、家計および海外の三者間で合理的に分配される。したがって、最終的に形成される家計総所得は、労働所得、資本シェアの報酬、政府および企業から家計への移転所得、さらに家計が海外で得た収益を含み、式（4.28）で表される。

$$YH = W \cdot L + shif_{hk} \cdot R \cdot K + ratehg \cdot YGNT + ratehe \cdot YENT + JMGWSY \cdot \phi \quad (4.28)$$

家計可処分所得は、家計所得税と家計貯蓄を控除した残余部分であり、家計の効用関数は Cobb–Douglas型効用関数を用いることができる。企業所得は保有する資本要素所得であり、式（4.29）で表される。

$$YENT = shifent_{ent} \cdot R \cdot \bar{K} \quad (4.29)$$

企業は収益の一部を法人税として納め、さらに収益の一部を家計に移転する必要があり、残余は企業貯蓄として存在する。政府収入は法人直接税、個人所得税、生産税、輸入関税および政府の海外所得を含み、式（4.30）で表される。

$$YG = ti_h \cdot YH + tient \cdot (1 - ratehe) \cdot YENT + \sum tm_a \cdot \phi \cdot PWM \cdot QM_a + \sum t_a^p \cdot PA_a^p \cdot QA_a + ZFGWSR \cdot \phi \quad (4.30)$$

同時に、政府は取得した収入を主に住民と企業への移転支出、政府消費、政府貯蓄に用いる。

ここで、W、R はそれぞれ労働と資本の価格、$\bar{L}$、$\bar{K}$ はそれぞれ総労働と総資本、$shifent_{hk}$ は住民の資本所得シェア、$shifent_{ent}$ は企業が総資本から得る所得のシェア、$tient$ は企業の直接税率、ti_h は個人所得税率、tm_a は輸入関税率、$ratehg$ は政府から住民への移転支出が政府総収入に占める割合、$ratehe$ は企業から住民への移転支出が企業総収入に占める割合、YG 、$YENT$ はそれぞれ政府および企業の所得、$JMGWSY$ は住民の海外所得、$ZFGWSR$ は政府の海外所得を示す。

マクロ閉鎖モジュール。このモジュールは主にCGEモデルの均衡関係を記述する。本節では新古典的閉鎖ルールの枠組みの下、長期比較静態分析の方法を用いてシミュレーションを行う。モデルは要素市場のクリアを仮定し、労働と資本の総供給量は外生的に設定され、両者は部門間で自由に移動できるものとする。これは式 (4.31)、式 (4.32) で表される。

$$\sum L_c = \overline{L} \qquad (4.31)$$

$$\sum K_c = \overline{K} \qquad (4.32)$$

天然ガス産業の特性に対応するために、本節では2つの追加設定を導入する。第一に、天然ガス産業の規模の経済性が比較的明確であることを考慮し、張暁光（2009）の規模の経済に関する処理方法を参考に、従来の天然ガス採掘業の生産関数の設定方式に固定費係数を追加した。これは式（4.33）で表される。

$$QZ_j = \alpha^{EKL}\left[\delta_1^{EKL} EK_{jc}^{\frac{\gamma_{4c}-1}{\gamma_{4c}}} + \left(1-\delta_1^{EKL}\right) L_{jc}^{\frac{\gamma_{4c}-1}{\gamma_{4c}}}\right]^{\frac{\gamma_{4c}}{\gamma_{4c}-1}} + \psi_j \qquad (4.33)$$

ここで、QZ_j は天然ガス産業における第 $j(j=1,2,3)$ の企業の産出量、ψ_j は第 $j(j=1,2,3)$ の企業の固定費係数を示す。

第二に、国内天然ガス採掘業は主に中国石油、中国石化および中国海洋石油によって独占的に運営されていることを考慮する。本節ではHoffmann（2002）およびKonan と Assche（2007）の研究成果を参考に、寡占企業は価格差別を行わず、異なる経済主体に同一価格で天然ガス商品を販売すると仮定する。これにより、異なる経済主体に対する寡占企業の需要弾力性を導出し、天然ガス採掘業の不完全競争的特徴を反映するCCEモデルを構築した。

さらに、本節では「価格規制が存在する」場合と「価格規制が存在しない」場合の二つのシナリオを比較研究する。価格規制が存在する場合、政府は天然ガスの最終消費価格を規制するが、政府は直接的に天然ガス価格を規制するのではなく、税制または補助金を通じて間接的に規制する。そのため、仮想税（tq）を導入することで天然ガス価格規制の特徴を反映させる。価格規制が存在するシナリオでは仮想税は内生的、存在しないシナリオでは仮想税は外生的となり、式（4.34）で表される。

$$(1-tq)\cdot PQ_a \cdot QQ_a = PDC_a \cdot QDC_a + PM \cdot QM_a \qquad (4.34)$$

本節で構築したCGEモデルは、社会勘定行列（SAM）をデータ基盤としており、データは主に『2012年投入産出表』、『中国統計年鑑2013』、『中国財政年鑑2013』、『国際収支平衡表2013』および『中国エネルギー統計年鑑2013』などの統計資料に由来する。最初に構築したSAM表は均衡していなかったため、本節ではRAS法を用いて調整を行った。さらに、CGEモデルを解くためには、モデルに含まれる各種パラメータを知る必要がある。本節の解決方法としては、ハーバーガー慣行に基づくキャリブレーションによってモデル内の各種シェアパラメータおよびスケール係数を導出し、さらに関連文献（Bao et al.,2013）を参照して代替弾力性パラメータを取得した。

4.2.2　政策シミュレーション

BP（2015）のデータによれば、過去10年間における国際主要天然ガス市場の価格の年平均変動幅は10%～20%の範囲であった。したがって本節では、天然ガス価格に対する規制の有無という二つのシナリオの下で、国際天然ガス価格が10%・20%上昇および10%・20%下落する幅を設定し、国際天然ガス価格の変動が住民生活および産業構造に与える影響をシミュレーションした。以下では主に住民と産業部門の二つの側面から本問題を分析する。

4.2.2.1　住民生活への影響

国際天然ガス価格変動が住民生活に与える影響は表4.9に示されている。シミュレーション結果によれば、政府による規制が存在しない場合、国際天然ガス価格の上昇は消費者物価指数（CPI）に正の衝撃を与え、逆に国際天然ガス価格の下落はCPIに負の影響を与える。一方、政府による規制が存在する場合、国際天然ガス価格の変動がCPIに与える影響は微弱であった。このことから、国際天然ガス価格の上昇によって生じる輸入インフレーションへの対応において、政府による天然ガス価格規制には積極的な意義があることがわかる。

表4.9 国際天然ガス価格変動が住民生活に与える影響

	規制なし				規制の存在			
	+10%	+20%	-10%	-20%	+10%	+20%	-10%	-20%
消費者物価指数	0.03	0.06	-0.03	-0.08	0.00	0.00	0.00	0.00
住民福祉（EV）	-0.02	-0.04	0.02	0.05	-0.02	-0.04	0.02	0.03

住民福祉の面では、国際天然ガス価格の上昇は負の影響を与える一方、価格の下落は正の影響をもたらす。規制の有無にかかわらず、国際天然ガス価格の変動が住民福祉に与える効果は同様である。

4.2.2.2 産業構造への影響

国際天然ガス価格が変化すると、経済体系内における各種製品間の相対価格が変動し、その結果、資源の再配置が生じ、経済体系の元々の均衡状態が崩れる。製品間の相対価格の変化は、中間投入部門による各種製品の投入構造の変化を引き起こし、各経済主体もまたその消費構造を調整することとなり、最終的に経済体系内部の産業構造が再調整されることになる。産業構造の変動については、本節では王少平ら（2008）、干春暉ら（2011）、王韜ら（2014）の研究を参考にし、産業構造の変動を「合理化」と「高度化」の二つの側面に分けて考察する。産業構造の合理化はTL値によって表され、これは産業間の協調度と資源の有効利用度の二側面を反映する。産業構造が合理的で均衡しているほど、TL値はゼロに近づき、TL値は産業構造の合理化と負の相関関係を持つ。その定義は式（4.35）の通りである。

$$TL = \sum_{i=1}^{n} \frac{Y_i}{Y} \ln\left(\frac{Y_i / L_i}{Y / L}\right) \qquad (4.35)$$

ここで、Yは産出額、Lは雇用、iは各産業部門、nは産業部門の総数を示す。

産業構造の高度化は TS値 によって表され、この指標は産業構造の転換を測るものであり、サービス業が経済体系において占める地位を反映する。TS値が大きいほど、サービス業の産業構造における比重が高まり、産業構造が高度化していることを示す。定義は式（4.36）の通りである。

$$TS = \frac{Y_3}{Y_2} \qquad (4.36)$$

ここで、Y_3は第3次産業の産出額、Y_2は第2次産業の産出額を示す。

表4.10 国際天然ガス価格変動が天然ガス採掘業に与える影響

	規制なし				規制の存在			
	+10%	+20%	-10%	-20%	+10%	+20%	-10%	-20%
TL	-0.07	-0.14	0.08	0.18	0.00	-0.01	0.00	0.01
TS	0.03	0.06	-0.03	-0.07	-0.07	-0.14	0.07	0.14

表4.10では、異なるシナリオの下でのTL値およびTS値の変動状況が計算されている。表4.10のシミュレーション結果によると、政府による規制が存在しないシナリオでは、国際天然ガス価格の上昇はTL値を低下させ、TS値を上昇させる。このことは、国際天然ガス価格の上昇が中国の産業構造の改善を促し、より合理的で高度化が進むことを意味している。また、経済体系において資源利用の効率が一層高まり、産業構造の協調性が強まると同時に、サービス業が産業構造においてますます重要な役割を担うことを示している。これに対して、国際天然ガス価格の下落はちょうど逆の作用をもたらす。注目すべきは、政府が天然ガス価格を規制するシナリオにおいては、国際天然ガス価格の変動がTL値に与える影響は小さい一方、TS値に与える影響は、政府規制が存在しないシナリオとは逆の結果となる点である。

表4.11のシミュレーション結果から見ると、政府による規制が存在しないシナリオにおいては、国際天然ガス価格の上昇が国産天然ガスの国際天然ガス商品に対する競争力を高め、国内天然ガス供給業者の生産意欲が強く刺激され、その結果、天然ガスの産出が増加した。天然ガス以外のエネルギー産業にとっては、国際天然ガス価格の上昇が燃気業を除くエネルギー産業の産出に一定程度の増加をもたらした。これは主に、国際天然ガス価格の上昇によって国内経済主体が消費する天然ガス価格が高まり、その結果、エネルギー消費において代替効果が生じ、経済主体がその他の代替可能なエネルギーを消費する傾向が強まったためである。エネルギー産業以外では、建設業やサービス業の産出も一定程度増加したが、燃気業、農業、化学工業、交通運輸

業、軽工業および重工業はそれぞれ異なる程度の減少を示した。その中でも、燃気業および化学工業は中間投入部分で使用する天然ガスが多いため、受けた負の衝撃も大きかった。

表4.11 国際天然ガス価格変動の生産量への影響

	規制なし				規制の存在			
	+10%	+20%	-10%	-20%	+10%	+20%	-10%	-20%
天然ガス採掘産業	0.24	0.45	-0.28	-0.62	0.00	0.00	0.00	0.00
石油採掘産業	0.16	0.30	-0.19	-0.40	0.01	0.03	-0.01	-0.03
石炭鉱業	0.12	0.22	-0.14	-0.30	0.02	0.04	-0.02	-0.04
石油加工産業	0.12	0.23	-0.14	-0.30	0.01	0.02	-0.01	-0.02
ガス産業	-0.41	-0.78	0.46	0.98	-0.01	-0.01	0.01	0.01
電力業界	0.01	0.02	-0.01	-0.03	0.02	0.03	-0.02	-0.04
農業	-0.04	-0.07	0.04	0.09	0.00	-0.01	0.00	0.01
化学産業	-0.21	-0.39	0.24	0.52	0.01	0.02	-0.01	-0.02
建設業界	0.13	0.25	-0.14	-0.32	0.06	0.12	-0.06	-0.11
運輸業界	-0.02	-0.04	0.02	0.05	0.00	0.01	0.00	-0.01
軽工業	-0.06	-0.11	0.06	0.14	-0.01	-0.01	0.01	0.01
重工業	-0.02	-0.05	0.03	0.06	0.04	0.08	-0.04	-0.08
サービス業	0.01	0.01	-0.01	-0.01	-0.03	-0.06	0.03	0.06

政府による規制が存在するシナリオにおいては、国際天然ガス価格の変動後、政府は物価を安定させ、かつ国内天然ガス価格の安定を確保するために天然ガス価格を規制する。このようなシナリオ下では、天然ガスは政府の規制を受けることにより、天然ガス価格の相対的な安定を維持するだけでなく、国内物価水準の安定も確保され、天然ガス価格の変動が各産業部門の産出に与える影響も軽減される。

表4.12のシミュレーション結果から見ると、政府による規制が存在しないシナリオにおいては、国際天然ガス価格の上昇が国内各産業部門の生産コストを押し上げ、とりわけ天然ガス産業および化学工業に

対して顕著であった。一方、国際天然ガス価格の下落は各部門の中間コスト投入を引き下げ、その結果、生産コストの低下傾向をもたらした。したがって、もし国際天然ガス価格の上昇に対して何ら措置を講じなければ、中国経済に輸入インフレをもたらし、中国経済の発展に不利な影響を及ぼすことは必至である。政府が天然ガス価格を規制するシナリオにおいては、天然ガスの最終消費価格が不変に保たれ、国内物価水準も相対的に安定し、国際天然ガス価格の変動が各産業部門の生産コストに与える影響はごく微弱である。

表4.12 国際天然ガス価格変動の原価への影響

	規制なし				規制の存在			
	+10%	+20%	-10%	-20%	+10%	+20%	-10%	-20%
天然ガス採掘産業	0.26	0.50	-0.29	-0.61	0.00	0.00	0.00	0.00
石油採掘産業	0.02	0.03	-0.02	-0.04	0.00	0.00	0.00	0.00
石炭鉱業	0.03	0.06	-0.03	-0.07	0.00	0.00	0.00	0.00
石油加工産業	0.04	0.08	-0.04	-0.10	0.00	0.00	0.00	0.00
ガス産業	0.41	0.78	-0.46	-0.98	0.00	0.00	0.00	0.00
電力業界	0.03	0.06	-0.03	-0.07	0.00	0.00	0.00	0.00
農業	0.03	0.06	-0.03	-0.07	0.00	0.00	0.00	0.00
化学産業	0.15	0.28	-0.17	-0.36	0.00	0.00	0.00	0.00
建設業界	0.03	0.06	-0.03	-0.07	0.00	0.00	0.00	0.00
運輸業界	0.02	0.05	-0.02	-0.06	0.00	0.00	0.00	0.00
軽工業	0.03	0.06	-0.03	-0.08	0.00	0.00	0.00	0.00
重工業	0.04	0.07	-0.04	-0.09	0.00	0.00	0.00	0.00
サービス業	0.02	0.03	-0.02	-0.04	0.00	0.00	0.00	0.00

4.2.3　研究の結論および政策的提言

本節では、天然ガス部門の不完全競争を考慮したCGEモデルを構築し、天然ガス価格を規制する場合と規制しない場合の二つのシナリオの下で、国際天然ガス価格変動が中国経済に与える影響をシミュレーションした。その結果、以下の主要な結論を得ることができる。①住民生活。政府規制が存在しないシナリオでは、国際天然ガス価格の上昇は消費者物価指数に正の影響を与え、すなわち輸入インフレを引き起こし、住民福利に対して負の影響をもたらす。一方、国際天然ガス価格の下落はその逆の効果を示す。政府規制が存在するシナリオでは、国際天然ガス価格の上昇が消費者物価指数に与える影響は小さく、住民福利の向上には寄与しない。国際天然ガス価格の下落の場合、その影響は逆となる。②産業構造。政府規制が存在しないシナリオでは、国際天然ガス価格の上昇が中国の産業構造を改善し、より合理的かつ高度化を深化させる。具体的には、国際天然ガス価格の上昇は各産業部門の生産コストを押し上げるが、同時に燃気業を除くエネルギー産業、建設業およびサービス業の産出を促進する。しかし、燃気業、農業、化学工業、交通運輸業、軽工業および重工業の産出には負の影響を与える。政府規制が存在するシナリオでは、国際天然ガス価格の変動が産業部門の生産コストに与える影響は小さく、産業構造への影響も相対的に小さい。ただし、産業構造の高度化に対する影響は、政府規制が存在しない場合とは逆の効果をもたらす。

国際的なエネルギー転換の経験および中国政府のエネルギー構造最適化の政策的方向性から判断すると、将来的に中国における天然ガス消費の比重は徐々に上昇することが必然である。しかし、国内天然ガスの埋蔵量に限界があるため、天然ガスの対外依存度は今後も上昇を続けることになる。したがって、国際天然ガス価格変動が中国経済に与える影響も拡大し、そのリスクは無視できない。本節では、中国の国情およびモデルシミュレーション結果を踏まえ、以下の政策的提言を行う。

第一に、低所得層の消費需要を保障し、的を絞った補助政策を実施すること。政府規制の有無にかかわらず、国際天然ガス価格の上昇は住民福利に不利な影響を与える。また、政府規制が存在しないシナリオでは、国際価格の上昇が産業部門の生産コストに衝撃を与え、中国経済に輸入インフレをもたらし、国内消費者物価指数を押し上げる。天然ガス産業は明らかな公益性を持つため、将来的に天然ガスの対外依存度がさらに高まるにつれ、国際天然ガス価格の上昇が住民福利に与える影響も大きくなる。したがって、国家が関連政策を制定する際には、住民、特に低所得層を重視し、直接的な経済補助やその他の補償を通じて、国際天然ガス価格上昇による不利な影響を緩和する必要がある。

第二に、国際天然ガス価格の変動を密接に監視し、価格に対して「規制と緩和を組み合わせた政策」を採用すること。国際天然ガス価格は変動性が大きく、時には1～2か月の間に50%を超える変動幅を示すことがある。シミュレーション結果によれば、政府規制が存在しない場合、国際天然ガス価格の上昇は中国の産業構造改善を促し、合理化と高度化を進めるが、価格下落はその逆の効果をもたらす。政府規制が存在する場合、産業構造の高度化に対する影響は規制がない場合と逆の効果を示す。したがって、政府は国際天然ガス価格を密接に監視し、規制と緩和を組み合わせることで、中国の産業構造を最適化し、構造転換・高度化を推進すべきである。

第三に、価格形成メカニズムを整理し、国産天然ガスと輸入天然ガスが公平に競争できる市場構造を形成すること。現在、中国における天然ガス価格の決定は完全に市場化されておらず、国際天然ガス価格と国内天然ガス価格の乖離が依然として大きい。天然ガス純輸入量の増加は、中国における天然ガス価格改革の加速を余儀なくしている。さまざまなバランスを考慮しつつ、天然ガス価格形成メカニズムを整理し、国産天然ガスと輸入天然ガスが十分に競争できる市場環境を構築することは、現在の国内天然ガス産業における強い独占性の打破、市場競争の導入の困難を克服することに寄与し、国有独占企業の経営効率向上や生産コスト削減を促進する上で積極的な意義を持つ。

第5章　エネルギー価格と株式市場の相互作用効果に関する研究

前章までは、エネルギー価格の変動がマクロ経済に及ぼす影響、およびエネルギー価格変動が産業に及ぼす影響の異質性について考察した。研究結果から、エネルギー価格のPPIへの伝達メカニズムにはレジーム差異および産業間異質性が存在すること、さらに国際天然ガス価格の変動に対して政府の規制が中国経済に異なる影響を与えることが明らかとなった。

一方、エネルギー価格と株式市場との関係も、国内外の多くの学者が注目し続けているホットなテーマであり、両者の間には密接な連動関係が存在することが数多くの実証結果によって確認されている。株式市場は一定程度、エネルギー資源の価格水準や社会的期待を反映すると同時に、エネルギー価格は株式市場における資金需給双方の行動方向や意思決定の拠り所を提供する。したがって、両者の関係を研究することは、政策決定者による制度設計や投資家の投資判断にとって重要な現実的意義を持つ。

本章は四節から構成される。第一節では、反復主因子法を用いて総合的なエネルギー価格指数（CEPI）を算出し、Morlet小波を用いてCEPIと各株価指数の月次収益率データに対して連続小波変換、交差小波変換および小波位相解析を行い、変数間の相互関係を分析する。その後、Granger因果関係検定を通じて潜在的な線形および非線形関係をさらに分析する。第二節では、国際原油価格、原油輸入国（中国、米国、日本、インド）および原油輸出国（サウジアラビア、ロシア、カナダ、メキシコ）の株式市場の代表的銘柄を研究対象とし、交差小波変換理論を用いて両者の相互関係を検証する。その後、多重分解を基礎とする因果関係検定を行い、国際原油価格と原油進出入国の株式市場における時系列 - 周波数領域での動態的依存関係を導き、若干の参考的提言を提示する。第三節では、最大重複離散小波変換を用いて原油価格と各国株価指数系列を多重分解し、それに基づき原油価格と各国株式市場のマルチスケール因果関係を分析する。第四節では、本章のまとめを行う。

5.1　連続小波に基づくエネルギー価格とエネルギー関連株式の相互影響

前述の課題に応えるために、本節では総合的エネルギー価格指数を構築した上で、多スケールにおけるエネルギー価格変動とエネルギー関連株式収益率との相互依存関係に関する信頼できる証拠を提示し、中国におけるエネルギーとエネルギー関連株式の関係研究に貢献する。本節ではMorlet連続小波を用いて各指標間の関係を分析した。この方法により、時頻領域情報を失うことなく、特定のパラメータモデルを仮定して変数の動学的特徴を適合させる必要もなくなる。すなわち、金融時系列研究において伝統的な計量モデルが前提とするボラティリティ、共分散、構造的ショックに関する仮定を避けることができ、小波手法は時系列特性の把握においてより客観的かつ実用的な価値を有する。

総合的なエネルギー価格指標を構築する目的は、一定期間における一国または地域のエネルギー価格の総合的変動軌跡をより適切に反映し、エネルギー需給や消費構造の変動を体系的かつ包括的に把握することにある。その上で、エネルギー価格と市場経済内の他の産業部門との連動関係を考察するための基礎を提供する。現時点で、中国総合エネルギー価格指標の構築に関する国内研究はまだ限られている。王俊博（2017）は既存のエネルギー価格指数を基礎にDivisiaエネルギー価格指数を構築し、計量モデルを用いてエネルギー価格が中国化学工業株式に与える影響を分析した。楊明慧（2017）は同じくDivisiaエネルギー価格指数を基礎に分散分析とVARモデルを用い、エネルギー価格変動が中国の電力・公益事業株価に与える影響を検証した。周徳才ら（2017）は金融状況指数の構築方法を参照し、MS-FAVAR モデルを用いて中国における1999年から2014年までのエネルギー価格状況指数を推計した。

また、一部の学者は小波手法を経済指標の予測に応用し、その結果、当該手法を導入したモデルの予測精度がより優れていることを確認している。Bentoら（2018）はBatアルゴリズム、小波変換、人工ニューラルネットワークを組み合わせた新型短期価格予測法を提案し、スペインおよびPJM地域の電力市場予測に実証的に適用し、比較結果を示した。彭瀟然ら（2017）は1990～2014年の上海総合指数を対象にsym4小波変換を用い、ニューラルネットワーク訓練関数による予測モデルを構築し、BPニューラルネットワークとの予測精度を比較した結果、小波ニューラルネットワークの方が高精度であることを確認した。杜建衛・王超峰（2008）、沈燁（2017）はMallat小波を用いた株価データの多重分解分析を行い、従来の予測方法よりも小波フィルタ処理した系列を用いた予測の方が優れていることを証明した。梁強ら（2005）は石油価格予測に小波分析を導入し、小波分析に基づく長期予測効果が顕著であることを確認した。

さらに、多くの研究者が交差小波変換、小波コヒーレンス、位相差などの統計量を用い、異なる指標間における多時頻域での依存関係や先行・遅行関係を分析している（BoubakerとRaza（2017）、Caiら（2017）、Liu（2017）、Dongら（2018））。一部の実証研究では、小波分解に基づく結果をもとにGranger因果関係検定を行い、異なる経済指標間に存在する可能性のある線形・非線形関係を検証している（Reboredoら（2017）、Junshengら（2018））。Sharifら（2017）は1983～2016年のシンガポールの月次発電量と経済成長の関係を連続小波変換、交差小波および小波コヒーレンスを用いて研究し、両者の間に長期的な有意関係、発電量から経済成長への単方向因果関係、中期的な双方向因果関係の存在を明らかにした。Reboredoら（2017）は離散小波と連続小波を用いて、異なる時間スケールにおける石油と再生可能エネルギー株式の相互関係を研究し、線形・非線形Granger検定を通じて石油価格と再生可能エネルギー株式価格の因果関係を探った。その結果、時間スケールごとに両者の関係は一様でないことが示された。BoubakerとRaza（2017）は多変量計量モデルと小波分析を用い、世界の原油価格変動がBRICS諸国の株式市場に与えるスピルオーバー効果を探討した。

国内研究としては、孫暁雲（2018）が初めてMorlet小波を用いて中国経済と株式市場の関係を分析し、中国の経済成長と株式市場が短期・中期において高い正の相関を持ち、かつ株式市場が経済成長をリードしている証拠を提示した。現段階で国内経済分野における関連研究はまだ限られており、今後の探究余地と研究価値が大きい。

5.1.1　小波関連理論と非線形Granger因果検定

小波理論は、時系列を分析するために用いられる数学的手法であり、特定の構造を持つ関数φとψの二重のスケーリングおよび平行移動によって標準直交基を得るものである。ここでφとψはそれぞれ「父小波」と「母小波」と呼ばれる基底関数であり、次の条件を満たす：

$$\int \phi(t)dt = 1 \qquad \int \psi(t)dt = 0 \qquad (5.1)$$

すなわち、データ系列のトレンド性・低周波成分は父小波によって抽出され、細部情報・高周波成分は母小波によって抽出される。スケーリングと平行移動によって得られる対応する小波基は、以下の過程で表される：

$$\begin{cases}\phi_{j,k}(t)=2^{j/2}\phi\left(2^{j}t-k\right)\\ \psi_{j,k}(t)=2^{j/2}\phi\left(2^{j}t-k\right)\end{cases} \tag{5.2}$$

ここで、$j=1,2,\cdots,J$ は小波関数のスケール・スケーリングパラメータであり、データ系列における局所的な周波数特性を捉えるために用いられる。また、$k=1,2,\cdots,2^{j}$ は小波の平行移動パラメータであり、分析過程における位置調整を行う。これに基づき、$L^{2}(R)$ 空間内のすべての関数はこの小波基に対応して展開することが可能であり、各小波関数の線形結合の形式で表現される。

5.1.1.1　連続小波

連続小波とは、母小波と呼ばれる単一の小波によって生成される関数であり、実数平方可積分関数である。その定義は次式で与えられる：

$$\psi_{\tau,s}(t)=\frac{1}{\sqrt{s}}\psi\left(\frac{t-\tau}{s}\right) \tag{5.3}$$

ここで、$\sqrt{s}$ は単位分散を保証するための正規化定数であり、τ と s はそれぞれ小波の位置を示す平行移動パラメータおよびスケールパラメータである。小波は可容許条件を満たす必要があり、これは小波が時域と周波数域の双方で有効な時周波局在性を持つことを意味する。

小波にはそれぞれ特定の機能があり、異なるデータ特性の表現に役立つ。本実証で使用するMorlet連続小波 は、経済・金融データの分析において振幅と位相の研究に広く応用される。Morlet小波は、正弦波および余弦波を含む中心周波数で振動するガウス窓フーリエ変換によって構成され、その具体的な形式は次のように表される：

$$\psi(t)=\pi^{-\frac{1}{4}}e^{iw_0t}e^{-\frac{t^2}{2}} \qquad (5.4)$$

ここで、$\pi^{-\frac{1}{4}}$は単位分散を保証する正規化因子であり、$e^{-\frac{t^2}{2}}$は単位標準偏差のガウス包絡線、e^{iw_0t}は複素正弦曲線である。パラメータw_0の値を設定することで、時間と周波数の局在化の間で適切なバランスを取ることができる。

連続小波変換は、与えられた時系列の周波数情報の時間的進化を分析するために用いられ、その定義は次式で表される：

$$W_x(s)=\int_{-\infty}^{\infty}x(t)\frac{1}{\sqrt{s}}\psi^*\left(\frac{t}{s}\right) \qquad (5.5)$$

ここで、*は複素共役を表す。スケールパラメータsは、系列x(t)における高周波または低周波成分の検出に用いられる。時域と周波数域における二つの系列間の相互依存関係を表現するために、小波パワースペクトル、クロス小波パワー、およびクロス小波変換といった概念が用いられる。小波パワースペクトルは、各時間スケールにおける系列の分散寄与を測定する。クロス小波パワーは、時周波空間における共分散の寄与を捉えるものであり、時系列$x(t)$の連続小波変換$W_n^X(s)$と$y(t)$の連続小波変換$W_n^Y(s)$を用いて次のように定義される：

$$W_n^{XY}(s)=W_n^X(s)W_n^{Y*}(s) \qquad (5.6)$$

ここで、*は複素共役を表す。

二つの系列間における時間と周波数の共同的な動きを測定するためには、小波コヒーレンスが用いられる。TorrenceとWebster（1999）は、小波コヒーレンスを測定するために「平方小波コヒーレンス係数」を提案し、その定義は次の通りである：

$$R_n^2(s) = \frac{\left|\left(s^{-1}W_n^{XY}(s)\right)\right|}{\left(s^{-1}\left|W_n^X(s)\right|^2\right)\left(s^{-1}\left|W_n^Y(s)\right|^2\right)} \qquad (5.7)$$

ここで、Sは時間とスケールにおける平滑化演算子である。$R_n^2(s)$は系列間の依存度を表し、依存が弱い場合は0に近く、依存が強い場合は1に近づく。小波コヒーレンス係数の理論分布は未知であり、その統計的有意性はモンテカルロ法によるシミュレーションによって得られる。

小波コヒーレンス位相差は、二つの時系列間における時周波空間での負の相関または正の相関関係、さらには系列間の先行・遅延関係を捉えるために用いられる。TorrenceとWebsterは、小波コヒーレンス位相差を次のように定義した。

$$\varphi_{xy}(s) = \tan^{-1}\left(\frac{\Im\left(s^{-1}W_n^{XY}(s)\right)}{\Re\left(s^{-1}W_n^{XY}(s)\right)}\right) \qquad (5.8)$$

その中で、$\Im$ と $\Re$ はそれぞれ平滑化されたパワースペクトルの実部と虚部を表す。二つの時系列間の位相関係は以下のように解釈される：矢印が右（左）を指す場合、系列は同方向（反方向）に変動し、正（負）の相関を示す。矢印が下（上）を指す場合、第2系列（第1系列）が第1系列（第2系列）を先導することを意味する。

5.1.1.2　離散小波

離散小波は、系列 y(t) を異なる時間スケールに分解するために用いられる：

$$y(t) = \sum_k s_{J,k}\phi_{J,k}(t) + \sum_k d_{J,k}\psi_{J,k}(t) + \sum_k d_{J-1,k}\psi_{J-1,k}(t) + \cdots + \sum_k d_{1,k}\psi_{1,k}(t)$$

(5.9)

ここで、$\phi(t)$ はスケーリング関数（尺度関数）、$\psi(t)$ は小波関数と呼ばれ、係数 $s_{J,k}, d_{J,k}, \cdots$, $d_{1,k}$ は、対応する小波関数が全体信号に寄与する程度を測る小波係数である。したがって、時系列 $y(t)$ は J 段階の多重解像度分解を用いて次のように表現できる：

$$y(t) = S_j(t) + D_j(t) + D_{j-1}(t) + \cdots + D_1(t) \quad (5.10)$$

ここで、周波数成分 D_j は時間スケール 2^j によって説明される短期・中期・長期の変動を対応し、S_j は元系列から $D_1, \cdots, D_j$ を除去した残差である。必要に応じて J の値を設定し、多重解像度水準を決定できる。最も高い周波数成分 D_1 は時間スケール $2^1 = 2$ 単位（短期効果）における系列の変動を表す。成分 D_1 は $2^2 = 4$ 単位（比較的短期効果）における系列の変動を測定する。同様に、成分 $D_3, D_4 \cdots, D_J$ は 2^3 から 2^J 単位の中・長期時間スケールにおける系列変動を表す。

5.1.1.3　クロス小波変換

クロス小波は、小波変換理論に基づき、連続小波変換とクロススペクトル分析を組み合わせて形成された新しい分析手法である。これにより、時間-周波数領域における異なる時系列間の連動特性、位相構造、先行・遅延関係を分析することができる。二つの異なる時系列 $x(t)$ と $y(t)$ に対し、それぞれの連続小波変換を $W_n^X(s)$ 、$W_n^Y(s)$ とすると、両者のクロス小波は次のように定義される：

$$W_n^{XY}(s) = W_n^X(s) W_n^{Y*}(s) \quad (5.11)$$

①小波コヒーレンス。小波コヒーレンスとは、クロス小波スペクトルと各系列スペクトルの積の比率を指し、各時系列間の時間-周波数領域における関連性を示す。小波コヒーレンス係数 $R_n^2(s)$ の値域は

(0,1) であり、値が1に近い場合は系列間に高い相関性が存在し、0に近い場合は相関性が弱いことを意味する。時系列 $x(t)$ と $y(t)$ の小波コヒーレンス方程式は次の通り：

$$R_n^2(s)=\frac{\left|S\left(s^{-1}W_n^{XY}(s)\right)\right|^2}{S\left(s^{-1}\left|W_n^X\right|^2\right)\cdot S\left(s^{-1}\left|W_n^Y\right|^2\right)} \tag{5.12}$$

②小波位相差。位相とは、周波数領域における時系列の疑似周期上での位置を指す。小波位相差は、疑似周期における $x(t)$ と $y(t)$ の位相の関連性を示し、二つの時系列変動の先行・遅延関係を明らかにする。これにより、二変数間の因果関係が時間とともにどのように変化するかを反映する。

$$\varphi_{xy}(s)=\tan^{-1}\left(\frac{\Im\left(s^{-1}W_n^{XY}(s)\right)}{\Re\left(s^{-1}W_n^{XY}(s)\right)}\right),\quad \varphi_{xy}\in[-\pi,\pi] \tag{5.13}$$

式中、$\Im$ は平滑化されたパワースペクトルの虚部、$\Re$ はその実部を指す。

$\varphi_{xy}=0$ のとき、二つの系列は同相であり、正の相関をもつ同方向の運動を行う。$\varphi_{xy}=-\pi$ または $\varphi_{xy}=\pi$ の場合、二つの系列は逆相であり、負の相関をもつ逆方向の運動を行うことを意味する。

金融経済時系列の連続小波による時-周波数特性分析においては、多くの文献でMorlet小波が用いられている。したがって、本節ではMorlet母小波関数を選択し、連続小波変換を行い、国際原油価格と各国株価指数収益率系列の時-周波数特性を分析する。

5.1.1.4　最大重複離散小波

小波変換には通常、離散小波変換と連続小波変換が含まれる。離散小波変換は、連続小波変換の分析過程で生じる情報冗長性を回避し、より効率的に時系列の時—周波数領域分析を行うことができる。時系列 X は、離散小波変換によって変換後の離散小波変換係数 W を得ることができ、時系列 X の離散小波変換は次のように表される: $W = wx$ 、ここで、W は長さ $N = 2^j$ の列ベクトル、w は $N \times N$ の実数行列である。具体的な公式は以下の通りである：

$$W = \begin{bmatrix} W_1 \\ W_2 \\ \vdots \\ W_J \\ V_J \end{bmatrix} = \begin{bmatrix} \omega_1 X \\ \omega_2 X \\ \vdots \\ \omega_J X \\ v_J X \end{bmatrix} = \begin{bmatrix} \omega_1 \\ \omega_2 \\ \vdots \\ \omega_J \\ v_J \end{bmatrix} X = \omega X \qquad (5.14)$$

X は離散小波係数 W によって再構成され、離散小波変換は規範直交性を有している。すなわち：

$$X = \omega^T W 且 \| W \|^2 = \| X \|^2 \qquad (5.15)$$

最大重複小波変換は、高度に冗長な非直交変換である。これは、サンプル数が2の整数乗である必要がなく、また離散小波変換における始点選択の敏感性を回避するものであり、離散小波に基づく最適化手法である。

任意の長さ N の時系列 $x(t)$ に対して、最大重複離散小波変換の小波係数とスケール係数はそれぞれ次のように表される：

$$\tilde{W}_J = \sum_{l=0}^{L_j - 1} \tilde{h}_{j,l} x_{t-modN} \qquad (5.16)$$

$$\tilde{V}_J = \sum_{l=0}^{L_j - 1} \tilde{g}_{j,l} x_{t-modN} \qquad (5.17)$$

$$\tilde{h}_{j,l} = h_{j,l} / 2^{j/2} \qquad (5.18)$$

$$\tilde{g}_{j,l} = g_{j,l} / 2^{j/2} \qquad (5.19)$$

ここで、$\tilde{W}_J$ と $\tilde{V}_J$ の各要素は、それぞれ最大重複離散小波フィルタ $\{\tilde{h}_{j,l}\}$ とスケールフィルタ $\{\tilde{g}_{j,l}\}$ によって形成される。高周波部分 $\tilde{W}_J$ と低周波部分 $\tilde{V}_J$ が、時系列 $x(t)$ の第 j 層における最大重複離散小波変換を構成する。小波分解を通じて、多重解像度過程を得ることができる。

$$\| X\|^2 = \sum_{j=1}^{J} \left\|\tilde{W}_j\right\|^2 + \left\|\tilde{V}_j\right\|^2 \qquad (5.20)$$

5.1.2　総合的エネルギー価格指数の構築

5.1.2.1　指標の選択と説明

データの時効性および変数選択の合理性を総合的に考慮し、本節では国内外の原油、石炭、天然ガス、発電用電力などを反映する計12の価格変数を選定し、総合的エネルギー価格指数を構築した（表5.1参照）。サンプル区間は2007年1月から2019年2月までである。データは国家統計局、Windデータベース、および米国エネルギー情報局（EIA）の公式サイトから取得した。

表5.1 各エネルギー価格指標の説明

指標の命名	指標の説明	指標の種類
CI	中国の石炭採掘および精錬産業の工業製品工場出荷価格指数	石炭価格
QHD	中国秦皇島大同プレミアム混合清算価格	
AC	オーストラリアの火力発電用石炭輸出月平均価格	
YC	インドネシアの火力発電用石炭輸出月平均価格	
OI	中国の石油・ガス採掘産業の工業製品工場出荷価格指数	原油価格と 天然ガス価格
GI	ガス生産・供給産業の工場渡し価格指数	

DQ	大慶原油の月間平均スポット価格	
WTI	米国ウェスト・テキサス・インターミディエイト原油スポット価格	
Brent	欧州ブレント原油スポット価格	
Henry	米国ヘンリーハブ天然ガススポット価格	
EI	中国の電力・熱工業製品工場渡し価格指数	その他の指標カテゴリー
PPIRM	中国燃料・電力購入価格指数	

表5.1における各指標の選定について、以下のように説明する。

第一に、本節の指標選定は、関連するエネルギー分野における国内外の連関性、重要性およびデータの入手可能性を考慮したものである。中国のエネルギー消費構造が長期にわたり「石炭を主とし、石油がこれに次ぎ、天然ガスおよびその他のクリーンエネルギーが補助的役割を果たす」という特徴を有する点に基づき、上記の変数データを選定した。また、中国における電力および燃料動力といった重要要素を考慮し、EIとPPIRMの2つの関連指標を追加した。

第二に、海外石炭指標の選択は、データの入手可能性、世界の石炭資源構造、そして中国の石炭輸入の実情を踏まえたものである。2015年において、中国の石炭輸入国のうち、インドネシア（7,376.25万トン）とオーストラリア（7,090.78万トン）がそれぞれ第1位と第2位であった。さらに2016年の世界データを例に取れば、中国の石炭生産量は34.1億トンで世界第1位であり、同時にオーストラリアとインドネシアも世界上位に位置している。石炭輸入量ランキングでも中国は依然として世界第1位であり、同年の世界石炭輸出量ランキングによれば、オーストラリアとインドネシアがそれぞれ第1位と第2位を占めていた。近年、中国の石炭輸入量は大幅に増加しており、その主な供給国はインドネシアとオーストラリアである。したがって、本節では中国国外石炭価格指標としてインドネシアおよびオーストラリアの輸出動力炭価格を選定した。なお、政府政策などの要因により、中国の石炭消費実態に関する考察結果は、周徳才ら（2017）が1999年1月から2014年12月を対象として指標を構築した際の実態とは大きく異なっているため、ここで指標選定に相応の調整を加えた。

第三に、指標選定において海外の原油価格および天然ガス価格要因を取り入れたのは、中国が輸入油ガスに高度に依存しているためである。この依存関係により、国内の油価変動は国際的な変動の影響を顕著に受けることとなる。

5.1.2.2　データ前処理と指標構築

まず、為替変動の影響を除去するため、人民元対米ドルの月平均為替レートを用いて、ドル建ての価格指標（DQ、WTI、Brent、Henry、AC、YC）を対応する為替時系列で人民元建てに換算した。さらに、基期を2006年とするPPIを用いてすべての現価指標をデフレートし、各指標の実質価格系列を得た。同時に比較分析を容易にするため、PPIRM、CI、OI、EI、GIを2006年基期の価格指数に調整した。

次に、以下のデータ処理を順次実施した。すべての指標に対してX-12法を用いて季節調整を行い、季節要因を除去した。サンプルのギャップ値の算出については、GoodhartとHofmann（2001）などの研究者が用いたH-Pフィルタ法を参照し、月次データのフィルタリング需要に基づきパラメータ値を14,400に設定してサンプルのトレンド値を算出し、さらに各指標のギャップ値＝原サンプル変数値－サンプルトレンド値（郭曄・楊嬌、2012）を得た。最後に、選定した指標を標準化処理し、変数間の次元の影響を除去した。変数名に「_gap」の接尾辞を付与することで、元の指標に対応する変数のギャップ値を表すこととした。

単位根検定の結果、すべての指標が定常系列であることが示されたため、指標の構築を行うことができる。本節では具体的に反復主因子法を用いて共通因子を抽出し、固有値が1を超えるという原則に従って前3つの共通因子を得た。その後、因子解釈をより適切に行うために因子回転を実施した。各指標がFac1、Fac2、Fac3における因子負荷量の結果は表5.2に示されている。観察すると、複数の国内外の原油価格や天然ガス関連の指標がFac1において比較的大きな負荷を示しているため、Fac1を「国内外原油価格共通因子」と命名した。同様に、Fac2を「国内外石炭価格共通因子」、Fac3を「電力価格共通因子」と命名した。

表5.2　　共通要因に基づく総合エネルギー価格指数の積載

因子カテゴリー	指標名	Fac1にロード	Fac2にロード	Fac3にロード
国内外の原油価格の共通要因	PPIRM_gap	0.76	0.564	0.226
	OI_gap	0.915	0.281	0.163
	DQ_gap	0.955	0.133	0.023
	WTI_gap	0.955	0.029	-0.068
	Brent_gap	0.97	0.042	-0.009
	Henry_gap	0.703	0.213	-0.099
国内および海外の石炭価格共通要因	CI_gap	0.246	0.928	0.18
	QHD_gap	0.403	0.741	-0.056
	AC_gap	0.072	0.648	0.058
	YC_gap	-0.051	0.793	0.214
電気料金共通要因	EI_gap	-0.3	0.221	0.559
	GI_gap	0.389	0.091	0.544

最後に、林海明（2013）、段春夏（2018）などの研究を参考にして、因子回転後の分散寄与率を重みとして用い、総合的エネルギー価格指数を算出した。具体的な結果は図5.1に示されている。

5.1.3　実証分析

5.1.3.1　データ選択

本節におけるエネルギー価格と株式市場の相互作用効果に関する実証分析で選択した関連株価指標は主に2つの側面を含む。株式市場全体の価格変動を測定する総合的な指数には、上証180指数（SZ180）および滬深300指数（HS300）を用いた。株式市場におけるエネルギー産業の価格変動を測定する指数には、上証180エネルギー指数（SZ180E）、滬深300エネルギー指数（HS300E）、および中証500エネルギー指数（ZZ500E）を用いた。

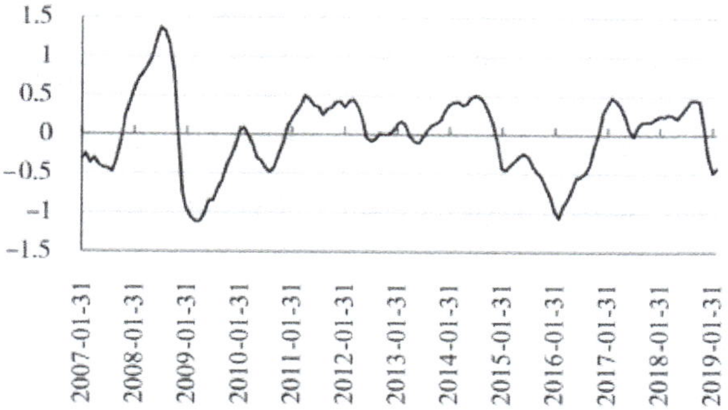

図5.1 総合エネルギー価格指数

5.1.3.2　実証結果

Morlet小波を用いて、総合的エネルギー価格指数（comprehensive energy price index,CEPI）と各株価指数の月次収益率データに対して連続小波変換、交差小波変換および小波位相の算出を行い、変数間の相互関係に関する実証結果を得た。

図5.2はCEPIと各エネルギー株価指数の連続小波変換の結果を示している。横軸は時間、縦軸は周波数（時間単位〔月〕に換算済み）を表す。図中で白色の輪郭で囲まれた領域は、位相ランダム化による代替系列を用いたモンテカルロシミュレーションに基づき、5%水準で有意と判定された領域である。色調の分布は明るい色から暗い色へと変化し、時-周波数領域で局所的に測定された小波パワースペクトルのエネルギー係数値の大小を反映している。図の結果から分かるように、総合的エネルギー価格指数の有意領域および係数値の高い領域は主に低周波数帯に集中しており、これはエネルギー価格が長期的変動には明確に反応する一方で、短期的かつ急激なショックには反応が弱

いことを示している。これに対して、各株価指数の高エネルギー領域は中高周波数帯に集中しており、株式市場が短期間の急激なショックに迅速に反応することを意味しており、一般的な事実と一致している。2007年から2011年にかけて、中低周波数、とくに2～3年の周期帯において全ての指標が明確な変動を示している。さらに、連続小波変換結果の図示では、中低周波数帯において各株価指数の初期段階では明暗の色調が交互に分布しているのに対し、後期には暗色調が優勢となっており、指標系列に構造的変動が発生している可能性を排除できない。

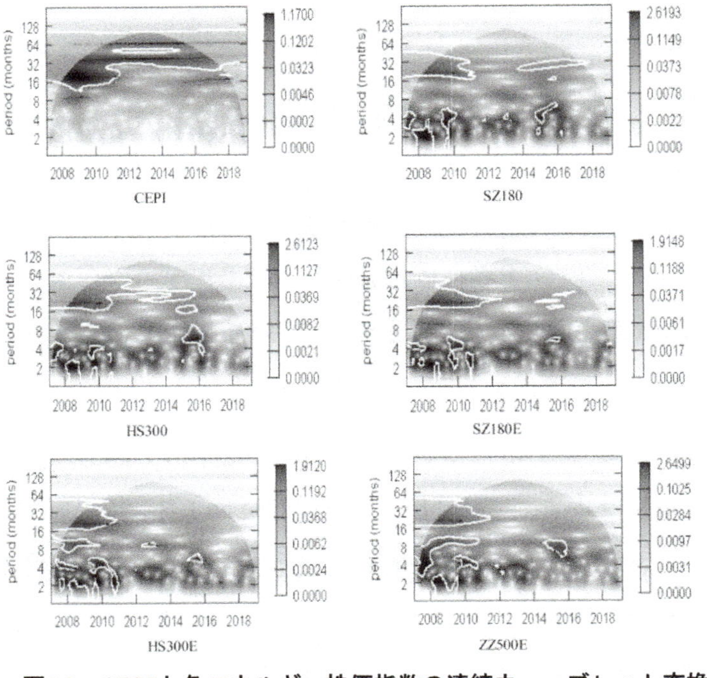

図5.2　CEPIと各エネルギー株価指数の連続ウェーブレット変換

図5.3はCEPIと各エネルギー株価指数の交差小波変換を示している。図中の各位置の色調は、局所的な時-周波数の位置およびその周辺における研究対象変数間の局所的共分散の大きさを表す。有意領域に基づいて両者の相互関係を分析した結果、全体的に見ると、高周波から低周波にかけてCEPIと各株価指数間の共分散係数値は周波数が低下

するにつれて増加する傾向を示し、この関係は中長期（およそ2年前後）においてより顕著であることが確認された。2007年下半期から2011年にかけて、両者の2～3年スケールでの相互影響が最も明確に表れている。また、本実証で考察したサンプル期間全体を通じて、両者の関係は時間の推移とともに次第に弱まる傾向を示している。さらに、図からは、2～3年の時間スケールにおいて、異なる時期における矢印の指向方向が異なっており、すなわち両者の相互関係が時期によって変動していることが読み取れる。特に2013年前後で明確な分岐点が見られ、2013年前は矢印が左および左下を指し、2013年以降は右方向を指している。この点については、両者の相干性および位相差を用いたさらなる詳細な分析が必要である。

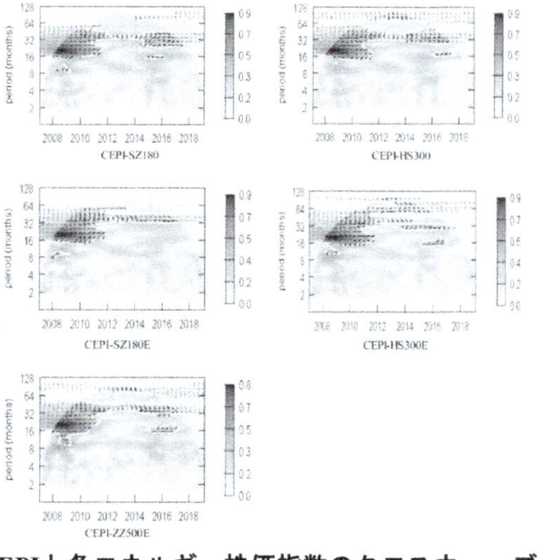

図5.3　CEPIと各エネルギー株価指数のクロスウェーブレット変換

図5.4はCEPI指数と各エネルギー株価指数のコヒーレンス分析および位相差の結果である。本図は、両者が異なる時・周波数スケールにおいて示す相互依存関係および潜在的な先行・遅行関係を主に反映している。図中の時・周波数領域における局所的関連性の統計的有意性は、モンテカルロシミュレーションによって推定された。濃色は高い相関を示す領域を表し、淡色は相関が弱い領域を表す。有意領域内の

矢印の方向は、両者間の正（負）の相関および先行・遅行関係を示している。

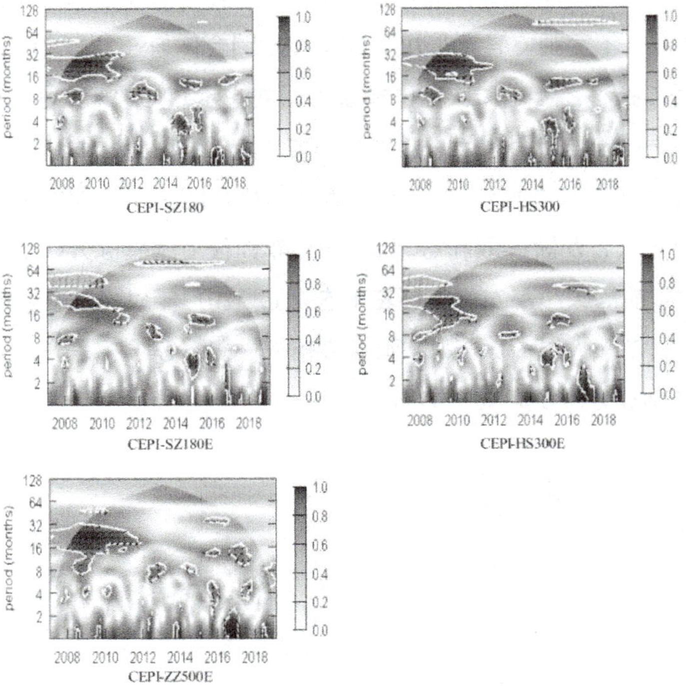

図5.4 CEPIと各エネルギー株価指数のコヒーレンスおよび位相差

図から観察されるように、1～2か月の周波数スケールにおいては、サンプル範囲内で濃色が持続的に存在するものの、モンテカルロシミュレーションの結果によれば、その領域内の統計結果は5%水準で有意ではなく、したがって両者の依存関係には統計的な意味が認められない。異なる周波数に着目すると、エネルギー価格指数と株式市場、エネルギー株価指数との相互依存関係は、中低周波数帯においてより明確であることが確認できる。注目すべき点として、2～3年の周波数においては、エネルギー価格と株式市場、エネルギー株価指数は2013年以前には強い相互依存関係を示していたが、この関係は2013年以降明らかに弱まっている。さらに比較すると、2014年以降はエネルギー価格と株式市場総合指数との相互関係が、比較的高い周波数帯（およそ1年）で徐々に現れ、かつ持続的に存在している一方で、エネルギー価格とエネルギー産業株式収益率との相互関係は明らかに低下し、持続性も乏しいことが分かる。

全体としてみると、エネルギー価格と株式市場・エネルギー株価指数の収益率との間には、高周波状態では相互依存性は存在せず、中低周波数帯における相互依存性は動的に変化するプロセスとして現れている。まず、エネルギー価格と全体の株式市場は、2007～2013年の期間において非常に強い相互関係を示しており、図中の矢印が主に左向きを示していることから、両者は負の相関を有し、先行・遅行関係は存在しないことが分かる。2013年以降も、両者は1年前後の周波数領域において同様に負の相関を示しており、また、サンプルの一部期間において矢印が左上を指していることから、その時期に株式市場の収益率とエネルギー総合価格の間に先行・遅行関係が存在していたことが分かる。同時に、2013年以前においては、エネルギー価格とエネルギー産業株式収益率もまた負の相関を示しており、異なる点は一部の領域で矢印が左下を指していたことであり、これはその時期にエネルギー株価指数の収益率の変動がエネルギー価格の変動を引き起こしていたことを意味する。これに対し、2014年から2018年にかけての結果は、両者の相互関係が主に正の相関として現れており、先行・遅行関係は存在していないことを示している。

5.1.3.3　Granger因果関係検定結果

小波変換理論を用いてエネルギー価格と株式市場、エネルギー関連株の連動関係を分析した基礎の上で、潜在的な線形および非線形関係をさらに分析するために、本実証研究では最終的にGranger因果関係検定を行った。

表5.3および表5.4は、それぞれ原系列に基づく検定結果を示している。表5.3から明らかなように、1%の信頼水準において、エネルギー価格は各株価指数のGrangerの原因であるが、その逆は成立しない。非線形Granger検定の効果を高め、より信頼性の高い結論を得るために、本実証では楊子暉・趙永亮（2014）の非線形Granger検定における各パラメータのシミュレーション効果を参考にし、バンド幅パラメータを&=1.5aと設定した。表5.4の検定結果によれば、10%の信頼水準において、エネルギー価格と各株価指数の間には双方向の非線形Granger因果関係が存在する。比較を通じて分かるのは、伝統的なGranger因果関係検定と比べて、非線形検定の方が変数間の構造情報をより豊富に得られるという点である。

さらに、多尺度非線形Granger因果関係検定を行うにあたり、Daubechiesの最小非対称小波フィルター（長さl=8）を用いて指標系列を最大重複離散小波変換し、サンプル容量およびデータ頻度の要因を考慮して、各時系列に対して7階層（J=7）の小波分解を実施した。その後、得られた各階層の小波係数に対して因果関係のテストを行った。

表5.3 Granger 因果関係テスト

索引	ヒステリシス注文	帰無仮説				テスト結果
		CEPIは株価指数ではないGranger・コーズ		株価指数はCEPIのGranger要因ではない		
		F	P	F	P	
CEPI&SZ180	4	5.642	0.000***	0.710	0.587	CEPI→SZ180
CEPI&HS300	4	5.875	0.000***	0.647	0.630	CEPI→HS300
CEPI&SZ180E	2	6.533	0.002***	1.601	0.205	CEPI→SZ180E
CEPI&HS300E	2	6.883	0.001***	1.778	0.173	CEPI→HS300E

索引	ヒステリシス注文	帰無仮説				テスト結果
		CEPIは株価指数ではないGranger・コーズ		株価指数はCEPIのGranger要因ではない		
		F	P	F	P	
CEPI＆ZZ500E	3	6.271	0.001***	1.719	0.166	CEPI→ZZ500E

注：①ラグ次数は主にAIC基準に基づいて決定；②*、**、***はそれぞれ、10%、5%、1%の信頼水準で帰無仮説を棄却することを示す。

表5.4 非線形Granger 因果関係テスト

索引	ヒステリシス注文	帰無仮説				テスト結果
		CEPIは株価指数ではないGranger・コーズ		株価指数はCEPIのGranger要因ではない		
		T_n	P	T_n	P	
CEPI＆SZ180	4	1.437	0.07	2.614	0.004**	CEPI→SZ180
CEPI＆HS300	4	1.561	0.059*	2.417	0.008***	CEPI→HS300
CEPI＆SZ180E	2	1.662	0.048*	2.220	0.013**	CEPI→SZ180E
CEPI＆HS300E	2	1.519	0.064*	2.217	0.013**	CEPI→HS300E
CEPI＆ZZ500E	3	2.076	0.019**	1.901	0.029**	CEPI→ZZ500E

注：①ラグ次数は主にAIC基準に基づいて決定；②*、**、***はそれぞれ、10%、5%、1%の信頼水準で帰無仮説を棄却することを示す。

表5.5から観察できるのは、高頻度（短期）においては、エネルギー価格と各株価指数との間に10%の信頼水準で因果関係が存在しないか、または関係が弱いことである。一方、中低頻度においては、エネルギー価格から株価指数への因果関係が存在し、特に8～32か月の期間において顕著である。これは図5.3および図5.4の結論と基本的に一致している。さらに、高頻度においては、エネルギー価格に変動が生じた際、エネルギー関連株式の反応速度が全体の株式市場よりもやや遅いことも観察できる。

表5.5マルチスケール非線形Granger 因果関係テスト

時間スケール	ヒステリシス発行番号	帰無仮説				テスト結果
		CEPIは株価指数ではないGranger・コーズ		株価指数はCEPIのGranger要因ではない		
		T_n	P	T_n	P	
CEPI＆SZ180						
D_1	5	0.241	0.405	0.818	0.207	×
D_2	5	1.896	0.029**	0.123	0.451	CEPI→SZ180
D_3	5	1.903	0.029	0.760	0.224	CEPI→SZ180
D_4	5	1.587	0.056*	2.361	0.009***	CEPI←SZ180
D_5	5	1.452	0.073*	1.634	0.051*	CEPI⇆SZ180E
D_6	5	1.088	0.138	1.409	0.079*	CEPI←HS300
D_7	5	2.206	0.014**	0.650	0.258	CEPI→SZ180
CEPI＆HS300						
D_1	5	1.069	0.143	0.799	0.212	×
D_2	5	1.752	0.040**	0.187	0.426	CEPI→HS300
D_3	5	2.195	0.014**	0.698	0.243	CEPI→HS300
D_4	5	1.509	0.066*	2.428	0.008***	CEPI←-HS300
D_5	5	1.508	0.066*	1.549	0.061*	CEPI⇆SZ180E
D_6	5	1.413	0.079*	1.007	0.157	CEPI→HS300
D_7	5	2.543	0.005***	-0.238	0.594	CEPI→HS300
CEPI＆SZ180E						
D_1	5	1.335	0.091*	0.352	0.362	CEPI→SZ180E
D_2	5	0.273	0.392	0.538	0.295	×
D_3	5	2.452	0.007***	0.387	0.349	CEPI→SZ180E
D_4	5	2.174	0.015**	1.958	0.025**	CEPI⇆SZ180E
D_5	5	1.293	0.098*	0.622	0.267	×
D_6	5	2.390	0.008***	0.793	0.214	CEPI→SZ180E
D_7	5	3.056	0.001***	0.582	0.280	CEPI→SZ180E
CEPIとHS300E						
D_1	5	1.480	0.070*	0.265	0.396	×
D_2	5	0.370	0.356	0.437	0.331	×

時間スケール	ヒステリシス発行番号	帰無仮説				テスト結果
		CEPIは株価指数ではないGranger・コーズ		株価指数はCEPIのGranger要因ではない		
		T_n	P	T_n	P	
D_3	5	2.077	0.019**	0.875	0.191	CEPI→HS300E
D_4	5	2.423	0.008***	2.002	0.023**	CEPI⇆HS300E
D_5	5	1.331	0.091*	0.896	0.185	×
D_6	5	2.517	0.006***	0.428	0.334	CEPI→HS300E
D_1	5	2.983	0.001***	1.700	0.045**	CEPI⇆HS300E
CEPIとZZ500E						
D_1	5	1.344	0.090*	-0.523	0.700	×
D_2	5	1.798	0.036	-0.206	0.581	CEPI→ZZ500E
D_3	5	2.228	0.013	0.944	0.172	CEPI→ZZ500E
D_4	5	1.897	0.029	2.542	0.006***	CEPI⇆ZZ500E
D_5	5	1.592	0.056*	1.227	0.110	×
D_6	5	1.472	0.071*	1.285	0.099*	×
D_7	5	2.389	0.008***	2.305	0.011**	CEPI⇆ZZ500E

注：①ラグ次数は主にAIC基準に基づいて決定；②*、**、***はそれぞれ 10%、5%、1%の信頼水準で帰無仮説を棄却することを示す；③「x」は両者間にGranger因果関係が存在しないことを示す。

線形関係に比べ、エネルギー価格と株式市場との間の非線形的・多尺度的非線形関係の検討は、より複雑で総合的な連動特性を示しており、これは前述の実証において小波法を用いて相互関係を研究する必要性を一定程度裏付けている。一方で、中国のエネルギー価格の変動とエネルギー株は相互に影響し合う関係にあり、エネルギー市場の価格変動は株式市場における対応する株価の応答反応を引き起こすと同時に、マクロ政策、エネルギー産業や企業の意思決定調整などの要因によってエネルギー株価が変動した場合には、実体経済における各種エネルギー価格も反応を示す。さらに、このような双方向的な関係パターンは必ずしも短期的なものでなく、中長期的に反応が現れることに注意すべきである。

5.2 国際原油価格と原油輸出入国株式市場の連動性分析

原油は重要なエネルギー形態の一つであり、その価格変動は一国の経済発展、物価水準および為替などに顕著な影響を及ぼす。株式市場は一国経済の晴雨計として、経済体の発展状況をよく反映するため、原油価格と各国株式市場との関係は言うまでもなく密接である。さらに、石油価格戦や米国市場の不安定性などにより、原油価格と株式市場との動的関係は一層複雑化している。また、国際的には多くの学者が国際原油価格をエネルギー価格の代理変数として用いているため、原油価格と株式市場変動との関係を研究することは重要な意義を有し、両者の連動性を検討することは非常に必要である。

このような背景の下、本節では国際原油価格と原油輸出入国株式市場の連動関係について詳細な研究を行った。原油価格と各国株式市場の関係は明らかであるが、国や地域によってその作用方向や程度は異なる。伝統的な計量経済モデルは、ある程度両者の関係変化を解明できるものの、原油価格の頻繁な変動と株式市場の複雑化により、より細かい変動期間における変数間の関係変化を深く分析することは難しい。したがって、本節では小波分析ツールを用い、時-周波数領域から国際原油価格と株式市場の連動関係について多尺度分析を行い、国際原油価格と株式市場の動的関係に関する研究に一定の参考を提供することを目的とする。

本節では、原油価格と株式市場の影響メカニズムを理論的基礎とし、国際原油価格、原油輸入国（中国、米国、日本、インド）および原油輸出国（サウジアラビア、ロシア、カナダ、メキシコ）の代表的株式を主要な研究対象とした。そして交差小波変換関連理論を用いて両者の相互関係を考察した。最後に、多分解分解に基づいて因果関係検証を行い、国際原油価格と原油輸出入国株式市場との間の時-周波数領域におけるより具体的な動的依存関係を導き出し、いくつかの参考提言を提示する。

5.2.1　指標の選択と処理

5.2.1.1　指標の選択

米国西テキサス中質原油（WTI）の現物価格は、国際原油の一般的な価格として広く用いられ、流動性が高く価格の透明性も優れており、世界の原油価格の風向計である。したがって、本節ではWTI月次現物価格を国際原油価格の代表として選択し、データは米国エネルギー情報局（EIA）の公式サイトから取得した。

中国、米国、日本、インドは世界の主要な原油輸入国であり、サウジアラビアとロシアは従来からの原油輸出大国である。また、カナダとメキシコも原油輸出量が比較的多い。さらに、これら8か国はいずれも整備された株式市場を有している。そこで、本節で主に選択した株式市場の指数は、原油輸入国の株価指数：中国上海総合指数（SH）、米国SとP500指数（SP500）、日本の日経225指数（N225）、インドのSENSEX指数（SENSEX）；原油輸出国の株価指数：サウジアラビアTASI指数（TASI）、ロシアRTS指数（RTS）、カナダTSX指数（TSX）、メキシコBOLSA指数（BOLSA）である。合計8か国の代表的な株式データを指標として採用した。指標の選定にあたり、以下の基準を満たす必要がある：①研究対象国は整備された株式市場を有していること；②選定国は原油輸入国または輸出国の上位20位以内に入っていること。

国際原油価格データの頻度と一致させるため、原油輸出入国の株価指数は月次終値データを採用し、データはWindデータベースから取得した。サンプル区間は2000年1月から2020年10月までであり、サンプル数は250である。

5.2.1.2　指標の前処理

国際原油価格および各国株価指数の月次価格収益率を研究対象とし、収益率は対数形式で計算する。収益率の具体的な計算式は次の通りである：

$$R_{it} = \ln P_{it} - \ln P_{it-1}, i = 1,2; t = 1,2,\cdots,250 \tag{5.21}$$

ここで、Rは収益率、Pは各指標の終値、iは第i番目の指標、tは第t期取引日を表す。金融時系列における対数収益率は株価指数の収益変動をよく表現し、データの定常性特性を満たすと同時に統計的特徴もより明確であり、系列の変動特性を抽出するのに有利である。

5.2.1.3　統計的特性分析

本研究の期間はデータの利用可能性に基づいて選択され、米国「9.11」事件、第2次湾岸戦争、金融危機、石油価格戦など近年の主要な経済・政治事件を包含している。図5.5は2000年1月から2020年10月までのドル建てWTI原油価格を示している。

研究期間中、原油価格の推移にはいくつか明確な高騰と下落が見られる。主な高値は2007～2008年に出現し、2014～2016年および2020年4月末の原油価格暴落でも大きな変動が見られた。2001年にはITバブル崩壊により世界経済が後退し、OPECの増産により市場は供給過剰となった。その後OPECが減産・価格維持を発表し、原油需要が急回復した。2002年には1バレル21ドルから上昇を始め、2008年6月には147ドルの最高値に達したが、世界金融危機により需要がマイナス成長となり、同年後半に価格が暴落した。その後、OPECの減産とともに経済は徐々に安定した。

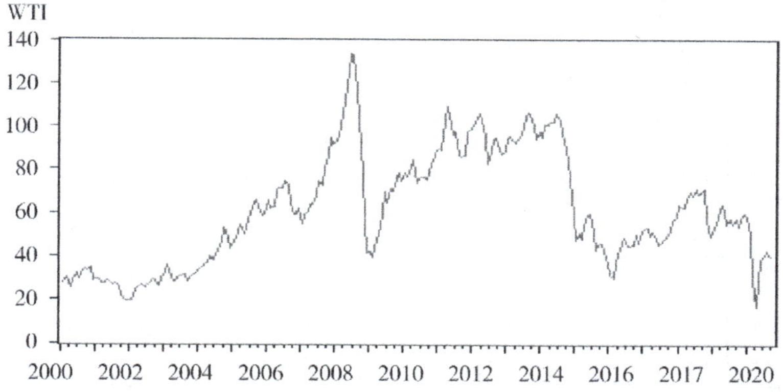

図5.5 WTI原油月間価格（米ドル/バレル）のトレンドチャート

2010年には各国経済が回復し、特にアジア諸国の反発により原油価格は上昇した。2014年6月から2016年1月にかけては、米国のシェールオイル革命による産出急増、OPECの減産拒否、米国の対イラン経済制裁解除、世界的な需要不足により供給過剰となり、原油価格が下落した。その後、産油国の協調減産により価格は回復した。2018年後半には米中貿易摩擦とOPEC増産の影響で原油価格が下落したが、その後OPEC+が減産合意に達し、供給面が縮小するとともに、需要面では貿易摩擦が一時的に緩和され、価格が回復した。2020年、新型コロナウイルスの世界的流行により各地で生産停止が相次ぎ、さらに3月のOPEC+会議で減産合意に至らずむしろ増産となったため、世界的に需要が急減、在庫が大量に積み上がり、4月末にはWTI価格がマイナスに暴落した。

表5.6は、国際原油価格および各国株価指数収益率系列の記述統計分析結果を示している。

表5.6 国際原油価格変動率と株価指数のリターン率の記述統計

統計	WTI	SH	SP500	N225	SENSEX	TASI	RTS	TSX	BOLSA
最小	-0.568	-0.283	-0.186	-0.272	-0.273	-0.298	-0.449	-0.195	-0.208
最大	0.546	0.243	0.119	0.121	0.249	0.179	0.305	0.106	0.153
平均	0.002	0.003	0.003	0.001	0.008	0.005	0.007	0.002	0.007
標準偏差	0.107	0.075	0.044	0.056	0.066	0.070	0.098	0.041	0.053
歪度	-0.965	-0.517	-0.729	-0.774	-0.659	-0.794	-0.596	-1.270	-0.594
尖度	10.934	4.941	4.421	4.433	5.411	5.143	5.065	7.031	4.461
JB統計	702.05	51.24	43.814	46.978	79.829	75.138	60.176	239.06	37.571
（P値）	0.000***	0.000***	0.000***	0.000***	0.000***	0.000**	0.000***	0.000***	0.000***
ADF統計	-6.810	-4.705	-5.719	-5.790	-5.886	-5.180	-6.338	-6.287	-5.612
（P値）	0.01**	0.01**	0.01**	0.01**	0.01**	0.01**	0.01**	0.01**	0.01**

注：*、**、***はそれぞれ10%、5%、1%の有意水準で帰無仮説を棄却することを示す。

国際原油価格変化率と株価指数収益率の記述統計分析を通じて次のことが分かる。各指標の平均値はいずれも正であり、ゼロからの乖離は大きくない。原油価格の標準偏差は各国の株価指数と比較して大きく、各国株価指数の標準偏差は大差ない。各指数系列の歪度はいずれもゼロ未満で左偏分布を示し、その中で上海総合指数の収益率系列の左偏度が最も小さい。また、各指数系列の尖度はいずれも3を超えており、尖峰分布に従うことを示している。その中で国際原油価格の尖度が最も大きく、米国SとP500指数収益率の尖度が最も小さい。各指数収益率の JB 統計量はいずれも臨界値を上回り、1%の有意水準で帰無仮説を棄却する。つまり、各系列はいずれも非正規分布であり、各指数収益率の分布は非対称性および尖峰厚尾の特性を持つことが示され、これは一般的な金融時系列の特徴と一致する。原系列を対数化して一階差分をとった後、いずれもADF検定を通過し、99%の有意水準で定常性を示した。したがって、各指数系列はいずれも一階単位根過程に従い、国際原油価格と株価指数系列の収益変動は対数差分後の系列で表すことができる。

5.2.2　国際原油価格と原油輸入国株式市場の連動特性分析

本節では、Morlet連続ウェーブレット変換に基づく国際原油価格と原油輸入国株式市場のそれぞれの変動特性分析、ならびに原油価格と原油輸入国株式市場の二系列間の相関程度および先行・遅行関係を中心に論じる。

5.2.2.1　国際原油価格と原油輸入国株式市場の変動特性分析

国際原油価格と各国株価収益率系列をそれぞれMorlet連続ウェーブレット変換にかけ、連続ウェーブレット変換係数を得てウェーブレットパワースペクトルを算出した。これにより、時周波数領域における局所分散の推移が示され、分散が大きい部分は高いスペクトル強度で表され、系列のエネルギー分布が描写され、個々の変数の時周波数変動特性が明らかとなる。

（1）国際原油価格の変動特性分析。国際原油価格および各国株価指数収益率時系列の連続ウェーブレット変換パワースペクトルは図5.6に示されている。図の横軸は時間、縦軸（左軸）は変動周期スケール（単位：月）、縦軸（右軸）は周波数を表し、周期スケールと周波数は逆相関の関係にある。すなわち、時間スケールが大きいほど周波数は低くなる。図中の太い黒実線で囲まれた領域は、95%の信頼水準においてF検定を通過した有意な振動周期を表す。細い黒実線の半楕円は影響円錐曲線であり、この曲線の外側の領域は境界効果の影響を受けるため、本節では分析対象外とする。

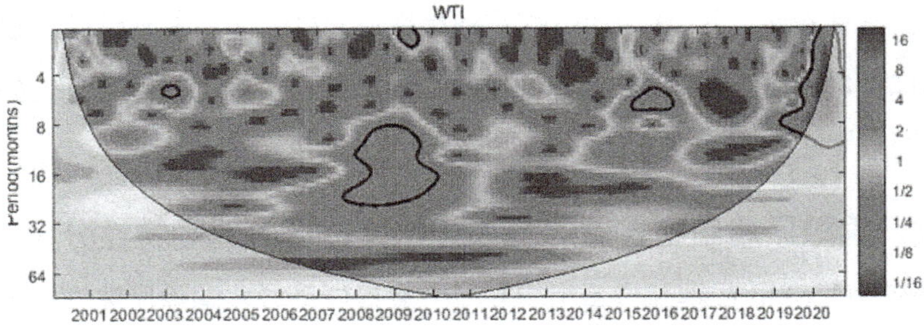

図5.6　WTI原油価格の連続ウェーブレット変換パワースペクトル図

図から得られる結果によれば、国際原油価格変動の時・周波数領域における激しい変動は順に以下の通りである。2002年前後の4～6か月の短期変動、2007年から2009年の8～32か月の中期変動、2015年から2016年の4～8か月の短期変動、2018年末から2020年10月の2～12か月の中短期変動である。

全体として、2020年の短期的な激しい変動が最も大きく、これはOPEC+戦略会議において減産合意が成立しなかったこと、さらにCOVID-19パンデミックにより多くの地域で操業停止が発生し、原油需要が減少、供給過剰となり、4月末に国際原油価格が暴落した事実と呼応している。次に大きいのは2008年金融危機下での中期的な激しい変動であり、その後に2015～2016年および2002年前後の短期的な変動が位置づけられる。原油価格の変動スケールは主に短期と中期に分布しており、これは原油価格が急激なショックに迅速に反応できることを示している。

（2）原油輸入国株式市場の変動特性分析。中国、米国、日本およびインドの株価指数の連続ウェーブレット変換パワースペクトル図は図5.7に示されている。図の結果から見ると、上海総合指数の収益率における時・周波数領域での激しい変動は、2007～2009年の2～6か月の短期変動、2004～2011年の16～58か月の中長期変動、2015～2016年の

2～8か月の短期変動である。SとP500収益率における激しい変動は、2001～2003年の2～8か月の短期変動、2006～2011年の2～48か月の短・中・長期変動、2019～2020年10月の2～8か月の短期変動である。日経225収益率における激しい変動は、2000年および2001年の2～6か月の短期変動、2008～2010年の2～16か月の中短期変動、2016年前後の4～8か月の短期変動、2020年前後の2～4か月の短期変動である。SENSEX収益率における激しい変動は、2001年前後の2～8か月の短期変動、2004年前後の10～16か月の中期変動、2008～2009年および2011年前後の2～8か月の短期変動、2007～2011年の8～48か月の中長期変動、2020年初頭から10月までの2～8か月の短期変動である。

総じて、株式市場の激しい変動は各時期の高周波数帯および2008年前後の中低周波数帯に集中しており、株価は急激なショックに迅速に反応する、すなわち非常に脆弱かつ敏感な指標であり、随時多様な要因の影響を受ける可能性があることを示している。中国株式市場は短期・中期・長期の段階的変動を呈し、2007～2009年および2015～2016年の二時期において最も顕著であった。2004年以降の株式分置改革、2005年の為替調整、そして世界金融危機などの事象が、上海総合指数に短期および中長期の激しい変動をもたらした。2015年は中国株式市場における未曽有の株価暴落期であり、上海総合指数は大きく変動した。米国株式市場も短・中・長期の段階的変動を示し、2001年「9・11」事件の影響で米国株式市場が休場し、その後株価暴落を迎えた。2003年のSARSは米国株式市場に一時的な影響を与えたにすぎず、その後は堅調に推移した。2008～2010年の金融危機とその後の経済回復期には、米国株式市場は短・中・長期の変動を示した。2019年には短期変動、そして2020年には新型コロナウイルスの流行と原油暴落に加え、株式市場自体の要因が重なり、顕著な短期変動が生じ、特に米国シェールオイル・ガス企業への打撃は大きかった。日経225指数の激しい変動は主に2008～2010年の中短期変動および他の時期の短期的な激しい変動に集中していた。インドのボンベイSENSEX指数の変動もまた、主として2008～2010年の高・中・低周波数帯での変動に集中していた。

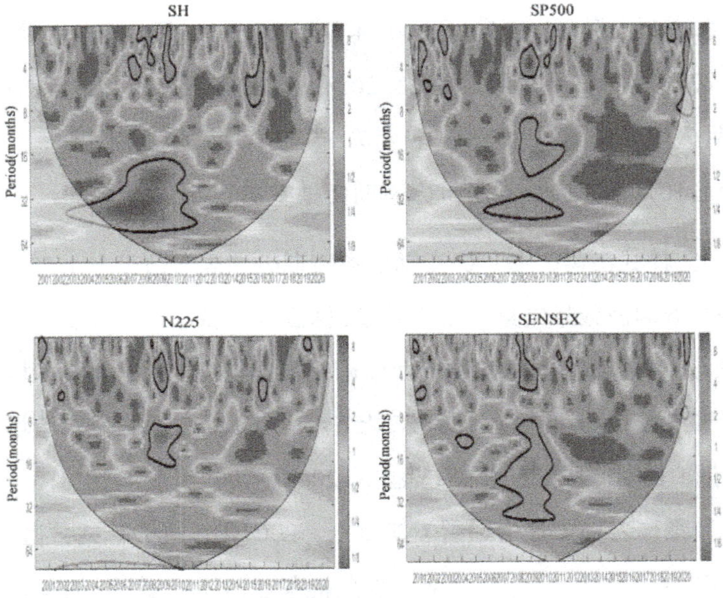

図5.7　原油輸入国株式市場の連続ウェーブレット変換パワースペクトル図

相対的に見ると、米国株式市場は2020年に明確な変動を示し、インドと日本がこれに次ぎ、中国株式市場は比較的レジリエンスを有していた。2020年3月中旬以降、中国では積極的な回復傾向を示し、復工・復産が進み、中国人民銀行も予定通りの定向預金準備率引下げを実施した。こうした重要政策の実施は資本市場に一定の緩衝作用を与え、変動はさほど顕著ではなかった。

5.2.2.2　国際原油価格と原油輸入国株式市場の時・周波数領域における連動特性分析

ウェーブレットコヒーレンス位相スペクトル図を通じて、時・周波数領域における国際原油価格と各株価指数収益率系列の共変動領域を発見し、両系列間の相関程度および先行・遅行関係を測定することができる。

図5.8に示すように、横軸は時間、左縦軸は変動周期スケール、右縦軸はウェーブレットコヒーレンスエネルギーを表す。高いコヒーレンスは強い相関性を意味する。2つの時間系列間のコヒーレンスの大きさは、図中の各時・周波数領域におけるエネルギーの強弱によって示される。図中の半楕円に近い細い黒実線は影響円錐曲線であり、太い黒実線で囲まれた領域は激しい変動領域を示している。図中の有意領域における矢印の方向は位相関係を示し、すなわち2つの時間系列間の正（負）の相関および先行・遅行関係を意味する。矢印が右を指す場合は両変数が正の相関関係にあることを示し、反対に左を指す場合は負の相関関係を示す。また、矢印が右上を指す場合、第一変数が先行し、かつ正の相関にあることを示す。矢印が右下を指す場合は、第一変数が遅行し、かつ正の相関にあることを示す。矢印が左上を指す場合は、第一変数が遅行し、負の相関にあることを示す。矢印が左下を指す場合は、第一変数が先行し、負の相関にあることを示す。

図5.8は、原油価格と中国、米国、日本およびインドの株価指数のウェーブレットコヒーレンス変換パワースペクトル図である。図から得られる結果は以下の通りである。

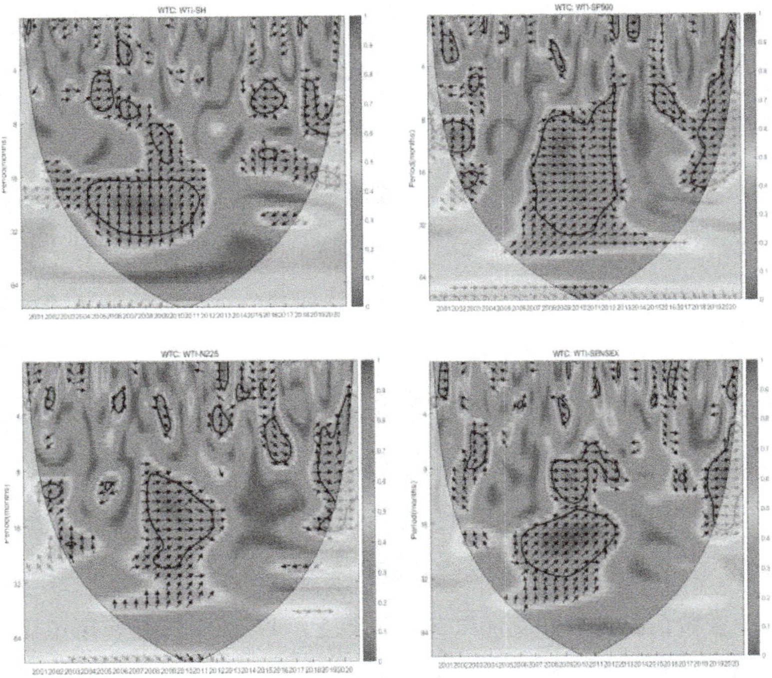

図5.5　原油価格と原油輸入国の株式市場とのコヒーレンス位相パワースペクトル図

国際原油価格と中国株価指数収益率系列との強い関連関係は、2008～2010年の8～32か月の中期スケールにおいて矢印が右上を指しており、油価と中国株式市場は正の相関にあり、かつ「WTI→SH」の先行・遅行関係が存在することを示す。2015～2016年、2018年および2020年における4～8か月の高周波スケールでは矢印が右を指し、油価と上海総合指数が強い正の相関を有し、先行・遅行関係は存在しなかった。国際原油価格と米国株価指数収益率系列との強い関連関係は、2008～2011年の8～32か月の中期スケールで矢印が右を指し、油価と米国株式市場が強い正の相関を有することを示す。2015～2016年の6～8か月の短期スケールでは矢印が右下を指し、両者が正の相関を有し、「WTI→SP500」の先行・遅行関係が存在することを示す。2018年以降、油価と米国株式市場は4～20か月の中短期スケールで正の相関を有し、油価が先行し、米国株式市場が遅行する。

国際原油価格と日本株価指数収益率系列との強い関連関係は、2008～2011年の8～32か月の中期スケールで矢印が右を指し、油価と日本株式市場が強い正の相関を有する。2015～2016年の4～8か月の短期スケールでは矢印が右下を指し、両者が正の相関を有し、「WTI→N225」の先行・遅行関係が存在する。2018～2020年10月の期間では、油価と日本株式市場は4～16か月の短・中期スケールにおいて正の相関を有し、油価が先行し、日経225指数が遅行する。国際原油価格とインドSENSEX指数収益率系列との強い関連関係は、2007～2011年の8～32か月の中期スケールにおいて矢印が右上を指し、油価とインドSENSEX指数が強い正の相関を有し、「WTI→SENSEX」の先行・遅行関係が存在することを示す。2018～2020年10月の期間では、油価とインド株式市場は4～16か月の中短期スケールで正の相関を有するが、先行・遅行関係は存在しなかった。

総括すると、4つの原油輸入国を比較すると、2008～2010年頃、2015～2016年、2018～2020年の中期および4～8か月の短期スケールにおいて、原油価格と各国株式市場は基本的に正の相関を有している。また、2008～2010年の8～32か月の中期スケールでは、各原油輸入国において油価が先行し、株式市場が遅行する関係が存在した。米国と日本は2018～2020年の4～16か月の短・中期スケールにおいても油価先行・株式市場遅行の関係が確認された。一方、2～4か月の短期スケールでは原油価格と株価の変動が頻繁であるものの、明確な連動特性は見られなかった。他国と比較して、中国上海総合指数との間の連動の有意領域は、2020年前後の期間において明らかに小さかった。全体的に見て、研究サンプル範囲内では、原油価格と米国SP500指数系列とのウェーブレットコヒーレンスの有意領域が他国よりも明らかに大きく、原油価格と米国株式市場の関連性が他の原油輸入国よりも強いことを示している。

5.2.3 国際原油価格と原油輸出国株式市場の連動特性分析

本節では、Morlet連続ウェーブレット変換に基づく国際原油価格と原油輸出国株式市場それぞれの変動特性、および原油価格と原油輸出国株式市場の二系列間における相関程度ならびに先行・遅行関係について論述する。

5.2.3.1 原油輸出国株式市場の変動特性分析

サウジアラビア、ロシア、カナダおよびメキシコの株価指数に関する連続ウェーブレット変換パワースペクトル図は図5.9に示されている。図から得られる結果は以下の通りであるTASI指数の収益率は、時・周波数領域において2006年から2009年にかけて2～32か月の中・短期変動、さらに2015年における2か月の短期変動が顕著に表れている。RTS指数の収益率は、2000年から2001年にかけて2～8か月の短期変動、2007年から2011年にかけて2～64か月の短・中・長期変動、そして2020年初頭から同年10月にかけて2～4か月の短期変動が観察される。TSX指数の収益率は、2000年から2001年にかけて2～8か月の短期変動、2008年から2011年にかけて2～48か月の短・中・長期変動、2019年から2020年10月にかけて2～8か月の短期変動を示している。メキシコBOLSA指数の収益率は、2001年前後に2～16か月の中短期変動、2007年から2009年にかけて2～48か月の短・中・長期変動が顕著に現れている。

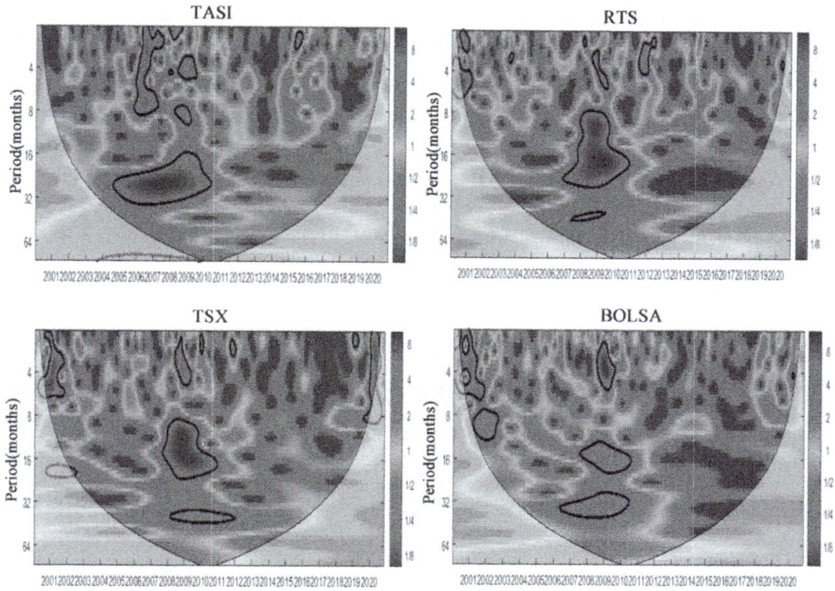

図5.9 原油輸出国株式市場の連続ウェーブレットパワースペクトル図

総体的にみると、サウジアラビア、ロシア、カナダおよびメキシコの4つの石油輸出国では、主に2001年前後、2007年から2010年、そして2020年前後の3つの時期に顕著な段階的変動が出現している。2007年から2010年には、高・中・低周波において激しい変動が確認される。2020年にはカナダ株式市場の短期変動が最も顕著であり、サウジアラビア、ロシアおよびメキシコの株式市場では変動がそれほど顕著ではなかった。

5.2.3.2　国際原油価格と原油輸出国株式市場の時・周波数領域における連動特性分析

原油価格とサウジアラビア、ロシア、カナダおよびメキシコの株価指数の相干ウェーブレット変換パワースペクトル図は図5.10に示されている。図の結果から、国際原油価格と原油輸出国株式収益率系列との間の強い関連関係は以下の通りである。2002年前後の中期（8～16か月）、2007年から2012年の中長期（8～28か月）において、矢印が右上を指し、原油価格と各国株式市場は正の相関関係を示し、かつ原油価格が先行し株式市場が遅行する関係が存在する。2015年から2016年の中期スケール（8～24か月）において、原油価格とサウジアラビア、ロシア、カナダの株式市場は正の相関関係を示し、原油価格が先行し株式市場が遅行する関係が確認されたが、原油価格とメキシコ株式市場との協動性は顕著ではなかった。2014年から2016年の長期スケール（32～48か月）において、原油価格とサウジアラビア株式市場は正の相関関係を示し、「WTI-TASI」の先行―遅行関係が存在した。2020年前後の中高周波（2～16か月）においても、原油価格と各国株式市場は正の相関関係を示し、原油価格が先行し株式市場が遅行する関係が存在する。

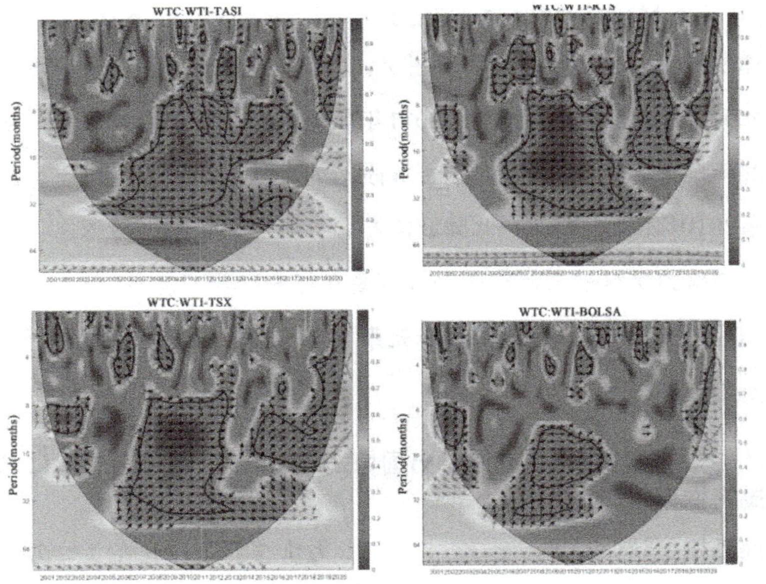

図5.10　原油価格と原油輸入国の株式市場とのコヒーレンス位相パワースペクトル図

総じて、原油価格と石油輸出国株式市場は全期間を通じて基本的に正の相関を示し、かつ原油価格が株式市場に先行している。これは、石油が石油輸出国の主要な輸出収入源とみなされているため、国際原油価格の上昇が石油輸出国の株価に積極的な影響を与えるからである。加えて、サウジアラビア株式市場は2014年から2016年の低周波において株式市場が先行し、原油価格が遅行する関係を示しており、中長期における先行—遅行関係が複雑で、異なる時間スケールで先行と遅行が存在することが分かる。比較すると、サウジアラビアとロシアの株式市場は、研究サンプル範囲内で原油価格との相干性の顕著な領域がより大きい。これは、石油産業がサウジアラビア経済の主要な支柱であり、サウジアラビアの原油輸出が世界的に大きな比重を占めていること、またロシアの原油輸出も他国と比べて大きな割合を占めていることに起因する。そのため、国際原油価格の変動と両国経済との関係はより緊密である。カナダ経済は輸出依存型であり、その中でも原油輸出が総輸出の大部分を占めているため、図からもカナダ株式市場と原油価格変動との相干性が比較的明確であることが確認できる。

5.2.4　国際原油価格と原油輸出入国株式市場の連動特性の比較分析

5.2.4.1　国際原油価格と原油輸出入国家株式市場の変動特性の総合比較

原油価格と原油輸出入国家株式市場の時・周波数特性分析によれば（表5.7参照）、原油価格および各国株式市場の顕著な変動時期は、概ね2000～2003年、2007～2010年、2014～2016年および2018～2020年の4つの期間に集中している。この4つの期間には、米国の「9・11」事件、第2次湾岸戦争、金融危機、米国のシェールオイル技術の発展、石油価格戦など、重大な出来事や政策実施が生じている。

総じて、株式市場の激しい変動は各時期の高周波数域および2008年前後の中低周波数域に集中しており、株価が急激なショックに迅速に反応することを示している。すなわち、株価は非常に脆弱かつ敏感な指標であり、常にさまざまな要因の影響を受けやすい。また、原油価格と輸出入国株式市場の変動は主に同一の時期に集中しており、原油価格と各国株式市場の変動が密接に関連していることを示している。

表5.7 国際原油価格と各国株式市場の時間周波数変動特性

指標の変動特性	期間			
	2000-2003	2007-2010	2014-2016	2018-2020
WTI原油	短期的な変動	中期的な変動	短期的な変動	短期から中期の変動
原油輸入国				
中国	なし	短期、中期、長期の変動	短期的な変動なし	なし
アメリカ合衆国	短期的な変動	短期、中期、長期の変動	なし	短期的な変動
日本	短期的な変動	短期、中期の変動	短期的な変動なし	短期的な変動
インド	短期的な変動	短期、中期、長期の変動	なし	短期的な変動
原油輸出国				
サウジアラビア	なし	短期、中期、長期の変動	短期的な変動なし	なし
ロシア	短期的な変動	短期、中期、長期の変動	なし	短期的な変動
カナダ	短期から中期の変動	短期、中期、長期の変動	なし	短期的な変動
メキシコ	短期から中期の変動	短期、中期、長期の変動	なし	短期的な変動

相対的に見ると、中国を除く原油輸入国では、主に2000～2003年、2007～2010年および2018～2020年の3つの時期において顕著な段階的変動が発生している。一方、中国では2006～2010年および2014～2016年に変動が比較的顕著であった。これは主に、2004年に始まった株式分置改革、2005年の為替調整、2008年の世界金融危機、そして2015年前後の複雑な国際的背景下での中国株式市場の高レバレッジ場外融資などが原因である。2020年には米国株式市場の変動が最も顕著であり、次いでインドと日本、中国株式市場は比較的耐性を示し、変動はそれほど顕著ではなかった。サウジアラビア、ロシア、カナダおよびメキ

シコの4つの石油輸出国は、主に2001年前後、2007～2010年および2020年前後の3つの時期において顕著な段階的変動が出現している。特に2007～2010年には高・中・低周波数域で激しい変動が観察された。また2020年には、カナダ株式市場の短期変動が最も激しく、サウジアラビア、ロシアおよびメキシコの株式市場はそれほど顕著ではなかった。

原油価格と原油輸出入国株式市場の変動特性の比較から、以下の結論を得ることができる。

（1）サンプル研究期間において、原油価格と原油輸出入国株式市場の顕著な変動は、主に2000～2003年、2007～2010年、2014～2016年および2018～2020年の4つの時期に集中している。これらは、2000年の総需要関連の石油価格ショック、米国のインターネットバブル崩壊、「9・11」テロ事件、米国サブプライム危機に端を発した世界金融危機、米国のシェールオイル技術の発展、ロシア通貨危機、2015年の世界的な石油需要低迷、石油価格戦、新型コロナウイルス感染症（COVID-19）、さらには自然災害などの事象が発生した時期に対応している。また、原油価格と原油輸出入国株式市場の変動は緊密に関連している。

（2）株式市場の顕著な変動は、主に各時期の高周波数域および2008年前後の中低周波数域に集中しており、株価が急激なショックに迅速に反応することを示している。すなわち、株価は非常に脆弱で敏感な指標であり、常にさまざまな要因の影響を受けやすい。

（3）2020年の新型コロナウイルス感染症と石油価格戦の二重の影響下では、米国、インド、カナダの株式市場における約8か月の短期変動が最も顕著であったのに対し、中国株式市場は比較的耐性を示し、変動はそれほど顕著ではなかった。

5.2.4.2　国際原油価格と原油輸出入国株式市場の時・周波数領域における連動特性の総合比較

表5.8において、原油価格と原油輸出入国株式市場の相互関係を全体水準で比較した結果、以下の結論を得ることができる。

表5.8　国際石油価格と原油輸入国および輸出国間の相関特性（全体レベル）

索引	相関	リード・ラグ関係
原油輸入国の原油価格と株式市場		
原油価格と中国株式市場	相関関係は一般的には正である	原油価格と株式市場
原油価格と米国株式市場	相関関係は強く、基本的には正である	原油価格と株式市場
原油価格と日本の株式市場	相関関係は一般的には正である	原油価格と株式市場
原油価格とインド株式市場	相関関係は一般的には正である	原油価格と株式市場
原油輸出国の原油価格と株式市場		
原油価格とサウジアラビア株式市場	相関関係は非常に強く、基本的に正である	交互
原油価格とロシア株式市場	相関関係は非常に強く、基本的に正である	原油価格と株式市場
原油価格とカナダ株式市場	強い相関関係、基本的に正の相関関係	交互
原油価格とメキシコ株式市場	相関関係は一般的には正である	原油価格と株式市場

（1）前述の時・周波数分析結果によれば、原油価格と原油輸出入国株式市場変動との全体水準における関連関係は主に中長期の周波数領域において表れるが、各国の経済政策の違いにより、油価と各国株式市場との全体水準における関連関係にもそれぞれの特徴が存在する。

（2）全体サンプル範囲において、原油輸入国の中では、油価と米国SP500指数系列との小波相干の有意性領域が他国に比べて明らかに大きく、油価と米国株式指数との関連性が他国よりも強いことを示している。これは、米国が原油輸入大国であるだけでなく、原油生産国でもあり、2020年には米国シェールオイル・ガス企業が特に大きな打撃を受けたことによるものである。原油輸出国の中では、サウジアラビアとロシアの株式市場における油価との相干性がサンプル研究範囲内で有意性の高い領域を示しており、カナダ株式市場における原油価格変動との相干性領域も比較的明瞭である。輸入国と比較して、輸出国の株式市場は原油価格変動との相干性が明らかに強い。これは主に、原油輸出国の輸出収入が大部分原油資源に依存しているためであり、株式市場が一国経済の晴雨計として機能する以上、油価と原油輸出国株式市場との相関は必然的により顕著となる。

（3）原油輸入国および輸出国にとって、原油価格と各国株式市場はいずれも正の相関関係にあり、すなわち油価が上昇すれば株式市場に好影響を与え、油価が下落すれば株式市場に悪影響を及ぼす可能性がある。石油市場と株式市場は中長期的には収斂する現象を示す。株価変動と油価変動自体に揺らぎがあるため、高周波数領域では両者の関連性が正負の間で揺れ動き、時には油価と株価が同方向に変動し、時には逆方向に変動する。しかし、総じて言えば、国際原油価格と株価は中長期的に正の相関関係を示す。この現象は、原油全体需要の変動、リスク選好の変化、全体的不確実性の増大など、いくつかの共通の影響要因によってもたらされる可能性がある。

総じて言えば、原油と各国株式市場の先行・遅行構造は主として「油価—株式市場」であるが、原油価格と原油輸出入国株式市場変動との具体的な因果関係については、多分解分解下のGranger因果検定によってさらに結論を導く必要がある。

5.3 MODWTに基づく国際原油価格と各国株式市場の多分解因果分析

前節における交差小波変換に基づく油価と各国株式収益率の時・周波数特性の研究を通じて、両者が異なる時・周波数領域において一定の相関性および先行・遅行関係を有することが明らかになり、油価と各国株式市場の相互作用を理解するための支援が得られた。本節では、極大重複離散小波変換に基づいて油価と各国株式指数系列を多分解分解し、これに基づいて油価と各国株式市場との多尺度因果関係を分析する。

5.3.1 国際原油価格と原油輸入国株式市場の多分解因果関係分析

時間系列の小波多分解分解は、主に石油価格と株式市場が異なる時間スケールにおいていかなる相互依存性を有するかを分析・研究するものである。小波はフィルタリングの方法であり、時間系列を異なる周波数成分に分解することを含み、それぞれの分解能はその時間スケールに対応する。スケールが低い信号は、非常に短い時間区間における高周波数の時間系列成分を表し、スケールが高いものは、非常に長い時間区間における低周波数の成分に対応する。

異なる時間系列を分析する際、小波基の選択には統一的な規則は存在せず、多くの研究は既存文献における実証経験を参考にして選択を行っている。小波分解を行う場合、計算過程において分解階層数が増加するにつれて誤差も徐々に大きくなるため、小波分解の階層数は過度に大きくすべきではない。できるだけ完全な情報を保持すると同時に、小波分解後に生じる境界効果を減少させるために、本節における小波関数の選択はDaubechies最小非対称小波フィルターに基づき、その幅を8（すなわちIA（8））とし、各指標の時間系列を6つのスケールに分解した。

スケールD1は2～4か月、スケールD2は4～8か月、スケールD3は8～16か月、スケールD4は16～32か月、スケールD5は32～64か月、スケールD6は64～128か月を示し、最後に分解して得られるトレンド層S6は128か月を超える部分を表す。D1～D2は短期スケールにおける系列の変動を示し、D3～D4は中期的な変動を示す。長期的な変動にはスケールD5とD6が含まれ、S6は原時間系列から高周波変動部分を取り除いた後に残る長期トレンドを表す。

非線形Granger因果関係検定を行う際には、既存文献における実証経験およびシミュレーション試験の状況に基づき、帯域幅パラメータを$\varepsilon=1.5\sigma$に設定することで、検定結果の真実性と信頼性を確保した。

表5.9 マルチスケール線形Granger因果関係テスト

索引	Lag	H_0 WTIは株価指数のGranger原因ではない		H_0 株価指数はWTIのGranger原因ではない		テスト結果
		F	P	F	P	
WTIとSH						
オリジナルシーケンス	2	3.380	0.036**	1.343	0.263	WTI←SH
D1	3	1.976	0.118	0.094	0.963	×
D2	3	12.161	0.000***	3.318	0.021**	WTI⇆SH
D3	3	6.518	0.000***	10.561	0.000***	WTI⇆SH
D4	3	13.009	0.000***	2.933	0.034**	WTI←SH
D5	3	4.511	0.004***	0.982	0.402	WTI←SH
D6	3	42.581	0.000***	14.629	0.000***	WTI⇆SH
S6	3	17.767	0.000***	8.098	0.000***	WTI⇆SH
WTIとSP500						

索引	Lag	H_0 WTIは株価指数のGranger原因ではない		H_0 株価指数はWTIのGranger原因ではない		テスト結果
		F	P	F	P	
オリジナルシーケンス	2	1.370	0.256	13.440	0.000***	WTI←SP500
D1	3	2.118	0.099	3.000	0.031**	WTI⇆SP500
D2	3	6.845	0.000***	14.716	0.000***	WTI⇆SP500
D3	3	0.070	0.976	2.697	0.047**	WTI←SP500
D4	3	3.399	0.019**	9.050	0.000***	WTI⇆SP500
D5	3	0.410	0.746	4.645	0.004***	WTI←SP500
D6	3	35.510	0.000***	25.043	0.000***	WTI⇆SP500
S6	3	35.619	0.000***	11.404	0.000***	WTI⇆SP500
WTIとN225						
オリジナルシーケンス	1	0.016	0.899	12.382	0.001***	WTI←N225
D1	3	1.485	0.219	2.583	0.054*	WTI←N225
D2	3	6.437	0.000**	8.807	0.000***	WTI⇆N225
D3	3	1.638	0.181	6.704	0.000***	WTI←N225
D4	3	7.137	0.000***	5.753	0.001***	WTI⇆N225
D5	3	0.474	0.701	4.709	0.003***	WTI←N225
D6	3	31.514	0.000***	17.402	0.000***	WTI⇆N225
S6	3	74.662	0.000**	17.386	0.000***	WTI⇆N225
WTIとSENSEX						
オリジナルシーケンス	1	0.588	0.444	26.191	0.000***	WTI←SENSEX
D1	3	0.496	0.686	3.934	0.009***	WTI←SENSEX
D2	3	4.305	0.006***	9.243	0.000***	WTI⇆SENSEX

索引	Lag	H_0 WTIは株価指数のGranger原因ではない		H_0 株価指数はWTIのGranger原因ではない		テスト結果
		F	P	F	P	
D3	3	0.537	0.657	5.540	0.001***	WTI← SENSEX
D4	3	6.861	0.000***	12.550	0.000***	WTI⇆SENSEX
D5	3	4.780	0.003***	6.628	0.000***	WTI⇆SENSEX
D6	3	40.202	0.000***	17.460	0.000***	WTI⇆SENSEX
S6	3	9.306	0.000***	1.646	0.179	WTI→SENSEX

注：①ラグ次数は主にAIC基準によって決定する；②*、**、***はそれぞれ10%、5%、1%の有意水準で帰無仮説を棄却することを示す。

表5.9から分かるように、中国を除き、他の3か国では株式市場の変動が原油価格の変動に影響を与えているのに対し、中国では原油価格の変動が株式市場の変動に影響を与えている。異なる時間スケールにおける状況が異なることを考慮し、小波多重分解に基づいたさらなる研究を行った。その結果、多重分解の下では、中長期において4つの輸入国はいずれも原油価格と株式市場が相互に影響を及ぼし合っていることが確認された。長期的なトレンドにおいては、インドの株式市場に対しては原油価格の変動が一方向的な影響を与えているのに対し、中国、米国、日本においては原油価格と株式市場の変動が相互に影響を及ぼしていることが分かった。小波多重分解に基づく因果関係は概ね一致している。

表5.10　多尺度非線形Granger因果関係検定

索引	Lag	H_0 WTIは株価指数のGranger原因ではない		H_0 株価指数はWTIのGranger原因ではない		テスト結果
		T_n	P	T_n	P	
WTIとSH						

索引	Lag	H_0 WTIは株価指数のGranger原因ではない		H_0 株価指数はWTIのGranger原因ではない		テスト結果
		T_n	P	T_n	P	
オリジナルシーケンス	2	1.742	0.041**	1.355	0.088*	WTI⇆SH
D1	3	1.174	0.120	-0.052	0.521	×
D2	3	-1.014	0.845	0.352	0.362	×
D3	3	0.160	0.436	0.632	0.264	×
D4	3	0.758	0.224	0.181	0.428	×
D5	3	1.145	0.126	0.363	0.358	×
D6	3	1.452	0.073°	1.202	0.115	WTI→SH
S6	3	2.899	0.002***	1.463	0.072°	WTI⇆SH
WTIとSP500						
オリジナルシーケンス	2	0.910	0.181	1.997	0.023**	WTI←SP500
D1	3	1.949	0.026**	0.875	0.191	WTI→SP500
D2	3	2.682	0.004***	1.245	0.107	WTI→SP500
D3	3	2.008	0.022**	0.549	0.291	WTI→SP500
D4	3	0.164	0.435	0.170	0.433	×
D5	3	2.755	0.003***	-1.536	0.938	WTI→SP500
D6	3	0.926	0.171	1.389	0.082*	WTI←SP500
S6	3	4.541	0.000***	0.693	0.244	WTI→SP500
WTIとN225						
オリジナルシーケンス	1	1.056	0.146	2.326	0.010**	WTI←N225
D1	3	0.787	0.216	0.502	0.308	×
D2	3	1.553	0.060*	1.565	0.059*	WTI⇆N225
D3	3	1.753	0.040**	2.48	0.007***	WTI⇆N225
D4	3	-0.369	0.644	-0.723	0.765	×
D5	3	1.832	0.033**	-0.351	0.637	WTI→N225
D6	3	0.745	0.228	1.02	0.154	×
S6	3	3.175	0.001***	2.365	0.009***	WTI⇆N225

索引	Lag	H_0 WTIは株価指数のGranger原因ではない		H_0 株価指数はWTIのGranger原因ではない		テスト結果
		T_n	P	T_n	P	
WTIとSENSEX						
オリジナルシーケンス	1	0.809	0.209	1.884	0.030**	WTI←SENSEX
D1	3	1.42	0.078*	0.49	0.312	WTI→SENSEX
D2	3	1.401	0.081*	0.759	0.224	WTI→SENSEX
D3	3	2.393	0.008***	0.782	0.217	WTI→SENSEX
D4	3	0.046	0.482	-1.458	0.928	×
D5	3	1.256	0.105	0.499	0.309	×
D6	3	2.354	0.009***	3.072	0.001***	WTI⇆SENSEX
S6	3	2.38	0.008***	3.863	0.000***	WTI⇆SENSEX

注：①ラグ次数は主にAIC基準によって決定する；②*、**、***はそれぞれ10%、5%、1%の有意水準で帰無仮説を棄却することを示す。

伝統的なGranger因果検定と比較して、非線形Granger因果検定は、より具体的かつ豊富な変数間の因果関係を得ることができる（表5.10を参照）。さらに、原油価格と原油輸入国株式市場の因果関係について考察を続けると、原油価格と中国株式市場は、多重分解の中高周波においては有意な因果関係が認められないが、長期スケールでは原油価格の変動が中国株式市場の変動を引き起こす原因であり、長期的トレンドでは原油価格と中国株式市場は互いに因果関係を持ち、相互に牽制している。

原油価格と米国株式市場の変動における因果関係は、短期・中期・長期において主に原油価格の変動が米国株式市場の変動を引き起こしている。原油価格の変動は主に中期スケールにおいて日本株式市場に影響を与え、長期的トレンドでは原油価格と米国株式市場が相互に影響を及ぼしている。原油価格は中短期スケール（D1+D2+D3）においてインド株式市場に一方向の因果関係を持ち、長期スケールD6と長期トレンドS6においてはインド株式市場と双方向のGranger因果関係を持つ。

研究結果によれば、高周波においては原油価格と各国株式市場の間に因果関係が存在しない現象が生じやすく、特に中国で最も顕著である。それ以外では、原油価格変化率の中高周波において米国とインド株式市場の変動に影響を及ぼしている。低周波および長期トレンドにおいては、原油価格と4つの原油輸入国株式市場の変動は互いに因果関係を持ち、相互に牽制し合っている。

5.3.2　国際原油価格と原油輸出国株式市場の多重分解因果関係分析

表 5.11 に示される原油価格と原油輸出国株式市場の線形Granger因果関係から得られる知見として、原油価格と原油輸出国株式市場の関係は多重分解に基づいて概ね相互因果関係を持ち、相互に影響を与えていることが分かる。その中でも、原油価格とサウジアラビア株式市場の元系列変動の因果関係は相互に影響を及ぼし合っており、他の原油輸出国と比べてサウジアラビア株式市場と原油の関係はより密接である。さらに、全体的に見ると、原油輸出国株式市場と原油価格の変動関係は、原油輸入国株式市場と原油価格の変動関係よりも密接であり、この点は油価と輸入国・輸出国株式市場の時-周波特性分析の結果と一致している。

表 5.11 多尺度線形Granger因果関係検定

索引	Lag	H_0				テスト結果
		WTIは株価指数のGranger原因ではない		株価指数はWTIのGranger原因ではない		
		F	P	F	P	
WTIとTADAWUL						
オリジナルシーケンス	1	2.835	0.094*	17.664	0.000***	WTI⇆TADAWUL
D1	3	0.927	0.429	1.748	0.158	×
D2	3	5.590	0.001***	8.750	0.000***	WTI⇆TADAWUL
D3	3	4.619	0.004***	5.223	0.001***	WTI⇆TADAWUL
D4	3	5.120	0.002***	6.851	0.000***	WTI⇆TADAWUL
D5	3	2.148	0.095***	1.945	0.123	WTI→TADAWUL
D6	3	35.709	0.000***	8.329	0.000***	WTI⇆TADAWUL
D6	3	31.698	0.000***	28.821	0.000***	WTI⇆TADAWUL
WTIとRTS						
オリジナルシーケンス	1	0.003	0.954	34.922	0.000***	WTI-RTS
D1	3	3.143	0.026**	2.824	0.039**	WTI→RTS
D2	3	13.468	0.000***	16.124	0.000***	WTI⇆RTS
D3	3	3.294	0.021**	11.753	0.000***	WTI⇆RTS
D4	3	2.711	0.046**	10.496	0.000***	WTI⇆RTS
D5	3	4.496	0.004***	0.863	0.461	WTI→RTS
D6	3	29.880	0.000***	13.415	0.000***	WTI⇆RTS
S6	3	61.409	0.000***	35.130	0.000***	WTI⇆RTS
WTIとTSX						
オリジナルシーケンス	1	0.174	0.677	58.157	0.000***	WTI-TSX

索引	Lag	H_0				テスト結果
		WTIは株価指数のGranger原因ではない		株価指数はWTIのGranger原因ではない		
		F	P	F	P	
D1	3	2.213	0.087*	8.638	0.000***	WTI→TSX
D2	3	19.293	0.000***	29.723	0.000***	WTI⇆TSX
D3	3	2.740	0.044**	18.395	0.000***	WTI⇆TSX
D4	3	2.808	0.040**	12.782	0.000***	WTI⇆TSX
D5	3	4.174	0.007***	1.149	0.330	WTI → TSX
D6	3	82.779	0.000***	25.308	0.000***	WTI⇆TSX
S6	3	11.189	0.000**	11.893	0.000***	WTI⇆TSX
WTIとBOLSA						
オリジナルシーケンス	1	0.486	0.486	19.291	0.000***	WTI→BOLSA
D1	3	3.075	0.028**	3.766	0.011**	WTI⇆BOLSA
D2	3	4.094	0.007***	4.335	0.005***	WTI⇆BOLSA
D3	3	2.071	0.105	8.603	0.000***	WTI←BOLSA
D4	3	6.748	0.000**	11.748	0.000***	WTI⇆BOLSA
D5	3	0.370	0.775	2.024	0.111	×
D6	3	34.937	0.000***	11.655	0.000***	WTI⇆BOLSA
S6	3	57.967	0.000***	2.555	0.056*	WTI⇆BOLSA

注：①ラグ次数は主にAIC基準によって決定する；②*、**、***はそれぞれ10%、5%、1%の有意水準で帰無仮説を棄却することを示す。

表5.12に示された原油価格と原油輸出国株式市場の非線形 Granger 因果関係検定結果によれば、原油とサウジアラビア株式市場は短期（高周波）において因果関係が存在しないが、中長期（D4+D5）ではサウジアラビア株式市場の変動が原油価格に影響を与えている。さらに

、高周波変動を除去した長期トレンドにおいては、原油価格と株式市場は互いに因果関係を持ち、相互に影響を及ぼしている。原油価格とロシア株式市場は、中短期においては一方向的な因果関係や両者の関係が有意でない現象がみられるが、低周波および長期トレンドにおいては原油価格の変動がロシア株式市場に影響を与え、さらにD5の長期スケールにおいては株式市場が原油価格の変動に影響を及ぼしている。原油価格とカナダ株式市場は、中短期においては基本的に原油価格が株式市場の変動を引き起こす原因であり、長期スケールおよび長期トレンドにおいては原油価格と株式市場の変動が互いに因果関係を持つ。原油価格とメキシコ株式市場の関係は、D2 の時間スケールにおいては有意ではなく、中長期（D3+D4+D6）においては株式市場の収益率が原油価格の変動に影響を与えている。そして長期トレンドにおいては、原油価格とメキシコ株式市場の変動が相互に影響を及ぼしている。

表5.12 マルチスケール非線形Granger 因果関係テスト

索引	Lag	H_0				テスト結果
		WTIは株価指数のGranger原因ではない		株価指数はWTIのGranger原因ではない		
		T_n	P	T_n	P	
WTIとTADAWUL						
オリジナルシーケンス	1	2.175	0.015	3.124	0.001***	WTI⇆TADAWUL
D1	3	-0.565	0.714	-0.544	0.707	×
D2	3	0.715	0.237	0.072	0.471	×
D3	3	0.186	0.426	1.058	0.145	×
D4	3	1.828	0.034**	-1.203	0.886	WTI←TADAWUL
D5	3	0.793	0.214	1.729	0.042**	WTI←TADAWUL
D6	3	0.329	0.371	-0.431	0.667	×

索引	Lag	H₀				テスト結果
		WTIは株価指数のGranger原因ではない		株価指数はWTIのGranger原因ではない		
		T_n	P	T_n	P	
S6	3	1.283	0.099	3.086	0.001***	WTI⇆TADAWUL
WTIとRTS						
オリジナルシーケンス	1	0.677	0.249	2.196	0.014**	WTI←RTS
D1	3	0.341	0.366	1.174	0.120	×
D2	3	0.880	0.189	1.536	0.062*	WTI←RTS
D3	3	2.231	0.013**	0.370	0.356	WTI→RTS
D4	3	-0.050	0.520	0.071	0.472	×
D5	3	3.099	0.001***	1.340	0.090*	WTI⇆RTS
D6	3	3.470	0.000***	0.791	0.214	WTI→RTS
S6	3	2.031	0.021**	0.499	0.309	WTI→RTS
WTIとTSX						
オリジナルシーケンス	1	0.742	0.229	2.208	0.014**	WTI←TSX
D1	3	1.988	0.023**	0.970	0.166	WTI→TSX
D2	3	1.951	0.026**	1.723	0.042**	WTI⇆TSX
D3	3	1.601	0.055*	0.660	0.255	WTI→TSX
D4	3	1.473	0.070*	0.799	0.212	WTI→TSX
D5	3	1.116	0.132	1.581	0.057*	WTI→TSX
D6	3	1.826	0.034**	3.064	0.001***	WTI⇆TSX
S6	3	2.037	0.021**	4.181	0.000***	WTI⇆TSX
WTIとBOLSA						
オリジナルシーケンス	1	0.854	0.197	1.997	0.023**	WTI←BOLSA
D1	3	1.412	0.079*	1.240	0.107	WTI→BOLSA
D2	3	0.482	0.315	-0.629	0.735	×
D3	3	1.268	0.102	1.866	0.031*	WTI←BOLSA
D4	3	0.624	0.266	1.884	0.030*	WTI←BOLSA
D5	3	1.323	0.093*	-0.676	0.751	WTI→BOLSA
D6	3	-0.097	0.539	2.771	0.003**	WTI←BOLSA
S6	3	1.323	0.093*	2.575	0.005***	WTI⇆BOLSA

注：①ラグ次数は主にAIC基準によって決定する；②*、**、***はそれぞれ10%、

5%、1%の有意水準で帰無仮説を棄却することを示す。

比較してみると、他国と比べてサウジアラビア株式市場と原油価格の元系列変動は互いに因果関係を持ち、サウジアラビア株式市場と原油資源との関係が密接であり、依存性が高いことを示している。小波多重分解の下では、原油輸出国株式市場と原油価格変動の有意な関係も主に中長期に集中している。

5.3.3　国際原油価格と原油輸入国･輸出国株式市場の多重分解因果比較分析

原油価格と原油輸入国・輸出国株式市場の因果関係を比較分析し、さらに油価と各国株式市場の時周波数特性分析を組み合わせることで、主に以下の結論を得ることができる。

（1）全体的に見ると、油価と各国株式市場は高周波において因果関係が存在しない現象が生じやすい。一方で、低周波および長期トレンドにおいては、油価と原油輸入国・輸出国株式市場の変動は互いに因果関係を持ち、相互に制約し合っている。

（2）総じて、原油輸出国株式市場と油価の変動関係は、原油輸入国株式市場と油価の因果関係よりも密接であり、これは油価と輸入国・輸出国株式市場の時周波数特性分析の結果とも一致している。株式市場は一国経済の晴雨表であり、原油輸入国と比較すると、原油輸出国の株式市場の下落はより容易に原油価格の変動を引き起こす。

（3）原油輸入国の中では、中国株式市場と国際原油価格を高周波で比較した場合、両者の間には因果関係が存在しないことが分かった。原油輸出国の中では、油価とサウジアラビア株式市場の元系列変動の因果関係は相互に影響し合い、他の原油輸出国と比べてサウジアラビア株式市場と原油価格の関係はより密接であり、依存性が高い。

5.4　本章のまとめ

本章では、まず小波相関理論を用いて、中国における2007年1月から2019年2月までのエネルギー価格とエネルギー関連株価指数との相互関係を分析した。その研究結果から、中国のエネルギー価格と株式市場、エネルギー関連株価指数の収益率との連動関係は、異なる時間スケールや異なるサンプル区間において異なる様相を示すことが明らかとなった。全体株式市場とエネルギー関連株価指数の間には多少の差異はあるものの、その違いはごく僅少である。具体的には以下の特徴が挙げられる。

第一に、周波数スケールの差異。エネルギー価格と株式市場、エネルギー関連株価はいずれも短期的には相互依存関係を持たないが、中長期的には顕著な関係が存在する。これは、短期においては両者の間に規則性のある関連性は存在せず、株式市場の短期的利潤追求者にとっては参考価値を持たないことを意味する。一方で、中長期、特に周期が2～3年の周波数で分析すると、両者の間には明確な連動関係が確認され、エネルギー価格のトレンド的特徴が長期的効果として一定の参考性を持つことが示された。

第二に、時期的差異。両者の関係の動的変化は2013年前後を分岐点として顕著に区別される。2007年から2013年前後までの期間では、交差小波変換や小波コヒーレンス分析の結果において強く持続的な負の相関が見られたが、その後はこの関係が明らかに弱まり、局所的な特徴が強まった。

第三に、産業間の差異。差異は微小ではあるが存在する。具体的には、エネルギー価格と全体株式市場は2013年前において負の相関関係を示し、両者間には先行・遅行関係が存在しなかった。その後の時期においても、1年程度の高周波数域では引き続き負の相関が確認され、一部の期間においては全体株式市場とエネルギー価格の間に先行・遅行関係が存在した。同様に、エネルギー価格とエネルギー産業株価も2013年前には負の相関を示し、一部の期間にはエネルギー産業株価の収益率変動がエネルギー価格変動を引き起こす先行・遅行関係が見られた。しかし、2014年から2018年の結果では、両者の関係は主に正の相関を示し、先行・遅行関係は確認されなかった。

以上の実証結果は、次の三点において重要な示唆を与える。第一に、重要な経済政策の施行や重大な経済事件の発生は、エネルギー市場と株式市場に深く、かつ長期的な影響を及ぼすということである。経済・金融危機発生後の長期にわたり、エネルギー価格とエネルギー株価は逆方向に動き、さらにエネルギー株価の変動がエネルギー市場の波動を引き起こした。同様に、2013年前後における中国の構造改革深化のための一連の重要施策は、エネルギー市場と株式市場の関係に転換点をもたらし、その影響は現在に至るまで持続している。第二に、株式市場の構造調整と制度的整備を引き続き推進する必要性である。エネルギー価格が総合株価指数とエネルギー関連株価指数に与える影響の実証結果を比較すると、両者の間に差異は僅かであった。これは、中国の上場企業における工業企業の比重が過度に高いことに起因している。初期段階における政府の政策的傾斜や経済建設の要請により、第二次産業に属する伝統的企業が第一・第三次産業に比べて圧倒的に多く、米国などの成熟した証券市場と比べると、中国の証券市場には顕著な不均衡が存在する。その結果、国内上場企業にはエネルギー需要の高い企業が多く、エネルギー価格が総合株価指数とエネルギー関連株価指数の比較結果に与える差異が極めて小さいものとなっている。第三に、高周波数域における株式市場の外部要因への感応性と、実体経済におけるエネルギー価格の安定性という特性のために、両者の短期的関係は現実的な意味を持たない。これに対し、中長期における両者の連動特性こそがより参考性を持つといえる。

原油はエネルギーの重要な構成部分であり、その価格変動は経済発展に重要な役割を果たしている。したがって、本章では原油価格と株式市場との関係を研究対象とし、国際原油価格および原油の輸入国・輸出国の株式市場を中心に検討を行った。まず、原油価格が株式市場に与える影響メカニズムに関する理論分析を踏まえ、小波相関理論を分析手法として用い、原油価格と輸入国・輸出国の株式市場との連動関係を実証的に検討した。本章では、研究対象および分析ツールに関する既存文献を整理し、国際原油価格が株式市場の変動に一定の影響を与えること、さらに輸入国と輸出国の株式市場への影響が異なることを示した。次に、Morlet 小波変換を用いて両者の相互関係を考察し、多分解分解に基づく因果関係検証を通じて、国際原油価格と原油輸入国・輸出国の株式市場との時頻域における具体的な動的依存関係を明らかにした。

本章の研究結論は以下の特徴を含んでいる。

第一に、原油価格と原油輸入国・輸出国の株式市場は、高頻度においては変動が頻繁で参考価値は低いが、中長期においては両者の関係が顕著かつ規則性を持つ。したがって、低頻度における両者の関連性に注目する必要がある。

第二に、小波時頻分析の結果、原油価格と株式市場の関係は緊密であり、その研究の必要性が確認された。原油価格および各国株式市場の大きな変動は、概ね2000～2003年、2007～2010年、2014～2016年、2018～2020年の四つの時期に集中しており、いずれも重大な経済政策や事件が発生した期間に該当する。これは、重要な経済政策や事件が原油市場と株式市場に長期的かつ深遠な影響を及ぼすことを示している。

第三に、原油輸入国と輸出国いずれにおいても、原油価格と株式市場は正の相関を示す。すなわち、原油価格の上昇は株式市場に好影響を与え、価格下落は株式市場に悪影響を与える可能性がある。中長期的には石油市場と株式市場は同調的な動きを見せる。短期的には両者の関連性は正負の間で揺れ動き、同方向に動く場合もあれば逆方向に動く場合もあるが、全体として国際原油価格と株価は中長期的に正の相関を持つ。この現象は、原油需要の変化、リスク選好の変動、不確実性の増大など、共通の要因による可能性が高い。また、多分解分解に基づく因果分析の結果、原油価格と各国株式市場は基本的に相互作用し、相互に制約し合っている。

第四に、輸入国の中では、原油価格と米国株式市場の関連性が他国に比べて強い。輸出国では、サウジアラビア、ロシア、カナダの株式市場と原油価格の結びつきが密接である。輸入国と比較すると、輸出国の株式市場と原油価格の変動はより強い相関性を示す。これは、輸出国の輸出収入が原油に大きく依存しているためであり、株式市場が一国経済の晴雨表である以上、両者の依存関係が必然的に強まるからである。さらに、輸出国の株式市場の大幅な変動は原油価格の変動を誘発しやすい。

第五に、2020年の新型コロナウイルス感染症と石油価格戦の二重の影響下において、原油価格と各国株式市場の関係は中短期スケールで一定の相関を示した。ただし、他国と比較すると、中国株式市場と原油価格の関係は顕著性が相対的に小さい。

第6章　環境規制とグリーン技術革新の波及効果研究

前章まででは、エネルギー消費がマクロ経済に与える影響や、エネルギー価格と資本市場との相互作用について主に考察した。研究結果によれば、エネルギー価格の変動はマクロ経済に大きな影響を及ぼし、中国のエネルギー関連産業の景気循環はマクロ経済景気の変動に明らかに遅行している。また、不確実性・原油価格・為替レートはいずれも異なる側面・異なる程度において中国の経済運行に影響を与えている。さらに、エネルギー価格の変動が産業に与える影響は異質性を有し、中国のエネルギー価格と株式市場・エネルギー関連株式指数の収益率との連動関係は、時間スケールやサンプル区間の違いによって多様な様相を示すことが明らかになった。本章では、環境規制と技術進歩の関係について議論を進める。

疑う余地なく、現段階において一部都市の大気質は顕著に改善されており、これは地方政府が環境保護および環境規制を重視した結果である。例えば、汚染企業の閉鎖や移転を通じて地域の汚染物排出を抑制してきた。しかし、大気汚染物質は拡散しやすい性質を持つため、単一地域に限定された環境対策問題ではない。また、地域間の経済競争や環境政策の差異により、環境規制が「汚染の近隣移転」を引き起こしやすい。では、環境規制は波及効果を生じさせるのか？ さらに、差異化された環境規制の波及効果はどのようなメカニズムで形成されるのか？本章では、これらの問いについて実証的に検証を行う。

本章は2節から構成される。第1節では環境規制が波及効果を引き起こすかどうかについての実証検証を行う。まず、空間パネル・ダービンモデル（SDM）を構築し、異質的な隣接条件下における環境規制の波及効果を検証する。さらに4種類の空間重み行列を設定し、異なる性質を持つ隣接地域での結果の差異や、異なる性質の隣接地域が結合した場合の波及効果を分析する。その後、汚染企業投資が全企業投資に占める割合を被説明変数とし、異なる隣接制約下で環境規制が隣接地域の汚染産業投資規模に変化をもたらすかを検証する。これを基盤として、環境規制と汚染産業投資比率（winv）の交互項、汚染産業投資比率と所得水準の交差項をそれぞれ導入し、環境規制がもたらす汚染産業投資移転のグリーン技術革新への影響、さらには汚染産業移転がグリーン技術進歩に与える影響を分析する。最後に結論を導き、政策的提言を示す。第2節では、SDMを用いて異なる重み行列の設定下で三種類の環境規制波及効果の存在を検証するとともに、異なる重み行列が結合した場合の波及効果の差異を確認する。その後、三つの異なる被説明変数を導入し、それぞれの環境規制波及効果の形成メカニズムを分析する。最後に結論を導き、政策的提言、研究の限界と今後の展望を述べる。

6.1　環境規制による波及効果の実証的検証

近年、世界的に極端気象の頻発やエネルギー枯渇の圧力が高まる中で、環境問題は喫緊の課題となっている。しかし同時に、経済発展もまた重要であり、環境保護のために「本末転倒」することはできない。このため、学界では環境規制とグリーン技術革新に関する研究が数多く行われてきた。

波及効果（リップル効果）は、アメリカの教育心理学者ジェイコブ・クーニンによって最初に提起された概念である。彼はこれを、誰かがルールを破っても責任を問われなかった場合、その行為が他者にも模倣され、さらに違反が広がる現象と定義した。もしルールを破った者が高い社会的地位を持ち、強い影響力を有する場合、その模倣行為が波及する範囲はより広くなり、その結果も一層深刻になる。この現象は「同心円効果」とも呼ばれ、静かな湖面に小石を投げ入れたときに広がる波紋のように、障害がなければ遠方にまで及ぶことになる。その後、この概念はさまざまな分野に応用されてきた。例えば、社会分野におけるネット世論の波及効果、環境分野におけるスモッグの時空間的拡散、経済分野における個人消費の増加が他者や社会全体に及ぼす影響、さらに計算機科学分野においては、あるモジュールの修正が他のモジュールの修正を誘発する場合にも波及効果が見られる。

環境規制はグリーン技術革新にも波及効果をもたらす。具体的には、ある地域が環境規制を導入した場合、都市間の地理的隣接性、経済的結びつき、産業や人材の移動といった客観的条件によって、その地域内企業の技術革新に影響を与えるだけでなく、隣接地域の企業の技術革新にも相応の影響を及ぼすことになる。これはまさに静かな湖面に小石を投げ入れて生じる波紋が周囲へと伝播する現象に似ており、環境規制が一定の空間範囲で相互に影響し合う結果とみなすことができる。

6.1.1　設計とデータソースの説明

一般的に、環境規制強度がある臨界点を超えると、環境規制は技術進歩の方向を転換させ、両者の関係はしばしば「U字型」を呈する（李斌ほか,2013；陳超凡,2016）。そこで本節では、地域環境規制のクズネッツ型「U字型」特性を考慮し、環境規制およびその二乗項を計量モデルに導入する。そして空間パネル・ダービンモデル（SDM）を構築し、異質性を持つ隣接条件下における環境規制の波及効果、すなわち「地域—隣接地域」のグリーン技術進歩効果を検証する。計量モデルは以下のように設計される：

$$Y_{it} = \delta_0 + \rho_0 WG\_tech_{it} + \beta_1 \mathrm{ER}_{it} + \beta_2 \mathrm{ER}_{it}^2 + \beta_3 \mathrm{X}_{it} + \theta_1 \mathrm{WER}_{it} + \theta_2 \mathrm{WER}_{it}^2 + \theta_3 \mathrm{WX}_{it} + \varepsilon_{it} \tag{6.1}$$

ここで、被説明変数Y_{it}は、グリーン技術特許数G_tech_{it}お、よび研究開発人員一人当たりの特許産出量GB_tech_{it}の二つの指標によって測定される。これらは世界知的所有権機関が提供するグリーン特許リストに記載された国際特許分類（IPC）コードに基づき、発明者の所在地情報を設定して中国知網の特許データベースから検索・取得し、環境規制が規模効果を除いた上でのグリーン技術進歩に与える影響を検証するために用いられる。ER_{it}は、第i省区市におけるt年の環境規制強度を示す。本研究では経済的手段型環境規制の指標を用いており、これは張成ほか（2011）が採用した汚染処理投資等による環境規制指標とは異なる。すなわち、地方政府が企業に対して課す年間排汚費がGDPに占める比重を環境規制の尺度とする。地方政府が域内の汚染排出企業に排汚費を課すことは、企業の汚染コストを外部化から内部化へと転換させ、「誰が汚染すれば誰が処理する・誰が消費すれば誰が負担する」という責任と権利の原則を明確化するものであり、企業のグリーン技術革新に対するインセンティブを強化する。通常、この指標値が大きいほど環境規制の強度は高いことを意味する。X_{it}はコントロール変数の集合、δ_0は個体に依存しない定数項、β_iは各説明変数の推定係数、Wは選択された空間重み行列、θ_iは説明変数の空間相互作用項の係数、ρ_0は被説明変数の空間ラグ推定係数、ε_{it}は誤差項である。

異なる性質を持つ隣接地域の環境規制波及効果を描写するために、本節では、地理的隣接、経済的隣接、および産業的隣接を反映する三種類の空間重み行列をそれぞれ構築し、地域間の地理距離および経済・産業距離における隣接関係を描写する。地理的隣接行列としては、逆距離行列W_1および逆距離平方行列W_2を用いる。すなわち、地域iと地域jの間の距離の逆数およびその平方によって測定する（董直慶・王輝,2019）。経済的隣接行列としては、経済逆距離行列W_3および経済逆距離平方行列W_4を用い、地域iと地域jの間の一人当たりGDP格差の逆数およびその平方によって測定する（金剛・沈坤菜,2018）。産業的隣接行列については、経済的隣接行列の設計思想を参考にし、グリーン技術研究の目的に基づき、産業逆距離行列W_5および産業逆距離平方行列W_6をそれぞれ採用する。すなわち、各地域における汚染産業規模格差の逆数およびその平方によって測定する。

その他のコントロール変数の設計は以下の通りである：行政規制（gr）：中国の移行経済体において、資源は主に政府主導型と市場主導型の二方式で配分される。そこで、国有および国有持株工業資産が規模以上工業企業資産に占める比率（os）、および財政支出がGDPに占める比率（gov）を導入し、資産所有制構造や行政的介入が技術革新に与える影響を統制する。研究開発資本（k）：各地域の研究開発機関RとD経費支出が企業利益に占める比率を指標とする。宋冬林ほか（2011）の研究によれば、設備・建築資本投資は技術進歩に重要な影響を及ぼす要因であり、設備資本投資が多いほど資本体現的技術進歩が速いとされる。王林輝・袁礼（2012）は、固定資産投資が社会全体の固定資産投資に占める比率を用いて投資構造を測定し、生産要素構造の変化が要素生産率を大きく変えることを明らかにした。したがって、資産投資構造も技術進歩に重要な影響を与える可能性があると考えられるため、資本ストックにおける設備と建築の比率（ks）を導入し、資産投資構造がグリーン技術進歩に与える影響を統制する汚染企業資産比率（struc）：国務院が2006年に公布した『第一次全国汚染源調査方案』に明確に規定された11の重汚染産業の資産合計を全産業資産で除した比率で表す。外国直接投資（fdi）：fdiとグリーン技術の関係については未だ一致した見解がない。宋馬林ほか（2013）は、外国投資の中国流入は互恵的前提に基づくものではなく、むしろ資源掠奪型の開発であり、中国の環境技術効率を低下させると指摘する。一方、李斌ほか（2011）の研究では、外国投資は中国の汚染防止技術の改善に有利であると結論づけている。したがって、本節ではfdiを各地域の外国直接投資額がGDPに占める比率で表し（李斌ほか,2011；宋馬林・王舒鴻,2011）、fdiがグリーン技術進歩に及ぼす影響を統制する。経済発展水準（ed）：李斌ほか（2011）は、地域経済発展水準が汚染防止技術進歩に有意な影響を及ぼさず、むしろ発展水準の高い地域は既存の汚染技術を維持する傾向にあると指摘する。一方、董直慶ほか（2015）は、経済発展水準が環境規制とクリーン技術革新のU字型転換における重要条件であり、経済発展水準がクリーン技術進歩を顕著に促進すると論じている。そこで、本節では経済発展水準を各地域の一人当たりGDPで測定し、2003年を基準年としてGDPデフレーターを用い、物価変動を除去した各地域の一人当たり実質GDPを算出する。データの可得性に基づき、本研究ではチベットおよび香港・マカオ・台湾を除く30省区市の2003～2011年のパネルデータをサンプルとする。特別な記載がない限り、指標データは歴年の中国知網特許データベース、中国工業企業データベース、『中国統計年鑑』および『中国環境統計年鑑』から取得する。表6.1は本節で用いる変数の記述統計である。

指標データに基づき、本地—隣地の環境規制とグリーン技術進歩の変動傾向を観察した結果、図6.1および図6.2の散布図とその回帰曲線は、本地であれ隣地であれ、環境規制と本地—隣地のグリーン技術革新は明確なU字型関係を示すことがわかる。ただし、両者のU字型の曲率や周期には一定の差異が存在する。指標データの統計的特性は、計量モデル設定形式の合理性を事前に検証するものである。

表6.1 変数の記述統計

変数	平均	標準偏差	最小	最大	変数の数
G_tech（千点）	0.2760	0.4932	0.0010	3.036	270
GB_tech	0.0296	0.0504	0.0002	0.3265	270
er(%)	0.0616	0.0520	0.002	0.4596	270
k	13.7355	1.9519	10.6271	19.9740	270
ed	1.9521	1.3576	0.3701	7.4436	270
os	0.4472	0.1913	0.1073	0.8337	270
外国直接投資	0.0291	0.0224	0.0009	0.1050	270
gov	0.1814	0.0768	0.0791	0.5791	270
ks	0.2919	0.0831	0.1406	0.6070	270
winv	0.3211	0.0982	0.1651	0.5954	270
struc	0.4244	0.1331	0.1826	0.9012	270

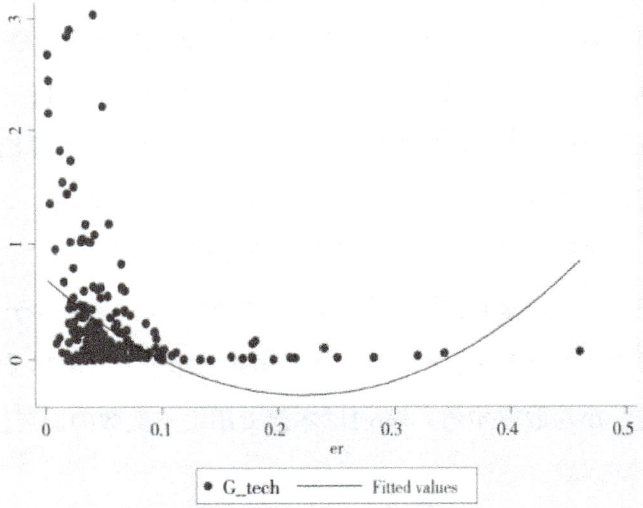

図6.1 環境規制と地域のグリーンテクノロジーの進歩の関係

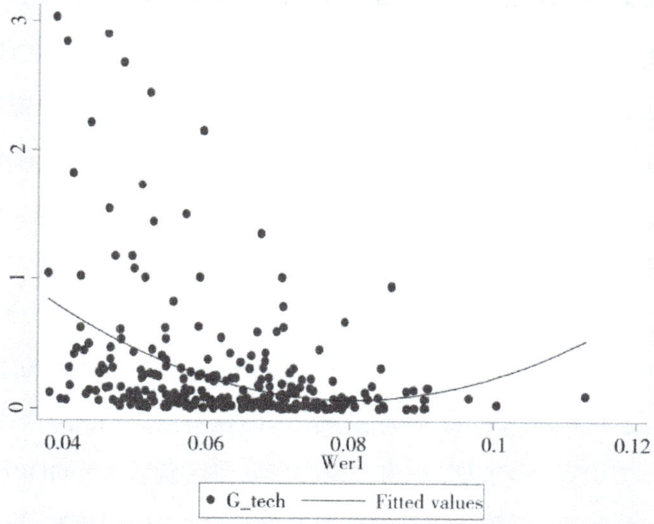

図6.2 近隣地域における環境規制とグリーンテクノロジーの進歩の関係

6.1.2　環境規制の波及効果の存在性及び隣接地域特性の検証

6.1.2.1　環境規制の波及効果の存在性

環境規制とグリーン技術進歩の散布図は、本地であれ隣接地域であれ、環境規制とグリーン技術進歩がある種のU字型関係を示す可能性があることを表している。データの統計的特性は、ある程度において式（6.1）で示された計量モデル設定の合理性を検証している。ではさらに一歩進めて、環境規制が「本地—隣地」のグリーン技術進歩にどの程度の影響を及ぼすのかを考察するために、本節では空間パネル・ダービンモデル（SDM）を用い、式（6.1）を組み合わせて環境規制の波及効果の強弱を実証的に検証する。

表6.2は、環境規制が本地および隣地におけるグリーン技術進歩に与える効果の検証結果である。結果は以下の通りである：① 本地効果：総体的なグリーン特許産出、あるいは一人当たりグリーン特許産出で測定しても、環境規制の本地グリーン技術進歩効果のU字型特性は

顕著である。二種類の重み行列において、環境規制変数erの一次項係数と二次項係数はそれぞれ負と正であり、少なくとも10%の信頼水準で有意となっている。これは全体として、中国の省区市の環境規制が本地のグリーン技術革新に対して、初めは抑制し、その後に促進するというU字型作用を示していることを意味する。すなわち、グリーン技術革新水準は、環境規制強度の上昇に伴って一旦は低下するが、規制が転換点を超えると環境規制の強化に応じて上昇する。例えば、地理距離平方行列（W2）を用いた一人当たりグリーン特許の回帰結果によれば、SDMモデルは本地環境規制の転換点が約0.208%にあることを示している。つまり、地方政府の年間排汚費収入がGDP比で0.208%に達した時点で、環境規制は技術進歩をクリーン方向へ転換させる。しかし、現段階での全国各省域の環境規制強度の平均値はわずか0.06%であり、転換点の0.208%を大きく下回っている。これは、現段階において環境質改善を目的とする短期的な環境政策の強化は、むしろ逆効果となり、グリーン技術方向への転換を抑制する可能性を示している。さらにこれは「ポーター仮説」の合理性を裏付ける結果でもある。② 隣地効果：環境規制の隣接地域に対する技術進歩効果は、類似のU字型特性を示し、しかも高い有意性を持っている。これは環境規制に波及効果が存在することを示している。例えば、地理距離平方行列（W2）を用いた一人当たりグリーン特許の回帰結果によれば、隣接地域の環境規制の転換点は約0.196%にある。すなわち、隣接地域の地方政府の年間排汚費収入がGDP比で0.196%に達した時点で、環境規制は隣地の技術進歩をクリーン方向へ転換させる。しかし、現段階の地域環境規制強度は0.196%を明らかに下回っているため、環境規制強度の上昇は隣接地域のグリーン技術進歩を顕著に抑制することを示唆している。すなわち、短期的には負の波及効果が存在することになる。

表6.2 環境規制の「波及効果」の存在検証

		W₁		W₂	
		G_tech	GB_tech	G_tech	GB_tech
ローカル効果	er	-2.622**	-0.215	-2.376**	-0.193
		-1.105	-0.116	-1.07	-0.111
	er^2	6.072**	0.532*	5.439*	0.463°
		-2.361	-0.248	-2.353	-0.243
	k	0.128***	0.012**	0.125**	0.012***
		-0.031	-0.003	-0.031	-0.003
	ed	0.199**	0.020*	0.217**	0.023
		-0.064	-0.007	-0.07	-0.007
	os	1.458***	0.140***	1.366***	0.133***
		-0.287	-0.03	-0.299	-0.031
	fdi	-3.009**	-0.384***	-2.314*	-0.307**
		-1.103	-0.116	-1.226	-0.127
	gov	-2.129**	-0.237***	-2.183**	-0.240**
		-0.668	-0.07	-0.763	-0.079
	ks	1.146**	0.113**	1.151**	0.111*
		-0.483	-0.051	-0.479	-0.049
	struc	-1.091***	-0.113***	-1.436***	-0.152***
		-0.307	-0.032	-0.327	-0.034
近隣効果	er	-19.694**	-1.900*	-8.641**	-0.826**
		-9.852	-1.035	-3.669	-0.379
	er^2	48.255	4.915**	21.302**	2.102
		-18.998	-1.996	-7.408	-0.766
	k	0.741*	0.084**	0.276**	0.031
		-0.244	-0.026	-0.092	-0.009
	ed	-0.126	-0.042	0.033	-0.01
		-0.37	-0.039	-0.15	-0.016
	os	3.099	0.164	1.137	0.057
		-2.034	-0.213	-0.753	-0.077
	fdi	-31.070**	-3.340**	-12.962**	-1.355**
		-10.658	-1.126	-4.028	-0.42
	gov	-15.321***	-1.511**	-2.832	-0.278
		-4.827	-0.507	-1.823	-0.189
	ks	-3.692	-0.387	-1.202	-0.134
		-3.099	-0.325	-1.12	-0.116
	struc	8.280***	0.856***	3.664***	0.373***
		-2.374	-0.248	-0.868	-0.089
	Spa-rho	-1.799***	-1.562***	-0.547***	-0.443***
		-0.28	-0.291	-0.114	-0.119
	N	270	270	270	270
	R-sq	0.481	0.46	0.481	0.478

注：括弧内は標準誤差を示し、***、**、*はそれぞれ1%、5%、10%の水準で有意であることを意味する。

6.1.2.2　波及効果の隣接地域特性：地理的隣接か、経済的隣接か、それとも産業的隣接か

いくつかの文献では、地方政府の環境規制には底辺への競争の特徴が見られると指摘されている（Woods,2006）。一方で、FredrikssonとMillimet（2002）は、地方政府間の環境規制競争が上方への競争として現れていると主張している。また、Konisky（2007）の研究は、地域間の異質性により、底辺への競争と上方への競争の両方のパターンが存在することを示している。さらに、金剛・沈坤栽（2018）の研究では、中国の経済的に隣接する地域間では環境規制が上方への競争として現れる一方、地理的に隣接する地域間では底辺への競争の傾向が見られると指摘している。これらの先行研究は、地理的に隣接する地域の環境規制には波及効果が存在することを示唆している。では、このような効果は地理的に近い地域にのみ見られるのだろうか。経済的に隣接する地域にも波及効果は存在するのだろうか。結果をより詳細に比較するために、経済的隣接を経済隣接と産業隣接に細分化した。表6.3は、経済隣接および産業隣接の条件下における、環境規制がグリーン技術進歩に与える波及効果の検証結果を示している。

表6.3　環境規制の波及効果の近隣性に関する検証：経済近隣か工業近隣か

		経済的な近接性				隣接産業			
		W_3		W_4		W_5		W_6	
		G_tech	GB_tech	G_tech	GB_tech	G_tech	GB_tech	G_tech	GB_tech
本土地効果答え	er	-1.624*	-0.158*	-1.697*	-0.164*	-1.929*	-0.213**	-2.034*	-0.226**
		-0.86	-0.082	-0.89	-0.087	-1.08	-0.109	-1.07	-0.107
	er^2	3.411*	0.336*	3.504*	0.339*	4.612*	0.500**	4.469	0.488**
		-1.974	-0.189	-2.039	-0.198	-2.363	-0.238	(2.345	-0.234
	k	0.112***	0.010***	0.104***	0.010***	0.151***	0.015***	0.161***	0.016***
		-0.027	-0.003	-0.028	-0.003	-0.032	-0.003	-0.032	-0.003
	ed	-0.244***	-0.026***	-0.392***	-0.039***	0.087	0.01	0.098	0.011*
		-0.065	-0.006	-0.076	-0.007	-0.064	-0.006	-0.065	-0.006
	os	0.767**	0.070**	0.750**	0.073**	1.271***	0.120***	1.285***	0.120***
		-0.259	-0.025	-0.264	-0.026	-0.269	-0.027	-0.272	-0.027
	fdi	2.115*	0.168	1.662	0.102	-1.199	-0.198	-0.921	-0.163
		-1.149	-0.11	-1.172	-0.114	-1.3	-0.131	-1.29	-0.129

		経済的な近接性				隣接産業			
		W_3		W_4		W_5		W_6	
		G_tech	GB_tech	G_tech	GB_tech	G_tech	GB_tech	G_tech	GB_tech
	gov	-1.365**	-0.165**	-1.193*	-0.154**	-0.094	-0.042	-0.216	-0.048
		-0.641	-0.061	-0.654	-0.064	-0.778	-0.078	-0.79	-0.079
	ks	1.009**	0.073*	0.947*·	0.070*	0.924*	0.079	1.003**	0.083*
		-0.422	-0.04	-0.425	-0.041	-0.47	-0.047	-0.466	-0.047
	struc	-1.560***	-0.145***	-1.206***	-0.112***	-1.651***	-0.151***	-1.671***	-0.148***
		-0.288	-0.028	-0.307	-0.03	-0.358	-0.036	-0.369	-0.037
隣接土地効果答え	er	-1.847	-0.17	-0.408	-0.051	-6.606**	-0.657**	-2.849**	-0.293**
		-2.281	-0.218	-1.482	-0.144	-2.392	-0.241	-1.313	-0.131
	er^2	6.086	0.568	1.722	0.181	12.025**	1.183**	4.044	0.412
		-4.742	-0.454	-3.114	-0.303	-5.945	-0.598	-3.256	-0.326
	k	0.423***	0.046***	0.193***	0.022**	-0.311***	-0.031***	-0.142*	0.015***
		-0.087	-0.008	-0.053	-0.005	-0.078	-0.008	-0.044	-0.004
	ed	0.221	0.018	0.478***	0.037*	0.297*	0.028	0.124	0.012
		-0.216	-0.021	-0.143	-0.014	-0.17	-0.017	-0.091	-0.009
	os	1.813**	0.178**	1.084**	0.110**	-0.053	0.017	0	0.014
		-0.757	-0.072	-0.433	-0.042	-0.759	-0.076	-0.426	-0.043
	fdi	-6.564**	-0.704**	-4.282**	-0.473*	-3.723	-0.41	-1.24	-0.15
		-2.531	-0.243	(1.552	-0.152	-4.03	-0.406	-2.18	-0.219
	gov	0.711	0.091	0.174	0.027	-2.466	-0.17	-1.869*	-0.156
		-1.286	-0.123	-0.783	-0.076	-1.751	-0.176	-0.963	-0.096
	ks	1.13	0.167**	0.31	0.076	1.474	0.181*	0.814	0.097
		-0.873	-0.083	-0.57	-0.055	-1.041	-0.105	-0.592	-0.059
	struc	-0.04	-0.023	0.208	0.006	-1.778**	-0.222*	-1.221**	0.150***
		-0.712	-0.068	-0.454	-0.044	-0.827	-0.083	-0.454	-0.045
	Spa-rho	0.380***	0.420***	0.276***	0.304***	0.05	0.081	0.008	0.026
		-0.078	-0.072	-0.052	-0.049	-0.089	-0.09	-0.054	-0.053
	N	270	270	270	270	270	270	270	270
	R-sq	0.231	0.229	0.307	0.249	0.118	0.083	0.357	0.327

注：括弧内は標準誤差を示し、***、**、*はそれぞれ1%、5%、10%の水準で有意であることを意味する。

結果は、隣接地域の性質によって大きな差異があることを示している。4種類の重み行列の下で、環境規制の地域内効果はいずれも顕著なU字型特性を示したが、経済的隣接と産業的隣接の条件下では、環境規制の隣接地域効果に明確な差異が存在した。経済的に隣接する地域では、環境規制のグリーン技術拡散効果は有意ではなかった。一方で、産業的に隣接する地域では、環境規制が地域内のグリーン技術革新に対して顕著なU字型関係を示しており、環境規制の隣接地域グリーン技術進歩効果、すなわち波及効果は、主に地理的隣接および産業的隣接に起因することを示唆している。その原因は、地域ごとに異なる環境政策競争モードが存在するためであり、地理的に近接し、かつ産業的に類似している地域では、資源・産業移転の利便性に加え、環境汚染の公共財的性質から底辺への競争型の規制形式が生じやすい。一方、経済的に隣接する地域は経済発展水準が類似しており、近隣地域の環境規制強化による汚染産業移転を受け入れることが少なく、上方への競争型の規制競争を示すことが多い。

6.1.2.3　異なる性質の隣接地域が複合した場合の波及効果

結果は、地理的隣接および産業的隣接地域において環境規制の波及効果が顕著である一方で、経済的隣接地域ではその効果が明確ではないことを示している。これは、省際における汚染産業移転の事実、すなわち移転には距離制約が存在し（董直慶・王輝,2019）、かつ近距離移転の特性がある（沈坤栄ほか,2017）という実証と符合している。

ここで自然に生じる疑問は、地理的および産業的に隣接する地域で波及効果が確認されるのであれば、両者が同時に重なった場合、環境規制の波及効果はさらに強化されるのか、という点である。この問題意識に基づき、本節では董直慶と王輝の研究設計を参考に、地理—産業距離行列W_7およびW_8を構築し、地理—産業距離が複合する条件下での環境規制波及効果を分析した。表6.4の結果は明確であり、地理的距離を考慮した場合、地理的隣接と産業的隣接が重なる地域では、環境規制の隣接効果は単一の地理的隣接の場合よりも明らかに強いことを示している。重み行列W_7およびW_8の下では、環境規制の隣接地域におけるグリーン技術進歩はU字型関係を呈し、負の係数が顕著に拡大しており、二重の隣接が重なる地域ほど波及効果が一層強調されることが示された。

表6.4 異なる性質の隣接が複合した地域における環境規制の波及効果検証

		W7		W8	
		G_tech	GB_tech	G_tech	GB_tech
ローカル効果	er	-3.430**	-0.304**	-3.290***	-0.293**
		-1.049	-0.111	-0.982	-0.105
	er^2	7.279**	0.640**	7.298***	0.647*
		-2.315	-0.245	-2.202	-0.235
	k	0.113***	0.010**	0.131***	0.012***
		-0.031	-0.003	-0.03	-0.003
	ed	0.170**	0.019*	0.170**	0.020*
		-0.067	-0.007	-0.068	-0.007
	os	1.205***	0.119***	1.291***	0.130***
		-0.253	-0.027	-0.262	-0.028
	fdi	-3.723*	-0.463***	-3.262*	-0.415***
		-1.142	-0.121	-1.164	-0.124
	gov	-2.438***	-0.275***	-2.646**	-0.287**
		-0.659	-0.07	-0.718	-0.077
	ks	0.89	0.095	0.992*	0.104*
		-0.535	-0.057	-0.493	-0.053
	struc	-1.457***	-0.145***	-1.563***	-0.164***
		-0.326	-0.034	-0.32	-0.034
近隣効果	er	-39.378**	-3.971*	-15.202**	-1.461**
		-13.65	-1.443	-5.058	-0.54
	er^2	72.908**	7.203**	31.582***	3.018**
		-24.001	-2.538	-9.349	-0.998
	k	0.222	0.034	0.171	0.020*
		-0.273	-0.029	-0.107	-0.011
	ed	-0.373	-0.072	-0.09	-0.028
		-0.519	-0.055	-0.192	-0.021
	os	2.887	0.077	2.033**	0.117
		-2.748	-0.289	-0.921	-0.098
	fdi	-17.202*	-1.628*	-12.225**	-1.259**
		-9.235	-0.979	-3.962	-0.426
	gov	-19.268**	-1.598*	-3.736	-0.318
		-8.964	-0.947	-2.893	-0.309
	ks	-2.832	-0.226	0.216	0.027
		-4.349	-0.458	-1.593	-0.169
	struc	9.453***	0.807*	4.553***	0.442***
		-2.738	-0.288	-1.071	-0.114
	Spa-rho	-0.434*	-0.284	-0.307**	-0.178
		-0.243	-0.227	-0.113	-0.118
	N	270	270	270	270
	R-sq	0.573	0.559	0.513	0.505

6.1.3　波及効果の形成メカニズム検証

6.1.3.1　環境規制と隣接地域における汚染産業投資移転効果

異なる空間隣接行列の設定において、環境規制の波及効果、すなわち「地域—隣接地域」の技術革新方向には明らかな差異が存在する。では、一地域の環境規制はどのようにして当該地域および隣接地域のグリーン技術進歩の方向転換を引き起こすのであろうか。内生的技術進歩理論は、異なるタイプの技術革新の相対的利益（Acemogluほか,2012）、ならびに環境規制によって生じる「遵守コスト」および「イノベーション補償」効果（Poppほか,2009；張成ほか,2011）が企業の技術革新方向を変化させることを指摘している。さらに、地方政府間の環境規制における「底辺への競争」（Konisky,2007）は、しばしば地域間の汚染産業移転を誘発する（沈坤栽ほか,2017）。これにより、環境規制が当該地域における技術進歩効果を弱める一方で、隣接地域の汚染産業構造を変化させ、隣接地域における異なるタイプの技術革新の利益を変動させ、その結果、隣接地域のグリーン技術進歩方向の転換を引き起こす可能性がある。

果たして事実はその通りであろうか。本節ではまず、汚染企業投資が全企業投資に占める比率（winv）を被説明変数として設定し、異なる隣接制約下で環境規制が隣接地域の汚染産業投資規模の変化を引き起こすかどうかを検証する。その結果は表6.5に示されている。

表6.5の結果によれば、地理的隣接および産業的隣接地域において、地域内の環境規制は隣接地域の汚染産業投資水準を有意に押し上げている。これは前述の推論を裏付けるものであり、すなわち環境規制によって企業間の汚染産業投資構造が変化し、地域内の環境規制の強化が隣接地域の汚染産業投資水準を顕著に高めることを示している。

また、地理的距離（W_2）および産業距離（W_6）のみを考慮した場合における地域内環境規制の汚染投資移転係数はそれぞれ0.180および0.045であるのに対し、地理—産業距離を考慮した場合の回帰係数（

W_8）は0.271となった。これは、地理的に隣接する地域において、地域の汚染産業規模が大きいほど、地域内環境規制による汚染投資移転の程度が大きいことを意味し、すなわち地域の汚染産業規模が、地理的隣接地域における汚染投資移転傾向を強化していることを示している。

表6.5 環境規制による近隣地域への汚染産業の投資移転の存在テスト

		地理的な近さ		隣接産業		地理的および産業的な近接性	
		W_1	W_2	W_5	W_6	W_7	W_8
		Winv	Winv	Winv	Winv	Winv	Winv
本土地効果	er	0.042**	0.022	0.003	0.003	0.050**	0.029*
		-0.016	-0.016	-0.015	-0.015	-0.015	-0.015
	k	0.003**	0.001	0.004***	0.004***	0.002**	0.001
		-0.001	-0.001	-0.001	-0.001	-0.001	-0.001
	ed	-0.006**	-0.005*	-0.007***	-0.007**	-0.008**	-0.007**
		-0.002	-0.002	-0.002	-0.002	-0.002	-0.003
	os	0.015	0.01	0.032***	0.031***	0.013	0.004
		-0.01	-0.01	-0.009	-0.009	-0.009	-0.009
	fdi	0.046	-0.001	0.096**	0.110**	0.079**	0.015
		-0.04	-0.042	-0.042	-0.042	-0.04	-0.042
	gov	-0.065**	-0.039	0.022	0.018	-0.076**	-0.051**
		-0.024	-0.026	-0.025	-0.026	-0.023	-0.026
	ks	-0.028	-0.009	-0.01	-0.014	-0.02	0.006
		-0.018	-0.017	-0.015	-0.015	-0.019	-0.018
	wutan	0.064***	0.056***	0.050***	0.047***	0.057***	0.053***
		-0.011	-0.011	-0.011	-0.012	-0.012	-0.011
隣接土地効果答え	er	0.485***	0.180***	0.073**	0.045**	0.652***	0.271***
		-0.127	-0.048	-0.033	-0.019	-0.171	-0.07
	k	0.051***	0.019***	0.004*	0.003**	0.052***	0.023***
		-0.009	-0.003	-0.003	-0.001	-0.009	-0.004
	ed	-0.033**	-0.015**	0.021***	0.012***	-0.011	-0.015**
		-0.014	-0.005	-0.005	-0.003	-0.018	-0.007
	os	0.202**	0.065**	0.051**	0.02	0.288**	0.095**
		-0.07	-0.025	-0.024	-0.014	-0.088	-0.032
	fdi	0.729*	0.219	-0.374**	-0.174**	0.504	0.201
		-0.387	-0.133	-0.129	-0.07	-0.326	-0.14
	gov	-0.631***	-0.176**	0.039	0	-0.729**	-0.273**
		-0.176	-0.062	-0.056	-0.031	-0.315	-0.103
	ks	-0.608***	-0.151***	0.036	0.015	-1.045***	-0.287***
		-0.115	-0.041	-0.033	-0.019	-0.154	-0.057
	wutan	0.158*	0.059**	0.043	0.017	0.11	0.042
		-0.085	-0.029	-0.026	-0.015	-0.093	-0.036

		地理的な近さ		隣接産業		地理的および産業的な近接性	
		W_1	W_2	W_5	W_6	W_7	W_8
		Winv	Winv	Winv	Winv	Winv	Winv
	Spa	-0.205	0.190*	-0.290**	-0.136**	0.07	0.188*
		-0.241	-0.105	-0.09	-0.054	-0.208	-0.11
	N	270	270	270	270	270	270
	R-sq	0.106	0.17	0.118	0.163	0.154	0.28

注：括弧内は標準誤差を示し、***、**、*はそれぞれ1%、5%、10%の水準で有意であることを表す。

6.1.3.2　汚染産業投資移転効果Ⅰ：汚染移転によるグリーン技術革新抑制効果の検証

前述の回帰結果は、地域内の環境規制が隣接地域における汚染産業投資規模を拡大させることを示している。では、このような環境規制によって引き起こされる汚染産業投資規模の変化は、果たして隣接地域のグリーン技術革新の主たる原動力となるのだろうか。この点を検証するために、本節では回帰分析において環境規制と汚染産業投資比率の交互項を導入し、環境規制によって生じる汚染産業投資移転がグリーン技術革新に与える影響を検討した。その結果は表6.6に示されている。異なる空間重み行列を用いた回帰結果によれば、地域内グリーン技術進歩効果の検証において、制御変数winvを追加した後、環境規制の地域内・隣接地域におけるグリーン技術革新の一次項および二次項の係数はいずれも有意な変化を示した。これは、隣接地域の環境規制が誘発する汚染産業投資の移転が、実際に隣接地域のグリーン技術進歩に対するイノベーション・インセンティブを変化させたことを意味している。さらに、erwiの係数が有意に負であることは、汚染産業投資が環境規制によるグリーン技術革新への促進効果を抑制していることを示している。そして、地理—産業距離行列W_8においてerwiの係数は-22.086となり、地理距離または産業距離といった単一の隣接距離条件下での係数（-19.981および-19.368）よりも顕著に大きい。これは、地理的に隣接する地域において、地域の汚染産業規模が大きいほど、汚染投資移転が隣接地域のグリーン技術進歩に対する抑制効果を著しく強めることを示している。

表6.6 環境規制の波及効果の形成メカニズムの検討（I）

		地理的に隣接する地域		工業地帯隣接地域		地理的に隣接し重複する産業分野	
		W_1	W_2	W_5	W_6	W_7	W_8
		G_tech	G_tech	G_tech	G_tech	G_tech	G_tech
本土地効果	er	2.575	2.258	2.056	2.387	0.731	1.078
		-2.123	-2.12	-2.201	-2.19	-2.034	-1.893
	er2	6.756**	6.151**	5.664**	5.980**	9.740***	9.574***
		-2.242	-2.293	-2.394	-2.364	-2.273	-2.072
	winv	6.360***	5.480**	3.801*	3.780*	8.578***	7.902***
		-1.689	-1.805	-2.016	-1.989	-1.762	-1.653
	erwi	-22.168**	-19.981**	-16.464**	-19.368**	-21.345**	-22.086**
		-6.997	-7.458	-8.265	-8.141	-7.01	-6.879
	k	0.077**	0.072**	0.176***	0.176***	0.053*	0.081**
		-0.031	-0.032	-0.034	-0.033	-0.031	-0.028
	ed	0.218***	0.265***	0.03	0.03	0.318**	0.304***
		-0.065	-0.071	-0.075	-0.074	-0.074	-0.069
	os	1.263***	1.292***	1.296***	1.241***	1.084***	1.251***
		-0.276	-0.29	-0.271	-0.273	-0.252	-0.248
	fdi	-3.702***	-2.865***	-2.093	-1.514	-4.614***	-4.058***
		-1.048	-1.172	-1.304	-1.304	-1.111	-1.065
	gov	-1.557**	-1.498**	-0.189	-0.244	-1.848**	-1.758**
		-0.647	-0.742	-0.761	-0.779	-0.647	-0.669
	ks	1.586**	1.492**	1.191**	1.348**	1.302**	1.213**
		-0.508	-0.483	-0.47	-0.47	-0.516	-0.452
	struc	-1.331***	-1.643***	-1.757**	-1.816***	-1.475***	-1.676***
		-0.306	-0.324	-0.362	-0.371	-0.334	-0.305
隣接土地効果答え	er	1.83	-2.012	5.486	4.243	-112.411***	-27.828**
		-17.975	-6.668	-5.109	-2.923	-27.142	-9.426
	er2	49.378**	21.623**	14.914**	6.215*	78.428**	31.731***
		-19.212	-7.459	-5.891	-3.229	-24.233	-8.964
	winv	38.988***	16.063***	-1.273	0.896	18.848*	13.904***
		-11.296	-4.587	-4.459	-2.563	-10.379	-4.193
	erwi	-97.322	-29.832	-50.838**	-30.830**	234.922**	37.642
		-66.897	-23.956	-18.481	-10.739	-76.12	-27.265
	k	0.397	0.168*	-0.258**	-0.121**	-0.269	-0.011
		-0.249	-0.094	-0.083	-0.046	-0.278	-0.105
	ed	-0.148	-0.005	0.018	-0.041	0.363	0.097
		-0.378	-0.16	-0.18	-0.099	-0.524	-0.189
	os	0.979	0.37	-0.194	-0.068	-2.533	0.418
		-1.982	-0.738	-0.778	-0.438	-2.738	-0.873

		地理的に隣接する地域		工業地帯隣接地域		地理的に隣接し重複する産業分野	
		W1	W2	W5	W6	W7	W8
		G_tech	G_tech	G_tech	G_tech	G_tech	G_tech
	fdi	-32.051**	-13.903***	-5.27	-1.982	-12.773	-12.717***
		-10.245	-3.944	-4.027	-2.178	-9.084	-3.699
	gov	-10.299**	-2.077	-3.496**	-2.098**	-23.829**	-4.503*
		-4.74	-1.753	-1.716	-0.943	-8.938	-2.686
	ks	2.056	0.944	1.072	0.923	-0.852	1.734
		-3.52	-1.264	-1.037	-0.588	-4.645	-1.521
	struc	5.825**	2.824***	-1.309	-1.253**	9.294***	4.250***
		-2.292	-0.84	-0.846	-0.463	-2.602	-0.978
	rho	-2.009***	-0.661***	0.021	-0.013	-0.262	-0.389***
		-0.277	-0.111	-0.09	-0.054	-0.224	-0.111
	N	270	270	270	270	270	270
	R-sq	0.473	0.446	0.12	0.357	0.428	0.442

注：括弧内は標準誤差を示し、***、**、*はそれぞれ1%、5%、10%の水準で有意であることを表す。

6.1.3.3 汚染産業投資移転効果Ⅱ：所得増加によるグリーン技術革新の促進効果

前述の結果は、環境規制が隣接地域のグリーン技術進歩に対してU字型の関係を示すことを明らかにした。では、なぜ環境規制の隣接地域グリーン技術進歩効果が負から正へと逆転するのだろうか。実際には、汚染産業投資の移転は短期的には地域のグリーン技術革新を抑制する傾向がある。しかし一方で、産業投資は隣接地域の所得成長を促進し、その所得効果が地域における技術研究開発投資を高め、結果としてグリーン技術革新の方向転換をもたらす可能性がある。果たして事実もその通りであろうか。本節では、回帰分析において汚染産業投資比率（winv）と所得水準（ed）の交互項（edwi）を導入し、所得効果の視点から汚染産業移転がグリーン技術進歩に与える影響を検証した。その結果、edwi指標の回帰係数は有意に正であり、環境規制下における汚染産業投資移転が、隣接地域の所得水準を高めることを通じて、隣接地域のグリーン技術進歩を確かに促進し得ることが確認された。

表6.7 環境規制の波及効果の形成メカニズムの検討（第2部）

		地理的な近さ		隣接産業		地理的および産業的な近接性	
		W1	W2	W5	W6	W7	W8
		G_tech	G_tech	G_tech	G_tech	G_tech	G_tech
本土地効果答え	er	-2.733**	-2.470**	-1.788*	-2.074**	-3.407***	-3.378***
		-1.118	-1.034	-1.043	-1.022	-1.015	-0.936
	er2	5.572**	4.959**	4.515**	4.554**	6.754**	6.840***
		-2.316	-2.226	-2.264	-2.222	-2.193	-2.06
	winv	0.924**	1.306***	1.991***	2.394***	0.635*	1.249***
		-0.34	-0.335	-0.442	-0.451	-0.334	-0.316
	erwi	5.481***	4.955**	2.546	2.468	7.200***	7.421***
		-1.615	-1.698	-1.995	-1.938	-1.634	-1.631
	k	0.070**	0.045	0.122***	0.114***	0.047	0.042
		-0.031	-0.032	-0.035	-0.034	-0.03	-0.029
	ed	-0.254	-0.409**	-1.126***	-1.384***	0.042	-0.298
		-0.212	-0.205	-0.287	-0.294	-0.212	-0.193
	os	1.185***	1.158***	0.789**	0.627**	0.850**	0.987***
		-0.308	-0.303	-0.303	-0.306	-0.271	-0.267
	fdi	-3.640***	-2.853**	-2.099	-1.204	-4.722***	-4.277***
		-1.057	-1.147	-1.326	-1.331	-1.072	-1.084
	gov	-2.097**	-2.101**	-0.787	-1.077	-2.539***	-2.516***
		-0.673	-0.745	-0.748	-0.762	-0.655	-0.698
	ks	1.993***	1.795***	1.289**	1.399**	1.091**	1.231***
		-0.502	-0.469	-0.458	-0.449	-0.498	-0.459
	struc	-1.325***	-1.609***	-1.380***	-1.300***	-1.255***	-1.549***
		-0.309	-0.318	-0.367	-0.372	-0.325	-0.31
隣接土地効果答え	er	-22.250**	-10.076**	-5.713**	-2.385*	-50.938***	-20.805***
		-9.959	-3.643	-2.328	-1.253	-13.312	-5.035
	er2	45.873**	21.555**	10,700*	3.389	89.498***	38.838***
		-18.785	-7.179	-5.708	-3.079	-23.484	-9.207
	winv	-4.912*	-2.534**	0.134	-0.088	-12.660***	-4.309***
		-2.69	-0.935	-0.939	-0.578	-2.123	-0.921
	erwi	28.871**	12.201**	-0.883	2.654	24.017**	12.144**
		-10.981	-4.343	-4.029	-2.364	-9.265	-3.942
	k	0.610**	0.246**	-0.237**	-0.104**	0.566**	0.175
		-0.255	-0.095	-0.078	-0.044	-0.283	-0.111
	ed	2.791*	1.559**	0.06	0.11	7.599***	2.610***
		-1.634	-0.594	-0.605	-0.376	-1.35	-0.591
	os	2.496	0.993	0.913	0.551	1.634	1.253
		-2.163	-0.77	-0.797	-0.443	-2.748	-0.942

		地理的な近さ		隣接産業		地理的および産業的な近接性	
		W_1	W_2	W_5	W_6	W_7	W_8
		G_tech	G_tech	G_tech	G_tech	G_tech	G_tech
	fdi	-27.657**	-10.881**	-10.916**	-6.177**	0.369	-8.198**
		-10.49	-3.877	-4.185	-2.279	-9.047	-3.862
	gov	-10.543**	-1.549	-3.134*	-2.500**	-15.309*	-2.41
		-4.733	-1.729	-1.693	-0.921	-8.673	-2.742
	ks	2.481	0.293	2.202**	1.204**	-8.644*	-0.86
		-3.554	-1.283	-1.088	-0.613	-4.714	-1.659
	struc	7.160**	3.550***	-1.644**	-1.317**	12.120***	5.643***
		-2.329	-0.84	-0.832	-0.447	-2.609	-1.041
	rho	-1.726***	-0.490***	0.037	-0.003	-0.142	-0.154
		-0.291	-0.118	-0.095	-0.055	-0.227	-0.122
	N	270	270	270	270	270	270
	R-sq	0.468	0.451	0.054	0.202	0.385	0.452

注：括弧内は標準誤差を示す、***、**、*はそれぞれ1%、5%、10%の水準で有意であることを表す。

6.1.4 結論および政策提言

本節では、中国の2003–2011年における30省区市のデータを用いて、空間パネルモデルを構築し、異質性のある隣接条件下における中国の環境規制波及効果、すなわち本地—隣地のグリーン技術革新インセンティブを検証し、さらに環境規制波及効果の形成メカニズムを分類的に検証した。結果として、以下の知見が得られた。一つ目に、環境規制の波及効果は有意であり、環境規制は同時に本地—隣地のグリーン技術革新インセンティブを変化させることが分かった。二つ目に、異質性隣接の制約条件下では、環境規制の波及効果に顕著な差異がみられた。一方で、本地のグリーン技術進歩効果はその閾値に制約され、「U」字型の特徴を示す。すなわち、規制強度が規制転換点を超えた場合にのみ、環境規制は本地のグリーン技術進歩を促進する。他方、地理的に隣接する地域や産業的に隣接する地域においては、環境規制の隣地効果は顕著なU字型の特徴を示したが、経済的に隣接する地域ではその効果は明確ではなかった。三つ目に、環境規制の波及効果は主として汚染産業投資の移転を通じて実現される。企業のレントシーキングやコスト回避行動は、企業が隣接地域へ汚染産業を移転させる要因となり、その結果、隣地の技術革新収益構造を変化させ、隣地の技術進歩方向を変えることになる。さらに、地理的に隣接する地域においては、汚染産業規模が大きいほど、環境規制による汚染産業投資移転の強度が増し、波及効果も一層顕著となる。しかしながら、隣地における汚染産業の受け入れは同時に隣地の所得増加をもたらし、最終的に隣地のグリーン技術進歩を恒久的に悪化させることにはならない。

言うまでもなく、新常態における中国経済は成長と環境の両立というジレンマに直面しており、グリーン技術進歩はその解決に有力な手段である。しかしながら、自由市場のみに依存する場合、グリーン技術革新には本質的に不足が存在する。そのため、政策規制を通じて技術革新収益の構造を変え、技術進歩をグリーン方向に誘導することが極めて重要である。具体的な政策提言は以下の通りである。

① 適切な政策規制の方向性と強度を選択すること。

中国においては、非クリーン生産、非クリーン製品、非クリーン技術は今後長期間にわたり存在し続ける。もし政策規制によるインセンティブがなければ、技術革新がグリーン方向へ転換する速度は遅いだろう。しかし、各地域の経済発展水準、産業構造、要素賦存は大きく異なるため、環境規制は地方政府間競争の有力な手段となり、地域間の産業構造調整や技術進歩の方向転換に重要な影響を及ぼす。このため、政府は各地域における環境規制の強度を正確に定義し、本地—隣地のグリーン技術進歩への影響差異を踏まえ、適切な政策実施のタイミングと強度を選択して最適な規制効果を実現すべきである。

②インセンティブと制約が両立する差別化された環境規制政策を実施すること。各地域のグリーン技術進歩は環境規制への反応感度が異なるため、環境規制政策の実施過程において、政府は環境規制が技術進歩の方向に偏向をもたらす可能性を認識し、環境規制がグリーン技術進歩から逸脱することを防がなければならない。同時に、現段階では環境の質と経済成長が未だ同調して発展しているわけではないため、政府は環境規制がもたらすグリーン技術進歩と経済成長の差異的結果を十分に考慮すべきである。

③地域間で協調性と適合性のある環境規制体系を構築すること。環境規制は、汚染企業の排出削減を制約し、グリーン技術革新を促進するための重要な手段である。市場化手段を通じて汚染企業の排出コストを高め、企業の技術革新をグリーン方向に導く必要がある。しかし、地域間で環境規制強度や経済発展水準が異なるため、企業は政策回避やレントシーキング行為を行い、環境規制の実施難易度を高め、全体的な政策効果を弱める可能性がある。したがって、政府は本地—隣地の環境規制の形態を総合的に考慮し、地理的隣接や産業的隣接の制約を組み合わせて、地域協調的なガバナンス体系を構築すべきである。これにより、政策規制の差異が企業のレントシーキングや汚染産業移転を引き起こすことを防ぎ、政策の焦点をより的確にし、政策効果を高めることができる。

6.2　差異化環境規制が中国のグリーン技術革新に与える波及効果分析

6.2.1　差異化環境規制の現状分析

本節では、環境規制を「命令・統制型」「市場インセンティブ型」「自主型」の三類に分け、それぞれの現状について分析を行う。

6.2.1.1　命令・統制型環境規制の現状分析

命令・統制型環境規制とは、政府が環境に関する法律や規則、制度を制定し、企業に対して強制的に実施を要求し、未実施企業には相応の処罰を行う行為を指す。現段階において、中国には多くの命令・統制型環境規制が存在するが、ここでは主に最も広く用いられている「環境関連法律・法規」「『三同時』制度」「汚染対策投資」の三種類を紹介する。

（1）環境関連法律・法規

中国における環境規制法制の出発点は、1979年に遡ることができる。すなわち、中国初の環境基本法である『中華人民共和国環境保護法（試行）』である。その後、改革開放の歩みに伴い、中国の環境規制法体系も次第に整備され、各種の法律・法規が中国における命令・統制型環境規制の基盤を形成し、環境保護分野における堅固な法的基礎を築いた。現段階における中国の環境規制法体系は、表6.8に示されている。

表 6.8　　中国現行の環境規制法体系

法制度	正式名称
基本法 基本法 環境防止法	憲法 中華人民共和国環境保護法 中華人民共和国環境影響評価法
環境汚染防止法	水質汚濁防止法 大気汚染防止法 環境騒音公害防止法
環境汚染防止法	固形廃棄物による環境汚染の防止及び管理に関する法律 海洋環境保護法 放射性物質汚染防止法 土壌汚染防止法
循環型社会法	中華人民共和国クリーナープロダクション促進法 循環型経済推進法 再生可能エネルギー法

（2）「三同時」制度

「三同時」制度は中国独自の制度であり、1972年に誕生した。計画経済色が濃厚で、その核心的な内容は、環境保護プロジェクトと主体工事建設プロジェクトを「同時に設計、同時に施工、同時に操業投入」すべきであるというものである。中国の経済発展初期において、この制度は環境保護事業に大きな役割を果たした。中国の建設プロジェクトにおける「三同時」投資状況は図6.3に示されている。

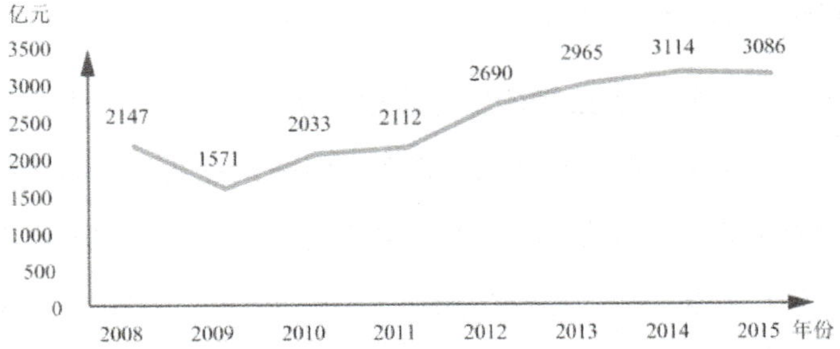

図6.3 中国における建設プロジェクト「三同時」投資の状況

出典：『環境統計年報』に基づき作成。

もっとも、「三同時」制度の発展過程においては、実施率の低下、実行の難しさ、効果の乏しさといった問題が生じ、「廃止論」が唱えられたことさえあった。しかし、それでも「予防を主とし、防治を結合する」という原則のもと、環境管理分野において依然として重要な意義を持っている。現在の主流な見解としては、「三同時」制度は存在する必要があるとされている。その理由は二つある。第一に、これは中国における命令統制型環境規制の重要な構成要素であり、広い適用性と行政的強制力を有し、企業に対して一定の威嚇効果を発揮し、行動を規範化することができるからである。第二に、環境法の予防原則を体現しており、源流からの対策という規定は最も経済的で効果的な措置だからである。中国の環境保護事業の継続的な発展に伴い、「三同時」制度もまた不断に改善され、中国の環境保護により適合した方向へと進化している。

（3）汚染対策投資

法律や法規を制定して企業に環境保護を強制することが事前の予防的行為、すなわち「未雨綢繆」に属するのであれば、政府が行う汚染対策投資は事後的行為、すなわち「亡羊補牢」にあたる。環境汚染対策投資とは、国家レベルで顕在化した環境問題を改善するものであり、国家が環境問題を重視し解決しようとする決意を示すものである。その主な内容には、都市環境インフラの建設、工業汚染源の対策、環境保護の検収を完了するためのプロジェクトへの投資などが含まれる。これまでのところ、中国は汚染対策投資を通じて、一定の経済的効果、社会的効果、そして生態的効果を上げてきた。

図6.4は、2006年以降の中国における環境対策投資額の変動状況を示している。小幅な減少はあったものの、全体として上昇傾向を維持していることが分かる。これは、中国が「生態文明建設」を五位一体の重要な要素として位置づけていることと密接に関係している。大規模な農地から森林・草地への還元措置、各種環境モニタリング施設の整備、環境検査人員の増加などが、汚染対策投資に資金的支援を与えてきたのである。

図6.4　中国における環境対策投資額

資料出所：『中国環境統計年鑑』に基づき作成。

6.2.1.2　市場インセンティブ型環境規制の現状分析

（1）排出権取引

排出権取引制度とは、政府がまず一定量の汚染物排出総量を規定し、その総量を超えない範囲で、市場主体が平等かつ自発的に排出量を取引し、プロジェクトの調整を行うことで、最終的に排出量削減と環境保護の目的を達成する制度である。この制度は米国の経済学者デールスによって初めて提起され、米国で実施された後、莫大な経済効果と社会効果を得た。中国では1980年代に水質汚染防止分野で導入され、その後、大気汚染防止、騒音汚染防止、固形廃棄物汚染防止などの分野に拡大された。その中でも最も広く応用されているのが炭素排出取引である。現在、『環境保護法』にも排出権取引制度が明確に盛り込まれており、各省区市も地方条例の形で排出許可証制度に関する具体的基準を制定している。例えば『太原市二酸化硫黄排出取引管理弁法』などがある。法体系の整備と市場の規範化が進むにつれて、排出権取引はさらに大きな役割を発揮することになるだろう。

（2）排出料金制度

排出料金制度とは、国家が汚染物質を排出した企業、または規定基準を超えて排出した企業に対し、国家の法律に基づき排出料を徴収するものである。この制度は20世紀初頭のドイツで雛形が現れ、汚染現象の世界的蔓延とともに「汚染者負担の原則」が各国に適用されてきた。中国では2003年に『排出費徴収使用管理条例』が正式に施行され、この制度は2018年に『環境保護税法』が正式に施行された時点で廃止された。しかし、排出権取引と排出料金制度が同時に存在する場合、両者は密接に関連し、相互補完的に機能する。これにより、排出総量を的確に管理すると同時に、経済的なテコの作用を活用して、汚染企業の排出削減や技術革新の積極性を十分に引き出し、人と自然の調和的共生を実現する良性サイクルの構築を促進した。

（3）環境税

環境税に関する最初の研究は、1918年にピグーが行った厚生経済学の研究に端を発する。彼は、政府が課税や補助金の方法を用いることで、企業が環境を汚染することによる外部性問題を内部化し、「汚染者負担の原則」を実践できると認識した。中国では2007年に「環境税導入を研究する」具体的措置が正式に提起され、その後2018年1月1日に『環境保護税法』が正式に施行された。これは排出料金制度から生まれ変わった環境税であり、まさに十年をかけた制度改革の成果といえる。2018–2019年における環境保護税収の四半期別データは表6.9に示されている。

表6.9　2018－2019年 環境保護税収入の四半期別データ

2018年	収納額（億元）	2019年	収納額（億元）
第1四半期	46	第1四半期	55
第2四半期	53	第2四半期	53
第3四半期	52	第3四半期	50
第4四半期	58	第4四半期	53
合計	209	合計	211

資料出所：『環境保護税施行2周年の評価と制度改善の提言』。

2015年における中国の排出料金収入178億元と比較すると、2018年は前年比17.4%増加しており、中国における「料金から税への移行」後の収入増加の潜在力が示されている。環境税は、課税範囲、税率水準、優遇制度などの面で依然として改善の余地があるものの、総じてみれば、環境税は企業の環境保護意識を大幅に高め、グリーン技術革新への積極性を十分に引き出した。また、それは中国の産業構造の高度化、新しい経済常態への適応、さらには高品質発展の実現に資する重要な取り組みである。

6.2.1.3 自発型環境規制の現状分析

（1）自発的協定

自発的協定とは、産業部門全体または個別企業が自主的な原則に基づき、政府と締結する省エネ・排出削減に関する協定を指す。法的な強制力はないものの、「自主性」に基づく行為には一定の基準が存在し、企業が削減目標を達成できなかった場合、政府が何らかの制裁措置を講じる可能性がある。自発的協定は、その適用性の広さ、柔軟性、低コストといった特徴により、各国政府から高く評価されてきた。例えば、オランダの「ベンチマーク自発的協定」、カナダの「産業省エネ活動」、米国のエネルギースター計画などである。中国では2000年にこの制度が導入され、まず南京鋼鉄集団公司と莱蕪鋼鉄集団有限公司を自発的協定政策の試行企業として選定した。これを契機に中国の自発的協定の幕が開け、その後20年以上の発展を経て、現在では各省区市がそれぞれの自発的協定を有しており、市場の機能をより発揮し、新しい経済常態に適応する上で不可欠な制度となっている。

（2）環境認証

主にISO14000シリーズを指す。これは国際標準化機構（ISO）がISO9000規格に続いて制定した環境管理に関する国際規格である。ISO14001はISO14000シリーズの中核規格であり、同シリーズの中で唯一認証に用いられる規格である。このシステムは組織的かつ計画的で調和のとれた管理活動を規定しており、標準化された運用手順や文書化された管理メカニズムを備えている。その目的は、環境に対する悪影響を未然に防ぐことである。一般的に、環境認証を取得した企業は国際貿易における「グリーンパスポート」を得たとみなされる。これは企業自身の能力に対する承認であると同時に、優れた企業イメージを構築し、顧客のロイヤルティを高め、健全で持続可能な発展を促進することにつながる。また、ISO14001は環境監督部門に対して効果的な管理手段を提供し、環境監督の負担を間接的に軽減する役割も果たしている。

（3）公共参加

公共参加とは、政府の意思決定過程において、個人・社会団体・その他組織の声を十分に考慮し、民本思想を体現するものであり、またボトムアップ型の重要な監督メカニズムでもある。環境立法の整備においては、民衆による自発的な各種運動や、社会各分野の専門家による理論的・世論的な訴えが極めて重要な役割を果たしてきた。中国における公共参加は、主に環境に関する信訪（陳情）や行政の情報公開の側面に表れている。中国における環境信訪業務の状況は表6.10に示す。

表6.10 環境信訪業務の状況

年	手紙番号 / 封印する	訪問グループ二流 / バッチ	訪問者二流 / 二流	手紙や訪問は完了したケース数	電話/インターネット苦情件数	電話/オンラインでの苦情完了したケースの数
2011	201631	53505	107597	251607	852700	834588
2012	107120	43260	96145	159283	892348	888836
2013	103776	46162	107165	151635	1112172	1098555
2014	113086	50934	109426	152437	1511872	1491731
2015	121462	48010	104323	161252	1646705	1611007

資料出所：『環境統計年報』。

2014年、中国は「環境保護における公共参加の推進に関する指導意見」を制定し、環境ガバナンスの新しいモデルを革新し、公共が秩序立てて効果的に環境保護事務に参加できる新しい局面を切り開くことを提起した。表6.10は「第12次五カ年計画」期間における中国の環境信訪の状況を示しており、ここから中国市民の環境保護意識の高まりを読み取ることができる。同時に、中国は社会の環境保護団体に対する研修を積極的に強化し、公共参加の制度性と先見性を高めてきた。情報公開に関しては、大気や水質といった汚染状況のデータ公開のみならず、環境監督執行、環境影響評価などの分野に関する情報公開も含まれている。

6.2.2　差異化環境規制がグリーン技術革新に及ぼす波及効果のメカニズムと研究仮説

6.2.2.1　命令統制型環境規制がグリーン技術革新に及ぼす波及効果

6.2.1で既に述べたように、命令統制型環境規制の実施主体は政府であり、その作用対象は市場全体の主体である。政府は排出に関する各種基準を制定し、強制手段によって企業に実行を命じ、企業の実施結果に基づいて処罰または報奨を行う。命令統制型環境規制が導入されると、地元企業は突然強化された環境規制に直面することとなるが、短期間では生産技術や製品を改善することができず、まずは汚染物排出を基準に適合させるための段階に資金を投入せざるを得ない。しかし時間の経過とともに、企業は汚染物排出物の処理過程で不断の技術革新を行い、命令統制型環境規制は次第に正のインセンティブ作用を発揮し始める。一方、隣接地域の企業にとっては、地元の厳格な環境規制が投資家を「尻込み」させ、規制の緩い地域を探す契機となる。その結果、投資の一部が規制の低い隣接地域に「流出」し、隣接地域のグリーン技術革新を高めることにつながる。しかし長期的に見ると、命令統制型環境規制の影響を受けた企業は、グリーン技術革新を通じて自らの総合力を高め、地元においてもより良好なビジネス環境を形成することで、外部からの投資を「吸収」するようになる。こうして隣接地域の企業と比較した場合に優位に立ち、結果として隣接地域のグリーン技術革新を抑制することになる。

さらに、波及効果の伝達メカニズムを考慮すると、命令統制型環境規制は行政的手段であり、その作用対象は市場全体であるため、市場化の程度に必ず影響を及ぼす。市場資源の配分が機能不全に陥った場合、政府は市場の規範的発展を導くために対応措置を講じ、「見える手」である政府と「見えざる手」である市場が此消彼長しつつ補完し合う局面が形成される。したがって、命令統制型環境規制が強い場合、市場自体の力は弱まり、市場に政府の「烙印」が押されることで、企業の行動はより多くの制約を受ける。企業の発展も環境コストを考慮せざるを得なくなり、結果的に自らのグリーン技術革新を抑制することになる。以上を踏まえ、次の仮説を提示する：

仮説1：命令統制型環境規制は、本地のグリーン技術革新に対して「U字型」の効果を示し、隣接地域のグリーン技術革新に対しては「逆U字型」の効果をもたらす。

仮説2：命令統制型環境規制は、市場化の程度に影響を与えることで、グリーン技術革新に作用する。

6.2.2.2　市場インセンティブ型環境規制がグリーン技術革新に及ぼす波及効果分析

市場インセンティブ型環境規制は、命令統制型環境規制と比較して最大の特徴は、その手段が強制的ではなくなる点にある。これも政府主導ではあるが、たとえば税制政策や排出許可取引などを通じて、企業に自主的な選択権を与える。排出許可取引を例にとれば、その本質は企業が生み出す負の外部性を内部化することである。すなわち、企業が生産活動を行い、資源消費や環境汚染を引き起こした場合、「排出許可」を購入しなければならず、「汚染者負担」の原則を実践することになる。そして政府は徴収した排出料金収入をもとに、汚染対策や的を絞った補助に充てる。したがって、市場インセンティブ型環境規制の導入初期においては、一方では地元企業の生産技術が即時に更新できないため、多くの排出許可を購入せざるを得ず、その結果として企業資金が圧迫され、グリーン技術革新への積極性が低下する。他方では、企業は「汚染の楽園」と呼ばれる、環境規制が緩やかな経済的に未発達な地域を積極的に探し出す。隣接地域にとっては、投資増加を選択することは現行の技術水準を維持する選択でもあり、総じてみると、短期的には本地・隣地を問わずグリーン技術革新に対して抑制的効果を示す。

しかし、技術が長期にわたって更新されなければ、地元企業は生産する製品の競争力を喪失するだけでなく、高い環境コストに直面し続けることになる。また隣接地域の企業も、汚染の深刻化に伴い、厳格な環境規制の導入を余儀なくされる。したがって、長期的には企業は存続を確保するために、グリーン技術革新への動機を強めざるを得ない。

市場インセンティブ型環境規制は、ある種の経済財の特性を持ち、特に高汚染企業が各省間で移転を行う要因となる。そしてこのような環境規制に起因する汚染企業の移転は、必然的に企業のグリーン技術革新に影響を与える。移転のたびに新たな資金投入が必要となり、新しい固定資産や人員を配置する「ゼロからの開始」プロセスそのものが、グリーン技術革新の開発と応用の過程である。以上を踏まえ、次の仮説を提示する。

仮説3：市場インセンティブ型環境規制は、本地および隣地のグリーン技術革新に対して「U字型」の効果を示す。

仮説4：市場インセンティブ型環境規制は、汚染企業の移転を通じてグリーン技術革新に影響を与える。

6.2.2.3　自発型環境規制がグリーン技術革新に及ぼす波及効果分析

自発型環境規制の実施主体は主に業界団体や企業自身であり、現在広く認知されているものとして、自発的協定、環境認証、そして市民参加などが挙げられる。もし企業経営者が自発的協定を受け入れたり、環境認証を取得した場合、自発型環境規制は企業にグリーン技術革新を促すこととなる。これは、これら二種類の自発型環境規制が企業の自主性を前提としているためである。

一方では、この種の環境規制の指針の下で、企業は市場や市民の需要に応じ、長期的利益を重視しつつ継続的にグリーン技術革新を進め、自らの優位性を築き、強い市場競争力を確保し、持続可能な発展を実現する。他方では、政府からの認可を得ることで、減税・免税、財政補助などの政策支援を受けることも可能となる。一方、市民参加による自発型環境規制は市場インセンティブ型環境規制と類似しており、人々の環境保護意識を基盤とし、環境情報の公開を依拠とする。世論の声や人民代表大会・政治協商会議、聴聞会などの形式を伴うため、初期段階では企業に圧力をもたらす。企業は短期間で技術を更新することができないため、その結果としてグリーン技術革新に対する抑制効果を示す。しかし長期的には、企業が利害得失を秤にかけ、グリーンイノベーションを選択することが不可避であると認識することで、グリーン技術革新への動機を持つようになる。さらに、市民参加の影響は行政区画によって制限されないため、本地および隣地において一致した傾向を示す。市民参加による自発型環境規制は、人々の環境保護意識を高める。これは、人々が日常生活の中で、経済発展のみを追求することによって環境が損なわれる実態をすでに目の当たりにしているためである。深刻な環境汚染は、一方では人々の健康を害し、他方では快適な感情や余暇生活を損ない、人々の精神的な追求を減退させ、最終的には人的資源の最適化を抑制し、技術革新に影響を与える。以上に基づき、以下の仮説を提示する：

仮説5：自発型環境規制（本節では市民参加型自発型環境規制を指す）は、本地および隣地のグリーン技術革新に対していずれも「U字型」の効果を示す。

仮説6：自発型環境規制は人的資源の質を通じてグリーン技術革新に影響を与える。

6.2.3　変数および空間重み行列の選択と説明

6.2.3.1　被説明変数および核心説明変数の選択と説明

被説明変数について、グリーン技術革新は張旭（2017）を参照し、新製品販売収入と汚染物排出量の比率（GTI）によって測定する（汚染物には工業廃水排出量、工業二酸化硫黄排出量、および一般工業廃棄物発生量の合計を含む）。新製品販売収入は『中国科技統計年鑑』および『中国科技年鑑』から、汚染物排出量は各地域の統計年鑑から取得する。データの入手可能性を考慮し、最終的に2006–2017年の各省区市のデータを用いて測定する。

核心説明変数については、差異化環境規制を三つの次元から測定する。

命令統制型環境規制：主に政府を主体とし、強制的・行政的手段で市場に介入する。本節ではデータの連続性と入手可能性を考慮し、韓晶ら（2014）を参照して各地域の汚染処理投資額と第二次産業付加価値の比率を用いて測定する（ER1）。汚染処理投資額は政府が環境を重視する程度を直接反映し、第二次産業付加価値で調整することで、一次産品の再加工産業における環境処理の割合に焦点を当てる。汚染処理投資額は『中国環境統計年鑑』に基づく。

市場インセンティブ型環境規制：排汚費収入とGDPの比率によって測定する（ER2）。命令統制型の直接的効果とは異なり、市場インセンティブ型は市場を通じて企業の内生的動力を喚起することを重視する。排汚費収入は「汚染者負担の原則」に基づき、企業が市場主体としての責任意識を強調する。2015年以降『中国環境統計年鑑』では排汚費収入が公表されなくなったため、本節ではすべて排汚費の納付入庫額で代替する。データは『中国環境年鑑』から取得する。

自発型環境規制（市民参加）：住民を主体とし、人々の環境保護意識を測定する。本節では呉磊ら（2020）の方法を参考に、全国人民代表大会および政治協商会議における環境関連の議案・提案数を指標として用いる（ER3）。全人代・政協といった機関は民生に関心を寄せ、民意を反映するものであり、環境関連の議案・提案数は地域住民の環境への関心や監督意識をある程度反映する。この変数については分散の大きさを消去するため対数処理を行う。データは『中国環境統計年鑑』に基づく。

6.2.3.2　コントロール変数の選択および説明

本節では、コントロール変数の選択を産業構造、行政規制、経済発展水準および外国直接投資の四つの次元から決定し、それぞれ以下のように設定する。

第三次産業付加価値のGDP比率（STR）。三次産業比率は地域の産業構造を反映する。環境規制は客観的に存在する産業構造の下で生じ、その効果の良否も地域の基本的な産業環境に依存する。もし地域の初期産業構造が比較的優れていれば、その地域には資金面での優位性や環境規制に対する抵抗の少なさが内包されており、グリーン技術革新の実現は一層容易になる。

財政支出のGDP比率（GOV）。財政支出比率は行政的介入がグリーン技術革新に与える影響を反映する。グリーン技術革新は初期投資が大きく、また企業行動には一定の慣性があり、既往の行動様式を踏襲する傾向がある。そのため、政府の合理的な介入は企業のグリーン技術革新行動の発生を促進し、企業が環境変化に対して鈍感あるいは不適切に対応することを防ぐ役割を果たす。

国有および国有持株企業の規模以上工業企業資産に占める比率（OWN）。国有企業比率は行政管理の強度を反映する。孫暁華ら（2013）の研究によれば、異なる資産所有制構造は技術革新に対して差異的な影響を及ぼす。その中でも国有企業は強いキャッチアップ効果と成長効果を示すため、本節では国有企業の規模比率を用いて中国の資産所有制構造を測定し、グリーン技術革新に対する影響をコントロールする。

一人当たりGDP（PGDP）。李斌ら（2013）は、経済発展水準と技術進歩の関係を分析した結果、経済水準は汚染防止技術の進歩に有意な影響を与えず、むしろ経済発展水準が高い地域ほど既存の汚染技術を維持する傾向があると指摘している。一方で董直慶ら（2015）は正反対に、経済発展水準はグリーン技術革新を促進するとしている。したがって、本節では経済水準を導入してその影響をコントロールし、人均GDPを2006年価格を基準にデフレートして物価変動の影響を除去する。

外国直接投資のGDP比率（FDI）。FDIが技術革新に与える影響については、研究結果に差異がある。李暁鐘と張小蒂（2008）は、FDI

が地域の一般的な技術革新を一定程度促進すると主張する一方、范承澤ら（2008）はFDIの中国における研究開発投資への純効果は負であるとし、陳勁ら（2007）はFDIの地域イノベーション能力への影響は限定的であると述べている。したがって、本節ではFDIを導入し、そのグリーン技術革新への影響をコントロールする。以上のデータはいずれも『中国工業統計年鑑』および各省区市の歴年統計年鑑に基づく。

6.2.3.3　伝導メカニズム変数の選択および説明

市場化指数（MI）は地域の市場化発展水準と程度を測定するもので、樊綱・王小魯・朱恒鵬編『中国市場化指数』から引用する。グリーン技術革新を顕著に高めるため、本節では人材資源の質を伝導メカニズム変数として導入する。データは恒鵬編『中国市場化指数』を使用する。李瑞琴（2019）は、環境規制が全体としてグリーンプロセス革新およびグリーン製品革新に与える効果が市場化進程によって正に調節されると考えている。馬富萍・茶娜（2012）も、環境規制が技術革新パフォーマンスに与える影響を分析する際に市場化指数を制度環境の尺度として導入し、李瑞琴と同様の結論を得ており、市場化指数が正の調節作用を果たすと指摘している。したがって、本節では市場化指数を導入し、その調節作用の存在性と方向性を分析する。

汚染企業投資（IPE）は、汚染企業投資が全企業投資に占める比率で測定する。汚染産業の選定については、沈坤栄ら（2017）が特定した11の重汚染産業を参照する。呉朝（2016）は博弈モデルを用いて、環境規制と地域間汚染産業移転との関係を研究し、その結果、環境規制下では汚染主体が自らの移転行動をコントロールし、外部効果を内部化できることを示した。これに対し、周麗娜（2017）は逆の結論を得ており、「汚染避難所」仮説が存在するとし、特に中西部地域では環境規制を緩和すると汚染産業が集中的に流入するとしている。さらに張平・張鵬鵬（2016）は、環境規制が汚染企業移転に与える影響は段階的であり、初期には抑制し、その後促進するという閾値特性を呈することを明らかにした。したがって、本節では汚染企業投資の伝導変数を導入し、その調節作用の存在性と方向性を分析する。データは『中国工業統計年鑑』に由来する。

一人当たり平均受教育年数（EDU）、は人的資本の質を表す。王洪慶（2016）、紀建悦ら（2019）は、環境規制が低い場合には人的資本を通じて経済成長を促進し、逆に規制が強い場合には経済成長を抑制することを発見した。周杰琦・梁文光（2020）は人材資源の視角から、環境規制が人材資源を介して高品質な発展に影響を及ぼし、その影響は非線形的であると明らかにしている。以上の研究は、人材資源の質が環境規制の影響を伝導する重要な経路であることを示している。また、馬淑琴ら（2019）は人的資源の質がグリーン技術革新を顕著に高めることを実証している。データは『中国統計年鑑』および各省区市統計年鑑から得られる。計算方法は以下の式を用いる：

一人当たり平均受教育年数（EDU）は、各地域における6歳以上人口を基準に、（各学歴別在学人口×在学年限）/6歳以上抽出総人口によって計算する。変数の説明は表6.11に示す。

表6.11 変数の説明

	変数名	平均	最小	最大	標準偏差
従属変数	新製品収益分配（GTI）	5.182	0.041	45.144	7.658
コア 変数	指揮統制型環境規制（ER1）	3.087	0.707	13.739	1.895

	市場インセンティブに基づく環境規制（ER2）	0.458	0.016	4.596	0.433
	自主環境規制（ER3）	2.516	1.204	3.767	0.445
制御変数	第三次産業の割合（STR）	0.423	0.286	0.806	0.091
	財政支出比率（GOV）	0.222	0.084	0.627	0.096
	国有企業の割合（OWN）	0.507	0.139	0.836	0.176
	一人当たりGDP（PGDP）	3.338	0.575	11.443	2.024
	外国直接投資（FDI）	0.387	0.047	5.705	0.52
伝達機構変数	市場化指数（MI）	5.999	2.33	10,000	1.745
	汚染企業への投資（IPE）	19.606	2.817	42.321	8.004
	平均教育年数（EDU）	8.796	6.594	13.227	1.005

6.2.3.4　空間重み行列の説明

空間重み行列は、空間計量分析の前提であり、地域間の空間的距離を測定する。本節では、地域間の測定において地理距離、経済距離、産業距離および結合距離を用いる。董直慶・王輝（2019）の方法を参照し、まず3種類の地理距離を構築した。すなわち、逆距離行列（W）、逆距離平方行列（W_1）、および一次隣接行列（W_2）である。次に経済距離行列（WC）を構築し、各地域間の一人当たりGDPの差の逆数（金剛・沈坤榮，2018）によって測定した。さらに、産業距離行列（WC）を構築し、各地域の汚染産業規模（汚染産業の平均従業者数、データは中宏経済データベースの産業セクションから取得）の差の逆数で測定した。最後に3種類の結合距離行列を構築した。すなわち、経済×産業行列（WGC）、地理×産業行列（WWC）、および地理×経済行列（WWG）である。

6.2.4　変数の記述統計

6.2.4.1　グリーン技術革新の時空分布

図6.5は、グリーン技術革新の時間的変化を示している。新製品販売収入に注目すると、販売額は時間の経過とともに増加していることがわかる。しかし、グリーン技術革新は環境要素も同時に考慮す

る必要があるため、工業三廃（産業廃水、産業二酸化硫黄、一般産業廃棄物）を加えて調整すると、グリーン技術革新の成長速度が加速していることが明らかになった。これは、一方で中国における新製品収入が年々増加していること、他方で汚染排出の増加速度が鈍化あるいは減少していることを示している。両者の間に徐々に「ハサミ効果（剪刀差）」が形成されており、その結果、比率の増加幅は拡大する傾向にある。

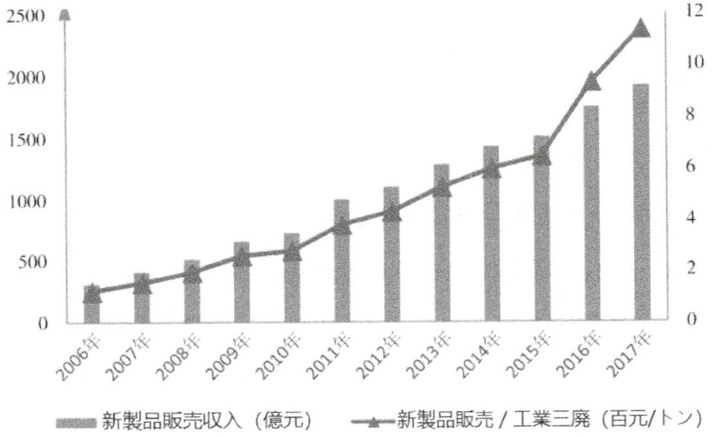

図6.5 中国における2006–2017 年のグリーン技術革新

グリーン技術革新の時空間的特徴に関して、ここでは2006年、2010年、2014年および2017年のクロスセクションデータを例に分析する[1]。まず空間的次元から見ると、その空間分布は中国の東部・中部・西部の経済発展水準とよく一致しており、西部の販売収入が最も少なく、中部が中程度、東部が最も高いという特徴を示している。特に広東省、江蘇省、浙江省など沿海地域を代表とする地域の数値が

1 紙幅の都合上、地図の可視化による表示は省略した。ご希望があれば、著者までお問い合わせください。

最大である。次に時間的次元から見ると、図6.5と一致する結論が得られる。

6.2.4.2　命令統制型環境規制の時空分布

図6.6は、命令統制型環境規制の時間的特徴を示している。汚染処理投資額の観点から見ると、2015年に小幅な減少があった以外は、他の年は上昇傾向を示している。また2013年以降は数値が次第に安定してきており、中国政府の汚染処理投資が安定的発展期に入ったことを意味している。さらに第二次産業の付加価値を加えて命令統制型環境規制を合成すると、データの安定的な傾向は一層顕著となり、緩やかな減少傾向を示している。

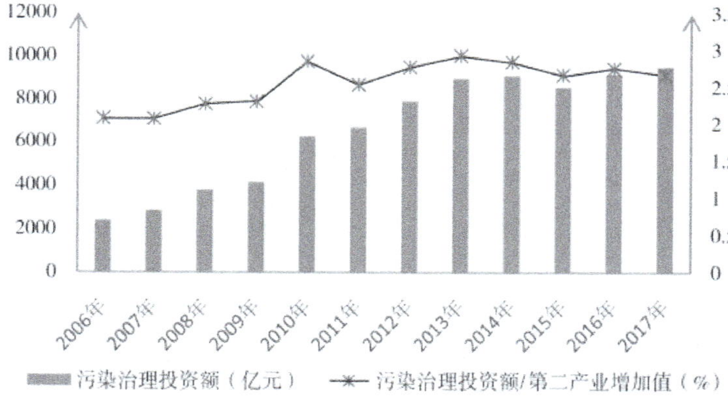

図6.6 中国における2006−2017年の命令統制型環境規制

命令統制型環境規制の空間的特徴について、ここでは2006年、2010年、2014年および2017年のクロスセクションデータを例に分析する。[1]第二次産業付加価値で汚染処理投資を調整した後、地域間の命令統制型環境規制は重工業を基盤とする省・市に多く集中している。これは、これらの省・市における第二次産業付加価値が比較的小さ

1 紙幅の都合上、地図の可視化による表示は省略した。ご希望があれば、著者までお問い合わせください。

いため、調整後の命令統制型環境規制がかえって大きくなるためである。北京市はその機能的地位の特殊性から、命令統制型環境規制が第一位に位置している。時間的次元から見ても、図6.6と一致する結論が得られる。

6.2.4.3　市場インセンティブ型環境規制の時空分布

図6.7は、市場インセンティブ型環境規制の時間的変化を示している。2006年から2017年までの12年間において、排汚費収入は変動しつつも上昇傾向を示したが、全体としては比較的安定している。しかし、中国のGDP成長率が排汚費収入の増加率を上回ったため、合成された市場インセンティブ型環境規制変数はむしろ年々低下している。

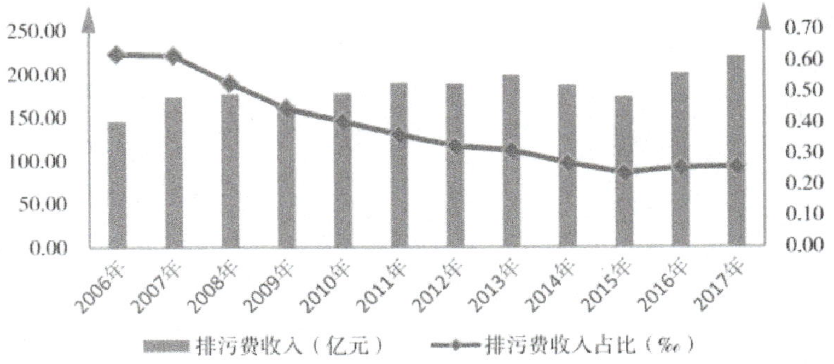

図6.7 中国における2006–2017年の市場インセンティブ型環境規制

市場インセンティブ型環境規制の空間的特徴を見ると[1]、全体的な差異は比較的小さい。高値を示す地域は寧夏、山西、内モンゴルを代表とし、経済的に発展が遅れている地域に集中している。これは、GDP総量が比較的低いため、市場インセンティブ型環境規制の総値が押し上げられた可能性がある。市場インセンティブ型環境規制

1 紙幅の都合上、地図の可視化による表示は省略した。ご希望があれば、著者までお問い合わせください。

全体は年々減少傾向を示しているが、東部地域においてはその減少速度がより速いことが確認できる。

6.2.4.4　自発型環境規制の時空分布

図6.8は、自発型環境規制の時間的特徴を反映しており、全体としては一旦上昇した後に下降する傾向を示している。全国人民代表大会の議案数は全体的な傾向とほぼ一致して推移し、中国人民政治協商会議の提案件数は2012年に小さなピークを迎え、その後徐々に減少して安定水準に落ち着いた。

自発型環境規制の空間的特徴を見ると[1]、高値を示す地域は東南沿海の経済発展地域に集中しており、東から西へと徐々に低下している。この分布は命令統制型および市場インセンティブ型と類似しており、いずれも地域の工業発展水準を基盤として上下に変動している。2014年と2017年を比較すると大きな差異は見られず、現時点で自発型環境規制は安定期に入ったことを示している。

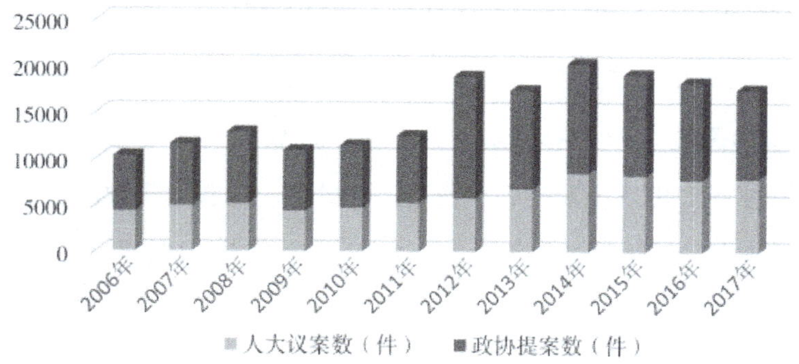

図6.8　わが国における2006～2017年の自主的環境規制

1 紙幅の都合上、地図の可視化による表示は省略した。ご希望があれば、著者までお問い合わせください。

6.2.5　環境規制がグリーン技術革新に及ぼす波及効果の実証分析

本節では、ポーター仮説と環境クズネッツ曲線を組み合わせ、環境規制の二次項をモデルに導入する。空間パネル・ダービンモデルに基づき、具体的なモデルは以下の通りである：

$$Y_{it} = \varepsilon_0 + \rho_0 W \times nti_{it} + \beta_1 ER_{it} + \beta_2 ER^2{}_{it} + \beta_3 X_{it} + \theta_1 WER_{it} + \theta_2 WER^2{}_{it} + \theta_3 WX_{ij} + u_i + \varepsilon_{it} (i=1,\ldots,n; t=1,\ldots,T) \quad (6.2)$$

ここで、ntiは被説明変数であるグリーン技術革新、X_{it}はコントロール変数の行列である。

6.2.5.1　環境規制波及効果の存在性

本節では空間パネル・ダービンモデルを用い、反距離行列（W）、反距離二乗行列（W_1）、一次隣接行列（W_2）の制約下で、命令統制型、市場インセンティブ型、自発型の各環境規制について波及効果の存在性を順次検証する。

（1）命令統制型環境規制の波及効果の存在性

表6.12は命令統制型環境規制の波及効果を示しており、$W \times dep.va$の係数は1%の有意水準で有意である。そのうち本地効果を見ると、すべての環境規制の一次項係数は負、二次項係数は正となった。一方で隣接地域の効果は正反対であり、W_2行列を除けば、環境規制の一次項係数は負、二次項係数は正で、すべての環境規制の係数は 10% の有意水準で有意であった。これはすなわち、命令統制型環境規制がグリーン技術革新に与える影響は、本地においては「抑制から促進へ」という傾向を示すことを意味する。すなわち、命令統制型環境規制が実際に作用し始めると、政策のタイムラグや企業行動の慣性のため、企業のグリーン技術革新は直ちには現れない

。環境規制により企業コストが急増することで、企業の利潤追求本能がコスト転嫁の対象や手段を模索する一方で、政策実施と企業行動調整の摩擦期間を経て、企業は長期的利益のために技術革新をせざるを得なくなり、持続可能な発展の道を歩むようになる。隣接地域においては「促進から抑制へ」という効果を示す。すなわち、環境規制の強化は隣地のグリーン技術革新を促進するが、これは企業が「環境規制の緩い地域（環境規制の谷間）」を求め、環境規制の厳しい地域を回避することで、産業を移転させるためである。この過程では必然的に投資行動が伴い、間接的に隣接地域のグリーン技術の進歩を促す可能性がある。ただし、WおよびW_2の制約下における隣地効果の二次項係数の絶対値は本地効果より小さい。これは、環境規制の波及効果が本地を中心に発生し、隣地に拡散する過程で減衰することを意味する。では、この波及効果が正から負、あるいは負から正へ転換するのはいつか？計算の結果、三つの地理行列における本地効果の符号転換値はそれぞれ5.122、5.097、4.354であった。命令統制型環境規制の平均値3.087と比較すると、現時点における中国の命令統制型環境規制は依然として「本地においては抑制、隣地においては促進」が主な段階にあることが示唆される。

表6.12 指揮統制型環境規制の波及効果の存在

	変数	W	W_1	W_2
ローカル効果	ER	-2.021***	-1.923***	-1.856***
		(-6.662)	(-6.565)	(-6.453)
	ER^2	0.197***	0.189***	0.213***
		-7.446	-7.337	-8.873
	STR	37.619***	35.588***	28.618***
		-9.824	-9.643	-8.771
	GOV	-10.840***	-11.318***	-3.608***
		(-3.142)	(-3.501)	(-1.119)
	OWN	5.465***	5.737***	4.821***

		-3.339	-3.836	-2.784
	PGDP	1.130***	0.977***	2.175***
		-5.415	-4.907	-12.096
	FDI	0.289	0.289	-0.634***
		-0.661	-0.709	(-1.544)
近隣効果	w×ER	2.013**	0.869*	-0.743***
		-2.524	-1.888	(-1.161)
	w×ER²	-0.153**	-0.067*	-0.019***
		(-2.517)	(-1.897)	(-0.368)
	w×STR	-8.923	-2.776	-10.068***
		(-1.072)	(-0.521)	(-1.873)
	w×GOV	-3.951	1.089	-8.759***
		(-0.681)	-0.301	(-1.789)
	w×OWN	2.982	0.584	-2.550***
		-0.922	-0.292	(-0.946)
	w×PGDP	0.035	0.202	-0.979***
		-0.09	-0.806	(-3.097)
	w×FDI	-0.029	-0.257	-3.665***
		(-0.023)	(-0.422)	(-4.008)
	切片項	-14.727***	-13.560***	–
		-4.43	-6.138	–
	W×dep. va	0.381***	0.272***	0.405***
		-4.985	-5.282	-6.159
	R-sq	0.786	0.794	0.808
	N	360	360	360

注：括弧内は標準誤差*、**、***はそれぞれ10%、5%、1%の水準で有意であることを示す。以下同様。

(2) 市場インセンティブ型環境規制の波及効果の存在性。表6.13は市場インセンティブ型環境規制の波及効果を示しており、$W \times dep.va$の係数は1%の有意水準で有意である。命令統制型環境規制と比較すると、本地・隣地のいずれにおいても、環境規制の一次項係数は負、二次項係数は正となり、環境規制がグリーン技術革新に対して「抑制から促進へ」という傾向を示していることが分かる。市場インセンティブ型環境規制は市場への作用を主とし、間接効果を強調するものであり、政府が選択肢を提示し、企業が自主的に取引を行う仕組みである。そのため、初期段階では企業がグリーン技術革新を行う動機が不足していたり、革新行動が実際の利益に結びつかず、さらに企業資本を圧迫するため、グリーン技術革新に対して抑制的に作用する。しかし、時間の経過に伴い、企業の意識や客観的環境の変化、あるいは研究開発行動が利益として還元されることによって、環境規制はグリーン技術革新を促進する効果を持ち始める。そして、産業や資源の流動性により、この「抑制から促進へ」の効果は本地だけでなく隣地へも波及する。三種類の地理行列において、この波及効果の転換点は本地効果でそれぞれ2.162、2.111、2.177、隣地効果でそれぞれ2.283、2.364、2.468となる。これらはいずれも市場インセンティブ型環境規制の平均値 0.458 から大きくかけ離れている。

表6.13　　市場インセンティブ型環境規制の波及効果の存在性

	変数	W	W_1	W_2
ローカル効果	ER	-5.823***	-5.748***	-3.963***
		(-4.835)	(-4.800)	(-3.279) 0.910***
	ER^2	1.347***	1.361***	-2.896
		-4.183	-4.238	36.256***
	STR	32.001***	24.880***	-11.831
		-9.337	-7.983	-8.589***
	GOV	-9.419**	-10.530***	(-2.388)
		(-2.564)	(-3.012)	5.989***
	OWN	6.751***	6.894***	-3.139
		-3.712	-4.095	2.057***
	PGDP	1.333***	1.217***	-10.811
		-6.749	-6.197	-0.756*
	FDI	-0.014	0.178	(-1.697)
		(-0.029)	-0.402	
近隣効果	w×ER	-9.857***	-6.240***	-9.480***
		(-3.127)	(-3.626)	(-3.210)

	変数	W	W_1	W_2
	w×ER^2	2.159**	1.320***	1.920***
		-2.556	-2.991	-2.384
	w×STR	-33.391***	-25.161***	-21.442***
		(-5.587)	(-6.664)	(-4.082)
	w×GOV	-14.950***	-5.771	-19.613***
		(-2.280)	(-1.414)	(-3.432)
	w×0WN	11.437***	5.153**	6.440*
		-3.072	-2.299	-1.756
	w×PGDP	0.124	0.316***	-0.846***
		-0.317	-1.281	(-2.447)
	w×FDI	0.878	0.405	-2.829***
		-0.671	-0.61	(-2.839)
	W×dep.va	0.443***	0.352***	0.234**
		-6.216	-7.304	-3.144
	R-sq	0.749	0.781	0.781
	N	360	360	360

制御変数について見ると、財政支出のGDP比の係数はいずれも負であり、財政支出比率が高いほどグリーン技術革新の発生を抑制することを示している。高い財政支出は政策介入度の高さを意味するが、グリーン技術革新は内因的な駆動力が明確であり、過度な財政支出は「過ぎたるは及ばざるが如し」の効果をもたらす。一人当たりGDPの係数は正であり、経済発展水準の高い地域ほどグリーン技術革新能力が強いことを示している。経済的に発達した地域は、資本の賦存条件が優れており、高い教育水準と豊富な資金力を有しているため、グリーン技術革新の萌芽と発展に有利である。一方、外資直接投資のGDP比の係数は有意ではなく、外資直接投資が中国のグリーン技術革新に及ぼす効果は不確実であり、自主的なイノベーションに依存する必要があることを示唆している。

（3）自発型環境規制の波及効果の存在性

表6.14は自発型環境規制の波及効果を示しており、$W \times dep.va$ の

係数は1%の有意水準で有意である。市場インセンティブ型環境規制と同様に、自発型環境規制の波及効果は本地および隣地においても「抑制から促進へ」という傾向を示している。計算によれば、W、W_1およびW_2の転換点値はそれぞれ2.074、2.095、2.085 である。自発型環境規制の平均値2.516 と比較すると、依然として環境規制効果の転換点には達していないものの、三種類の環境規制の中で最も転換点値に近いことが分かる。異なる点として、隣地効果において環境規制の二次項係数はいずれも本地効果より大きい。これは、一地域の自発型環境規制が隣地のグリーン技術革新に与える効果が、本地のグリーン技術革新への効果よりも大きいことを意味する。本地における自発型環境規制の程度が高い場合、模範効果を無形のうちに形成し、点から面へと広がることで周辺地域もそこから学び、隣地のグリーン技術革新を促進する可能性がある。

表6.14　　　自発型環境規制の波及効果の存在性

	変数	W	W_1	W_2
ローカル効果	ER	-6.652*	-6.767**	-5.642
近隣効果		(-1.711)	(-1.996)	(-1.459)
	ER^2	1.604*	1.615**	1.353
		-1.903	-2.178	-1.591
	STR	41.423***	39.435***	41.682***
		-11.318	-11.238	-12.397
	GOV	-11.561***	-11.689***	-9.245**
		(-2.679)	(-2.888)	(-2.106)
	OWN	6.765***	7.074***	6.847***
		-3.518	-3.938	-3.247
	PGDP	1.304***	1.063***	1.998***
		-6.34	-5.336	-10.659
	FDI	0.28	0.403	-0.467
		-0.587	-0.898	(-1.011)
近隣効果	w×ER	-14.827***	-12.876***	-11.109**
		(-2.588)	(-3.108)	(-2.290)

	変数	W	W_1	W_2
	w×ER²	3.415**	2.843***	2.912**
		-2.401	-2.936	-2.49
	w×STR	-10.152	-3.391	-6.632
		(-1.213)	(-0.674)	(-0.859)
	w×GOV	-6.405	-1.231	-12.872**
		(-0.910)	(-0.277)	(-2.011)
	w×0WN	12.422**	6.016**	3.934
		-2.366	-2.027	-0.996
	w×PGDP	0.385	0.4	-0.817**
		-0.964	-1.599	(-2.372)
	w×FDI	-0.168	-0.019	-2.300**
		(-0.125)	(-0.027)	(-2.135)
	W×dep.va	0.301***	0.235***	0.227***
		-3.721	-4.475	-2.966
	R-sq	0.759	0.764	0.776
	N	360	360	360

6.2.5.2　異なる空間行列制約下の波及効果

（1）経済隣接・産業隣接におけるグリーン技術イノベーションの波及効果各地方政府が環境規制において採用した措置については、学者ごとに異なる結論が得られている。地方政府の環境規制には「底辺への競争」の特徴が存在し、すなわち経済発展が比較的劣る地域は環境保護基準を引き下げ、環境を犠牲にして域外資金の誘致を図る傾向がある。一方で、地方政府間の環境規制競争は「上方への競争」として現れ、環境全体を経済と環境のバランスにより有利な方向へと導く。中国では、経済的に隣接する地域の環境規制は「上方への競争」モードを示すのに対し、地理的に隣接する地域では「底辺への競争」モードを呈する。本節では、地理的隣接という制約の下で環境規制がグリーン技術イノベーションに対して波及効果を持つことを確認した。さらに推し進めれば、地域の「隣接」の定義を変え、経済距離行列（WG）や産業距離行列（WC）を用いた場合に、この環境規制によるグリーン技術イノベーションの波及効果が依然として存在するのかを検討する。

表6.15は、命令統制型、市場インセンティブ型および自発型の環境規制が、経済距離行列と産業距離行列においてグリーン技術イノベーションに与える波及効果を示している。これを見ると、産業距離行列に関しては、命令統制型と市場インセンティブ型環境規制のいずれもが「抑制から促進へ」という波及効果を持つ一方で、自発型環境規制の波及効果は明確ではない。その理由は、命令統制型と市場インセンティブ型環境規制が、産業隣接地域における汚染移転を容易にするのに対し、自発型環境規制は主に地域住民や企業の自覚意識に依存しているためであり、経済隣接や産業隣接の地域がこのような主観的な自覚意識に与える影響は顕著ではないからである。経済隣接行列の制約下では、三種類の環境規制はいずれも本地のグリーン技術イノベーションに対してのみ「抑制から促進へ」の波及効果をもたらし、隣地への効果は有意ではない。これは、汚染産業の移転が経済隣接地域との関連性をそれほど強く持たないためであり、経済隣接はむしろ類似した発展水準を意味するにとどまる一方、汚染産業の移転は地理的隣接や産業チェーンの上下流関係に依存する度合いが高いためである。その結果、環境規制によるグリーン技術イノベーションの拡散効果は明確には表れない。

表6.15　　経済隣接・産業隣接における波及効果

変数		指揮統制		市場インセンティブ		自発的	
		WG	WC	WG	WC	WG	WC
本土地効果答え	ER	-2.066***	-1.632***	-5.005***	-5.046***	-10.753**	- 11.892***
		(-6.376)	(-5.694)	(-3.626)	(-4.379)	(-2.520)	(-3.378)
	ER^2	0.221***	0.180***	1.164***	1.272***	2.384***	2.386***
		-8.011	-7.28	-3.298	-4.201	-2.58	-3.13
	STR	30.154***	21.713***	35.218***	23.323***	39.285***	29.295***
		-7.821	-6.126	-8.932	-6.593	-10.99	-8.855

変数		指揮統制		市場インセンティブ		自発的	
		WG	WC	WG	WC	WG	WC
	GOV	-7.918***	-17.422***	-11.484***	-20.114***	-12.751***	-22.541***
		(-2.693)	(-5.798)	(-3.601)	(-6.227)	(-3.562)	(-6.911)
	OWN	4.577***	9.963***	4.887***	12.198***	8.460***	12.528***
		-2.821	-6.529	-2.807	-7.069	-4.503	-7.152
	PGDP	2.398***	1.459***	2.431***	1.429***	2.287***	1.405***
		-9.028	-9.117	-8.51	-8.415	-8.016	-8.387
	FDI	-0.479	0.652	-0.978**	0.573***	-0.585	0.443
		(-1.065)	-1.601	(-2.003)	-1.299	(-1.214)	-1.015
近隣効果	w×ER	-0.092	-2.705***	-0.428	-3.451*	-6.28	5.531
		(-0.136)	(-4.595)	(-0.191)	(-1.710)	(-1.257)	-1.204
	w×ER^2	0.097	0.252***	0.309	0.794*	1.408	-1.835*
		-1.397	-4.354	-0.58	-1.626	-1.219	(-1.674)
	w×STR	-25.914***	-22.207***	-26.968	-35.621***	-11.102	-7.280***
		(-3.486)	(-3.654)	(-3.571)	(-5.491)	(-1.387)	(-0.989)
	w×GOV	4.03	11.438**	2.767	5.587	0.694	4.689
		-1.187	-1.999	-0.713	-0.889	-0.173	-0.785
	w×0WN	-4.145	-5.298**	-4.744	-3.736	4.799	-10.645***
		(-1.496)	(-1.978)	(-1.613)	(-1.041)	-1.389	(-2.974)
	w×PGDP	-0.505	1.635**	-0.754	1.338***	0.163	1.348***
		(-0.917)	-4.798	(-1.266)	-3.871	-0.272	-4.072
	w×FDI	0.185	2.792**	-1.139	4.044***	-1.063	2.944**
		-0.1	-2.526	(-0.600)	-3.363	(-0.580)	-2.543
	W×dep.va	-0.059	0.166**	-0.019	0.350***	-0.132*	0.247***
		(-0.841)	-2.462	(-0.271)	-5.772	(-1.852)	-3.788
	R-sq	0.781	0.819	0.739	0.775	0.756	0.795
	N	360	360	360	360	360	360

(2) 地理・経済距離行列のカップリング下におけるグリーン技術イノベーションの波及効果（表6.16参照）地理・経済距離行列をカップリングした場合、三種類の環境規制はいずれも本地のグリーン技術イノベーションに対して「抑制から促進へ」という作用を持つが、隣地のグリーン技術イノベーションに対する作用はそれぞれ異なる。

命令統制型環境規制は、隣地において「促進から抑制」への作用を示し、これは地理距離行列の結果と類似している。自発型環境規制は隣地においても一貫して「抑制から促進」への傾向を保持している。一方、市場インセンティブ型環境規制はグリーン技術イノベーションに対して本地でのみ作用し、隣地効果は有意ではない。また、単に地理距離行列に注目した場合と比較すると、環境規制の一次項係数および二次項係数の絶対値はいずれも減少している。例えば、命令統制型環境規制の場合、反距離行列下では本地効果と隣地効果の環境規制一次項・二次項係数の絶対値はそれぞれ2.021、0.197、2.013、0.153であるのに対し、地理経済行列ではそれぞれ1.800、0.175、1.301、0.078となっている。これは、行列のカップリング過程において、大きな重みと小さな重みが互いに相殺する状況が存在するためであり、その結果、グリーン技術イノベーションの波及効果が相応に弱まったことを示している。

表6.16 地理・経済隣接における波及効果

	変数	指揮統制	市場インセンティブ	自発的
		WWG	WWG	WWG
ローカル効果	ER	-1.800***	-6.452***	-10.125***
		(-5.900)	(-5.019)	(-2.672)
	ER^2	0.175***	1.610***	2.346***
		-6.413	-5.029	-2.834
	STR	35.365***	26.342***	38.850***
		-10.035	-7.31	-10.911
	GOV	-8.770***	-11.699***	-12.400***
		(-3.249)	(-4.024)	(-3.509)
	OWN	4.481***	4.322***	6.562***
		-2.95	-2.655	-3.689
	PGDP	1.064**	0.765**	0.846***
		-3.5	-2.46	-2.783
	FDI	0.128	0.017	0.214
		-0.31	-0.037	-0.476
	w×ER	1.301***	-1.575	-8.219*

	変数	指揮統制	市場インセンティブ	自発的
		WWG	WWG	WWG
近隣効果		-2.922	(-0.891)	(-1.943)
	w×ER²	-0.078**	0.512	1.831*
		(-2.147)	-1.228	-1.882
	w×STR	-16.013***	-30.684***	-11.499**
		(-2.925)	(-7.315)	(-2.296)
	w×GOV	-1.484	-1.502	-2.119
		(-0.516)	(-0.479)	(-0.600)
	w×0WN	4.935**	4.672**	9.285***
		-2.35	-2.091	-3.638
	w×PGDP	0.634	1.041**	1.098***
		-1.508	-2.465	-2.698
	w×FDI	0.049	0.494	-0.2
		-0.053	-0.491	(-0.202)
	切片項	-12.296***	-	-
		(-5.906)	-	-
	W×dep.va	0.270***	0.406***	0.246**
		-5.141	-8.637	-4.633
	R-sq	0.837	0.799	0.832
	N	360	360	360

(3) 経済・産業、地理・産業隣接下におけるグリーン技術イノベーションの波及効果経済距離と産業距離、地理距離と産業距離の行列をそれぞれカップリングして分析を続けた結果、三種類の環境規制がグリーン技術イノベーションに及ぼす効果は表6.17に示されている。これを見ると、命令統制型環境規制が経済距離と産業距離のカップリング下においては、本地および隣地の双方に「抑制から促進」への作用を示すのに対し、それ以外の環境規制によるグリーン技術イノベーションへの作用は本地にとどまり、隣地へは波及していないことが分かる。

表6.17経済・産業、地理・産業隣接における波及効果

変数		指揮統制		市場インセンティブ		自発的	
		WGC	WWC	WGC	WWC	WGC	WWC
本土地効果答え	ER	-1.736***	-1.771***	-5.269***	-5.425***	-6.82	-9.121***
		(-5.558)	(-6.461)	(-4.559)	(-5.709)	(-1.749)	(-3.118)
	ER^2	0.201***	0.163***	1.310***	1.304***	1.344	2.073***
		-7.499	-6.758	-4.314	-5.156	-1.569	-3.259
	STR	23.317***	24.247***	31.479***	14.767***	30.670***	24.990***
		-6.29	-6.817	-9.285	-5.371	-8.583	-8.352
	GOV	-16.640***	-12.982***	-15.232***	-13.142***	-19.885***	-12.135***
		(-5.675)	(-4.089)	(-5.367)	(-4.264)	(-5.747)	(-3.802)
	OWN	8.288***	7.026***	8.421***	7.722***	10.781***	7.822***
		-5.156	-4.562	-5.292	-4.847	-5.911	-4.869
	PGDP	0.856***	0.620***	0.411*	0.655***	0.751***	0.596***
		-3.825	-3.303	-1.862	-3.962	-3.155	-3.703
	FDI	0.507	0.759**	0.256	0.838**	0.35	0.770**
		-1.179	-2.006	-0.602	-2.274	-0.759	-2.069
隣接土地効果答え	w×ER	-2.241***	-0.711*	2.695	-1.874	-8.157*	3.451
		(-3.600)	(-1.727)	-1.485	(-1.488)	(-1.827)	-0.977
	w×ER^2	0.305***	0.05	-0.369	0.459	1.479	-1.380*
		-5.158	-1.539	(-0.873)	-1.431	-1.436	(-1.672)
	w×STR	-14.356**	-0.375***	-4.337	-29.949***	3.961	-8.367**
		(-2.556)	(-0.081)	(-0.661)	(-9.189)	-0.543	(-2.016)
	w×GOV	13.041***	5.727***	6.761	4.888	8.245	1.368
		-3.195	-1.37	-1.567	-1.2	-1.716	-0.329
	w×0WN	-8.648***	0.176***	2.234	1.350***	-4.116	-6.324**
		(-3.168)	-0.082	-0.664	-0.596	(-1.209)	(-2.503)
	w×PGDP	1.135***	1.951***	1.652***	1.737***	1.617***	1.511***
		-3.018	-7.857	-4.89	-7.386	-4.264	-6.742
	w×FDI	2.579***	1.558**	2.943***	2.227***	2.576***	1.011
		-3.081	-2.003	-3.616	-2.957	-2.915	-1.337
	切片項	-	-11.957***	-17.996***	-	-	-
		-	(-6.312)	(-7.446)	-	-	-
	W×dep.va	0.124*	0.108**	0.251***	0.467***	0.114**	0.360***
		-1.955	-2.381	-5.861	-10.646	-1.768	-7.439

変数		指揮統制		市場インセンティブ		自発的	
		WGC	WWC	WGC	WWC	WGC	WWC
	R-sq	0.795	0.837	0.789	0.799	0.773	0.832
	N	360	360	360	360	360	360

6.2.6 差異化環境規制の波及効果の形成メカニズム

異なる空間隣接行列の設定において、環境規制の波及効果、すなわち「本地―隣地」の技術イノベーション方向には明確な差異が存在する。では、ある地域の環境規制はどのようにして本地および隣地のグリーン技術進歩方向の転換を引き起こすのだろうか。内生的技術進歩理論によれば、異なるタイプの技術革新の相対的利益、さらには環境規制によってもたらされる「遵守コスト」および「イノベーション補償」効果は、いずれも企業の技術革新方向を変化させる。また、地方政府間における環境規制の「底辺競争」は、しばしば隣地のグリーン技術進歩方向の転換を引き起こす。本節では、異なる環境規制の波及効果の形成メカニズムについてそれぞれ考察する。

6.2.6.1 命令統制型環境規制の波及効果の形成メカニズム

中国共産党第18期三中全会は、経済体制改革は全面的な深化改革の重点であり、その核心は政府と市場の関係を適切に処理し、市場が資源配分において決定的な役割を果たすと同時に、政府の役割をより良く発揮させることにあると指摘した。命令型環境規制は、本質的に市場の無秩序な発展を回避するために採用される行政手段である。本節では、命令統制型環境規制と市場化の関係を探討するため、市場化指数を被説明変数として導入した。結果は表6.18に示すとおりであり、行政的色彩を有する環境規制は、本地に対しても隣地に対しても市場化指数を抑制する効果が存在することが分かる。これは「見える手」としての政府と「見えざる手」としての市場が相互補完関係にある現実と一致している。さらに、10%の有意水準において、wxERの係数の絶対値はERの係数の絶対値を上回っており、環境規制が隣地の市場化に対する抑制効果が本地よりも強いことを示している。

表6.18　　命令統制型環境規制が市場化指数に与える影響

	変数	W	W1	WG	WG	WWC	WWG
本土地効果答え	ER	-0.101***	-0.093***	-0.095***	-0.088***	-0.074**	-0.074***
		(-5.018)	(-4.723)	(-4.314)	(-4.942)	(-3.545)	(-3.666)
	STR	5.886***	6.584***	6.638***	4.987**	6.521***	6.026***
		-10.123	-11.671	-10.241	-9.09	-10.735	-10.52
	GOV	-7.907***	-7.935***	-7.489***	-8.106***	-8.230***	-7.822***
		(-14.771)	(-15.383)	(-15.065)	(-17.462)	(-16.277)	(-15.499)
	OWN	-2.244***	-2.178***	-2.494***	-2.222***	-2.460***	-2.104***
		(-8.695)	(-9.091)	(-8.765)	(-9.386)	(-8.659)	(-8.538)
	PGDP	0.291***	0.256***	0.271***	0.210***	0.386***	0.337***
		-8.97	-8.07	-6.074	-8.579	-12.264	-11.381
	FDI	-0.159***	-0.224***	-0.194**	-0.109*	-0.244***	-0.199***
		(-2.287)	(-3.367)	(-2.501)	(-1.722)	(-3.328)	(-2.843)
隣接土地効果答え	w×ER	-0.125**	-0.095***	0.123***	0.064	-0.237***	-0.116***
		(-2.346)	(-3.014)	-2.881	-1.498	(-3.909)	(-2.053)
	w×STR	-0.629	1.367	-1.349	0.682	0.881	-0.24
		(-0.484)	-1.636	(-0.944)	-0.601	-0.593	(-0.174)
	w×GOV	7.514***	6.183***	3.326***	4.828***	6.722***	8.321***
		-8.106	-10.126	-4.88	-5.228	-8.895	-7.726
	w×0WN	1.906***	1.368***	4.002***	2.242***	2.427***	1.256**
		-3.962	-4.28	-8.998	-5.522	-4.174	-2.413
	w×PGDP	-0.211***	-0.249***	0.069	-0.003	-0.387***	-0.344***
		(-3.592)	(-6.541)	-0.719	(-0.059)	(-5.934)	(-6.690)
	w×FDI	0.319	0.149	-0.283	0.215	-0.39	0.282
		-1.641	-1.487	(-0.883)	-1.246	(-1.526)	-1.214
	W×dep.va	0.727***	0.657***	0.494***	0.631***	0.737***	0.737***
		-17.755	-22.188	-10.201	-15.981	-17.913	-18.569
	R-sq	0.826	0.809	0.858	0.865	0.815	0.816
	N	360	360	360	360	360	360

環境規制は市場化指数に対して抑制的な波及効果を有しているが、この抑制作用は果たしてグリーン技術イノベーションに伝達される

のだろうか。本節では、環境規制と市場化指数の交互項ERMIを導入し、環境規制によって引き起こされる市場化の変動がグリーン技術イノベーションに与える影響を検証する。表6.19から分かるように、MIおよびERMIを導入した後でも、環境規制が本地のグリーン技術イノベーションに対するU字型の作用は依然として有意である。しかし、各変数の係数には明確な変化が見られ、隣地におけるグリーン技術イノベーションへの影響は不確定である。これは、市場化の変動が本地および隣地の環境規制によるグリーン技術イノベーション効果に干渉を与えることを示している。同時に、MIの係数は正であり、「命令統制型環境規制→市場化指数→グリーン技術イノベーション」という伝達メカニズムが形成されている。具体的に言えば、環境規制が強化されると市場化指数が低下し、市場化指数の低下はさらにグリーン技術イノベーションの減少をもたらす。また、ERMIの係数はいずれも正であり、環境規制の下で市場化指数への影響を通じて、本地および隣地双方においてグリーン技術の進展を促進し得ることが確認された。

表6.19命令統制型環境規制のグリーン技術イノベーション・メカニズムの検証

	変数	W	W_1	WG	WG	WWC	WWG
本土地効果答え	ER	-2.199***	-2.510***	-2.414***	-2.260***	-2.103***	-2.057***
		(-7.086)	(-8.444)	(-7.119)	(-7.387)	(-6.516)	(-6.319)
	ER_2	0.113***	0.117***	0.060**	0.061**	0.101***	0.103***
		-4.528	-4.702	-2.096	-2.351	-3.756	-3.924
	STR	18.335***	17.356***	9.973***	7.662**	17.083***	14.646***
		-5.203	-5.012	-2.599	-2.215	-4.611	-3.907
	GOV	14.241***	13.435***	8.383**	-0.574*	9.857***	13.302***
		-3.953	-3.713	-2.54	(-0.159)	-2.785	-3.67
	OWN	10.353***	9.253***	10.290***	12.054***	8.585***	11.145***
		-6.742	-6.42	-6.255	-7.502	-4.991	-7.117
	PGDP	0.420**	0.441**	1.757***	1.272***	0.902***	0.755***
		-2.056	-2.236	-6.705	-7.734	-4.184	-3.775
	FDI	0.720*	0.815***	0.092	0.664*	0.266	0.203
		-1.951	-2.293	-0.235	-1.853	-0.673	-0.518

	変数	W	W_1	WG	WG	WWC	WWG
	MI	2.281**	1.896***	0.764**	0.689*	1.923***	2.366***
		-6.416	-5.43	-2.343	-1.794	-5.27	-6.413
	ERMI	0.223***	0.262***	0.369***	0.329***	0.229***	0.226***
		-4.615	-5.619	-7.549	-6.928	-4.502	-4.536
隣接土地効果答え	w×ER	-0.216	-1.061**	-1.261	-2.660***	-0.068	0.432
		(-0.249)	(-2.169)	(-1.538)	(-4.156)	(-0.072)	-0.39
	w×ER_2	-0.220***	-0.131***	0.08	0.218***	-0.1	-0.132**
		(-3.414)	(-3.333)	-1.287	-3.268	(-1.495)	(-2.068)
	w×STR	5.391	3.974	-0.927	-7.503	13.951***	31.616***
		-0.741	-0.818	(-0.119)	(-1.118)	-1.549	-3.393
	w×GOV	-22.496***	-15.082***	-11.620***	-1.685	-18.870***	-31.492***
		(-3.662)	(-3.605)	(-2.993)	(-0.296)	(-3.668)	(-4.572)
	w×0WN	-8.828***	-7.900***	-3.2	-5.193**	-10.920***	-18.554***
		(-3.065)	(-4.131)	(-1.145)	(-2.018)	(-3.200)	(-5.333)
	w×PGDP	0.695*	0.912***	0.936*	1.504***	0.197	0.547
		-1.771	-3.454	-1.799	-4.594	-0.465	-1.393
	w×FDI	-0.909	-0.741	1.268	2.923***	-3.734***	-3.551***
		(-0.862)	(-1.358)	-0.779	-2.997	(-2.649)	(-2.605)
	w×MI	-4.376***	-3.665***	-2.673***	-1.384***	-3.264***	-4.241***
		(-9.082)	(-9.579)	(-6.631)	(-2.920)	(-6.091)	(-7.946)
	w×ERMI	0.427***	0.382***	0.191	0.02	0.12	0.111
		-3.01	-4.636	-1.623	-0.153	-0.782	-0.663
	W×dep.va	0.384***	0.244***	-0.06	0.233***	0.278***	0.193**
		-5.115	-4.732	(-0.858)	-3.562	-3.322	-2.201
	R-sq	0.851	0.854	0.84	0.857	0.844	0.848
	N	360	360	360	360	360	360

6.2.6.2　市場誘因型環境規制の波及効果の形成メカニズム

市場誘因型環境規制は、しばしば地域間の汚染産業移転を引き起こす（沈坤栄ほか，2017）。これにより、本地における環境規制の技術進歩効果を弱める一方で、隣接地域の汚染産業構造の変動を誘発し、その結果、隣地における異なる種類の技術革新の利潤を変化させる。果たして実際にそうなのだろうか。本節ではまず、汚染企業投資が全企業投資に占める比率（IPE）を被説明変数として、異なる隣接条件下で環境規制が汚染産業投資規模の変化を引き起こすかどうかを検証する。その結果は表6.20に示されている。分析の結果、いかなる隣接制約下においても、市場誘因型環境規制は本地および隣地双方の汚染企業投資比率に対して正の促進作用を示すことが明らかになった。市場誘因型環境規制の実施により、高汚染企業はこの間接的な調整作用に対応するために投資を増加させる措置を取ることになる。さらに、環境規制が汚染企業投資比率に及ぼす係数を比較すると、産業距離行列の場合を除き、$w \times ER$ の係数はすべて ER の係数を上回っている。これは、他のすべての距離制約下において、環境規制が企業の汚染産業投資構造を変化させ、本地環境規制の強化が隣地汚染企業投資の促進効果を、本地汚染企業投資への促進効果よりも大きくしていることを意味する。すなわち、汚染企業の隣地への移転が生じていることを示している。特に、反距離行列制約下での環境規制係数が最大で1.057となり、地理的に隣接する地域の環境規制が汚染企業投資比率に与える影響が最も大きいことが明らかになった。

表6.20 市場誘因型環境規制が汚染企業投資に与える影響

	変数	W	W1	WG	WC	WWG
本土地効果答え	ER	0.432***	0.460***	0.276***	0.612***	0.200**
		-6.866	-7.375	-3.577	-9.02	-2.406
	STR	-3.175***	-2.134***	-4.961***	-3.582***	-3.271**
		(-7.748)	(-5.654)	(-10.889)	(-8.094)	(-6.954)
	GOV	3.490***	2.889***	3.492***	2.195***	4.153***
		-7.942	-6.81	-8.86	-5.296	-10.226
	OWN	-1.277***	-1.060***	0.024	0.02	-0.564**
		(-5.919)	(-5.238)	-0.11	-0.093	(-2.483)
	PGDP	0.048***	0.042*	-0.035***	0.087***	0.030***
		-2.063	-1.762	(-1.009)	-4.076	-0.696
	FDI	-0.268***	-0.243***	-0.249***	-0.296***	-0.293***
		(-4.768)	(-4.490)	(-4.189)	(-5.256)	(-4.711)

	変数	W	W1	WG	WC	WWG
隣接土地効果答え	w×ER	1.057***	0.493***	0.478***	0.536***	0.526***
		-5.512	-5.366	-4.71	-5.435	-5.645
	w×STR	1.424***	2.227***	3.143***	2.164**	3.196***
		-1.987	-4.933	-3.638	-2.64	-5.785
	w×GOV	-0.844	-0.902*	-2.894***	1.208	-3.131***
		(-1.060)	(-1.778)	(-6.157)	-1.516	(-7.058)
	w×0WN	1.643***	1.325***	2.470****	1.038**	1.749***
		-3.903	-5.067	-7.161	-2.445	-5.836
	w×PGDP	0.051	-0.048***	0.169**	-0.135***	-0.022
		-1.176	(-1.696)	-2.391	(-3.272)	(-0.404)
	w×FDI	-0.003	0.135	1.067***	0.567***	0.298**
		0.515***	-1.658	-4.646	-3.721	-2.151
	W×dep.va	0.515***	0.476***	0.171***	0.671	0.392***
		-8.35	-11.6	-2.807	-17.055	-8.488
	R-sq	0.671	0.599	0.647	0.483	0.555
	N	360	360	360	360	360

上述の回帰結果は、本地の環境規制が本地および隣地双方の汚染産業投資規模を増加させることをすでに示している。しかし、この環境規制によって引き起こされる汚染産業投資規模の変化が、果たしてグリーン技術革新の主要な原動力であるかどうかは、なお検証を要する。そこで本節では、環境規制と汚染企業投資比率の交互項（ERIPE）を導入し、環境規制の変動によって引き起こされた汚染産業投資の変化が企業のイノベーション行動に作用するかどうかを検証する。その結果は表6.21に示されている。分析の結果、IPE および交互項 ERIPE を加えた後、環境規制の一次項と二次項の係数はいずれも有意に変化した。これは、環境規制が汚染企業投資の移転を誘発し、実際に本地および隣地のグリーン技術革新に対する効果を変化させていることを示している。交互項の定義から、環境規制の総効果＝ERの係数＋ERIPEの係数×IPE値で表される。反距離行列Wを例にとると、IPE変数を導入した後、環境規制ERの実際の結果は

-5.8235から-4.456へと変化した。現段階ではわが国はまだU字型の転換点値には遠く及ばないため、環境規制一次項係数の絶対値が縮小したことは、汚染産業移転が受入地域の環境規制によるグリーン技術革新効果に干渉し、環境規制がグリーン技術革新を抑制する作用を弱めていることを意味している。

表6.21　市場誘因型環境規制のグリーン技術革新メカニズム検証

	変数	W	W1	WG	WC	WWG
本土地効果答え	ER	-9.001***	-8.531***	-7.434***	-9.391***	-8.114***
		(-4.632)	(-4.616)	(-3.243)	(-5.134)	(-4.068)
	ER2	0.246	0.197	-0.27	0.078	-0.292
		-0.543	-0.459	(-0.495)	-0.185	(-0.613)
	STR	32.657***	29.985***	28.885***	21.974***	26.203***
		-8.132	-8.559	-6.219	-5.674	-6.482
	GOV	- 10.610***	- 12.879***	- 12.521***	- 20.378***	- 11.411***
		(-2.712)	(-3.569)	(-3.446)	(-6.235)	(-3.390)
	OWN	6.168***	7.395***	7.619***	12.268***	5.940***
		-3.269	-4.305	-4.304	-7.309	-3.646
	PGDP	1.127***	0.997***	2.123***	1.384***	0.826***
		-5.634	-5.161	-7.515	-7.95	-2.839
	FDI	-0.025	0.261	-0.632	0.505	-0.022
		(-0.052)	-0.587	(-1.260)	-1.134	(-0.049)
	IPE	-1.400**	-1.043*	-1.853***	-1.205**	-1.875***
		(-2.145)	(-1.700)	(-2.696)	(-2.184)	(-3.136)
	ERIPE	2.319***	2.301***	2.440**	2.765***	2.483***
		-2.723	-2.924	-2.271	-3.696	-2.682
隣接土地効果答え	w×ER	-9.687*	-6.508**	-0.801	-6.238**	-2.869
		(-1.925)	(-2.535)	(-0.237)	(-2.100)	(-1.172)
	w×ER2	-2.782**	-1.448**	-1.518*	-1.07	-2.285***
		(-2.106)	(-2.112)	(-1.933)	(-1.552)	(-3.706)
	w×STR	- 25.091***	- 21.045***	- 22.601***	- 24.388***	- 23.684***
		(-3.924)	(-5.014)	(-2.870)	(-3.590)	(-5.228)
	w×GOV	-7.677	0.061	6.899	5.652	3.149
		(-1.135)	-0.015	-1.516	-0.916	-0.836

	変数	W	W1	WG	WC	WWG
	w×0WN	12.364*	6.186***	2.193	-1.471	7.480***
		-3.375	-2.788	-0.686	(-0.418)	-3.43
	w×PGDP	0.751***	0.643***	0.15	1.565***	1.243***
		-1.892	-2.677	-0.249	-4.538	-3.077
	w×FDI	-0.035***	-0.25	0.646	3.918***	0.171
		(-0.028)	(-0.391)	-0.341	-3.308	-0.179
	w×MI	-4.241***	-3.416***	-2.885***	-2.544***	-3.154***
		(-3.522)	(-4.622)	(-3.091)	(-3.084)	(-4.338)
	w×ERMI	6.261***	3.792***	2.366*	3.400***	3.932***
		-3.153	-3.295	-1.613	-2.916	-3.627
	W×dep.va	0.293***	0.234***	-0.098	0.218***	0.257***
		-3.648	-4.501	(-1.375)	-3.263	-4.907
	R-sq	0.777	0.786	0.758	0.798	0.782
	N	360	360	360	360	360

6.2.6.3　自発的環境規制の波及効果の形成メカニズム

自発的環境規制は主に公衆参加に依拠しており、その経路には全国人民代表大会や中国人民政治協商会議（政協）の会議、公聴会、信訪や苦情などが含まれる。本節では、人材資源の視点から環境規制がグリーン技術革新に及ぼす効果を探究する。まず、人材資源を表す指標として一人当たり平均就学年数を被説明変数として導入し、環境規制が人材資源に与える影響を分析する。表6.22の結果によれば、自発的環境規制と人材資源は本地において有意な負の相関関係を示す。これは、本節で自発的環境規制の指標として採用した「全国人民代表大会･政協の環境関連議案･提案件数」が、多い地域ほど経済発展を重視し、エコロジー保護を軽視するという不合理な産業構造を持つ地域であることが多いからである。これらの地域は環境汚染が深刻で、人々の身体的健康や持続的発展の意欲に悪影響を及ぼし、その結果、人材資源の最適化を抑制する。一方、隣地では、産業距離および経済距離において正の相関関係を示しており、本地の環境規制の強化は隣地の人材資源の質的向上をもたらすことが確認された。

表6.22自発的環境規制が人材資源に与える影響

	変数	W2	WG	WC	WWC	WWG
本土地効果答え	ER	-0.195*** (-2.834)	-0.261*** (-4.236)	-0.253*** (-3.658)	-0.211*** (-3.151)	-0.181*** (-2.715)
	STR	3.470*** (9.174)	3.011*** (8.052)	2.863*** (6.589)	2.963*** (7.738)	2.864*** (7.338)
	GOV	-3.072*** (-6.362)	-3.882*** (-10.812)	-4.549*** (-10.497)	-2.693*** (-6.153)	-2.645*** (-6.100)
	OWN	0.998*** (4.524)	1.353*** (7.131)	1.875*** (8.735)	1.300*** (6.270)	1.146*** (6.082)
	PGDP	0.204*** (9.723)	0.384** (12.706)	0.247*** (11.412)	0.234*** (11.518)	0.246*** (11.551)
	FDI	0.209*** (3.994)	0.090* (1.757)	0.141** (2.446)	0.136*** (2.607)	0.205*** (3.876)
隣接土地効果答え	w×ER	0.011 (0.078)	0.393*** (3.064)	0.344*** (2.697)	-0.124 (-0.722)	-0.304 (-1.604)
	w×STR	-2.193*** (-2.676)	0.082 (0.099)	0.831 (0.874)	-4.121*** (-4.165)	-2.694*** (-2.464)
	w×GOV	1.732** (2.450)	2.807*** (6.558)	4.648*** (5.842)	1.456*** (2.499)	-0.206 (-0.240)
	w×0WN	-0.622 (-1.497)	-1.348*** (-3.593)	-0.756* (-1.741)	-2.048*** (-3.974)	-0.999* (-1.926)
	w×PGDP	0.016 (0.382)	-0.337*** (-5.426)	0.070 (1.483)	0.014 (0.265)	0.150*** (2.881)
	w×FDI	-0.662*** (-5.461)	-1.013*** (-4.978)	-0.595*** (-3.902)	-0.808*** (-4.754)	-0.782*** (-4.703)
	W×dep.va	0.533*** (9.292)	0.486*** (9.523)	0.053 (0.749)	0.616*** (11.206)	0.401*** (5.414)
	R-sq	0.809	0.813	0.815	0.800	0.834
	N	360	360	360	360	360

上述の内容から明らかなように、環境規制は人材資源に対して抑制的な波及効果を持つ。この抑制作用は、果たしてグリーン技術革新へと伝導するのだろうか。そこで、本節では環境規制と人材資源の交互項（EREDU）を導入し、環境規制によって引き起こされた人材資源の変動がグリーン技術革新に与える影響を検証する。表6.23によれば、EDUおよびEREDUを加えた後、環境規制の一次項および二次項の係数に顕著な変化が見られた。これは、人材資源の変動が

本地および隣地における環境規制のグリーン技術革新効果に干渉し、「命令統制型環境規制→人材資源→グリーン技術革新」という伝導メカニズムを形成することを意味している。具体的には、EDUの係数は有意に正であり、教育水準の向上が当該地域のグリーン技術革新を加速させることを示している。しかし、EREDUの係数は有意に負であり、環境規制の強化が人材資源の質を低下させ、さらにその低下が本地および隣地のグリーン技術革新を抑制することを暗示している。

表6.23自発的環境規制におけるグリーン技術革新抑制の検証

	変数	W2	WG	WC	WWC	WWG
本土地効果答え	ER	-0.930***	-0.966	-7.762	-5.501	-8.967
		(-0.182)	(-0.159)	(-1.481)	(-0.971)	(-1.521)
	ER2	2.212***	2.329**	3.325***	2.376***	3.091**
		-2.423	-2.292	-3.997	-2.56	-3.265
	STR	34.756***	32.761**	23.550***	35.815	33.030***
		-9.436	-8.495	-6.944	-9.254	-8.372
	GOV	-2.336***	-8.154***	-13.729***	-11.083***	-9.037**
		(-0.514)	(-2.004)	(-3.720)	(-2.584)	(-2.095)
	OWN	5.660***	7.823***	10.191***	3.233	6.535***
		-2.703	-3.998	-5.663	-1.509	-3.422
	PGDP	1.626***	1.371***	1.017***	1.389***	1.388***
		-7.941	-3.886	-5.418	-6.222	-6.019
	FDI	-0.762***	-0.6	0.103	-0.665	-0.822*
		(-1.616)	(-1.233)	-0.242	(-1.370)	(-1.649)
	EDU	4.065***	4.032**	3.882***	3.065**	3.305**
		-3.364	-2.547	-3.139	-2.149	-2.288
	EREDU	-0.965***	-1.041*	-0.913*	-0.556	-0.561
		(-1.964)	(-1.656)	(-1.788)	(-0.990)	(-0.971)
近隣効果	w×ER	-21.507***	37.267***	5.007	-27.334*	-19.622
		(-2.892)	-2.98	-0.49	(-1.918)	(-1.265)
	w×ER2	3.249	0.139	-3.712*	5.521*	5.987*
		-1.501	-0.088	(-2.001)	-1.824	-1.825
	w×STR	-3.198	-9.612	-6.381	-9.688	4.748
		(-0.414)	(-1.162)	(-0.878)	(-0.948)	-0.434

	変数	W2	WG	WC	WWC	WWG
	w×GOV	-17.033***	0.294	-4.578	-7.059	-5.377
		(-2.696)	-0.064	(-0.732)	(-1.189)	(-0.626)
	w×0WN	4.467	10.806***	-8.833**	16.612***	7.25
		-1.146	-2.969	(-2.352)	-2.944	-1.26
	w×PGDP	-0.926**	1.568**	1.705***	0.638	0.698
		(-2.100)	-2.225	-3.853	-1.057	-1.231
	w×FDI	-1.084	1.362	3.902***	-1.885	-0.36
		(-0.985)	-0.677	-3.381	(-1.139)	(-0.217)
	w×EDU	-3.160*	9.789***	-4.097	-3.159	-0.904
		(-1.844)	-2.85	(-1.406)	(-0.878)	(-0.231)
	w×EREDU	1.002	-4.365***	1.047	0.643	-0.8
		-1.432	(-3.076)	-0.841	-0.411	(-0.494)
	W×dep.va	0.251***	-0.108	0.290***	-0.001	0.009
		-3.334	(-1.526)	-4.597	(-0.010)	-0.092
	R-sq	0.787	0.772	0.807	0.779	0.77
	N	360	360	360	360	360

6.2.7　結論及び政策提言

6.2.7.1　結論

本節では、環境規制がグリーン技術革新に与える波及効果の存在性及び伝導メカニズムに関する実証分析を行い、以下の結論を得た。

第一に、いずれの環境規制もグリーン技術革新に対して波及効果を有するが、その非一貫性は顕著である。命令統制型環境規制は本地に対して「U字型」の効果を示し、隣地に対しては「逆U字型」の効果を示す。またこの波及効果は本地を中心に作用し、隣地へ拡散するにつれて減衰する。市場誘導型と自発型環境規制のグリーン技術革新効果は、本地と隣地において一貫して「U字型」を示し、とりわけ自発型環境規制では隣地への効果が本地への効果を上回る。すべてのグリーン技術革新の波及効果は、負から正、あるいは正から負への転換点を伴う。

第二に、空間距離行列の違いにより波及効果には大きな差異が生じる。産業距離行列の場合、命令統制型及び市場誘導型環境規制はいずれも「先抑後揚」の波及効果を有するが、自発型環境規制の産業波及効果は明確ではない。経済距離行列の制約下では、三種類の環境規制はいずれも本地に対してのみ「先抑後揚」の波及効果を示し、隣地に対する効果は有意でない。地理距離と経済距離の複合行列下では、三種類の環境規制は本地のグリーン技術革新に対していずれも「先抑後揚」の効果を有するが、隣地に対しては効果が異なる。命令統制型環境規制は隣地に対して「先揚後抑」の効果を示し、自発型環境規制は「先抑後揚」の傾向を維持する。市場誘導型環境規制の隣地効果は顕著でない。また、地理距離行列や経済距離行列単独の場合に比べ、いずれも一次項および二次項係数の絶対値は縮小し、相殺効果が見られる。さらに、経済距離と産業距離、あるいは地理距離と産業距離を組み合わせた場合、多くの環境規制によるグリーン技術革新の効果は本地にとどまり、隣地には波及しない。

第三に、環境規制の種類によってグリーン技術革新への波及メカニズムは異なる。命令統制型環境規制には市場化発展を通じたグリーン技術革新促進効果が存在する。市場誘導型環境規制には汚染移転を通じたグリーン技術革新促進効果が存在する。自発型環境規制には人材資源の観点からみたグリーン技術革新抑制効果が存在する。

6.2.7.2　政策提言

以上の研究結果に基づき、以下の政策提言を行う。

第一に、現段階の経済発展状況に密着し、適時かつ適切な規制政策を実施することである。本研究は、三種類の環境規制が本地および隣地のいずれに対しても負から正への転換点に到達していないことを示している。したがって、政府は環境規制の負の作用段階においても政策を断固として実行し、効果が即座に現れないからといって途中で放棄してはならない。転換点を早め、負の影響を緩和する方策を探り、規制が促進段階に入ることを加速すべきである。そのために、一方では政府は正しい政績観を樹立すべきである。環境ガバナンスは長期的事業であり、政策実施後すぐに成果を挙げることはできない。これには管理者の忍耐と責任感が必要であり、「潜在的成果」の追求を重視し、政策の一貫性を確保することが求められる。他方では、環境規制およびグリーン技術革新効果を長期的にモニタリングする仕組みを確立し、各段階ごとに明確な基準と合理的な目標を定め、差異化された効果を的確に把握し、規制がグリーン技術革新を促す段階に早期に移行できるようにすべきである。

第二に、異なる環境規制がグリーン技術革新に与える影響は多様であるため、それぞれを区別して評価・認識し、適切に運用する必要がある。命令統制型環境規制は本地と隣地で作用方向が逆であるため、政府は実情に応じて適度な原則を遵守し、本地効果と隣地効果のバランスを取るべきである。事前の側面では、現行の環境法体系を整備し、行政管理法および環境制裁法の欠落を補い、「三同時制度」の改良を進めるべきである。特に「同時使用」の実効性を高め、現代の市場原理に適応させることが重要である。事後の側面では、汚染対策投資をさらに拡大し、特別チームを設立して資金の専用化を徹底し、高品質な発展と生態環境保護の協調推進を図るべきである。

市場誘導型および自発型環境規制は、本地と隣地に対して「U字型」効果を示すが、いずれも転換点には至っていない。そのため、一方では政府は引き続き環境税を実施し、課税範囲を細分化して普遍性を確保するとともに、最適な税率水準を検討し、より多くの税制優遇措置を導入し、革新を積極的に行う企業がより多くの政策的恩恵を享受できるようにすべきである。他方では、公共参加の仕組みを整備し、信訪制度や公聴会制度を改善し、政務の公開を徹底し、環境状況や監督執行に関する情報公開の即時性と包括性を高めるべきである。また、グリーンイノベーションの雰囲気を醸成し、伝統メディアや新メディアを活用し、より多くの企業が自主的に革新の行列に加わるように促すべきである。

第三に、環境規制ごとのグリーン技術革新波及効果のメカニズムに応じて、異なる手段を用いて負の効果の期間を短縮すべきである。命令統制型環境規制に対しては、市場化の進展を加速させることが、負の影響を抑制しグリーン技術革新を促進する鍵となる。そのため、より開放的で公平な近代的市場環境を整備することが特に重要である。具体的には、市場の資源配分機能を発揮させ、改革開放を堅持し、「放管服」改革を深化させ、清廉な政商関係を構築し、市場化の程度を高めるべきである。

市場誘導型環境規制については、汚染移転がグリーン技術革新を促すことから、汚染企業への投資をさらに拡大し、資金を的確に投入し、汚染企業の産業構造を迅速に高度化・改造し、汚染物排出総量を削減し、グリーン技術革新を推進すべきである。

自発型環境規制については、人材資源の質を通じてグリーン技術革新に影響を与えるため、政府の教育投資を増加させ、都市と農村の教育協調発展を促進し、異なる人々に応じて研修回数を増やし、研修内容を充実させ、教育の公平性を高め、一人当たり教育年数を向上させることで、人材資源の質を徐々に高めるべきである。

6.2.8 不足と展望

本節では、環境規制を細分化し、それぞれがグリーン技術革新に与える波及効果を分析したが、以下の二つの不足点が残されている。

第一に、データ面である。ひとつには、データの入手可能性に制約がある。排汚費は2018年以降廃止され環境税に移行したため、本研究のデータは2017年までに限定された。もうひとつには、一部の省区市において個別の指標が欠落しており、統計的方法により推定を行ったため、実際の値との間に差異が存在する可能性がある。

第二に、地域差を考慮していない点である。例えば、東部・中部・西部地域、長江経済帯、中原都市群などのグリーン技術革新波及効果の差異を反映していない。

したがって、今後の研究においては、一方でデータ指標の整備を進め、他方で地域別にグリーン技術革新の波及効果の差異を研究することが可能である。

第7章　中国における省際環境汚染の差異計量と時空間分布研究

第6章では、差別化された環境規制がグリーン技術革新に及ぼす波及効果の存在性および伝導メカニズムについて検討した。その結果、異なる環境規制はいずれもグリーン技術革新に対して波及効果を持つが、その一貫性は明確ではないこと、さらに異なる空間距離行列における波及効果に顕著な差異があること、また環境規制の種類ごとにグリーン技術革新の波及効果のメカニズムが異なることが明らかとなった。したがって、環境規制については、それぞれを区別して測定し、認識し、実施する必要がある。

前章の実証分析においては、環境規制を地方政府が企業に課す年間排汚費のGDP比重で測定した。しかし、実際には環境の質を改善し、汚染物排出を削減し、経済発展と環境保護の「二重の勝利」を実現するためには、理論的に環境と経済発展の関係における一般的な法則を理解し、汚染発生の根源を明確にし、それに基づいて長期的なガバナンス計画を策定する必要がある。環境汚染の根源を見れば、近代工業発展の過程における化石エネルギーの大量使用が最も主要な原因であり、特にエネルギー強度の高い国ほど汚染が深刻である。したがって、エネルギー強度の抑制が環境汚染の合理的な管理において極めて重要であることがわかる。しかし伝統的なEKC(環境クズネッツ曲線）は、経済発展と所得水準のみを考慮しており、エネルギー強度を考慮しなければ誤った政策的方向性を招く可能性がある。よって本章では、中国の環境クズネッツ曲線をエネルギー強度の視点から理解する。また、スモッグ汚染事件も稀な発生から高頻度の爆発的発生へと変化し、「グリーンシティ」の概念がますます人々の心に浸透している。では、都市建設や新型都市化をどのように推進すべきか。この転換過程において、都市の空間構造は単一中心型から多中心型へと移行しつつあり、これは都市建設にとって極めて重要である。したがって本章では、都市の多中心化がスモッグ汚染に及ぼす影響についても研究を行う。

本章は二節から構成される。第一節はエネルギー強度の視角から中国のEKCを理解するものである。具体的には、中国2003—2017年の省レベルのパネルデータに基づき、パネル平滑移行回帰（PSTR）モデルを用いて所得水準が環境汚染に与える非線形影響を実証分析し、エネルギー強度におけるEKCの閾値を特定する。さらに、エネルギー強度の異質性による省際および地域差を検討し、最終的に結論を導き関連対策を提示する。第二節では、省域都市の多中心化がスモッグ汚染に及ぼす時空間的影響を探討する。まず、多中心化指標体系を構築し、各省域の多中心化指数を算出、空間分布図を描き、多中心化の現状を分析する。次に、全局および局所の視点から、2000—2018年の30省区市のPM2.5濃度の全局モラン指数と局所モラン指数を算出し、スモッグ汚染の空間的自己相関性を検証する。最後に、STIRPATモデルと環境クズネッツ理論を組み合わせ、さらにAIC情報基準、ラグランジュ乗数（LM）検定、尤度比（LR）検定を用いて、空間ラグモデル、空間誤差モデル、空間デュービンモデルのうち、都市多中心化指標がスモッグ汚染に及ぼす影響を研究する上での適用性を検討する。同時に、スパーマン検定結果と最適適合度を組み合わせ、最終的に異なる次元の都市多中心化指標を基に、地理的空間重み行列を引用し、固定効果を持つ空間デュービンモデルを構築して、都市多中心化とスモッグ汚染の関係を分析する。

7.1　エネルギー強度の視角から見た中国の環境クズネッツ曲線の特徴と解釈

既存の文献研究を概観すると、中国の環境クズネッツ曲線（EKC）に関する研究には、なお以下の二つの側面で更なる検討の余地があることが分かる。第一に、研究方法において、時系列データやパネルデータを用いた研究であっても、その主要なモデル形式は一人当たりGDPの二次項または三次項を含む基準モデルであり、このモデル設定には一定の主観性が存在する。第二に、既存文献においてはEKCを分析する際にエネルギー強度への注目が比較的少ないが、エネルギー使用こそが環境汚染の主要な原因である。Gonzalezら（2005）が提起したパネル平滑移行回帰（PSTR）モデルは、モデルの回帰係数を異なる回帰「レジーム」間で平滑に変化させることを可能にし、パネルデータの非線形的特徴をより的確に捉えると同時に、モデル形式を人為的に設定することによる主観性を回避できる。

また前述の通り、エネルギー強度を考慮せずに環境クズネッツ曲線を「経済発展や所得水準の向上によって自ずと環境改善がもたらされる」と理解することは、誤った政策的傾向を導く可能性がある。したがって、エネルギー強度の視角から中国のEKCを理解することには重要な理論的・実践的意義がある。本研究では、中国2003—2017年の省レベルパネルデータを用い、PSTRモデルを適用して所得水準が環境汚染に及ぼす非線形影響を実証分析し、エネルギー強度におけるEKCの閾値を特定する。さらに、エネルギー強度の異質性に起因する省際および地域的差異を考察する。既存研究と比較して、本研究は二つの新たな貢献を行っている。第一に、伝統的な所得閾値ではなくエネルギー強度の視角から中国のEKC閾値を特定した点。第二に、省域差を基盤として、異なる発展段階にある地域の環境問題に対するガバナンス方策を明確にし、この問題に関する研究に新たな枠組みを提供した点である。

7.1.1 PSTRモデルと変数の選択

従来のEKC文献における主要なモデル形式は、所得の二次項を導入して汚染排出を回帰するものである。本節ではこれとは異なり、PSTRモデルを用いることで、変数間の非線形的特徴を自然に捉えることができ、人為的な設定を必要としない。また、エネルギー強度が汚染排出に影響を与える主要な根源であることを強調し、モデルにエネルギー強度変数を導入した。さらに、エネルギー強度をPSTRモデルの変換変数とし、所得が汚染排出に与える影響の程度がエネルギー強度の変化に応じて変化することを仮定する。また、肖挺・劉華（2014）および斉紅倩・王志涛（2015）などの文献を参考にし、産業構造と環境規制強度を制御変数として選択した。我々が構築したPSTRモデルの形式は以下の通りである：

$$
\begin{cases}
Y_{ii} = \alpha_i + \beta_1 \mathrm{PGDP}_{ii} + \beta_2 \mathrm{IS}_{ii} + \beta_3 \mathrm{ER}_{ii} \\
\quad + \sum_{k=1}^{K} \left(\beta_1^k \mathrm{PGDP}_{ii} + \beta_2^k \mathrm{IS}_{ii} + \beta_3^k \mathrm{ER}_{ii} \right) \Gamma^k (\mathrm{IE}_{ii}) + \varepsilon_i \\
\Gamma^k (\mathrm{IE}_{ii}, \gamma^k, \overline{\mathrm{IE}}_h^k) = \left[1 + \exp\left(-\gamma^k \prod_{h=1}^{H} (\mathrm{IE}_{ii} - \overline{\mathrm{IE}}_h^k) \right) \right]^{-1}
\end{cases}
\tag{7.1}
$$

ここで、被説明変数Y_{it}は汚染排出強度を表し、主要説明変数$PGDP_{it}$は一人当たりGDP、変換変数IE_{it}はエネルギー強度を表す。制御変数IS_{it}とER_{it}はそれぞれ産業構造と環境規制強度を表す。α_iは個体固定効果パラメータ、ε_{it} はランダム誤差項である。t（$t=1\sim T$）はサンプルの時間スパンを表す。$T^k\,(k=1\sim K)$ はロジスティック型の変換関数であり、各変換関数には$h(h=1\sim H)$の位置パラメータが含まれる。$\overline{IE}_h^k$は位置パラメータ、γ^kは平滑パラメータを示す。

具体的なデータ処理に関して、本節における被説明変数「汚染排出強度」は、工業二酸化硫黄（SO_2）排出量と実質工業付加価値の比率によって表される。その際、SO_2を選択した理由は二つある。一つは、SO_2の統計データが比較的網羅的であり、データ品質が相対的に高い点である。もう一つは、中国のエネルギー構造が主として石炭に依存しており、石炭が生み出す主要汚染物質がSO_2であり、大気汚染の主要な構成要素をなしているからである。SO_2は既存文献でもよく用いられる変数の一つである。なお、工業付加価値については成長率指数が公表されていないため、各地域の名目工業付加価値の名目GDPに対する比率に実質GDPを乗じて算出した。実質GDPは2003年を基準年とし、GDP指数で調整したものである。説明変数である実質一人当たりGDPも同様に2003年を基準年とし、一人当たりGDP指数で調整して得た。変換変数であるエネルギー強度は、エネルギー消費総量と地域実質GDPの比率で表した。本節で採用したエネルギー強度の代理変数も既存文献で一般的に用いられている。例えば、廖進球・徐加涛（2019）はこの代理変数を用いて企業イノベーションとエネルギー強度の関係を分析し、趙新剛ら（2019）は産業移転の視角から中国のエネルギー強度の空間分布特性と収束性を研究した。既存文献の処理方法に従い、産業構造は第二次産業産出額の比率で表し、環境規制強度は廃ガス処理完了投資額と工業SO_2排出量の比率で表した。汚染排出の所得弾力性を計算するために、計算過程では汚染排出量と実質一人当たりGDPデータを自然対数処理した。すべての原データは歴年版の『中国統計年鑑』『中国環境統計年鑑』『中国エネルギー統計年鑑』および中経網統計データベースから取得し、サンプル期間は2003—2017年、サンプル個体は中国30省・自治区・直轄市（チベットおよび香港・マカオ・台湾を除く）である。2003年以前のデータおよびチベット、香港、マカオ、台湾のデータには欠損があるため、サンプルから除外した。

上記の設定に基づき、汚染排出の所得弾力性は次のように表すことができる：

$$\delta_{ii} = \frac{\partial Y_{ii}}{\partial \mathrm{PGDP}_{ii}} = \beta_1 + \sum_{k=1}^{K} \beta_1^k \Gamma^k (\Pi_{ii}^r) \tag{7.2}$$

すなわち、汚染排出の所得弾力性係数はモデルの線形部分と非線形部分の組み合わせであり、変換変数であるエネルギー強度の変動に応じて変化する。本節では、非線形最小二乗法（NLS）を用いてモデルパラメータを推定し、さらに汚染排出の所得弾力性係数を計算する。PSTRモデルに関するより具体的な紹介および詳細な検証・推定手続きについては、Gonzalezら（2005）およびFouquauら（2008）を参照されたい。本節では繰り返さない。

7.1.2　汚染排出とエネルギー強度の地域差に関する記述統計

本節で用いたデータの記述統計は表7.1に示す。サンプル期間において、汚染排出強度、一人当たりGDP、エネルギー強度、産業構造、環境規制強度はいずれも地域的または時間的な差異を示している。特に、汚染排出強度と一人当たりGDPの標準偏差はいずれも比較的大きい。汚染排出強度の最大値は1802.889（2003年・寧夏）、最小値は8.713（2016年・上海）である。一人当たりGDPの最大値は128,994.000（2017年・北京）、最小値は3,701.000（2003年・貴州）である。エネルギー強度の最大値は4.689（2004年・寧夏）、最小値は0.284（2016

年・北京）である。産業構造の最大値は0.615（2008年・山西）、最小値は0.143（2017年・北京）である。環境規制強度の最大値は2.825（2017年・北京）、最小値は0.127（2017年・内蒙古）である。

表7.1 モデル使用データの記述統計

変数	Y	PGDP	IE	IS	ER
ユニット	トン/億元	元	1万トン標準石炭/1億元		1万元/トン
平均	287.372	26276.536	1.392	0.368	0.498
標準偏差	289.236	16352.430	0.773	0.084	0.271
最大	1802.889	128994.000	4.689	0.615	2.825
最小	8.713	3701.000	0.284	0.143	0.127
サンプルサイズ	450				

汚染物排出強度とエネルギー強度の地域および時間的差異をより包括的に把握するために、東部・中部・西部・東北の4地域の平均水準を比較分析した。その際、紙幅の制約から、サンプルの前期・中期・後期における4つの代表的時点、すなわち2003年、2008年、2014年、2017年を選択した。統計結果は表7.2に示す。時間的差異の観点からみると、全国レベルでも地域別でも、汚染排出強度とエネルギー強度は全体として低下傾向を示しており、近年わが国における産業構造調整、技術進歩、省エネ・排出削減措置が一定の効果を発揮し、エネルギー利用効率が向上するとともに、汚染排出状況も全体的に改善されたことがわかる。この結果は林伯強・杜克鋭（2014）の研究結果とも一致する。地域的差異の観点からみると、中国の汚染排出強度とエネルギー強度はいずれも西部から東部へと「階段状」に逓減するパターンを示している。その中で、2003年を除けば、東北地域の汚染排出強度とエネルギー強度は東部と中部の平均水準の間に位置し、中部により近い水準を示している。また、中部地域の汚染排出強度とエネルギー強度は全国平均に非常に近い水準を示し

た。以上の結果は既存研究とほぼ一致しており、中国の汚染排出およびエネルギー効率に明確な地域差が存在することを示している。その理由として、第一に、東部地域は先行して発展したため、中西部地域よりも産業構造調整や技術進歩の水準が明らかに高く、中部地域は西部地域よりも進んでいること。第二に、東部地域で環境規制政策が強力に実施された結果、多くの汚染型産業が中西部地域に移転し、とりわけ西部地域がより多くの汚染産業を受け入れたことが挙げられる。この二つの要因が相まって、中国における汚染排出強度とエネルギー強度の「階段状逓減パターン」が形成されたのである。さらに、低い汚染排出はしばしば低いエネルギー強度を伴うことも確認でき、これは本節研究の出発点とも一致している。この基盤の上に、次にエネルギー強度の視角から収入が汚染排出に及ぼす非線形特性を実証的に分析し、そのエネルギー強度の「閾値」を識別する。

表7.2 汚染排出強度とエネルギー強度平均水準の地域比較統計

エリア	2003		2008		2014		2017	
	汚染リリース強度	エネルギー強さ	汚染リリース強度	エネルギー強さ	汚染リリース強度	エネルギー強さ	汚染リリース強度	エネルギー強さ
東	266.84	1.21	127.14	1.08	60.66	0.83	42.12	0.67
中央	501.62	1.86	234.68	1.63	120.31	1.24	91.33	1.08
西	827.54	2.49	481.57	2.30	279.7	2.00	187.56	1.86
北東	192.97	1.82	151.81	1.46	83.53	1.1	75.67	0.84
全国	505.48	1.79	265.73	1.61	144.27	1.3	98.43	1.14

7.1.3　中国における「環境クズネッツ曲線」の実証分析（エネルギー強度の視角から）

7.1.3.1　モデル検証と推定結果

PSTRモデルは非線形回帰モデルに属し、その複雑性と動態性を考慮すると、データに非線形的特徴が存在するかどうかを統計的検証によって確認し、さらに変換関数および位置パラメータの個数を識別する必要がある。まず、計算データの非線形特性を検証した結果を表7.3に示す。これを見ると、LM、LMFおよびIRT統計量に基づく検証結果はいずれも「モデルに非線形特性が存在しない」という帰無仮説を棄却している（P値はいずれも0）。これは、本節の実証分析に使用するデータが非線形特性を有していることを示しており、したがって本研究で構築したモデルが合理性を備えていることを意味する。

表7.3 モデルの非線形検証結果

統計	統計
ヴァルド テスト(LM)	79.114(0.000)
フィッシャー テスト(LMF)	32.148(0.000)
LRT テスト(LRT)	90.130(0.000)

注：括弧内の数値は統計量に対応するP値を示す。

次に、統計的検証を通じて変換関数の個数を決定する。既存研究によれば、通常の場合、変換関数の個数はk=1-2とされている。したがって、本節におけるモデルについて検証を行い、AICおよびBIC基準に基づいて最適な変換関数の個数を判断する。表7.4の検証結果から明らかなように、本節で構築したモデルにおいては、k=1（すなわち1つの変換関数）とした場合のAICとBICの値は、k=2（すなわち2つの変換関数）の場合よりも小さい。したがって、k=1を選択し、本モデルには1つの変換関数のみが存在することが確認された。

表7.4 モデルにおける変換関数の個数検証結果

統計	k=1	k=2
AIC	-3.778	-3.763
BIC	-3.692	-3.617

最後に、1つの変換関数における位置パラメータの個数を決定する。その統計検証結果は表7.5に示されている。これを見ると、位置パラメータが1つ、すなわちh=1の場合、LM・LMF・LRT統計量の値はい

ずれも、位置パラメータが2つ以上、すなわちh≥2の場合の値よりも明らかに大きいことがわかる。したがって、本研究では位置パラメータを1つ選択する。以上の検証結果を総合すると、本節で使用したデータは非線形的特徴を有しており、PSTRモデルの設定に適していることが確認された。最終的に、k=1、h=1、すなわち1つの変換関数と1つの位置パラメータを採用した。

表7.5 モデル位置パラメータの個数に関する検証結果

統計	h=1	h≥2
LM	40.532	13.165
LMF	13.714	4.021
LRT	42.165	13.755

上述のモデル設定に基づき、本節では非線形最小二乗法を用いてモデルを推計した。推計結果は表7.6に示されている。全体的な推計結果を見ると、核心説明変数である一人当たりGDPおよび制御変数である産業構造の係数はいずれも1%水準で有意となり、モデルの推計効果が良好であることを示している。一人当たりGDPの線形部分の係数は負であり、非線形部分の係数は正となった。これは、所得水準の上昇が汚染排出に与える影響は一定の複雑性を有しており、両部分の係数を総合的に分析する必要があることを意味している。同様に、産業構造の線形部分の係数は正であり、非線形部分の係数は負であることから、産業構造が汚染排出に与える影響にも複雑な非線形メカニズムが存在することが示唆される。一方、環境規制強度は有意ではなかった。その理由として、現段階における中国の環境規制規模は相対的に小さいこと、また主要な規制手段が直接的な浄化投資ではなく、むしろ汚染型産業や企業に対する制限や移転措置であることが挙げられる。特に東部地域の多くの汚染型企業が中西部の後発地域へと段階的に移転しているため、現段階では環境対

策投資が汚染排出に与える影響は顕著に現れていないと考えられる。位置パラメータの推計結果によれば、所得水準が汚染排出に及ぼす非線形影響のエネルギー強度の臨界値は 0.9168 である。すなわち、エネルギー強度がこの臨界値を下回る場合、汚染排出の所得弾性は低レジーム状態にあり、臨界値を上回る場合、弾性係数は高レジーム状態にある。平滑パラメータの推計結果は比較的小さく（5.0146）、これは回帰係数が高低レジーム間で比較的滑らかに変換され、突発的な変動ではないことを示している。

表7.6 モデル推計結果

変数	直線部分		非線形部分	
一人当たりGDP	β_1	-1.2374***(0.0435)	β_1^1	3.9200**(0.0348)
産業構造	β_2	2.3950***(0.4814)	β_2^1	-5.8120***(0.6840)
環境規制の強度	β_3	0.2570(0.1768)	β_3^1	-0.348(0.2520)
位置パラメータ	0.9168			
スムージングパラメータ	5.0146			

注：括弧内の数値は標準誤差を表し、***は係数が1%水準で有意であることを示す。

汚染排出所得弾性の変動特性をより明確に示し、さらにエネルギー強度の視角から中国のEKCに問題が存在するかを検討するために、本節では式（7.2）に基づき、異なるレジーム内における汚染排出所得弾性の係数変動範囲を算出した。その結果、エネルギー強度の最大値4.689の場合、対応する汚染排出所得弾性は2.56；高低レジーム転換の臨界値 0.9168 の場合、弾性係数は0.62；エネルギー強度の最小値0.284の場合、弾性係数は-0.71であった。これにより、低レジーム内では汚染排出所得弾性は-0.71～0.62の範囲にあることがわかる。さらに計算すると、エネルギー強度が0.7670の場合、汚染排出所得弾性は0となり、この0.7670がEKCのエネルギー強度「閾値」であることが明らかとなった。すなわち、エネルギー強度が「閾値」を上回る場合、汚染排出所得弾性は正となり、所得水準の上昇が汚染排出を悪化させることを意味する。一方、エネルギー強度が「閾値」を下回る場合、汚染排出所得弾性は負となり、所得水準の上昇が汚染排出を低減させることを意味する。以上の結果から、中国には「逆U字型」の環境クズネッツ曲線が存在し、そのエネルギー強度の「閾値」は0.7670であることが確認された。すなわち、エネルギー視角に基づく環境クズネッツ曲線の論理は次の通りである：閾値を超える前は、産業構造は汚染型産業が主体であり、生産技術水準も相対的に低く、エネルギー強度も高いため、所得の増加は汚染の悪化を引き起こす。しかし閾値を超えた後は、所得水準の上昇に伴い産業構造の最適化や生産技術の進歩がエネルギー強度を低下させ、最終的に汚染排出を減少させる。これは本質的に、経済発展モデルが高エネルギー消費・高汚染型からエネルギー集約型・環境調和型へと転換する過程である。

7.1.3.2　エネルギー強度の異質性に基づく省際および地域差異の分析

中国各省区市および地域間には経済発展水準とエネルギー強度に明確な異質性が存在するため、異なる地域の汚染排出所得弾性の差異を比較する目的で、本節では30の省区市および東部・中部・西部・東北地域が環境クズネッツ曲線の「逆U字型」エネルギー強度「閾値」を超えた時点を比較分析した。結果は表7.7に示されている。分析の結果、サンプル期間内にエネルギー強度「閾値」を超えた省市はわずか7つであり、主に沿海部の発達した省と直轄市であった。具体的には、北京、天津、上海、江蘇、浙江、福建、広東である。そのうち北京は比較的早く（2007年）閾値を超え、天津は比較的遅く（2014年）であり、その他の省市は2009～2012年の範囲であった。上記7省市以外の地域は2014年時点でも閾値に達していなかった。地域別の比較では、東部・中部・西部・東北地域および全国平均水準はいずれも閾値に達していなかったが、2017年において東部のエネルギー強度は閾値に比較的近く、一方で西部のエネルギー強度は依然として2前後の高い水準であった。

地域差をみると、東部の発達した省市は港湾を活かし、改革開放政策の支援を受けて早期に対外開放を行い、産業構造の調整速度が速く、技術導入によって生産技術水準も比較的高いため、単位産出当たりのエネルギー消費が低い。近年ではエネルギー強度が急速に低下し、この発展モデルのもとで一部の東部発達省市は環境クズネッツ曲線の「閾値」を突破し、経済成長と環境保護の双方を実現することに成功している。すなわち、エネルギー効率の高い発展方式によって、所得水準の上昇と同時に汚染排出強度を低減させている。一方、一部の東部地域および広大な中西部地域は経済発展方式が相対的に遅れており、産業構造の調整が遅く、生産技術水準とエネルギー効率が比較的低い。特に中西部地域の汚染排出強度は東部地域を大きく上回っている。その理由は二つある。一つは、中西部地域の経済発展が高エネルギー消費・高汚染排出の産業に依存しており、短期間では技術水準がエネルギー効率向上に十分寄与できないこと。もう一つは、東部地域が汚染型産業を中西部に移転させていることである。これらの要因が、中国におけるエネルギー効率が東部＞中部＞西部という構造を形成している。したがって、一部の東部地域および中西部地域は依然としてエネルギー強度の「閾値」を超えておらず、今後も産業構造や生産技術水準に明確な改善が見られなければ、これらの地域では所得水準の上昇が汚染排出を有効に抑制できず、経済成長と環境保護の「二重苦」現象が一層顕著になるであろう。

表7.7 各地域がエネルギー強度「閾値」に到達した年の比較

エリア	北京	天津	河北省	山西省	内モンゴル	遼寧省	吉林省	黒龍江省	上海
年 エネルギー強度	2007 0.757	2014 0.762	- 1.459	- 2.249	- 1.923	- 1.197	- 1.015	- 1.088	2011 0.719
エリア	江蘇省	浙江省	安徽省	福建省	江西省	山東省	河南省	湖北省	湖南省
年 エネルギー強度	2012 0.766	2010 0.768	- 0.893	2012 0.752	- 0.809	- 0.980	- 1.020	- 1.103	- 1.027
エリア	広東省	広西	海南省	重慶	四川省	貴州省	雲南省	陝西省	甘粛省
年 エネルギー強度	2009 0.744	- 1.007	- 0.835	- 1.110	- 1.118	- 2.124	- 1.423	- 1.185	- 1.701
エリア	青海省	寧夏	新疆ウイグル自治区	東	中央	西	北東	全国	
年 エネルギー強度	- 2.966	- 3.409	- 2.954	- 0.829	- 1.236	- 1.999	- 1.100	- 1.302	

注:「一」は、サンプル期間内に当該地域が「閾値」を超えていないことを示し、そのエネルギー強度値は2014年時点の水準であることを意味する。

同時に、一部の省ではエネルギー強度の「閾値」を超えていないものの、所得水準が汚染排出に与える影響に関する高レジームと低レジームの臨界値（0.9168）は超えていることが確認された。これには安徽省、江西省および海南省が含まれる。この結果に基づき、本節ではサンプルに含まれる30の省・自治区・直轄市を三つのタイプに分類した。すなわち、2014年時点でエネルギー強度が「閾値」を超えた省市を環境保全型省市（エネルギー強度が0.7670未満）、高レジームと低レジームの臨界値を超えたが「閾値」を超えていない省区市を低汚染省区市（エネルギー強度が0.7670～0.9168）、高レジームと低レジームの臨界値すら超えていない省区市を高汚染省区市（エネルギー強度が0.9168超）と定義する。ここで注意すべきは、本節の実証分析で用いたデータは大気の主要汚染物である工業二酸化硫黄排出量であるため、本節の分類結果は他の汚染物の排出状況を必ずしも反映するものではないという点である。たとえば、北京市はPM2.5汚染が深刻であるが、工業二酸化硫黄排出の観点からは環境保全型地域に分類される。また、本節の分類基準はエネルギー強度、すなわちエネルギー消費と一人当たりGDPの相対水準であり、汚染状況を測定する汚染排出強度も工業二酸化硫黄排出量と工業付加価値の相対水準である。いずれも絶対水準ではないため、本節の分類結果は地域の絶対的な汚染排出水準を意味するものではない。以上の具体的な分類結果を表7.8にまとめた。各地域の実際の状況に応じて、より的確かつ差異化された環境ガバナンス政策を策定する必要がある。

表7.8 各地域におけるエネルギー強度「閾値」到達年の比較

タイプ エネルギー強度	環境に優しい 0.7670未満	低汚染 0.7670～0.9168	高い汚染 0.9168より大きい
州 （自治区および直轄市）	北京、天津、上海、江蘇、浙江、福建、広東省	安徽省、江西省、海南省	河北省、山西省、内モンゴル自治区、遼寧省、吉林省、黒竜江省 山東省、河南省、湖北省、湖南省、広西チワン族自治区、重慶市、四川省、貴州省、雲南省、陝西省、甘粛省、青海省、寧夏、新疆

7.1.4 結論と対策

本節では、環境汚染発生の根源に立ち返り、エネルギー強度の視点から中国の環境クズネッツ曲線（EKC）を再考察し、さらに地域エネルギー強度の異質性に基づく比較分析を行った。本節の主な独創性は、初めてエネルギー強度の視点からEKCを検討し、かつ地域差の観点からガバナンス対策を提示した点にあり、この分野の研究に新たな枠組みを提供した。研究結果によれば、中国の汚染排出強度とエネルギー強度はいずれも西部から東部へ階段式に逓減するパターンを示している。また、所得水準が汚染排出に与える非線形影響に関するエネルギー強度の臨界値は0.9168であり、エネルギー強度が臨界値を下回ると汚染排出の所得弾性は低レジーム状態にあり、上回ると高レジーム状態にあることが確認された。さらに、中国には「逆U字型」の環境クズネッツ曲線が存在し、そのエネルギー強度「閾値」は0.7670である。これに基づき、サンプルに含まれる30の省・自治区・直轄市を環境保全型、省区市・低汚染型省区市・高汚染型省区市に分類した。以上を踏まえ、本節ではマクロ的ガバナンス、ミクロ的ガバナンス、地域的ガバナンスの観点から以下の環境ガバナンス対策を提案する。

（1）マクロ的ガバナンスの方向性。全国平均水準から見ると、中国のエネルギー強度はいまだ高く、EKCの「閾値」を超えていない。したがって、現行の高エネルギー消費型の粗放的経済発展モデルを続ければ、環境汚染は一層深刻化するであろう。現段階の環境ガバナンスの基本方針は、経済成長と環境保護の「ウィンウィン」を実現することであり、行政的介入によって汚染型企業の数を単純に制限するのではなく、その発展の質を高め、エネルギー強度を低下させることである。技術進歩と産業構造の調整を通じて集約型発展モデルを形成し、中高速の経済成長を維持しつつエネルギー強度を着実に低下させ、「閾値」を速やかに突破し、経済発展が環境ガバナンスを促進する良循環を実現する必要がある。

（2）ミクロ的ガバナンス対策。ミクロ的には、技術進歩と産業構造調整の促進を出発点とすべきである。一方で、生産企業、特に高汚染企業は、計画を実行に移し、引き続き国外の先進的な技術や経験を導入・学習し、グリーン生産技術の自主研究開発とイノベーションを強化し、設備の更新・高度化を実現し、中高端のグリーン製造を推進すべきである。他方で、政府は市場化手段を通じて企業の転型を奨励し、さらに「逆圧力」をかける必要がある。具体的には：まず、エネルギー強度の「閾値」に基づき報奨基準を設け、環境保全型企業や地域に対してより多くの財政移転や報奨を与える。次に高汚染型企業に対して「汚染税」を課し、この方式で企業に技術進歩を促し、エネルギー強度を低減させる。最後にグリーン金融の発展を奨励し、融資資金を環境保全型企業により多く振り向けると同時に、汚染型企業のグリーン技術改造にも資金支援を行う。

（3）地域的ガバナンス対策。中国の汚染排出強度とエネルギー強度が西から東へ階段式に逓減する格局は、環境ガバナンス戦略が地域差に基づき策定されるべきことを示している。東部地域では、産業構造と生産技術の優位性を発揮し、エネルギー強度をさらに低下させ、汚染排出強度を抑制できる。しかし、東部から中西部への汚染産業のさらなる移転は、中西部地域の環境負荷を高めることになるため避けるべきである。その代わりに、現地の汚染型企業の技術進歩を促進し、グリーン発展モデルを形成することが求められる。中西部地域では、産業構造調整の加速が最優先課題である。東部地域の発展経験を活用し、第三次産業や環境保全型産業の発展を促進するとともに、後進的産業や高汚染産業の技術改造を進めるべきである。さらに、本節の分類に基づけば、環境保全型省区市は経験や技術交流を通じて、低汚染型や高汚染型省区市により多くの技術支援や発展モデルの参考を提供すべきである。

もちろん、本節の研究にも一定の限界がある。各国の国情には差異があるため、先進国のデータに基づく研究が本節の結論と一致するか、すなわち本研究の結論が普遍性を有するかどうかは今後さらに検証が必要である。今後の研究では、国際的な経験の一般性の観点から、エネルギー強度視点に基づくEKCの問題を探討することが望ましい。

7.2　わが国省域都市多中心化がスモッグ汚染に与える時空分布への影響

わが国は初期に経済発展を大きく推進する際、環境コストを十分に考慮しなかったため、長期間にわたり高速経済成長が深刻化する環境汚染問題を伴ってきた。特に2013年には、わが国において大規模なスモッグ汚染が発生し、都市空間の空気質は世界保健機関が推奨する基準に達していなかった。スモッグ汚染は、ますます多くの人々の健康を脅かす結果となり、スモッグ汚染に代表される環境汚染問題は学界の注目を一層集めるようになった。

7.2.1　都市化建設が環境汚染に与える影響研究

経済の急速な発展に伴い、都市化建設も急速発展期に入った。都市化建設の過程では、世界各国はいずれも環境汚染問題に直面せざるを得なかった。1970年代以降、国外の学者は都市化と大気汚染の関係について研究を展開してきた。一方、わが国における研究の開始は比較的遅れたが、大衆によるスモッグ汚染への認識の深化と環境保護への関心の高まりに伴い、近年では国内においても関連研究成果が多数現れている。

都市化と環境汚染の影響関係に関する研究において、都市化は単一要因に影響される単純な変化過程ではなく、人口・社会・経済・土地などを含む多次元的なシステム変化過程である。そのため、多くの学者は都市化が環境汚染に与える影響を研究する際、特定の単次元都市化の角度、または多次元都市化の角度から分析を展開している。そのうち、特定の都市化の角度から環境への影響を研究する場合、都市化は通常、人口都市化として表される。楊冬梅（2014）はVARモデルを構築し、人口都市化の観点から環境汚染に遅延的寄与が存在することを示し、短期的には人口都市化が環境汚染に負の影響を与えるが、長期的には環境改善に正の影響をもたらすことを明らかにした。劉作龍（2015）は改良STIRPATモデルを用いて人口都市化とスモッグの関係を探究し、人口都市化の発展がスモッグ汚染に正の影響を与えると同時に、その影響には地域的異質性が存在することを示した。劉暁紅（2016）は共整検定とFMOLS回帰を通じて、人口都市化水準の向上がPM2.5濃度の増加をもたらすことを説明した。一部の学者は多次元の角度から都市化指標を構築し、環境への影響を研究した。王家庭ら（2010）は環境クズネッツ曲線を基礎に、人口都市化・経済都市化・地域都市化・生活様式都市化の角度から都市化が環境汚染に与える影響を分析し、その結果、都市化は環境汚染に対して「逆U字型」の非線形影響を与え、かつ経済都市化・生活様式都市化・空間都市化の進展とともに廃水汚染が深刻化することを示した。段博川ら（2016）は空間パネルモデルと閾値パネル回帰モデルを構築し、人口都市化と土地都市化の観点から両者が環境汚染に明確な正の影響を持つこと、かつ人口都市化の影響が土地都市化の影響を大きく上回ることを示した。劉晨躍ら（2017）は媒介効果法を用い、人口都市化と産業都市化が当地および隣接地域のスモッグ汚染に顕著な影響を与える一方、土地都市化は顕著な影響を与えないことを明らかにした。高明ら（2018）は人口都市化・経済都市化・土地都市化の三つの角度から都市化が空気質に与える影響を研究し、その結果、異なる角度の都市化は環境に異なる影響効果を持ち、人口都市化と経済都市化は空気汚染に「U字型」の影響を与えることを示した。

在検証都市化建設が環境汚染に与える影響効果に関しては、国内外の学者の間で二つの見解が存在する。

第一は、都市化の進展が環境汚染を悪化させるというものであり、第二は、都市化の発展が環境汚染に非線形的な影響を与えるというものである。国外研究では、Coleら（2004）はSTIRPATモデルに基づき研究を行い、高い都市化率がある程度炭素排出汚染を促進する一方、二酸化硫黄排出には顕著な影響を与えないことを示した。Poumanyvongら（2010）は改良STIRPATモデルを用いて、都市化率が炭素排出に正の影響を持つことを検証した。Martínezら（2011）は予測因子をモデルに導入し、改良STIRPATモデルを構築した結果、都市化と炭素排出との間に逆「U」字型の関係が存在することを明らかにした。国内研究では、黄金川ら（2004）は主成分分析を用いて総合都市化指標を構築し、階層分析法を採用して、重慶庫区の都市化と生態環境の間に正のU字型曲線の結合関係が存在することを導き出した。これは、当面の都市化発展が生態環境への依存性の方が破壊性よりも大きいことを示す。任春艶ら（2005）は人口と社会経済活動に基づいて総合的な都市化強度指標を構築し、環境変化と都市発展が短期的には環境クズネッツ曲線の特徴を示すことを証明した。

杜江ら（2008）は環境クズネッツ曲線仮説を拡張し、人口都市化の観点から廃水・廃棄物・排ガスおよび二酸化硫黄が都市化水準との間に逆「U」字型の関係を持ち、一方で煤煙や粉塵は正の「U」字型曲線関係を持つことを明らかにした。李姝（2011）はGMM推定法に基づき、社会全体の住宅建設投資を都市化指標として、都市化と現時点の環境汚染との間に顕著な正の相関関係があると指摘した。冷艶麗ら（2015）は人口都市化の観点から、都市化の進展がスモッグ汚染に正の影響を与えることを提起した。王琰（2017）は空間ラグモデルとOLS線形回帰モデルを導入し、人口と土地の二つの次元から、都市化と大気汚染の間に環境クズネッツ曲線の関係が存在すること、すなわち都市大気汚染の状況は都市化水準の上昇に伴い「先に増加し、その後低下する」傾向を持つことを説明した。

7.2.2　都市多中心化指標構築研究

都市化の進展に伴い、単一中心都市の発展には一定の制約が生じ、都市交通渋滞や資源・環境の悪化といった一連の問題が頻発するようになった。そのため、都市化建設の持続可能な発展を保障するために、多中心的な空間発展戦略がわが国都市化建設の重要な目標として提起された。

学界における都市多中心化の研究は国外では比較的早く、20世紀80年代に遡ることができる。C.B.Fawcett（1932）はイギリスの人口分布の分析を通じて、イギリスにおける「集合都市」概念を提起した。Gottmann（1957）はアメリカ国勢調査局の地図に基づき、アメリカ北東沿岸地域に形成された「メガロポリス」に注目した。Hall（2006）は「多中心巨大都市圏」概念を用い、形態と機能の二つの角度からヨーロッパの巨大都市圏を分析した。Riguelle（2007）は雇用の観点から、ベルギー都市群の中心分散状況を比較分析した。国内においては、趙璟ら（2009）は空間パネルデータを用いて西部地域の都市群空間構造の変遷を研究し、都市群が初期の単一中心から徐々に多中心へと移行していることを明らかにした。張浩然ら（2012）は位序規模則を用いて都市群の空間構造と経済パフォーマンスとの関係を分析した。李佳洺ら（2014）は経済集積と人口集積の観点から都市群の多中心性を測定し、都市群集積水準と経済成長率との関係を分析した。

都市多中心化に関する幅広い研究において、学者たちは通常、形態的多中心化と機能的多中心化の二つの側面から都市多中心化指標を構築している。

形態的多中心化とは、特定の空間範囲において都市要素の中心化水準を測定することを指す。通常、常住人口、就業人口、土地利用、夜間光リモートセンシング、経済パフォーマンスなどの指標を用いて定量的に測定し、測定方法としては位序規模分析、首位度、ジニ係数などが一般的である。Liu（2016）は標準偏差分析法を採用し、都市人口比率の観点から人口都市多中心化指標を構築した。孫斌棟ら（2017）は位序規模分析を通じて人口規模データを利用し、人口都市多中心化指標を構築した。高麗娜（2018）は都市経済空間密度指標および都市経済集積度の都市群平均経済集積度に対する比率を通じて、経済都市多中心化指標を構築した。李詩（2018）は人口と土地の両面から、建成区土地面積、市轄区人口および夜間灯光データの三種類のデータを結合し、位序規模法則を用いて省域都市多中心化指標を構築した。王磊ら（2018）は人口規模分布と産業空間配置の二つの次元から出発し、位序規模法則を用いて常住人口から人口都市多中心化指標を構築すると同時に、産業の空間分散度指数（SP指数）を選択して産業空間構造を測定した。劉修岩ら（2020）は夜間光輝度データに基づき、ジニ係数法および位序規模法則を用いて経済都市多中心化指標と人口都市多中心化指標を測算し、省域内のグリッド単位面積のジニ係数を位置都市多中心化指標として使用した。

機能的多中心化とは、ネットワーク分析の観点から、機能的連結の必要性に基づき、地理的にノードをもとに都市群における都市の中心化水準を定量化することである。通常、交通流、物流、人流および知識情報流などの角度から研究が展開され、ネットワーク各ノードの中心性を測定することによって、標準偏差分析、位序規模分析、ジニ係数などの方法で多中心性を計算する。羅震東ら（2011）は都市長距離バス便数と高速鉄道停車便数を収集して交通流を代替し、多中心化指標を構築した。ピーター・ホールら（2009）は通勤流の観点に基づき、自己容量法およびGreen（2004）による全く新しい多中心都市測定方法を用いて機能的多中心都市指数を構築した。姚常成ら（2020）は都市間協力で発表された学術論文数を都市群内の知識連結度として示し、位序規模法則を用いて知識都市多中心化指標を構築した。馬秀馨ら（2020）はネットワーク分析の視角から、都市各サブセンターの「重要性」（LandScan人口分布データを基礎指標とする）の標準偏差に基づいて都市多中心化指標を構築した。

以上の文献整理から分かるように、スモッグ汚染の影響研究や都市多中心化指標構築の研究において、既往文献は理論面・方法面の両方でかなり豊富な成果を有している。スモッグ汚染の影響研究においては、人口規模、経済成長、産業集積、エネルギー消費、環境規制がスモッグ汚染の主な要因であることが示されている。都市化が環境に与える影響分析においては、STIRPATモデルや環境クズネッツ曲線理論に基づく研究結果が多く見られる。都市多中心化指標構築理論においては、都市多中心化指標が形態型と機能型の二つの側面に分かれることが確認できる。しかしながら、既往研究には依然として以下の不足が存在する。第一に、都市化建設がスモッグ汚染に与える研究は主に単一の都市化角度に焦点を当てており、都市の多中心分布がスモッグ汚染に与える影響を軽視している。第二に、都市多中心化指標の構築において、形態的・機能的多中心を組み合わせた多次元的都市多中心化の総合指標がまだ欠けている。

これを踏まえ、本節では省域都市多中心化がスモッグ汚染に与える影響をテーマに、多次元的都市多中心化指標を構築し、STIRPATモデルと環境クズネッツ曲線理論を導入して、都市多中心化がスモッグ汚染に及ぼす影響効果を分析することで、既存研究を適切に補充し、都市化建設と環境保護の協調的発展を探求するための理論的指導と示唆を提供する。

7.2.3 中国省域都市多中心化とスモッグ汚染の現状分析

中国において単中心都市建設が進展するにつれ、都市交通渋滞や資源環境の悪化などの問題が日増しに顕著となっている。こうした都市・地域発展の不均衡、資源配分の不平等、さらには一部地域への資源環境負担の過重といった問題を解決するために、中国は次第に単中心都市建設から多中心都市建設への転換を図ってきた。本節では、中国における多中心化都市建設とスモッグ汚染の現状を深く理解するために、異なる次元の省域都市多中心化指標を基礎に、2000—2018年の青海・チベットおよび香港・マカオ・台湾を除く29省区市の都市多中心化データとスモッグ汚染データを用い、時間的趨勢と空間的分布の両方向から、中国省域都市多中心化とスモッグ汚染の発展現状と変化趨勢を分析する。

7.2.3.1　指標構築とデータの説明

（1）多中心化指標体系の構築。都市多中心化とは、複数の都市間で都市機能や都市要素水準が類似していることにより、複数の中心都市が集積する現象を指す。前節の文献レビューによれば、都市多中心化指標の構築に関して、学者たちは一般に「形態的多中心化」と「機能的多中心化」の二方向から研究を行っている。形態的多中心化は、複数都市の中で特定の都市要素水準が高い複数の中心都市の集積度を測定することを強調し、機能的多中心化は、複数都市の中で対外流通水準が高い複数の中心都市の集積度を測定することを強調する。したがって、本節では既存研究を踏まえ、形態的多中心化と機能的多中心化の両方向から出発し、前者については経済・人口・土地の三つの次元を選んで省域範囲内の経済中心都市・人口中心都市・土地中心都市の集積水準を説明する。また後者については旅客輸送量と貨物輸送量の二つの次元を選んで、省域範囲内の旅客交通と貨物輸送の重点都市の集積状況を説明する。

（2）データの説明および処理。① 位序規模法則。位序規模法則は、現在最も広く使用されている都市空間構造測定方法である。本節では、上記で構築した多中心化指標体系に基づき、劉修岩らの研究方法を参考に、中国各省域における異なる次元の都市多中心化指標を測定する。

文献の方法と理論基礎に従い、本節では位序規模法則を通じて省域内の都市規模と規模順位を関連づけ、都市空間構造を反映させる。その具体的形式は以下の通りである：

$$\ln R_{ij} = C - q_i \ln P_{ij} \tag{7.3}$$

ここで、R_{ij} は省域i内の都市jの夜間灯光データ（単位面積人口、市轄区建成区土地面積、貨物輸送総量、旅客輸送総量）の順位を表し、P_{ij} は対応する都市jの夜間灯光データ総値を表す。Cは定数である。

位序規模法則では、省域内の各都市の夜間灯光データ総値を順位付けした後、上位2位、3位、4位の都市関連値をそれぞれ式（7.3）に代入し回帰を行う。その際得られる係数 q_i の平均値を、省域iの経済多中心化指数（人口多中心化指数、土地多中心化指数、貨物多中心化指数、旅客多中心化指数）とする。そのうち、多中心化指数が1を超える場合、省域内都市空間構造は多中心化状態にあることを意味し、1未満の場合は単中心状態で単中心都市が主導的役割を果たしていることを意味する。

② 多中心化指標データの説明。指標構築の正確性と信頼性を確保するために、土地・貨物輸送・旅客輸送の都市多中心化指標を測定する原始データ–市轄区建成区土地面積、貨物輸送総量および旅客輸送総量–はすべて2001—2019年の『中国城市統計年鑑』に由来する。人口多中心化指標の原始データは、米国オークリッジ国立研究所のLandScan人口データセットに由来し、経済多中心化指標の原始データは、米国国家海洋大気局（NOAA）が発表した夜間灯光データに由来する。なお、チベット・青海両省の地級市データには多数の欠損が存在するため、本節では最終的にチベット・青海・香港・マカオ・台湾を除く29省区市の都市多中心化指標のみを構築した。

（3）スモッグ汚染データの説明および処理。PM2.5濃度はスモッグ汚染を判断する重要な要素であるため、本節ではPM2.5濃度の年平均値を用いて中国省域のスモッグ汚染状況を反映させる。また、2000—2018年の各省区市におけるPM2.5濃度年平均データを完全かつ信頼性を持って入手するために、本節の原始データはすべてダルハウジー大学大気成分分析グループの公式ウェブサイトに由来する。なお、この原始データはNASAの衛星および地上観測所のデータを総合推定して得られたグリッドデータであるため、所要データ形式を得るために、本節ではさらにArcGISソフトを用い、中国最新の行政区域シェープファイルと結合させ、このグリッドデータを省域レベルの 0.01°×0.01°のグリッドPM2.5濃度年平均データに変換した。

7.2.3.2　省域都市多中心化の現状分析

中国における各次元の省域都市多中心化の空間分布特性をより直観的に理解するために、本節ではArcGISソフトを用いて、2018年における経済多中心化指数、人口多中心化指数、土地多中心化指数、貨物多中心化指数および旅客多中心化指数の空間分布図を分析した。[1]

まず、経済多中心化の観点から見ると、中国の華東地域は典型的な多中心空間分布を示している一方で、中国西南地域および東北地域では経済多中心化の発展状況は顕著ではない。これは、西南地域と東北地域の経済活動が多くの場合、省域内の単一中心都市によって発起・主導されていること、また華東地域の経済が比較的発達し、総合技術も先進的であり、省域内の一部都市間の経済発展力の差がそれほど大きくなく、さらに地方政府が新興都市の発展を支援している現状と一致している。次に、人口多中心化の観点から見ると、中国北方では依然として省域内の単一中心都市への人口集中現象が広く見られるのに対し、南方、特に華東地域では省域内人口が徐々

---

1 紙幅の都合上、地図の可視化による表示は省略した。ご希望があれば、著者までお問い合わせください。

に分散し、多中心空間分布の特徴を示している。さらに、土地多中心化の観点から見ると、中国の省域内における土地規模の分布は比較的集中しており、多くの省区市において土地規模は単一中心都市に集まりやすい。ただし、山東省や河北省など一部の省では、観光業やハイテク産業の積極的な発展準備により、土地規模分布が徐々に多中心化へと近づいている。最後に、貨物多中心化と旅客多中心化の観点から見ると、中国東部地域では小商品生産・販売産業が比較的発達しているため、同地域の省域都市の貨物輸送量が大きく、その結果、中国東部の貨物多中心化の状況は他地域よりも明らかに優れている。また、地理的位置の影響により、港湾、埠頭、観光地が比較的分散している省域では、旅客多中心化指数が高い。

総じて見ると、中国省域内の都市経済・人口分布は比較的分散しており、一般的に多中心空間分布の状態を示している。一方で、土地規模や貨物流通の分布は単一都市に集中し、一般的に単中心空間分布の状態を示している。部分的に見ると、華東地域の省域都市多中心化指数は経済・人口・土地・貨物のいずれの面でも他地域より明らかに高く、中国華東地域が多次元的な多中心化空間分布を実現しており、都市発展政策が多中心発展を志向し、地域の都市化転換が比較的効果を上げていることを示している。

7.2.3.3　省域スモッグ汚染の現状分析

（1）スモッグ汚染の変化傾向。中国におけるスモッグ汚染の発展状況をより直観的に理解するために、本節ではPM2.5年平均濃度 をスモッグ汚染の指標とし、華北・東北・華東・華中・華南・西南・西北の7地域を対象に、図7.1を通じて2000—2018年における中国のスモッグ汚染の変化傾向を示した。

図7.1に示すように、全体的に見ると、中国のスモッグ汚染は先に増加し、その後減少する「逆U字型」変化傾向 を示している。すなわち、2011—2013年を節目として、2011年以前の中国のスモッグ汚染は全体的に上昇傾向を示し、2013年以降は中国が徐々にスモッグ汚染問題を重視し、グリーン発展が急速に進展したことにより、スモッグ汚染は全体的に減少傾向を示している。地域別に見ると、華中地域と華東地域のPM2.5年平均濃度は一貫して高水準にあり､かつ他の地域よりも明らかに高い。これは、他地域と比べて華中および華北地域におけるスモッグ汚染問題が最も深刻であることを示している。一方で､中国西南地域と東北地域のPM2.5濃度は一貫して低水準であり､そのPM2.5年平均濃度は極めて低く､これらの地域ではスモッグ汚染が深刻ではなく、空気質が比較的良好であることが示されている。

（2）スモッグ汚染の空間分布状況。上述のPM2.5年平均濃度の変化傾向に基づき、本節ではさらに中国におけるスモッグ汚染の時空間的分布状況を考察する。

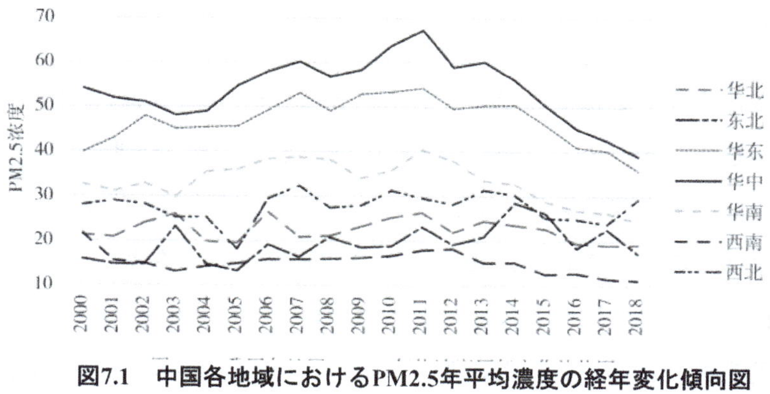

図7.1　中国各地域におけるPM2.5年平均濃度の経年変化傾向図

まず､時間的傾向から見ると､2000—2018年の中国におけるPM2.5年平均濃度の時空間分布を比較することで、中国において深刻なスモッグ汚染省の数は全体的に「先に増加し、その後減少する」という傾向を示していることが分かる。すなわち、PM2.5年平均濃度50を基準とし、その数値を超える省をスモッグ汚染が極めて深刻な省とみなし、その省の数は2003年の山東省、河南省、安徽省の3省から始まり、2008年、2013年には華中・華東地域の大部分の省へと拡大し、その後2018年には河南省のみへと縮小した。次に、空間分布から見ると、PM2.5年平均濃度が高い地域は主に中国の華中地域と華北地域に集中しており、PM2.5年平均濃度が低い地域は主に中国の西南地域と東北地域に集中している。また、中国のスモッグ汚染には「高汚染地域と高汚染地域が集積」「低汚染地域と低汚染地域が集積」「高汚染地域が外部へ汚染を拡散する」といった現象が存在する。

7.2.3.4　小結

中国の多次元的な省域都市多中心化とスモッグ汚染の現状を把握するために、本節では時間的傾向と空間分布の両方向から、2000—2018年の青海・チベットおよび香港・マカオ・台湾地域を除いた29の省・自治区・直轄市の都市多中心化データとスモッグ汚染データを基に、省域都市多中心化とスモッグ汚染の発展現状と変化傾向を分析した。

省域都市多中心化指標の発展現状から見ると、全体的には中国の省域内都市の経済・人口分布は比較的分散しており、一般的に多中心的な空間分布状態を呈している。一方で、土地規模や貨物輸送の分布は単一都市に集中し、単中心的な空間分布状態を呈している。これは、中国の省域における経済多中心化・人口多中心化の発展が比較的良好である一方、土地多中心化・貨物輸送多中心化の発展は明確ではないことを意味する。空間分布においては、華東地域の省域都市多中心化指標は経済・人口・土地・貨物輸送の各側面で他地域より明らかに高く、華東地域が多次元的な中心化空間分布を呈し、都市発展政策が多中心化発展に傾いており、地域の都市化転換が成果を上げていることを示している。

中国のスモッグ汚染の時空間分布から見ると、時間的傾向においては2011—2013年を節目として、全体的に「先に増加し、その後減少する」逆U字型の変化傾向を呈しており、スモッグ汚染が極めて深刻な省の数も同様に「先に増加し、その後減少する」傾向を示している。空間分布においては、PM2.5の高濃度地域は主に華中地域と華北地域に集中し、PM2.5の低濃度地域は主に西南地域と東北地域に集中している。これは、中国のスモッグ汚染が「高汚染地域と高汚染地域の集積」「低汚染地域と低汚染地域の集積」「高汚染地域から外部への汚染拡散」という現象を持つことを示している。

7.2.4　省域スモッグ汚染の空間的関連分析

上記のスモッグ汚染現状分析から、中国のスモッグ汚染には明確な地域差と地域的集積が存在することが分かる。その中で、華中・華東地域のスモッグ汚染の程度は他地域に比べて概して高く、西南・東北地域のスモッグ汚染の程度は他地域に比べて明らかに低い。中国のスモッグ汚染の空間的相関性をさらに検証するために、本節では全体（グローバル）と部分（ローカル）の視点から、空間計量におけるモラン指数を用いてスモッグ汚染の空間自己相関性を検証する。

7.2.4.1　方法論的基礎

（1）空間重み行列の確定。空間的相関性分析を行う前に、まず空間重み行列を設定する必要がある。空間重み行列は空間統計・空間計量経済学における重要な概念であり、空間内での個体間の相互依存関係を反映する主要なツールである。W_{ij}は、空間内における個体iが個体jに与える影響の程度を示す。一般的な空間重み行列には、隣接重み行列、地理的距離重み行列、経済距離重み行列の3種類がある。

空間隣接行列は、観測点が地理空間上で隣接している関係に基づいて構築される空間重み行列である。具体的な形式は以下の通りである：

$$w_{ij} = w_{ji} = \begin{cases} 1, & i \in \{j\} \\ 0, & i \notin \{j\} \end{cases} \qquad (7.4)$$

ここで、i,j=1,2,…,Nは異なる位置にある個体観測点を示し、$\{j\}$は観測点iと共通の境界を持つ隣接観測点の集合である。観測点jと観測点iが隣接している場合、$W_{ij}=1$となり、隣接していない場合は$W_{ij}=0$となる。

地理距離重み行列は、観測点間の地理的距離に基づいて構築される空間重み行列である。この方法は、空間相互作用の強度が地域間の重心距離に依存すると仮定するものである。一般的な地理距離行列としては「逆距離重み行列」があり、観測点間の距離に基づき、距離が遠いほど影響重みは小さく、距離が近いほど影響重みは大きくなる。具体的な形式は以下の通りである：

$$w_{ij} = \frac{1}{d_{ij}} \qquad (7.5)$$

K-隣接重み行列とは、各観測点から最も近いK個の観測点との距離に基づいて構築される地理距離重み行列である。

経済距離重み行列は、経済や社会的要因を利用して仮想的な経済距離を計算し、より複雑な空間重み行列を設定するものである。

本節では、空間重み行列を構築する際に、隣接重み行列、K-隣接重み行列、逆距離重み行列および経済距離重み行列をそれぞれ構築し、多角的な重み行列からスモッグ汚染の空間的自己相関性および都市多中心化とスモッグ汚染の関係を検証する。

（2）全局空間相関性検定。全局モラン指数は空間相関性を測定する重要な指標であり、地域間の相互影響の程度を反映し、空間的次元における地域間の関連性を示す。その具体的な計算式は以下の通りである：

$$I = \frac{n\sum_{i}\sum_{j} w_{ij}(x_i - \bar{x})(x_j - \bar{x})}{\sum_{i}\sum_{j} w_{ij}\sum_{i}(x_i - \bar{x})^2} \qquad (7.6)$$

全局モラン指数Iを分散で標準化した後、その値は-1から1の間にある定数となる。すなわち：I>0の場合、指標データは空間的に正の自己相関を持つ。I<0の場合、指標データは空間的に負の自己相関を持つ。I→0の場合、指標データの空間分布はランダムであり、空間的自己相関は存在しない。

（3）局所空間相関性検定。全局モラン指数は、指標データに空間的自己相関が存在するかどうかを検証できるが、具体的な集積状況や関連程度を反映することはできない。したがって、局所モラン指数を導入し、データの局所的自己相関関係と局所空間集積状況をさらに分析する。

$$I_i = \frac{n(x_i - \bar{x})\sum_{j \neq i} w_{ij}(x_j - \bar{x})}{\sum_{i}(x_i - \bar{x})^2} \qquad (7.7)$$

ここで、I_iは局所モラン指数を表す。$I_i>0$の場合、指標特性が類似するデータが集積しており、高-高集積や低-低集積が発生する。$I_i<0$の場合、指標特性が異なるデータが集積しており、高-低集積や低-高集積が発生する。

LISAクラスターマップは具体的な局所空間集積の状況を示す。その中で：高-高集積（H-H）は本地および周辺地域の要素データがいずれも高いことを示す。高-低集積（H-L）は本地の要素データが高く、周辺地域の要素データが低いことを示す。低-低集積（L-L）は本地および周辺地域の要素データがいずれも低いことを示す。低-高集積（L-H）は本地の要素データが低く、周辺地域の要素データが高いことを示す。

7.2.4.2　スモッグ汚染の全局的空間関連分析

上述の理論分析に基づき、結果の頑健性を確保するために、本節では隣接重み行列、地理距離重み行列および経済距離重み行列をそれぞれ用いて、2000—2018年の中国29省区市（青海・チベットおよび香港・マカオ・台湾を除く）のPM2.5濃度の全局モラン指数 を計算した。Stataソフトによって生成された結果によれば、1%の信頼水準において、隣接重み行列および地理距離重み行列を用いて得られた結果はいずれも比較的有意であったのに対し、経済距離重み行列を用いて得られた結果はほとんど有意ではなかった。したがって、本節では、異なる地域の経済発展の差異のみを考慮した場合、中国のスモッグ汚染には明確な空間的自己相関性が存在しないと暫定的に考える。

同時に、表7.9によれば、隣接重み行列、K-隣接重み行列および逆距離重み行列によって生成された全局モラン指数はいずれも2000—2018年の間で正の値を示し、その値は概ね0.4水平前後で変動している。これは、中国のスモッグ汚染が地理空間上において確かに一定の空間的自己相関関係を有し、かつ空間集積効果が比較的強い ことを示している。

表7.9 三種類の重み行列下におけるPM2.5濃度値のMoran'sI

Variables	W_1(0-1隣接重み行列)			W_2（K隣接重み行列）			W_3（地理的距離重み行列）		
	I	z	p-VALUE*	I	z	p-VALUE*	I	z	p-VALUE*
y2000	0.241	2.153	0.016	0.293	2.816	0.002	0.207	2.675	0.004
y2001	0.517	4.112	0.000	0.424	3.785	0.000	0.292	3.475	0.000
y2002	0.562	4.417	0.000	0.474	4.169	0.000	0.357	4.124	0.000
y2003	0.560	4.425	0.000	0.439	3.911	0.000	0.312	3.679	0.000
y2004	0.592	4.634	0.000	0.460	4.053	0.000	0.356	4.114	0.000
y2005	0.583	4.573	0.000	0.436	3.864	0.000	0.316	3.707	0.000
y2006	0.462	3.734	0.000	0.307	2.850	0.002	0.220	2.746	0.003
y2007	0.592	4.669	0.000	0.448	3.983	0.000	0.320	3.765	0.000
y2008	0.545	4.293	0.000	0.359	3.244	0.001	0.249	3.007	0.001
y2009	0.568	4.483	0.000	0.446	3.965	0.000	0.313	3.685	0.000
y2010	0.561	4.438	0.000	0.448	3.982	0.000	0.304	3.600	0.000
y2011	0.557	4.388	0.000	0.440	3.901	0.000	0.273	3.260	0.001
y2012	0.540	4.263	0.000	0.359	3.246	0.001	0.256	3.092	0.001
y2013	0.578	4.598	0.000	0.429	3.860	0.000	0.291	3.492	0.000
y2014	0.564	4.457	0.000	0.403	3.616	0.000	0.270	3.240	0.001
y2015	0.565	4.493	0.000	0.421	3.794	0.000	0.258	3.136	0.001
y2016	0.557	4.438	0.000	0.398	3.602	0.000	0.265	3.212	0.001
y2017	0.564	4.471	0.000	0.441	3.938	0.000	0.287	3.427	0.000
y2018	0.542	4.300	0.000	0.440	3.924	0.000	0.295	3.508	0.000

より深く中国におけるスモッグ汚染の空間的相関性の変化傾向を理解するために、本節ではGeodaソフトを用い、0-1隣接重み行列（W_1）を適用して、2001年、2009年、2018年のMoran'sI散布図を作成し、中国におけるPM2.5濃度の空間的相関関係を検証することを試みた。図7.8によれば、PM2.5平均値を中心として、散布図は第I・Ⅱ・Ⅲ・Ⅳの4つの象限に分けられる。第I象限は「高-高集積」を表し、すなわちこの象限に属する省のPM2.5濃度がその年度の平均値よりも高く、

かつ隣接地域のPM2.5濃度も平均値より高いことを意味する。第III象限は「低-低集積」を表し、この象限に属する省のPM2.5濃度が年度平均値よりも低く、かつ隣接地域のPM2.5濃度も平均値より低いことを意味する。このように、図7.2に示された3つのサブ図を比較すると、多くのPM2.5濃度観測点が各年において第I象限と第III象限に分布しており、第II象限や第IV象限に分布する観測点はごく少数であることが分かる。これは、中国のPM2.5濃度が空間分布上で正の相関性を持つことを示しており、すなわち隣接する地域間でスモッグ汚染が「高-高」あるいは「低-低」といった正の関連関係にあることを意味する。また、各年度における観測点の分布パターンが基本的に一致しているため、本節は、中国のスモッグ汚染の空間的相関関係は比較的安定している、すなわち安定した空間的正の相関が存在すると結論づける。

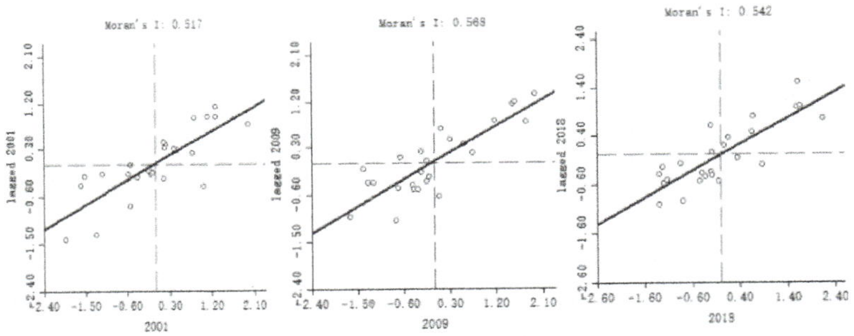

図7.2　29省区市におけるPM2.5濃度の全局モラン指数散布図

7.2.4.3　スモッグ汚染の局所的空間関連分析

全局モラン指数は、中国におけるスモッグ汚染に空間的自己相関が存在するか否かを全体的に検証することはできるが、局所的な地域の空間的集積状況を正確に把握することはできない。そのため、本節ではさらに中国におけるスモッグ汚染の局所的空間的関連性を分析する。

本節では、2000—2018年の間で代表性を持つ2000年、2009年、2018年のPM2.5濃度集積図（PM2.5年平均濃度の時空間分布図）を選択し、スモッグ汚染の局所的空間自己相関を示す。2000年のPM2.5濃度局所空間自己相関分布では、湖北省と陝西省が「高-高集積」状態を示し、黒竜江省・遼寧省・吉林省が「低-低集積」状態を示した。他の省は有意ではなかった。2009年の空間分布では、安徽省・河南省・湖北省・江蘇省・山東省が「高-高集積」状態を示し、吉林省と黒竜江省が「低-低集積」状態を示した。2018年の空間分布では、安徽省・河南省・湖北省・江蘇省・山東省が依然として「高-高集積」状態を示したが、「低-低集積」状態を示したのは吉林省のみであった。

以上のことから、中国のスモッグ汚染には顕著な局所空間的自己相関が存在し、局所空間集積は主に「高-高集積」と「低-低集積」の状態を示していることが分かる。スモッグ汚染の「高-高集積」は主に中国の華中地区および華東地区 に集中し、「低-低集積」は主に東北地区に集中している。また、動態的な変化傾向から見ると、中国のスモッグ汚染の「高-高集積」地域は拡大し続けており、「低-低集積」地域は徐々に縮小している。この結果は、前述のスモッグ汚染の現状分析や全局空間関連分析の結果と概ね一致している。

7.2.4.4　まとめ

省域スモッグ汚染の空間的自己相関をさらに検証するために、本節では全局および局所の視点から、2000—2018年の29省区市におけるPM2.5濃度の全局モラン指数および局所モラン指数を計算し、スモッグ汚染の空間的自己相関を検証した。

全局空間自己相関の視点 から見ると、スモッグ汚染には顕著かつ安定した空間的正の相関関係が存在する。まず、歴年の全局モラン指数値を分析すると、0-1隣接重み行列に基づき、中国の歴年PM2.5濃度の全局モラン指数は概ね 0.55 水平に集中しており、そのP値はいずれも1%および5%の有意水準を大きく下回っている。これにより、スモッグ汚染が地理空間上において確かに空間的自己相関を有し、かつ強い空間集積効果を持つことが示された。さらに、全局モラン指数散布図を分析すると、歴年の中国におけるPM2.5濃度観測点の大半が第Ⅰ象限および第Ⅲ象限に分布しており、スモッグ汚染が主に「高-高集積」または「低-低集積」の現象を示すことが分かる。すなわち、PM2.5濃度の空間分布には顕著かつ安定した 正の関連性が存在することが確認された。

局所空間自己相関の視点から見ると、中国のスモッグ汚染には局所的に一定の空間自己相関が存在し、その空間的集積分布は歴年を通じて一定の同質性を示している。スモッグ汚染の局所空間集積は主に「高-高集積」と「低-低集積」の状態を呈しており、「高-高集積」は主に 華中地区華東地区に集中し、「低-低集積」は主に東北地区に集中している。また、動態的変化傾向から見ると、スモッグ汚染の「高-高集積」地域は拡大し続け、「低-低集積」地域は徐々に縮小している。

7.2.5　モデルの理論的基礎

古典的なパネルデータモデルは、各変数が相互に独立しているという仮定の上に構築されており、サンプルデータ間に存在する可能性のある空間的依存性を無視している。変数間に無視できない空間的関連関係を考慮するために、本節では空間パネルモデルを用いて分析を行う。現在、空間パネルモデルは主に以下の3種類がある。

1.空間遅延モデル（SARモデル）。空間遅延モデルは空間自己回帰モデルとも呼ばれ、モデルにおいて従属変数の空間遅延項を設定する回帰モデルを指す。このモデルは主に、被説明変数自身の空間的スピルオーバー効果を研究するために用いられ、ある機関や地域の経済行動が隣接する機関や地域の経済行動のスピルオーバーによって模倣的な意思決定を行う場合に適している。具体的な設定は次の通りである。

$$Y = \lambda WY + X\beta + \varepsilon, \quad \varepsilon \sim N(0, \sigma^2 I) \qquad (7.8)$$

2.空間誤差モデル（SEMモデル）。空間誤差モデルとは、モデル内の誤差項に空間遅延項を設定した回帰モデルを指す。このモデルは、誤差項の空間自己相関を通じて空間依存効果を反映させるものであり、機関や地域間の相互作用が相対的位置の違いによって差異を生じる場合に適している。具体的な設定は次の通りである。

$$Y = \beta X + \mu, \quad \mu = \rho W \mu + \varepsilon, \quad \varepsilon \sim N(0, \sigma^2 I) \qquad (7.9)$$

3.空間デュービンモデル（SDMモデル）。空間デュービンモデルは、空間遅延モデルと空間誤差モデルを拡張したもので、両者にそれぞれ制約条件を加えることで成立する。このモデルの特徴は、従属変数の空間的相関性を考慮すると同時に、独立変数の空間的相関性も考慮する点にある。具体的な設定は次の通りである。

$$Y = \lambda W_1 Y + X\beta_1 + W_2 X\beta_2 + \varepsilon, \quad \varepsilon \sim N(0, \sigma^2 I) \qquad (7.10)$$

ここで、W_1とW_2はいずれも空間重み行列を表す。W_1は従属変数Yの空間的関連関係を表し、W_2は独立変数Xの空間的関連関係を表す。両者は同じ行列とすることも、異なる行列とすることも可能である。

適切な空間パネルモデルを構築するために、本節ではLM検定、LR検定、Hausman検定の結果に基づき、空間遅延モデル、空間誤差モデル、空間デュービンモデルの中から最適なモデルを選択して分析を行う。

7.2.6　空間パネルモデルの構築と変数の選択

7.2.6.1　モデル設定

都市の多中心化とスモッグ汚染の現状分析およびスモッグ汚染の空間自己相関性の検証を通じて、本節では 省域都市多中心化とスモッグ汚染がいずれも明確な地域分布特性を持ち、かつスモッグ汚染が全局的および局所的レベルで顕著な空間的相関性を示すことを確認した。したがって、地域間の相互独立を前提とする従来の計量分析手法はもはや適さない。以上を踏まえ、本節では空間計量モデルを用いて、省域都市多中心化がスモッグ汚染に及ぼす影響を実証的に研究する。まず、一般的な空間計量モデルを構築し、その具体的な形式は以下の通りである。

$$y=\alpha+\lambda Wy+\beta X+\delta WX+\mu \qquad (7.11)$$

式中、yは被説明変数、Xは説明変数、αは定数項、βは説明変数Xのパラメータ、μは正規独立同分布に従うランダム誤差項、Wは既知の空間重み行列、λとδはそれぞれ被説明変数と説明変数の空間効果係数である。

次に、STIRPATモデルを組み合わせ、環境品質、人口規模、一人当たり所得および技術水準を表す変数をモデルに導入する。同時に、環境クズネッツ曲線理論に基づき、各説明変数の二次項を導入して、それらの要因と環境品質の間の非線形関係を探究する。

したがって、本節で得られた最終的な空間計量モデルは以下の通りである。

$$y = \alpha + \lambda Wy + \beta_i X + \beta_j (X)^2 + \delta_x WX + \beta_z Z + \delta_z WZ + \mu \tag{7.12}$$

ここで、被説明変数yはPM2.5濃度；説明変数Xは経済多中心化・人口多中心化・土地多中心化・貨物輸送多中心化・旅客輸送多中心化を含む；Zは制御変数である。STIRPATモデルに基づけば、本来制御変数には人口要因（P）、住民の富裕度（A）、技術水準（T）を含めるべきであるが、説明変数Xにすでに人口要因（人口多中心化）と経済要因（経済多中心化）が含まれているため、重複を避けるために人口要因と経済要因を制御変数から除外した。さらに、既存文献の整理に基づくと、産業構造と外国直接投資も環境汚染に影響を与える重要な要因であることがわかる。できるだけ変数の欠落による推定結果の偏りを避けるため、最終的に制御変数には研究開発投資、産業構造、外国直接投資、環境規制 を含めた。

7.2.6.2　変数の選択と説明

上述のモデル基本設定に基づき、本節ではモデル変数の基本的な状況を簡単に説明する。

（1）被説明変数。本節では PM2.5 の年平均濃度を被説明変数とし、これをもって中国各地域のスモッグ汚染の程度を測定する。本節で用いるPM2.5年平均濃度データはすべてダルハウジー大学大気成分分析グループの公式ウェブサイトから取得し、ArcGISソフトと中国最新行政区画ベクトル図を組み合わせて解析して得た。

（2）説明変数。本節の説明変数は省域都市多中心化指数である。都市多中心化は複雑かつ体系的なプロセスであり、複数の側面を含むため、本節では 形態的多中心化と機能的多中心化の二方向からアプローチし、経済・土地・人口・貨物輸送・旅客輸送の五つの角度から説明変数を設定した。これらの多中心化指標はいずれも地級市関連の原始データを基に位序規模法則を用いて測定した。なお、土地・貨物輸送・旅客輸送の多中心化指標の原始データ（市轄区建成区土地面積、貨物輸送総量、旅客輸送総量）は『中国城市統計年鑑』から取得し、人口多中心化指標の原始データはオークリッジ国立研究所のLandScan人口データセットから、経済多中心化指標の原始データは米国 NOAA（国家海洋大気局） が公表する夜間光データセットから取得した。これらの原始データはすべてグローバル格子データであるため、本節では曹子陽らの研究に従い、ArcGISソフトを用いて修正・抽出し、省域レベルの地級市データを得た。

（3）制御変数。STIRPATモデルおよび関連文献に基づき、本節では 産業構造・環境規制・外国直接投資・研究開発投資 を制御変数として選択した。産業構造は省域内の第二次産業付加価値がGDPに占める比率で測定し、環境規制は環境保護支出が地方財政予算支出に占める比率で測定した。外国直接投資は省域内の地市レベル実際利用外資総額（人民元に換算済）がGDPに占める比率で測定し、研究開発投資は科学技術支出が地方財政予算支出に占める比率で測定した。これら制御変数の原始データはいずれも2001—2019年の『中国統計年鑑』および『中国城市統計年鑑』から取得した。変数の選択と定義は表7.10に示す。

表7.10 変数の選択と定義

変数タイプ	変数名	指標名
説明変数	PM2.5	PM2.5の年間平均濃度
説明変数	tra_v	貨物の分散化
	pas-V	旅客輸送の分散化
	economics	経済の多中心性
	population	人口の多様化
	land	土地の分散化

変数タイプ	変数名	指標名
	tra_2	貨物のマルチセンタリングの二次項旅客のマルチセンタリングの二次項
	pas_2	経済多中心性の二次項
	eco_2	人口多中心性の二次項
	pop_2	陸地多中心性二次項
	land_2	貨物のマルチセンタリングの二次項旅客のマルチセンタリングの二次項
制御変数	ind_srt	産業構造
	env-reg	環境規制
	for_inv	外国直接投資
	res_inp	研究開発投資

7.2.7　省域都市多中心化がスモッグ汚染に与える影響分析

7.2.7.1　モデル選択

モデルの設定に基づき、本節ではまず古典的なパネルモデルを構築し、OIS回帰残差に空間的相関性が存在するかどうかを識別した。LR検定結果によれば、そのP値が1%よりも有意に小さいことから、顕著な空間効果が存在すると認められ、当該モデルが空間パネルモデルを構築するのに適していると初歩的に判断できる。

さらに、空間パネルモデルを構築することを前提に、本節ではラグランジュ乗数（LM）検定を用いて、具体的に適合する空間パネルモデルを選択した。LM検定には、LM_lag、LM_error、ロバストLM_lag、ロバストLM_errorの4種類の検定統計量が含まれる。このうち、LM_lagとロバストLM_lagは空間ラグモデルを診断するために用いられ、LM_errorとロバストLM_errorは空間誤差モデルを診断するために用いられる。表7.11によれば、LM検定においてLM_lagとLM_error、ロバストLM_lagとロバストLM_errorのいずれもが1%の有意水準で検定に合格している。したがって、本節では初歩的に空間デュービンモデルを選択すべきであると判断する。同時に、モデル選択の正確性と信頼性を保証するために、後述でLR検定とWald検定を用いて、空間デュービンモデルが空間ラグモデルまたは空間誤差モデルへ退化する必要があるかどうかを再度判定する。

次に、空間デュービンモデルの構築を初歩的に決定したうえで、本節ではさらにHausman検定を行い、当該モデルが固定効果を選択すべきか、それともランダム効果を選択すべきかを確定する。Hausman検定において、モデルの検定統計量が有意性検定に通過しない場合は帰無仮説を棄却しないことを意味し、この場合はランダム効果を選択すべきである。逆に、検定統計量が有意に通過した場合は帰無仮説を棄却することを意味し、この場合は固定効果を選択する。表7.12によれば、0-1隣接重み行列（W_1）、K-隣接重み行列（W_2）、地理距離重み行列（W_3）の3種類の重み行列の下で、空間デュービンモデルのHausman検定結果はいずれも負の値を示し、直接比較はできない。したがって、本節ではさらに異なるモデル間の情報量規準、当てはまりの良さ（フィット度）およびLR検定結果を比較することによってモデルを選択する。

表7.11 モデル選択のための検定統計量

	OLS回帰		
R^2 Obs	0.0877 475		
	空間相関検定		
	W_1(0-1隣接重み行列)	W_2（K隣接重み行列）)	W_3（地理的距離重み行列
LM_lag	253.7968***	387.9973***	404.7348***
LM_error	311.0473***	425.8033***	452.1096***
堅牢なLM_lag	3.8813**	8.6980***	6.4618**
堅牢なLM_error	61.1318***	46.5040***	53.8366**
Hausman(SDM)	-16.1196	-0.5384	-11.0578
LR-test	765.1277***		

注：*，**，***はそれぞれ検定の有意水準が10%、5%、1%であることを示す。

表7.12 空間モデル診断検定結果

		空間遅れモデル		空間誤差モデル		宇宙ドーベルマンモデル	
		固定効果	ランダム効果	固定効果	ランダム効果	固定効果	ランダム効果
W_1	AIC R^2	2616.1209 0.9375	2876.6794 0.9339	2630.3023 0.8330	2909.3846 0.9328	2607.5084 0.9392	2868.5416 0.9359
	LR_fe LR_re	LR(sar-sdm):23.65*** LR(sar-sdm):36.14***			LR(sem-sdm):50.79*** LR(sem-sdm):55.10***		
W_2	AIC R^2	2643.6254 0.9273	2913.1655 0.9231	2659.1394 0.8347	2938.843 0.9221	2642.2464 0.9280	2915.9446 0.9238
	LR_fe LR_re	LR(sar-sdm):35.43*** LR(sar-sdm):25.22**			LR(sem-sdm):56.08** LR(sem-sdm):50.90***		
W_3	AIC R^2	2657.4335 0.9253	2913.1655 0.9231	2659.1394 0.8347	2930.9534 0.9210	2642.2464 0.9280	2915.9446 0.9238
	LR_fe LR_re	LR(sar-sdm):31.84*** LR(sar-sdm):39.42**			LR(sem-sdm):44.07*** LR(sem-sdm):53.24**		

注：*，**、***はそれぞれ検定の有意水準が10%、5%、1%を示す。

本節では、各種空間パネルモデルの情報規準、適合度R^2およびLR検定統計量を表7.12にまとめた。比較の結果、三種類の重み行列において、固定効果を伴う空間デュービンモデルのAIC情報規準はいずれも最小であり、かつ適合度も最大であった。同時に、三種類の重み行列においてLR検定はいずれも帰無仮説を棄却しており、空間デュービンモデルは空間ラグモデルや空間誤差モデルに退化できないことを示している。したがって、固定効果を伴う空間デュービンモデルが最適な選択であると結論づけられる。

以上を総合すると、本節では最終的に固定効果付き空間デュービンモデルを選択し、都市多中心化がスモッグ汚染に与える影響を分析する。

7.2.7.2　モデル推定結果の分析

前述のモデル設定およびモデル選択分析に基づき、本節では K-隣接重み行列の下で、スモッグ汚染の程度を測る被説明変数としてPM2.5を設定し、経済多中心化、人口多中心化、土地多中心化、旅客多中心化、貨物多中心化を主要な説明変数とし、産業構造、研究開発投資、環境規制、外国直接投資を統制変数として固定効果付き空間デュービンモデルを構築した。具体的なモデルパラメータ推定および検定統計量は表7.13に示す。

表7.13 空間ダービンモデルのパラメータ推定値と検定統計量

Variable	Coefficient	t-stat	Z-probability
tra_2	0.635686***	2.799733	0.005114
tra_2	-0.014187	-1.371946	0.170080
Pas_V	-0.403891**	-2.204056	0.027520
pas_2	0.012060*	1.691808	0.090683
economics	-1.424748	-1.327113	0.184471
eco_2	0.061513	0.645152	0.518829
population	0.981291***	2.595051	0.009458
pop_2	-0.028768**	-2.227421	0.025919
land	-5.671881***	-4.610037	0.000004
land_2	0.795917***	3.677926	0.000235
ind_srt	-0.050582	-0.957436	0.338347
env_reg	-0.445106**	-1.972745	0.048525
for_inv	-0.011755	-0.129155	0.897235
res_inp	-0.997115**	-2.163655	0.030491
w×tra_v	-0.073554	-0.178171	0.858589
w×pas_v	-0.282759	-0.777749	0.436717
w×economics	-3.882296*	-1.905110	0.056766
w×population	-0.401496	-0.695708	0.486612
w×land	-0.634119	-0.237505	0.812265
w×ind_srt	0.206868***	2.679010	0.007384
w×env_reg	-1.399676***	-3.665193	0.000247
w×for_inv	-0.139580	-0.572975	0.566661
w×res_inp	-1.495276**	-2.555206	0.010613
w×dep.var.	0.596292***	15.024281	0.000000
R^2		0.9308	
Log-likelihood		-1350.2723	
Wald_spatial_lag		31.5766***	
Wald_spatial_error		50.9369***	

注：*，**，***はそれぞれ検定の有意水準が10%、5%、1%を示す。

表7.13の回帰結果によれば、都市多中心化の各次元がスモッグ汚染に与える影響には差異が存在する。

まず、各都市多中心化指標の一次項係数を見ると、貨物多中心化指標、旅客多中心化指標、人口多中心化指標および土地多中心化指標はいずれも1%または5%の有意水準で検定を通過しており、これらの要因がスモッグ汚染に直接的な影響を及ぼすことが示されている。具体的に言えば、機能的都市多中心化の側面からみると、貨物多中心化は1%の有意水準で有意となり、一次項係数は0.64（正）である。これは、貨物多中心化がスモッグ汚染に顕著な正の影響を与えることを意味し、貨物多中心化指数が1単位増加すると、スモッグ汚染指標は 0.64単位増加することを示している。一方、旅客多中心化は5%の有意水準で有意となり、一次項係数は-0.4（負）である。これは、旅客多中心化がスモッグ汚染に顕著な負の影響を与えることを意味し、旅客多中心化指数が1単位増加すると、スモッグ汚染指標は 0.4単位減少することを示している。次に、形態的都市多中心化の側面からみると、人口多中心化は1%の有意水準で有意となり、一次項係数は0.98（正）である。これは、人口多中心化がスモッグ汚染に顕著な正の影響を与えることを意味し、人口多中心化指数が1単位増加すると、スモッグ汚染指標は0.98単位増加することを示している。同時に、土地多中心化も1%の有意水準で有意となり、一次項係数は-5.67（負）である。これは、土地多中心化がスモッグ汚染に顕著な負の影響を与えることを意味し、土地多中心化指数が1単位増加すると、スモッグ汚染指標は5.67単位減少することを示している。これに対して、形態的都市多中心化における経済多中心化は10%の有意水準においても有意ではなく、経済中心化がスモッグ汚染に直接与える影響は顕著ではないことが示された。

以上の分析を総合すると、各多中心化指標の一次項係数の絶対値を比較した場合、貨物多中心化、旅客多中心化、人口多中心化および土地多中心化はいずれもスモッグ汚染に影響を与えるが、その中で土地多中心化の影響係数の絶対値が最大で5.67に達しており、他の三つの要因よりもはるかに大きいことが分かる。したがって、省域において建成区土地面積を基準とした中心化都市の数が増加するにつれて、地域のスモッグ汚染が顕著に影響を受けると考えられる。これに対して、貨物多中心化、旅客多中心化、人口多中心化の影響係数の絶対値はいずれも1未満であり、とくに旅客多中心化の影響が最小（0.4）であることから、都市間の貨物輸送量や人口を基準とする中心化都市の増加は、地域のスモッグ汚染に一定の影響を与えるにとどまり、都市間の旅客輸送量を基準とする中心化都市の増加は、地域のスモッグ汚染に比較的小さい影響しか与えないことが示される。さらに、各多中心化指標一次項係数の符号を比較すると、貨物多中心化と人口多中心化はスモッグ汚染に正の影響を与え、土地多中心化と旅客多中心化はスモッグ汚染に負の影響を与えている。すなわち、中国が省域都市経済圏の形成を積極的に推進する中で、省域において人口が大都市に集中し、都市間の貨物輸送がますます頻繁になるにつれて、スモッグ汚染は一層深刻化する。他方で、省域内で中心化都市の建成区面積が徐々に均衡化し、都市間の旅客輸送が分散されることにより、多くの都市で緑地面積や住民の活動空間が保障され、省域のスモッグ汚染がある程度緩和されることが明らかとなった。

次に、各都市多中心化指標の二次項係数を考慮する。環境クズネッツ仮説に基づき、本節のモデル設定では、貨物多中心化指標、旅客多中心化指標、経済多中心化指標、人口多中心化指標および土地多中心化指標に平方項を導入し、各次元の多中心化指標の平方項がスモッグ汚染に与える影響を分析することで、多中心化の「非線形」効果を検証する。具体的に見ると、機能的都市多中心化の側面では、貨物多中心化の一次項係数が1%有意水準で有意に負であり、二次項係数は10%有意水準においても依然として有意ではなかった。これは、貨物都市多中心化の視点において、多中心化程度がスモッグ汚染に対して線形的な負の影響を与えることを意味し、環境クズネッツ仮説は成立しないことを示す。一方、旅客多中心化の一次項係数は5%有意水準で有意に負、二次項係数は10%有意水準で有意に正であった。これは、旅客都市多中心化の視点において、多中心化程度がスモッグ汚染に「U字型」曲線関係を持つことを示し、省域内の旅客流通が均衡化するにつれて、スモッグ汚染は一旦減少した後に再び増加する傾向を示す。形態的都市多中心化の側面では、人口多中心化の一次項係数が1%有意水準で有意に正、二次項係数が5%有意水準で有意に負であった。これは、人口都市多中心化の視点において、多中心化程度がスモッグ汚染に対して逆「U字型」曲線関係を持ち、省域内で人口規模を基準とする中心都市が増加するにつれて、スモッグ汚染は一旦増加した後に減少する傾向を示し、環境クズネッツ仮説が成立することを意味する。これに対し、土地多中心化の一次項係数は1%有意水準で有意に負、二次項係数は1%有意水準で有意に正であった。これは、土地都市多中心化の視点において、多中心化程度がスモッグ汚染に「U字型」曲線関係を持ち、省域内で建成区土地面積を基準とする中心都市の数が増加するにつれて、スモッグ汚染は一旦減少した後に増加する傾向を示す。

最後に、各都市多中心化指標の空間効果係数を見ると、経済都市多中心化指数の空間効果係数が10%有意水準で有意であり、一定程度の空間溢出効果が存在することが示される。具体的に言えば、経済多中心化指数の空間効果係数は -3.88であり、これは近隣地域の経済多中心化指数が当該地域のスモッグ汚染に負の影響を与えることを意味する。すなわち、近隣地域の経済多中心化指数が1単位増加すると、当該地域のスモッグ汚染指標は3.88単位減少する。

以上の分析から、このモデルには一定の空間溢出性が存在することが明らかとなった。すなわち、ある地域の都市多中心化指数は当該地域のスモッグ汚染に直接影響を与えると同時に、隣接または近隣地域のスモッグ汚染にも間接的影響を及ぼす。本節では、空間総効果を直接効果と間接効果に分解することで、都市多中心化水準がスモッグ汚染に与える空間溢出効果をさらに検討する。

表7.14を参照すると、各次元の都市多中心化指標がスモッグ汚染に与える影響効果は異なることが分かる。その中で、経済多中心化指標は自地域のスモッグ汚染に対する直接効果と隣接地域への間接効果の双方を持つ。一方、貨物多中心化指標、旅客多中心化指標、人口多中心化指標および土地多中心化指標は、自地域のスモッグ汚染に対してのみ直接効果を持つことが確認された。

表7.14 各説明変数の空間効果推定

	直接効果		間接効果		総効果	
	Coefficient	t-stat	Coefficient	t-stat	Coefficient	t-stat
tra_v	0.689475**	2.630573	0.676431	0.688605	1.365906	1.180884
tra_2	-0.015085	-1.262376	-0.010676	-0.233898	-0.025761	-0.481007
pas_v	-0.503640**	-2.390436	-1.183858	-1.309118	-1.687498	-1.614038
pas_2	0.014646*	1.788439	0.013107	0.944958	0.045734	1.190558
economics	-2.284490*	-1.887903	-10.867502**	-2.302925	-13.15191**	-2.424929
eco_2	0.128446	1.188430	0.842630*	1.914804	0.971076*	1.938802
population	1.013266**	2.568607	0.013457	2.019491	1.441909	1.018848

	直接効果		間接効果		総効果	
	Coefficient	t-stat	Coefficient	t-stat	Coefficient	t-stat
pop_2	-0.030077**	-2.211006	-0.014328	-0.320527	-0.044405	-0.875236
land	-6.448368***	-4.385704	-9.199075	-1.420158	-15.647444**	-2.089385
land_2	0.833084***	3.219236	0.403724	0.348517	1.236808	0.928266
ind_srt	-0.018280	-0.340872	0.402630**	2.653829	0.384350	2.222738
env_reg	-0.765510**	-3.13523	-0.830248	-4.461912	-4.615758**	-4.729770
for_inv	-0.041942	-0.405881	0.327771	-0.387314	-0.369173***	-0.600071
res_inp	-1.398449**	-2.948394	-1.014740	-3.207646	-4.647146**	-4.649142

注：*,**,***はそれぞれ10%、5%、1%の有意水準を示す。

具体的に見ると、貨物多中心化がスモッグ汚染に与える影響効果については、貨物多中心化には係数値が0.69の直接効果一次項係数のみが有意に検出されており、貨物多中心化指数は自地域のスモッグ汚染に対して正の影響を与えることが明らかとなった。すなわち、貨物多中心化指数が1単位増加すると、本省域のスモッグ汚染指標は0.69単位増加する。これは、省域間の貨物輸送流通の頻度が高まり、省域内で貨物輸送量を基準とする中心都市が増えるに従い、当地域のスモッグ汚染が一定程度悪化することを意味している。旅客多中心化がスモッグ汚染に与える影響効果については、旅客多中心化の直接効果一次項係数と二次項係数がそれぞれ5%水準と10%水準で有意に検出され、一次項係数が負、二次項係数が正であった。これにより、旅客多中心化指数は自地域のスモッグ汚染にのみ影響を与え、その効果は「U字型」の関係を示す。すなわち、旅客多中心化指数の上昇に伴い、スモッグ汚染は一旦低下し、その後増加する傾向を示す。経済多中心化がスモッグ汚染に与える影響効果については、経済多中心化の直接効果一次項係数、間接効果一次項係数および間接効果二次項係数がいずれも有意に検出された。これは、経済多中心化が自地域および隣接地域のスモッグ汚染に有意な影響を及ぼすことを意味している。具体的に、直接効果一次項係数は-2.28、間接効果一次項係数は-10.87、間接効果二次項係数は0.84であり、経済多中心化は自地域のスモッグ汚染に対して明確な負の影響を与える一方、隣接地域のスモッグ汚染に対しては「U字型」の影響を与える。つまり、省域の経済多中心化指数が高まると、隣接省域のスモッグ汚染は一旦減少した後に再び増加する傾向を示す。また、直接効果係数と間接効果係数の絶対値を比較すると、経済多中心化の変動が隣接省域に与える間接的影響は自地域への直接的影響よりも大きく、明確な空間溢出性が存在することが分かる。

人口多中心化がスモッグ汚染に与える影響効果については、直接効果一次項係数と二次項係数のみが5%水準で有意に検出されており、人口多中心化は自地域のスモッグ汚染に一定程度影響を及ぼす。その影響は逆「U字型」の関係を示し、省域内で人口が大都市に分散し、単位面積人口を基準とする中心都市が増えるに従い、スモッグ汚染は一旦増加した後に減少する傾向を示す。土地多中心化がスモッグ汚染に与える影響効果については、直接効果一次項係数と二次項係数がともに1%水準で有意に検出された。一次項係数が負で、二次項係数が正であることから、土地多中心化は自地域のスモッグ汚染に「U字型」の影響を与える。すなわち、建成区面積を基準とする中心都市の数が増えると、スモッグ汚染は一旦減少した後に増加する傾向を示す。

総じて、貨物多中心化、旅客多中心化、経済多中心化、人口多中心化および土地多中心化はいずれも自地域のスモッグ汚染に直接影響を与え、さらに経済多中心化は隣接省域のスモッグ汚染に間接的影響を及ぼすことが明らかとなった。そして、一定の閾値の範囲内では、経済多中心化が自地域に与える影響と隣接地域に与える影響は一致しており、隣接省域間のスモッグ汚染には正の空間的相関関係が存在すること、すなわち都市間に「一方が栄えれば共に栄え、一方が損なわれれば共に損なわれる」という現象があることが示された。

7.2.7.3　小結

前文におけるスモッグ汚染の空間的正の自己相関性の検証結果に基づき、本節ではSTIRPATモデルと環境クズネッツ曲線（EKC）理論を組み合わせ、空間パネルモデルを構築し、都市多中心化指標がスモッグ汚染に与える影響を分析した。

AIC情報量基準、ラグランジュ乗数（LM）検定および尤度比（LR）検定を用いて、都市多中心化指標がスモッグ汚染に与える影響を研究する際の空間ラグモデル、空間誤差モデル、空間デュービンモデルの適用性を検討した。また、ハウスマン検定結果および最適適合度を総合し、最終的に固定効果を持つ空間デュービンモデルを採用し、地理的空間重み行列を引用して、都市多中心化とスモッグ汚染の関係を分析した。

都市多中心化が環境汚染に与える影響を分析する過程において、直接的影響効果に注目すると、貨物多中心化、旅客多中心化、人口多中心化、土地多中心化はすべて本地域のスモッグ汚染に直接的影響を与えている。そのうち、旅客多中心化と土地多中心化は本地域のスモッグ汚染に程度の異なる「U字型」曲線の影響を与えており、これは都市化の進展に伴い、都市間旅客輸送量を基準とする中心都市や、省域内建成区面積を基準とする中心都市の数が増加し、域内都市の旅客量や建成区面積が均衡に達したとき、スモッグ汚染が一旦低下した後に再び上昇する現象が生じることを示している。これに対し、人口多中心化は本地域のスモッグ汚染に明確な逆「U字型」曲線の影響を与えており、省域内において都市人口を基準とする中心都市が増加し、人口が各大都市に分散していくにつれて、スモッグ汚染は一旦上昇した後に低下する傾向を示す。また、貨物多中心化と経済多中心化が本地域のスモッグ汚染にそれぞれ正の影響と負の影響を与えることから、省域間貨物輸送の流通が頻繁になるにつれ、スモッグ汚染は次第に深刻化する一方、都市の経済繁栄度を基準とする中心都市の数が増えるにつれ、域内都市の経済が均衡発展し、スモッグ汚染はある程度緩和されることを示している。

さらに、空間溢出効果（間接的影響効果）を考慮すると、経済多中心化は隣接省域のスモッグ汚染に明らかな間接影響を及ぼす。具体的には、経済多中心化と隣接省域のスモッグ汚染の程度との間には明確な「U字型」曲線関係が存在し、一定の閾値内においては、都市経済繁栄度を基準とする中心都市が増加することで、省域内都市の経済が均衡発展し、スモッグ汚染は緩和される。しかし、この閾値を超えると、都市経済繁栄度を基準とする中心都市の数がさらに増加しても、スモッグ汚染は再び深刻化する傾向を示す。

以上より、異なる次元の都市多中心化は本省域および隣接省域のスモッグ汚染に対して異なる影響を与えることが明らかになった。また、一定の閾値内において、経済多中心化が本省域と隣接省域のスモッグ汚染に与える影響方向が一致していることから、省域間の多中心化指数はその地域のスモッグ汚染に一貫した影響を及ぼし、わが国においてスモッグ汚染の空間自己相関において高汚染地域と高汚染地域の集積、低汚染地域と低汚染地域の集積といった正の空間的集積現象が現れることを一定程度説明できる。

7.2.8　総括と展望

7.2.8.1　結論と政策提言

本章では、まず動態的および静態的な視角から、2000～2018年における中国29省区市の多次元的な都市多中心化とスモッグ汚染の発展現状および時空間変化傾向を分析し、中国の省域都市多中心化とスモッグ汚染の相互関係を初歩的に考察した。同時に、全局的および局所的な二つのレベルから、各省域におけるPM2.5年平均濃度の全局モラン指数と局所モラン指数を算出し、中国のスモッグ汚染の空間的自己相関を検証した。その上で、STIRPATモデルと環境クズネッツ曲線理論（EKC）に基づき、固定効果を持つ空間デュービンモデルを構築し、省域都市多中心化の異なる次元がスモッグ汚染に与える影響を分析した。具体的な研究結果は以下の通りである。

第一に、中国の省域都市の多中心化発展の状況は次元ごとに異なり、地域間に顕著な差異が存在する。全体的な傾向から見ると、省域内の都市における経済および人口の分布は比較的分散しており、一般的に多中心的な空間分布状態を示している。一方、土地規模および貨物輸送流通の分布は単一都市への集中が進み、単中心的な空間分布状態を呈している。これは、省域の経済多中心化および人口多中心化の発展が比較的良好であるのに対し、土地多中心化および貨物多中心化の発展傾向は明確でないことを示している。さらに、空間的分布の観点から見ると、華東地域の省域都市の多中心化指標は、経済・人口・土地・貨物のいずれの側面においても他地域より明らかに高い水準にあり、華東地域が多次元的な中心化空間構造を形成していることがわかる。すなわち、この地域では都市発展政策が多中心的発展を志向しており、都市化転換が比較的良好な成果を上げている。

第二に、中国の霧（スモッグ）汚染は時空間的に「先に上昇し、その後下降する」という傾向を示し、地域間での汚染格差が顕著である。具体的には、時間的推移の観点から、PM2.5の年平均濃度は2011～2013年を節目として、全体としては一旦上昇した後に下降する逆「U」字型の変化傾向を示している。また、PM2.5年平均濃度の極めて高い省域の数も同様に、先に増加し、その後減少する傾向を示している。空間分布の観点からは、PM2.5の高濃度地域は主に華中および華北地域に集中し、低濃度地域は主に西南および東北地域に集中している。これは、霧汚染が「高汚染地域どうしの集積」「低汚染地域どうしの集積」「高汚染地域から周辺地域への拡散」といった現象を伴っていることを示している。

第三に、中国の霧汚染は顕著な空間的正の自己相関を示している。まず、全体的な空間自己相関の視点から見ると、中国の各年におけるPM2.5年平均濃度のグローバル・モラン指数はおおむね0.55付近に集中しており、霧汚染が地理的空間上で一定の空間自己相関関係を有していること、さらに空間集積効果が強いことを意味する。次に、全局モラン指数の散布図からは、霧汚染が高－高集積または低－低集積の形で存在しており、PM2.5濃度の空間分布において顕著かつ安定した正の関連性が見られることが分かる。最後に、局所的空間自己相関の視点から見ると、高－高集積地域は主に華中および華東地域に集中しており、低－低集積地域は主に東北地域に分布している。また、動態的変化の傾向を見ると、高－高集積地域は拡大傾向にあり、低－低集積地域は縮小傾向にある。

第四に、中国の省域都市の多中心化は、各次元において霧汚染に対して顕著な空間的影響を及ぼしている。都市多中心化が霧汚染に与える直接効果に注目すると、貨物多中心化指標・旅客多中心化指標・人口多中心化指標および土地多中心化指標のいずれもが地域内の霧汚染に直接的な影響を与えていることが分かる。具体的に言えば、旅客多中心化・土地多中心化および人口多中心化はいずれも地域内の霧汚染に非線形的影響を与えている。都市間旅客輸送量を基準とした中心都市や、省域内の建成区面積を基準とした中心都市の数が増加すると、省域内の複数都市の旅客量や建成区面積が均衡に達するにつれて、霧汚染は一旦減少した後に再び上昇する傾向を示す。また、都市人口を基準とした中心都市の数が増加すると、省域内で人口が各主要都市に分散する過程で、霧汚染は一旦上昇し、その後下降する変化傾向を示す。さらに、貨物多中心化および経済多中心化は地域内の霧汚染に線形的影響を与える。都市間貨物輸送量を基準とした中心都市の数が増加すると、都市間の物流がますます頻繁になることで、省域の霧汚染は次第に深刻化する。一方で、都市経済の繁栄度を基準とした中心都市の数が増加すると、省域内の都市間で経済発展が均衡するにつれて、霧汚染は一定程度緩和される。都市多中心化が霧汚染に及ぼす空間的波及効果（間接効果）の観点から見ると、経済多中心化指標は隣接省域の霧汚染にも顕著な間接影響を及ぼしている。具体的には、経済多中心化と隣接省域の霧汚染との間には明確な「U字型」関係が見られる。すなわち、ある一定の閾値以内では、都市経済の繁栄度を基準とした中心都市数が増加し、省域内の都市間の経済が均衡的に発展することで霧汚染は緩和される。しかし、その閾値を超えると、さらなる中心化の進展が経済活動の集積を促進し、結果として霧汚染が再び悪化する傾向が見られる。

以上の異なる次元における多中心化都市構造が霧汚染に与える影響分析の結果を踏まえ、本節では、霧汚染対策の観点から都市化建設をより最適化するための政策的提言を提示する。まず、全体的に見て、多中心的な都市構造は霧汚染の軽減に一定の効果を有しており、都市空間構造を単中心から多中心へ転換することは十分に実現可能であると考えられる。多中心型の都市クラスター構造は、今後長期にわたって中国の地域都市配置の基本的方向性となるであろう。そのため、将来の重点は、都市間の発展の不均衡・不十分さを解消することに置かれるべきである。次に、経済多中心化の観点から見ると、都市経済の多中心化は自地域および隣接地域双方の霧汚染抑制に正の効果を有しており、地域間の所得格差という主要矛盾を解消することの重要性を示している。今後の経済政策は、低所得地域の一人当たり所得水準および住民の環境意識の向上に注力し、経済と環境の調和的発展を促進すべきである。最後に、人口多中心化の観点から見ると、都市人口の分散は霧汚染の抑制における重要な要因であり、これは中国の都市群・都市ベルト建設および観光を通じた「点を線で結ぶ」発展モデルの優位性を示している。したがって、中国は小都市が大都市から人口を受け入れるという方針を堅持し、人口の分散を促すべきである。

7.2.8.2　不足と展望

本研究は、省域都市多中心化とスモッグ汚染の空間的関係について、全面的かつ体系的で深い考察を試みたものの、筆者自身の能力的制約もあり、多くの不足が残されている。

(1)本研究における省域都市多中心化とスモッグ汚染の分析では、青海省やチベット自治区など、一部省域の地級市データが欠落していたため、最終的にすべての省域における都市多中心化指標を構築することができず、29省区市に限定して分析・研究を行った。

(2) 省域都市多中心化指標の構築についても、さらなる改善の余地がある。第一に、機能的多中心化の面では、本研究は旅客流と貨物流の多中心化の程度のみを考慮し、知識・情報流の多中心化の程度を考慮できなかった。第二に、都市多中心化の程度を算出する際、本研究で用いた位序規模法則は高い適合度を保証する必要があるため、得られた結果に一定の偏差が生じている可能性がある。

第8章　混合頻度データモデルに基づく中国のエネルギー需要・炭素排出およびその構造予測

前章までででは、エネルギー消費がマクロ経済および資本市場に及ぼす影響、環境規制がグリーン技術革新に与える波及効果、環境汚染の差異的測定およびその時空間分布について論じてきた。環境汚染に加えて、地球温暖化問題もまた国際社会の広範な関心を呼び、その原因・測定方法・結果および対策などが科学界における焦点となっている。国連気候変動に関する政府間パネル（IPCC）の第5次評価報告書は､地球温暖化が紛れもない事実であることを明らかにし、温室効果ガスが原因であることの科学的妥当性を明確にした。温室効果ガスの排出削減は、人類の生存と発展に関わる重大な研究課題となっている。

中国の「第13次五カ年計画」では､「炭素排出総量管理制度を設立し、段階的に炭素排出の絶対量削減へ移行する」という目標が掲げられている。しかし、現行の産業構造、生産技術水準、そして経済成長速度の下で、将来的にエネルギー消費総量および構造調整が既定の計画目標に達することができるのだろうか。この問題を研究し正しく理解することは、将来のエネルギー需要を予測する上で重要であり、エネルギー供給政策や産業政策の策定・実施に対して一定の指導的意義を持つ。さらに、エネルギー構造転換は炭素排出、省エネルギーといった地球規模の環境問題と密接に関連しており、特に発展途上国、なかでも中国において極めて大きな関心を呼んでいる。中国のエネルギー需要総量およびその構造を予測することは、経済転換期における中国および他の国や地域の将来の炭素排出量を科学的に理解する上で有益である。以上の分析を踏まえ、本章では中国のエネルギー需要・炭素排出およびその構造を予測する。

本章は2節から構成される。第1節では中国のエネルギー消費総量およびエネルギー構造の予測を行う。四半期GDP、四半期工業付加価値および年次エネルギー需要の混合頻度データを用いてADL-MIDASモデルを構築し、異なる重み関数形式および予測方法の組み合わせモデルの中から、最小二乗平均平方誤差（RMSE）と予測誤差に基づき、予測期間ごとに最適なモデル形式を求める。その上で、得られた最適予測モデルに基づき中国のエネルギー需要総量および構造を予測する。第2節では、2000年から2020年までのマクロ経済指標および二酸化炭素排出量を利用してADL-MIDASモデルを構築し、中国の2021年から2025年までの全社会的二酸化炭素排出量およびその構造を複数期間にわたり予測し、最終的な結論を導く。

8.1　混合頻度データモデルに基づく中国のエネルギー消費総量とエネルギー構造予測

2018年、IPCCの『地球温暖化1.5°C特別報告書』は、地球温暖化が1.5°Cを超えて2°Cに達した場合の顕著な差異を評価した。さらに2019年の『気候変動下の海洋および雪氷圏特別報告書』では、もし二酸化炭素排出が過度に増加し続けるならば、2100年までに世界の小規模氷河は80%減少し、地表付近の永久凍土の70%以上が消失することが強調された。このような状況を受けて、1979年の「第一回世界気候会議」から、1997年の『京都議定書』、2009年のコペンハーゲン気候変動会議、さらに2015年の『パリ協定』に至るまで、世界的な省エネルギー・排出削減の取り組みは、多くの協議を経ながらも曲折をたどりつつ前進してきた。温室効果ガスの排出削減は、人類の生存と発展にかかわる重大な研究課題となっている。

中国の炭素排出量は急速に増加しており、その世界に占める比重も上昇傾向にある。2014年に国務院弁公庁が発表した『エネルギー発展戦略行動計画（2014—2020年）』では、今後一定期間におけるエネルギー消費総量と構造調整の目標が明確に定められた。すなわち、2020年までに一次エネルギー消費総量を48億トン標準炭程度に抑制し、石炭消費比率を削減するとともに、クリーンエネルギー消費比率を高めるという戦略的方針が打ち出されたのである。では、現行の産業構造、生産技術水準および経済成長速度の下で、将来的にエネルギー消費総量および構造調整が既定の計画目標を達成できるのだろうか。この問題を研究し、正しく理解することは、将来のエネルギー需要を予測する上で重要である。

8.1.1　モデルの紹介・予測方法とデータ

8.1.1.1　ADL-MIDASモデル

本節の主な研究目的は、四半期の高頻度データを用いて年次の低頻度エネルギー需要を予測することである。そのため、以下のようなADL-MIDASモデルを構築する。

$$Y_{t+h}^{A} = c + \sum_{j=0}^{p-1} \alpha_{j+1} Y_{t-j}^{A} + \beta \sum_{j=0}^{q-1} \sum_{i=0}^{N-1} \omega_{i+jN_{.}}(\theta^{Q}) X_{N_{.}-i,t-j}^{Q} + \mu_{t+h} \tag{8.1}$$

ここで、Y_{t+h}^{A} はh期先を予測する低頻度変数であり、データ頻度は年次（A）である。$X_{N_{.}-i,t-j}^{Q}$ は予測に用いられる低頻度データであり、データ頻度は四半期（Q）である。p_{Y}^{A} と q_{X}^{Q} はそれぞれ低頻度変数と高頻度変数のラグ次数を表し、μ はランダム誤差項である。ω は重み関数多項式ベクトルであり、これはADL-MIDASモデルの核心をなす。重み関数多項式の形式の違いにより、異なるADL-MIDASモデル形式が構成される。GhyselsとOzkan（2015）、および王維国・于揚（2016）のモデル設定を参照すると、一般的に用いられる重み関数には、零次ベータ分布関数（normalized beta probability density function with zero lag, Beta）、非零次ベータ分布関数（normalized beta probability density function with non-zero lag, BetaNN）、指数Almon関数（normalized exponential Almon lag polynomial, ExpAlmon）、Almon関数（Almon lag polynomial,Almon）、ステップ関数（step functions,StepF）がある。また、無制約重み関数（Unrestricted,UMIDAS）に基づく推定も可能である。これら異なる重み関数設定に基づき、Beta-MIDAS、BetaNN-MIDAS、ExpAlmon-MIDAS、Almon-MIDAS、StepF-MIDAS、およびU-MIDASといった6種類のモデル形式を構築できる。

ベータ分布関数の一般的形式は次のように表される。

$$\omega_l(\theta)=\omega_l(\theta_1,\theta_2,\theta_3)=f(x_l,\theta_1,\theta_2)\Big/\sum_{l=1}^{l_{\max}} f(x_l,\theta_1,\theta_2)+\theta_3 \tag{8.2}$$

ここで、lはラグ次数を表し、0から$l_{\max}$までの値を取る。$x_l=l/l_{\max}$，$f(x_l,\theta_1,\theta_2)=\frac{x_l^{\theta-1}(1-x_l)^{\theta-1}\Gamma(\theta_1+\theta_2)}{\Gamma(\theta_1)\Gamma(\theta_2)}$, $\Gamma(\theta)=\int_0^\infty e^{-x}x^{\theta-1}\mathrm{d}x$である。$\theta_3=0$のとき、$\omega_l(\theta)=\omega_l(\theta_1,\theta_2)=f(x_l,\theta_1,\theta_2)/\sum_{l=1}^{l_{\max}} f(x_l,\theta_1,\theta_2)$であり、すなわち零次ベータ密度関数である。$\theta_1=1$のとき、であり、$\omega_l(\theta)=\omega_l(1,\theta_2,\theta_3)=f(x_l,1,\theta_2)/\sum_{l=1}^{l_{\max}} f(x_l,1,\theta_2)+\theta_3$すなわち非零次ベータ密度関数である。

指数Almon関数の一般形式は以下のように表される：

$$\begin{aligned}\omega_l(\theta)&=\omega_l(\theta_1,\theta_2,\ldots,\theta_p)\\&=\exp(\theta_1 l+\theta_2 l^2+\ldots+\theta_p l^p)\Big/\sum_{l=1}^{l_{\max}}\exp(\theta_1 l+\theta_2 l^2+\ldots+\theta_p l^p)\end{aligned} \tag{8.3}$$

本節では、4パラメータ$(\theta_1,\theta_2,\theta_3,\theta_4)$の指数Almon関数を選択する。

同様に、Almon関数の一般形式は次のように表される：

$$\omega_l(\theta) = \omega_l(l, \theta_0, \theta_1, \ldots, \theta_p) = \sum_{p=0}^{p} \theta_p l^p \tag{8.4}$$

本節では、4パラメータ$(\theta_0, \theta_1, \theta_2, \theta_3)$のAlmon関数を選択する。

ステップ関数の一般形式は以下の通りである：

$$\omega_l(\theta) = \omega_l(\theta_1, \theta_2, \ldots, \theta_p) = \theta_1 I_{l \in [b_{\cdot}, b_{\cdot}]} + \sum_{p=2}^{p\max} \theta_p I_{l \in [b_{\cdot}, b_{\cdot}]} \tag{8.5}$$

ここで、Iは指示関数を表し、Iが所定の区間内にある場合は1を取り、区間外にある場合は0を取る。

8.1.1.2　予測方法とモデル評価基準

ADL-MIDASモデルの予測方法は主に以下の3種類である。固定ウィンドウ（fixed window）：固定長のサンプル期間を用いて式（8.1）を非線形最小二乗（NLS）または一般化最小二乗（GLS）で推定し、その後、複数ステップの予測値と未使用サンプルの実測値を比較する方法。ローリングウィンドウ（rolling window）：あらかじめウィンドウ区間の長さを設定し、サンプル期間を複数のウィンドウに分割して式（8.1）のローリング回帰を行い、それぞれの予測結果を次のウィンドウの実測値と比較する方法。逐次推定（recursive）：初期のサンプルウィンドウの長さを設定し、その後、この区間を段階的に拡大していき、それぞれの推定結果を次の拡大区間の実測値と比較する方法。

したがって、分布ラグ次数を決定した上で、すべての予測推定方法（3種類）と重み関数形式（6種類）を組み合わせることで、合計18種類のADL-MIDASモデル形式を導出できる。本節では、すべてのモデル形式を推定し、その予測結果を比較・検討することで、最適な予測モデル形式を得ることを試みる。ADL-MIDASモデルにおいて、モデル推定効果の判断は予測精度の判定と同義であり、最も一般的に用いられる評価指標は均方根予測誤差（RMSFE）である。その計算式は以下の通りである：

$$\mathrm{RMSFE}_t = \sqrt{\frac{1}{t - T_0 + 1}\sum_{\tau=T}^{t}\left(y_{\tau+h}^{h} - \hat{y}_{\tau+h|\tau}^{h}\right)^2} \tag{8.6}$$

その中で、T_0 は予測の開始時点を表し、y は実際値、$\hat{y}$ は予測値を表す。さらに、1ステップ予測や単一時点の予測結果を考察する場合には、サンプル内予測値と実際値に基づいて直接予測誤差を算出することもできる。その計算式は次の通りである：

$$\frac{\hat{y} - y}{y} \times 100\% \tag{8.7}$$

誤差値が正の場合は過大評価を意味し、負の場合は過小評価を意味する。以上の2種類の判定方法はいずれもモデルの予測効果を有効に評価することができる。

以上のモデル設定はいずれも単一指標予測に基づく議論である。しかし、予測に用いられる指標は多次元的であり、多指標予測の状況が存在する。多指標予測には主に2つの方法があり、多変量予測を行うか、または組合せ予測を行う方法である。しかし、ClementsとGalvao（2009）は、MIDASモデルにおいて説明変数を1つ追加するごとに推定すべきパラメータが2つ増加し、パラメータ数の増加は必ずしも予測情報を増加させるものではなく、予測の正確性や精度の向上にも不利であると指摘している。これを踏まえ、単一指標予測に基づいた予測結果を組み合わせることで得られる多指標組合せ予測の方がより有効である。本節では組合せ予測を行い、その予測誤差と単一指標の予測誤差を比較した。組合せ予測の計算式は次の通りである：

$$\hat{f}_{N,t+h|t} = \sum_{j=1}^{N} \omega_{j,t} \hat{y}_{j,t+h|t} \quad (8.8)$$

ここで、Nは単一予測の回数を表し、ϕは組合せ予測の重み係数を表す。一般的な加重方法には以下が含まれる：

① 単純加重（EW）：

$$\omega_j = 1/N \quad (8.9)$$

② BIC加重：

$$\omega_j = \exp(-\mathrm{BIC}_j) / \sum_{j=1}^{N} \exp(-\mathrm{BIC}_j) \quad (8.10)$$

③ AIC加重：

$$\omega_j = \exp(-\mathrm{AIC}_j) / \sum_{j=1}^{N} \exp(-\mathrm{AIC}_j) \quad (8.11)$$

④ MSFE加重およびDMSFE加重：

$$\omega_j = m_j^{-1} / \sum_{j=1}^{N} m_j^{-1} \quad (8.12)$$

$$m_j = \sum_{j=T0}^{t} \delta^{t-s} (y_s - \hat{y}_{j,s})^2 \quad (8.13)$$

ここで、T0はサンプル内予測の起点、y_s は第s期の実際観測値、

$\hat{y}_{j,s}$ は第jモデルの第s期における予測値、δ は減衰因子を表す。なお、δ =1の場合はMSFE加重に対応し、δ =0.9の場合はDMSFE加重に対応する。

同様に、異なる加重方法に基づく予測結果を比較することで、最適な組合せ予測形式を導き出すことができる。

8.1.1.3　データ処理と説明

本節では、エネルギー需要総量を予測するだけでなく、エネルギー需要構造の予測も行う。そのため、低頻度変数は合計5つあり、エネルギー需要総量、石炭需要総量、石油需要総量、天然ガス需要総量、および水力・原子力・風力需要総量である。これらのデータはいずれも一次エネルギー消費データを使用し、計量単位は統一して「万トン標準炭」とする。高頻度変数の選択は予測結果にとって極めて重要であり、予測に利用できる完備なデータであると同時に、エネルギー需要と密接に関連している必要がある。そこで本節では、エネルギー需要を予測するために四半期ごとの経済成長データを選択した。その理由は以下の通りである。第一に、多くの研究により、経済成長とエネルギー需要の相関性が最も高く、また経済成長変数を使用した場合の予測効果がより優れていることが既に証明されているためである。第二に、人口、都市化水準、エネルギー効率といったその他のエネルギー需要関連データはいずれも年次の低頻度データであるため、混合頻度データモデルを構築できない。さらに、現時点では中国における第三次産業の比重がすでに第二次産業を上回っているものの、依然として工業は国民経済の支柱であり、その動向は全体経済の動向と高度に一致している。そして、工業各部門のエネルギー需要はサービス業や生活需要をはるかに上回っている。そのため、本節では四半期GDPに加えて四半期工業付加価値も予測に用い、両者の予測結果に基づいて組合せ予測を行うこととした。

なお、工業付加価値の成長率については月次高頻度データを用いるのが最適であるが、現状では中国国家統計局は月次の工業付加価値絶対値を公表しておらず、四半期および年次の工業付加価値絶対値のみを公表しているため、本節では四半期工業付加価値を用いることとする。

本節では、サンプル範囲を2000年第1四半期から2016年第4四半期までに設定し、すべての原始データは国家統計局のウェブサイトから取得した。データ処理に関しては、エネルギー需要データは年次データであり、季節性を持たず、価値量指標でもないため、特別な処理は不要である。四半期GDPと工業付加価値については、まず国家統計局が公表している四半期実質成長率を用いて2000年を基準年とし、価格デフレーターによって物価の影響を除去した後、四半期実質GDPおよび工業付加価値を得た。その後、X-12法を用いてこれらの実質データに対して季節調整を行い、最終的な計算用データを得た。

図8.1は2000年以降の中国エネルギー需要量の変動傾向を示しており、その変動特性に基づいて大きく3つの段階に分けることができる。第一段階は2000—2002年の低需要期であり、この期間は中国経済の総量が比較的小さく、エネルギー需要とエネルギー消費も相対的に低水準であった。エネルギー需要総量は20億トン標準炭以下にとどまり、石炭および石油需要の増加傾向も比較的緩やかであり、クリーンエネルギーの発展はまだ始動段階にあった。第二段階は2003—2011年の高速成長期であり、この期間は中国のWTO加盟効果の顕在化と改革の深化に伴い、投資、輸出、不動産、信用供与が大規模に拡張した。エネルギー需要、特に石炭需要は大規模な拡張期に入り、エネルギー需要総量の年平均成長率は9.6%に達した。一方で、供給

不足などの制約から石油およびクリーンエネルギーの成長は比較的緩やかであった。第三段階は2012—2016年の成長鈍化と構造調整期である。この段階のエネルギー需要変動には2つの顕著な特徴がある。第一に、エネルギー需要総量の増加率が明らかに鈍化し、年平均成長率は2.4%に低下した。第二に、エネルギー需要構造が不断に調整され、石炭の比率が低下する一方で、天然ガスなどのクリーンエネルギーの比率が上昇した。エネルギー需要の増加率低下は近年の省エネ・消費削減措置の実施と関連しており、単位GDP当たりのエネルギー消費も年々低下し、エネルギー効率の向上と生産技術の進歩を反映している。また、エネルギー構造の調整は環境制約と密接に関連している。石炭を主とするエネルギー構造は必然的に環境汚染を引き起こし、国民の高まる環境保護要求と相反する。そのため、高汚染の化石燃料の比率を低下させ、クリーンエネルギーの比率を高めることが今後の発展の趨勢である。

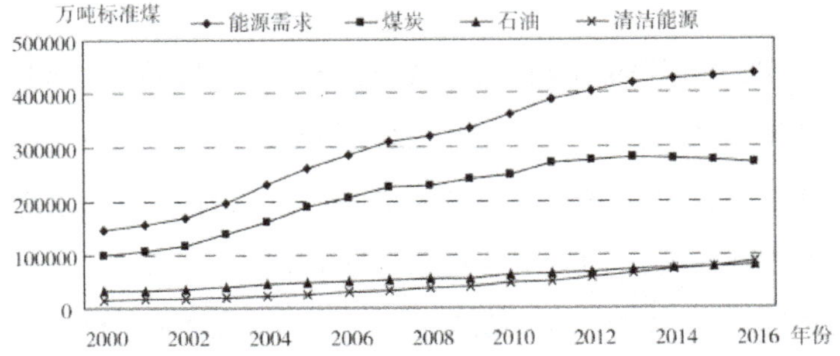

図8.1　エネルギー需要の変動傾向

表8.1から分かるように、2010—2016年にかけて中国の石炭需要比率は69.2%から62.0%に低下し、天然ガス比率は4.0%から6.3%に上昇し、水力・原子力・風力の比率は9.4%から13.4%に上昇した。石油比率は基本的に不変であった。現在の変動傾向に従えば、「2020年までに一次エネルギー消費総量を48億トン標準炭前後に抑制し、一次エ

ネルギー消費に占める非化石エネルギーの比率を15%に達し、天然ガス比率を10%以上に引き上げ、石炭消費比率を62%以内に抑制する」という目標を達成できるかどうか。本研究では、ADL-MIDASモデルを構築してその予測を行う。

表8.1 2010年から2016年までのエネルギー需要構造の変化（%）

年	石炭	油	天然ガス	水力発電、原子力発電、風力発電
2010	69.2	17.4	4.0	9.4
2011	70.2	16.8	4.6	8.4
2012	68.5	17.0	4.8	9.7
2013	67.4	17.1	5.3	10.2
2014	65.6	17.4	5.7	11.3
2015	64.0	18.1	5.9	12.0
2016	62.0	18.3	6.3	13.4

8.1.2　モデル構築と形式の決定

MIDASモデルに関する一連の理論および応用研究は、ADL-MIDASモデルの予測効果が自己回帰混頻データモデル（AR-MIDAS）や分布ラグ混頻データモデル（DL-MIDAS）よりも優れていることを示している。したがって本節では、これら3種類のモデルの推定結果を比較せず、ADL-MIDASモデルの異なる形式を重点的に比較し、最適な予測モデルを用いて予測を行う。具体的には、本節では異なる予測期間の設定の下で、6種類の重み関数と異なる予測手法を用いて複数のADL-MIDASモデルを構築し、サンプル内予測の比較を通じて最適な予測モデル形式を導き出す。研究経験に基づき、本節では低頻度変数と高頻度変数の分布ラグ次数をそれぞれ1および4に設定し、ADL-MIDAS（1,4）モデルを構築する。すなわち、ラグ1期のエネルギー需要が当期の説明力を最も強く持ち、ラグ4期のGDPと工業付加価値が当期の説明力を最も強く持つと仮定する。同様に、本節では他のラグ次数の組み合わせによる予測効果も検証したが、ラグ次数が大きすぎると推定すべきパラメータが増加し予測効果が低下し、ラグ次数が小さすぎるとサンプル情報を十分に活用できないことが確認された。上記のモデル枠組みに基づき、四半期GDP、四半期工業付加価値および両者を組み合わせた予測を行い、エネルギー需要総量と構造の予測を実施した。本節の予測区間は2017～2020年であるため、各モデルの予測期間を1～4期に設定した。

四半期GDPに基づく予測結果を見ると（表8.2参照）、先行予測1期の場合にRMSFEが最小となり、予測効果が最も良好であった。先行予測3期または4期では予測誤差がやや大きくなるものの、依然として比較的低い水準にある。具体的には、先行予測1期の場合、非零次ベータ密度重み関数とステップ関数の推定効果が最適であった。先行予測2期の場合は、再帰的識別法を用いた非零次ベータ密度重み関数とステップ関数の推定効果が最適であった。先行予測3期の場合は、再帰的識別法を用いたステップ関数の推定効果が最適であり、先行予測4期の場合は、ローリングウィンドウ法を用いた零次ベータ密度関数の推定効果が最適であった。

表8.3に示されているのは、四半期工業付加価値に基づく予測結果である。先行予測1期の場合は、どの重み関数や推定手法を用いた場合でも、予測効果は先行予測2～4期の結果より優れていた。具体的には、先行予測1期の場合、零次ベータ密度関数と指数アルモン関数に基づく推定効果が最適であった。先行予測2期の場合は、ローリングウィンドウ法を用いた零次ベータ密度関数と指数アルモン関数に基づく推定効果が最適であった。先行予測3期の場合は、ローリングウィンドウ法を用いた零次ベータ密度関数が最適であり、先行予測4期の場合もローリングウィンドウ法を用いた零次ベータ密度関数と指数アルモン関数が最適であった。

総合すると、以上の2種類の単一指標予測モデルはいずれも予測効果が比較的良好であり、RMSFE値は概ね0～3の範囲に収まっている。

その中でも、先行予測1期の予測効果が最も理想的であった。四半期GDPに基づく予測では、非零次ベータ密度重み関数およびステップ関数を選択した場合の推定効果が全体として他の重み関数より優れていた。一方、四半期工業付加価値に基づく予測では、ローリングウィンドウ法を用い、零次ベータ密度関数と指数アルモン関数を選択した場合の推定効果が他の組み合わせより優れていた。さらに両モデルの最適予測結果を比較すると、先行1～3期の予測では四半期GDPに基づく予測効果が最適であり、先行4期の予測では四半期工業付加価値に基づく予測効果が最適であることが分かった。以上の予測結果と分析を踏まえ、本節はエネルギー需要総量に関する単一指標予測の最適モデル形式を次のように結論づけた。すなわち、複数の最適形式が存在する場合はその中から一つのみを選択し、具体的には以下の通りである。先行1～2期予測の場合：四半期 GDP に基づく再帰的識別法と非零次ベータ密度重み関数モデルを選択する。先行3期予測の場合：四半期 GDP に基づく再帰的識別法とステップ関数モデルを選択する。先行4期予測の場合：四半期工業付加価値に基づくローリングウィンドウ法と零次ベータ密度重み関数モデルを選択する。

表8.2 四半期GDPに基づく モデル化されたサンプル内予測RMSFE

予測期間	推定方法	Beta	BetaNN	ExpAlmon	UMIDAS	StepF	Almon
1	固定時間枠	0.2911	0.0284*	0.1245	0.0302	0.0284*	0.0302
	ローリングタイムウィンドウ	0.2911	0.0284*	0.1245	0.0302	0.0284*	0.0302
	再帰認識	0.2911	0.0284*	0.1245	0.0302	0.0284*	0.0302
2	固定時間枠	1.7146	1.3820	2.0419	1.4365	1.3820	1.4365
	ローリングタイム	1.5766	1.3550	1.8276	1.3877	1.3550	1.3877

予測期間	推定方法	Beta	BetaNN	ExpAlmon	UMIDAS	StepF	Almon
	ウィンドウ						
	再帰認識	1.5891	1.3318*	1.8289	1.3703	1.3318*	1.3703
3	固定時間枠	2.5081	2.9897	2.7992	2.9897	2.1312	2.9897
	ローリングタイムウィンドウ	1.9589	2.4073	2.4848	2.4895	1.9443	2.4895
	再帰認識	2.0961	2.2685	2.3101	2.2837	1.7695*	2.2837
4	固定時間枠	2.6339	3.9065	2.9895	3.9065	2.3262	3.9065
	ローリングタイムウィンドウ	1.6259*	2.1997	2.1860	2.4145	1.9323	2.4145
	再帰認識	1.9969	2.3436	2.2351	2.3547	1.6961	2.3547

注:*は同一予測期間内の最小 RMSFE、つまり最適な予測モデルを表し、以下同じ。

表8.3 四半期産業付加価値モデリングに基づくサンプル内予測RMSFE

予測期間	推定方法	Beta	BetaNN	ExpAlmon	UMIDAS	StepF	Almon
1	固定時間枠	0.3919*	1.4364	0.3919*	0.4451	1.4364	0.4451
	ローリングタイムウィンドウ	0.3919*	1.4364	0.3919*	0.4451	1.4364	0.4451
	再帰認識	0.3919*	1.4364	0.3919*	0.4451	1.4364	0.4451
2	固定時間枠	1.7131	2.8681	1.7131	2.0172	2.8681	2.0172
	ローリングタイムウィンドウ	1.5938*	2.4435	1.5938*	1.8165	2.4435	1.8165
	再帰認識	1.6177	2.5372	1.6177	1.8426	2.5372	1.8426
3	固定時間枠	2.3983	3.7971	2.3983	3.2960	3.7971	3.2960

予測期間	推定方法	Beta	BetaNN	ExpAlmon	UMIDAS	StepF	Almon
	ローリングタイムウィンドウ	1.8883*	2.7527	1.9053	2.3176	2.7527	2.3176
	再帰認識	2.0361	2.9590	2.0361	2.4473	2.9590	2.4473
	固定時間枠	2.4775	3.9291	2.4775	2.5512	3.9291	2.5512
	ローリングタイムウィンドウ	1.4992*	2.3928	1.4988*	1.9698	2.3928	1.9698
	再帰認識	1.9176	2.7616	1.9176	2.1467	2.7616	2.1467

組合せ予測では RMSFE を比較することができないため、本節では式（8.7）に基づいて予測誤差を計算し、その結果を比較することによって、異なる予測方法および異なる組合せ予測の重み係数における各モデルの予測効果を評価した。その結果は表8.4に示す。なお、組合せ予測結果は単一指標予測結果に基づいて計算されるため、組合せ予測においては、単一指標予測モデルの形式を表8.2および表8.3における最適モデル形式に設定している。例えば、四半期GDPに基づき3期先を予測する場合には、本節は再帰的識別法とステップ重み関数を選択している。また、比較の一貫性を高めるために、表8.4では各期の予測結果を総合して誤差を算出するのではなく、2016年の予測結果の予測誤差を比較している。表8.4の推定結果から分かるように、1期先予測の誤差が必ずしも 2～4 期先予測の誤差より小さいとは限らず、組合せ予測における予測期間と予測精度の間には反比例的な規則性は見られなかった。具体的には、1 期先予測では AIC 重みおよび BIC 重み係数による予測誤差が最小で、予測効果が最も良好であった。2 期先予測では、ローリングウィンドウ法を用いた等重み予測の効果が最良であった。3 期先予測では、再帰的識別法

を用いた AIC およびBIC重み係数による予測効果が最良であった。4期先予測では、ローリングウィンドウ法を用いた等重み予測の効果が最良であった。総合的に見ると、組合せ予測に関しては、一方では全体的な予測効果は概ね良好であり、予測誤差の絶対値はいずれも 2% 未満で、最小の予測誤差はわずか 0.02% にとどまり、実測値とほぼ一致した。他方では、固定ウィンドウ法よりもローリングウィンドウ法および再帰的識別法の予測効果が優れており、また重み係数に関しては AIC、BICおよび等重みを基準とした予測効果が他の重み係数より優れていることが確認された。

表8.4四半期GDPおよび工業付加価値値に基づくサンプル内組合せ予測誤差（%）

予測期間	推定方法	MSFE	DMSFE	AIC	BIC	EW
1	固定時間枠	0.3130	0.3130	0.2934*	0.2934*	0.3273
	ローリングタイムウィンドウ	0.3130	0.3130	0.2934*	0.2934*	0.3273
	再帰認識	0.3130	0.3130	0.2934*	0.2934*	0.3273
2	固定時間枠	0.9000	0.9000	0.8984	0.8984	0.9000
	ローリングタイムウィンドウ	0.0191	0.0191	0.0192	0.0192	0.0186*
	再帰認識	0.3264	0.3265	0.2934	0.2934	0.3273
3	固定時間枠	1.5313	1.5313	1.5338	1.5338	1.5345
	ローリングタイムウィンドウ	-0.3706	-0.3708	-0.3606	-0.3606	-0.3689
	再帰認識	0.3288	0.3290	0.2934*	0.2934*	0.3273
4	固定時間枠	1.9400	1.9399	1.9472	1.9472	1.9461

予測期間	推定方法	MSFE	DMSFE	AIC	BIC	EW
	ローリングタイムウィンドウ	-0.0315	-0.0320	-0.0534	-0.0534	-0.0176*
	再帰認識	0.3294	0.3297	0.2934	0.2934	0.3273

エネルギー需要全体の予測モデルを構築した基礎の上で、本節ではさらにエネルギー需要構造の予測モデルを構築し、石炭、石油、天然ガスおよび水力・原子力・風力の需要についてサンプル内予測を行い、予測モデルの精度を評価する。具体的には、本節は四半期GDP、四半期工業付加価値および組合せ予測に基づき、4種類のエネルギー需要を予測し、予測期間は同様に1～4年とした。予測モデルの設定において、単一予測については、本節は RMSFE に基づいて最適なモデル形式を選択した。比較の結果、4種類のエネルギー予測モデルの最適モデル形式は、エネルギー総量予測モデルの最適形式と基本的に一致していたため、本節では表8.2および表 8.3 のモデル形式を採用した。例えば、四半期 GDP に基づいて1期先の石炭需要を予測する際には、ローリングウィンドウ法とステップ関数重みを選択して計算した。組合せ予測については、比較の上で選択を行った結果、本節では主にローリングウィンドウ法とAIC重み係数を用いて計算した。比較を容易にするために、本節では各予測期における2016 年の予測結果を選択し、その予測誤差を比較した。結果は表 8.5 に示す。これを見ると、すべての予測モデルにおけるサンプル内予測誤差の絶対値はいずれも3%未満であり、本節で構築したエネルギー構造予測モデルが良好な推定効果を得ていることが分かる。

表 8.5エネルギー需要構造のサンプル内予測誤差（%）

予測期間	エネルギーの種類	四半期GDPに基づく	四半期産業付加価値に基づく	複合予測
1	石炭	1.5195*	1.9311	1.9711
	油	-0.0827	0.0229*	0.0261
	天然ガス	0.1649*	-0.3508	-0.3951
	水力発電、原子力発電、風力発電	-1.8862*	-2.7667	-2.3600
2	石炭	1.5195*	1.9311	1.9711
	油	1.4838	0.1274	0.0258*
	天然ガス	-0.9320	-0.1104*	-0.6606
	水力発電、原子力発電、風力発電	-2.0252*	-2.8569	-2.3982
3	石炭	1.8432*	1.9311	1.9711
	油	-0.4014	0.4967	0.0266*
	天然ガス	-1.3993	-0.2362*	-0.6606
	水力発電、原子力発電、風力発電	-1.0415*	-2.1068	-2.4300
4	石炭	1.8432*	1.9311	1.9711
	油	0.0708	-0.1283	0.0266*
	天然ガス	-1.3781	0.3668*	-0.6606
	水力発電、原子力発電、風力発電	-2.0208	-2.1787	-2.4519

石炭需要予測モデルについては、1～4期先の予測において、四半期GDPに基づく予測効果が工業付加価値および組合せ予測よりも優れていた。石油需要予測モデルについては、1期先予測では四半期工業付加価値に基づく予測効果がより良好であり、2～4期先予測では組合せ予測の効果が優れていた。天然ガス需要予測モデルについては、1期先予測では四半期GDPに基づく予測効果が優れており、2～4期先予測では四半期工業付加価値に基づく予測効果が優れていた。水力・原子力・風力需要予測モデルについては、1～4期先の予測に

おいて、四半期GDPに基づく予測効果が四半期工業付加価値および組合せ予測よりも優れていた。

8.1.3　予測結果と分析

前節で構築した最適予測モデルに基づき、本節ではさらに中国のエネルギー需要総量と構造を予測する。本節で構築したADL-MIDASモデルは、サンプル内情報に基づいて1期先の予測が可能であり、予測期間が延びるにつれて、サンプル外情報を総合的に利用する必要がある。したがって、本節ではサンプル内情報に基づき2017年のエネルギー需要総量と構造を予測し、サンプル内外の情報を総合的に利用して2018～2020年の関連データを予測する。予測過程において、エネルギー需要総量に対しても需要構造に対しても、本節で選択したモデルはいずれも前節で構築した最適予測モデルである。すなわち、2017年の予測モデルについては1期先予測の最適モデルを選択し、2018年の予測については2期先の最適予測モデルを選択する、といった方法である。

表8.6には2017年の予測結果を示した。全体的に見ると、四半期GDPに基づく予測、四半期工業付加価値に基づく予測、組合せ予測の結果はいずれも非常に近く、エネルギー需要予測に関して三つの予測方法の効果には明確な差がないことを示している。本節では区別せず、四半期GDPに基づく予測結果を説明に用いる。予測結果によれば、2017年のエネルギー需要総量は 44億4738万トン標準石炭に達し、2016年比で2.0%上昇し、過去5年間の低速成長の態勢を継続した。石炭需要総量はやや上昇し、エネルギー需要に占める比率は62%で、2016年と同水準であった。天然ガスと非化石エネルギー需要総量もいずれも上昇傾向を維持し、シェアはそれぞれ6.3%と13.4%で、いずれも2016年と同じであった。したがって、2017年はエネルギー需要

総量が低速で上昇する一方で、エネルギー需要構造は全体的に2016年の態勢を維持したことがわかる。

表8.6サンプル内情報に基づく1期先予測結果（単位：万トン標準石炭）

予測期間	エネルギーの種類	四半期GDPに基づく	四半期産業付加価値に基づく	複合予測
2017	合計	444738	444881	444758
	石炭	275738	275826	275750
	油	81387	81413	81391
	天然ガス	27949	27958	27950
	水力発電、原子力発電、風力発電	59665	59684	59667

注：本節ではエネルギー需要総量と各種エネルギー需要をそれぞれ予測する戦略を採用しているため、各エネルギー需要を合算した結果と総量結果には若干の差異が生じる（以下同様）。

2018～2020年の関連データを予測するにはサンプル外情報を利用する必要があり、すなわち2018～2020年のGDPおよび工業付加価値の成長率を設定する必要がある。GDPについては、中国政府が5年ごとに国民経済・社会発展五カ年計画を発表し、相応の経済成長目標を策定しており、一定の権威性と代表性を有している。工業付加価値については、その変動幅が比較的大きく、また政府部門が工業経済の成長目標を明確に設定していないため、工業付加価値の成長率予測には一定の困難が存在する。もしそれを予測したうえでエネルギー需要予測に用いた場合、予測誤差が拡大することは疑いない。したがって、本節では四半期GDP指標を用いて予測を行うことを選択した。また、2017年の予測結果から見ても、予測結果は予測指標の選択に対してそれほど敏感ではない。同時に、既存文献の考え方を参照し、本節ではシナリオ設定によるシナリオ予測を行う。具体的には、楽観シナリオ、政策シナリオ、悲観シナリオの三種類である。『中華人民共和国国民経済と社会発展第十三次五カ年計画綱要』

は、2020年までに中国の経済成長率を6.5%以上とすることを明確に指摘している。したがって、本節ではこれを通常シナリオの基準成長率とした。もし中国経済の供給側構造改革、構造調整および転換・高度化の成果が持続的に高まり、新たな成長動力が加速して成長し、さらに国内外需要が明らかに好転した場合、経済成長率は上昇し、2020年には6.5%以上となる可能性がある。この場合を楽観シナリオとする。逆に、改革の効果が予期したほどではなく、新たな成長動力がまだ完全に形成されておらず、国内外需要の伸びが弱い、または再び局所的あるいは世界的な経済危機が出現した場合、中国経済の成長率は引き続き底を探り、2020年には6.5%を下回る可能性がある。この場合を悲観シナリオとする。具体的なシナリオ設定の結果は表8.7に示されている。本節では、現段階で中国の経済総規模はすでに10兆米ドル以上に達しており、1パーセントポイントごとの経済増量はますます大きくなっていると考える。そのため、画期的な技術革新が出現しない限り、たとえ楽観シナリオであっても経済成長率が持続的に上昇することは難しい。したがって、楽観シナリオでは、2017～2020年にかけて中国の経済成長率はそれぞれ6.9%、6.8%、6.7%、6.7%となり、「十三五」計画で掲げられた経済成長目標を超過達成することになる。通常シナリオでは、2020年までに「十三五」経済成長目標を順調に実現できる。悲観シナリオでは、2017年の経済成長率は6.5%に低下し、2020年にはさらに6.3%にまで下がり、「十三五」計画で掲げられた経済成長目標を達成できない。特に、本節で使用するGDPデータは四半期データであるため、データの安定性を維持する目的で、同一年の四半期ごとのGDP成長率を同じ値に設定している。実際の状況を見ても、中国経済が新常態に入って以来、同一年内の四半期GDP成長率はほぼ同水準か、あるいは小幅な変動にとどまっている。

表8.7 2017年から2020年の経済成長率のシナリオ設定（%）

シナリオ	2017	2018	2019	2020
楽観	6.9	6.8	6.7	6.7
普通	6.7	6.6	6.5	6.5
悲観的	6.5	6.4	6.4	6.3

表8.8　2018—2020年エネルギー需要総量と構造の予測結果楽観、通常および悲観の三つのシナリオ下において、中国のエネルギー需要総量はいずれも低速成長の態勢を維持し、エネルギー需要の増加率はGDP増加率を大きく下回り、生産技術水準の進歩と省エネ・排出削減の成果向上を反映している。石炭需要総量は持続的に減少しており、これは国家の政策誘導と密接に関連しており、石炭消費需要の減少は低炭素化・グリーン化という将来の経済発展の趨勢と一致している。一方、石油、天然ガスおよび水力・原子力・風力発電の需要総量はいずれも持続的に上昇している。楽観シナリオでは、2020年に中国のエネルギー需要総量は4,659,450,万トン標準石炭に達し、2016年比で6.9%増、年平均成長率1.7%となる。石炭需要総量は2016年比で2.6%減少、年平均0.7%減少し、エネルギー総需要に占める比率は56.5%に低下する。天然ガスと非化石エネルギーの需要総量はいずれも高速成長を示し、2016年比でそれぞれ30.3%および44.1%増加、年平均成長率はそれぞれ7.6%および11.0%に達し、エネルギー総需要に占める比率はそれぞれ7.7%と18.1%に上昇する。通常シナリオでは、2020年に中国のエネルギー需要総量は2016年比で6.7%増、年平均1.7%成長となる。石炭需要総量は2016年比で1.9%減少、年平均0.5%減少し、エネルギー総需要に占める比率は57.0%に低下する。天然ガスと非化石エネルギーの需要総量は2016年比でそれぞれ30.9%と43.9%増加、年平均成長率はそれぞれ7.7%と11.0%に達し、エネル

ギー総需要に占める比率は楽観シナリオと一致する。悲観シナリオでは、2020年に中国のエネルギー需要総量は2016年比で6.5%増、年平均1.6%成長となる。石炭需要総量は2016年比で1.7%減少、年平均0.4%減少し、エネルギー総需要に占める比率は57.2%に低下する。天然ガスと非化石エネルギーの需要総量は2016年比でそれぞれ25.1%と42.7%増加、年平均成長率はそれぞれ6.3%と10.7%に達し、エネルギー総需要に占める比率はそれぞれ7.4%と18.0%となる。

以上のように、近年中国経済の安定性とレジリエンスは不断に強化され、経済成長率の変動率はほぼ歴史的最低水準に達している。そのため、楽観、政策、悲観の三つのシナリオ下における経済成長率の差は顕著ではなく、この背景のもとでエネルギー需要総量および各種エネルギー需要の予測結果も比較的接近している。総合的に上述の予測結果を見ると、2020年までに中国のエネルギー需要総量は約46.5億トン標準石炭に達し、『エネルギー発展戦略行動計画（2014―2020年）』で示された48億トン標準石炭という目標を下回り、既定目標を超過達成することになる。「十三五」期間のエネルギー需要総量の年平均成長率は約1.6%となる。石炭需要総量がエネルギー総需要に占める比率は約57%に低下し、「62%前後」という目標水準を下回り、任務を超過達成する。「十三五」期間の石炭需要は年平均約0.9%減少する。天然ガス需要がエネルギー需要総量に占める比率は約7.6%に達するが、『エネルギー発展戦略行動計画（2014―2020年）』で掲げられた「10%以上」という目標には達しておらず、今後も天然ガスの市場化進程と需要普及を推進する必要がある。「十三五」期間の天然ガス需要は年平均約7.4%増加する。非化石エネルギーがエネルギー需要に占める比率は約18%に達し、「15%以上」という目標水準を超過達成する。「十三五」期間の年平均成長率は約11.5%となる。

表8.8サンプル外情報に基づく予測結果（単位：万トン標準石炭）

予測期間	エネルギーの種類	楽観	普通	悲観的
2018	合計	453122	451842	451423
	石炭	266332	267849	267703
	油	86307	86425	85610
	天然ガス	31307	31318	30916
	水力発電、原子力発電、風力発電	69382	69329	69148
2019	合計	459130	458212	457982
	石炭	264482	266401	266675
	油	89656	89705	88062
	天然ガス	33465	33511	32683
	水力発電、原子力発電、風力発電	76285	76208	75779
2020	合計	465945	465130	464450
	石炭	263183	265317	265606
	油	93219	93160	90529
	天然ガス	35712	35868	34278
	水力発電、原子力発電、風力発電	84280	84179	83457

8.1.4　結論

エネルギー需要総量およびその構造の予測は、エネルギー計画と産業政策の策定の基礎である。本節では、四半期GDP、四半期工業付加価値および年度エネルギー需要の混合頻度データを用い、ADL-MIDASモデルを構築し、異なる重み関数形式および予測方法の組み合わせモデルに基づき、最小二乗平均平方誤差（RMSFE）および予測誤差を参照して、中国のエネルギー需要予測に最適なモデル形式を決定した。

サンプル内予測結果によれば、単一指標によるエネルギー需要総量の予測においては、四半期GDPデータまたは四半期工業付加価値データに基づき、それぞれ異なる最適予測モデルが存在することが明らかとなった。本節で得られた最適予測モデル形式は以下のとおりである。エネルギー需要総量の単一予測において、1〜2期先予測の場合には四半期GDPに基づく再帰的識別と非零次ベータ密度重み関数モデルを選択し、3期先予測の場合には四半期GDPに基づく再帰的識別とステップ関数モデルを選択し、4期先予測の場合には四半期工業付加価値に基づくローリングウィンドウと零次ベータ密度重み関数モデルを選択した。組合せ予測においては、ローリングウィンドウおよび再帰的識別法を用いた予測効果が固定ウィンドウを上回り、AIC、BICおよび等重みを基礎とした予測効果がその他の重み係数を上回った。石炭需要予測モデルに関しては、1〜4期先の予測において、いずれも四半期GDPに基づく予測効果が工業付加価値および組合せ予測よりも優れていた。石油需要予測モデルでは、1期先予測では四半期工業付加価値に基づく予測が優れており、2〜4期先予測では組合せ予測の効果が優れていた。天然ガス予測モデルでは、1期先予測は四半期GDPに基づく予測が優れ、2〜4期先予測は四半期工業付加価値に基づく予測が優れていた。水力・原子力・風力発電需要予測モデルでは、1〜4期先予測において、いずれも四半期GDPに基づく予測効果が四半期工業付加価値および組合せ予測より優れていた。

サンプル内予測結果によれば、エネルギー需要総量の単一予測において、1〜4期先のそれぞれにおいて四半期GDPまたは四半期工業付加価値に基づく最適な識別方式と予測関数モデルの組み合わせが存在することが確認された。組合せ予測においては、ローリングウィンドウおよび再帰的識別法を用いた予測効果が固定ウィンドウを上回り、AIC、BICおよび等重みに基づく予測効果がその他の重み係数を上回った。エネルギー構造モデルに関しては、石炭、石油、天然ガス、水力・原子力・風力発電の需要を対象としたモデルを構築した場合、1～4期先予測において四半期GDPまたは四半期工業付加価値に基づく予測にそれぞれ異なる最適予測モデルが存在した。

従来の関連研究と比較して、本研究の予測誤差は小さく、エネルギー需要予測の正確性は著しく向上した。特にエネルギー需要構造の予測に関する研究は不足していたため、本研究は中国のエネルギー総需要予測誤差を比較した。GA-SAモデルの平均相対予測誤差は0.046%、PSO-GAモデルの誤差は0.57%～0.78%、灰色モデルの誤差は0.38%であった。これに対して本研究の平均相対予測誤差（RMSFEおよびサンプル内予測誤差を含む）は大部分が0.1%未満であり、最小誤差はわずか0.02%であった。

中国のエネルギー需要総量および構造の予測結果は以下を示している。楽観、政策、悲観の三つのシナリオにおいて、エネルギー需要総量および各種エネルギー需要の予測結果は比較的近似している。2020年までに、中国のエネルギー需要総量は約46.5億トン標準石炭に達し、48億トン標準石炭の既定目標を達成できる。「十三五」期間のエネルギー需要総量の年平均成長率は約1.6%となる。石炭需要総量がエネルギー総需要に占める比率は約57%に低下し、62%前後の目標を達成できる。「十三五」期間の石炭需要は年平均約0.9%減少する。非化石エネルギーがエネルギー需要に占める比率は約18%に達し、15%以上の目標を超過達成する。「十三五」期間の年平均成長率は約11.5%となる。しかしながら、天然ガス需要比率を10%に引き上げるには依然として一定の困難が存在し、2020年時点で天然ガス需要がエネルギー需要総量に占める比率は約7.6%にとどまると予測される。今後も天然ガスの市場化プロセスと需要普及を引き続き推進する必要があり、「十三五」期間の天然ガス需要年平均成長率は約7.4%となる。

以上の実証結果は、主として経済成長率に依拠して予測を行い、「十三五」期間における中国の産業構造および生産技術水準が基本的に安定を維持することを前提としている。もしこの期間に産業構造調整が加速し、サービス業による工業代替効果が顕著に強化され、低炭素・グリーン生産技術が画期的進展を遂げた場合には、2020年のエネルギー需要総量は予測水準を下回る可能性がある。逆に、この期間にサービス業の発展が期待に及ばず、産業構造調整が緩慢で、低炭素・グリーン生産技術が大規模に普及しなければ、経済成長によるエネルギー剛性需要の影響により、エネルギー需要総量は予測水準を上回り、48億トン標準石炭の目標を超過する可能性すらある。

いずれにせよ、中国のエネルギー対外依存度は依然として大きいため、「節約優先」と「低炭素・環境保護」をエネルギー政策の基本戦略として堅持し、技術進歩を推進し、積極的な省エネ・消費削減措置を実施し、エネルギー利用効率を高め、GDP単位当たりエネルギー消費を持続的に低減していく必要がある。さらに、天然ガス分野の市場化改革を推進し、天然ガス市場需要を拡大し、クリーンエネルギーによる石炭代替を強化することは依然として重要な課題である。

以上より、中国のエネルギー改革は重大な成果を収めており、国民一人当たりのエネルギー消費は持続的に減少している。経済が安定的に成長する一方で、エネルギー消費総量の増加速度は持続的に鈍化している。結果として、2020年には二酸化炭素排出および省エネの既定目標は超過達成される可能性があり、その主因は二つである。第一に、中国の産業構造調整が積極的な影響をもたらしている点である。2012年以来、中国の第三次産業の発展は加速し、とりわけ情報、物流、金融などの産業の発展は第二次産業を上回り、経済成長を牽引する主要なエンジンとなっている。これが産業構造の最適化を直接推進し、構造調整からエネルギー総量制御の目標を実現している。第二に、中国は産業構造の転換と高度化を継続的に推進している点である。近年、大規模に先進設備、科学技術および高度人材を導入し、研究開発投資を強化し、スマート製造、グリーン製造、インターネット情報化製造の深度融合を促進している。これらの政策は工業労働生産率を高め、エネルギー需要を削減し、エネルギー構造を変化させ、根本的にエネルギー依存型の発展パスを技術依存型へと転換させるものである。

8.2　混合頻度データモデルに基づく中国「第14次五カ年計画」期間の炭素排出総量およびその構造予測

2005年における中国の炭素排出総量の世界シェアは18%であったが、2016年にはすでに4分の1を超えた。Global Carbon Atlas の統計結果によれば、2017年には中国の炭素排出比率が27.2%に達した。中国は世界的な省エネ・排出削減および低炭素転換において重大な任務と責任を担っており、中国の炭素排出に関する分析は、世界的な炭素排出問題の研究において極めて重要な意義を持つ。経済成長の停滞および省エネ・排出削減に関する政策の影響を受け、中国の炭素排出の増加速度は2012年以降徐々に鈍化し、2014年には本世紀に入って初めて二酸化炭素排出総量がマイナス成長を実現し、その後100

億トンを下回った。低炭素行動は一定の成果を挙げたが、2016年以降は減速が鈍化し、2017年には再び正の成長を記録し、総排出量は97億トンを超えた。これにより、中国の将来の炭素排出動向に不確実性が増大した。2020年は「第13次五カ年計画」の締めくくりであり、同時に「第14次五カ年計画」の始動期である。本節では、中国「第14次五カ年計画」期間における炭素排出総量の全体的な推移およびその構造変化について予測を行い、不確実性が常態化する状況下において、今後の中国における省エネ・排出削減目標の達成可能性を実証的に検証することを目的とする。

8.2.1　指標の選択と処理

本実証分析では、2000～2020年のマクロ経済指標および二酸化炭素排出量を用いて、中国の2021～2025年における全社会の二酸化炭素排出総量およびその構造を複数期間にわたり予測する。経済の急速な成長は必然的にエネルギー消費の加速および炭素排出の増加をもたらす。朱勤らや朱杰鯤こによる炭素排出の多要因分解の結果、中国においては経済産出効果の炭素排出への寄与が、エネルギー構造、産業構造、人口規模などの他のマクロ要因よりも明確に大きいことが示されており、この結論は関連研究においても確認されている。したがって、本実証では、国内総生産（GDP）および工業付加価値指標を全社会の経済産出水準を測る変数とし、これらを説明変数として炭素排出を予測する。予測対象指標である二酸化炭素排出量は年次データであり、国家統計局によるデータ発表頻度を考慮し、モデルにおける説明変数のGDPおよび工業付加価値指標はすべて四半期データを用いる。

既存資料によれば、米国エネルギー情報局（EIA）、世界銀行（WB）、世界資源研究所（WRI）など複数の機関が中国の二酸化炭素排出量を推計しているが、その結果には大きな差異が存在する。より正確に中国の炭素排出規模を把握するために、本節では「2006年 IPCC国別温室効果ガスインベントリガイドライン」を参照基準とし、中国「エネルギー統計年鑑」に掲載されている各年度の部門別エネルギー消費総量に基づき、サンプル期間における各年の二酸化炭素排出総量および部門別結果を再計算した。これには、石炭、コークス、原油、ガソリン、灯油、軽油、重油、天然ガスの8大エネルギー種類が含まれる。重複計算を避けるため、「石油精製、コークス・核燃料加工業」で使用される石炭と原油を除外し、さらにエネルギーバランス表に基づき、工業原料・材料として使用された各種エネルギー消費を差し引いた。関連する計算式は以下のとおりである。

$$
\begin{aligned}
\mathrm{CO_2} &= \sum_{i=1}^{8} E_i \cdot \mathrm{NCV}_i \cdot \mathrm{CEF}_i \\
\mathrm{CEF}_i &= \mathrm{CC}_i \cdot \mathrm{COF}_i \cdot (44/12)
\end{aligned}
\qquad (8.14)
$$

式(8.14)において、Eiは第i類エネルギーの消費量(万トン)、NCV_iは該当エネルギーの平均低位発熱量（kJ/kg)、CEF_iはエネルギー炭素排出係数（kg/TJ）を表し、これはエネルギー含炭量（CC_i）と炭素酸化係数（COF_i）の積に、二酸化炭素と炭素の分子比（44/12）を乗じた値である。各エネルギーの低位発熱量は《エネルギー統計年鑑》の付表から、炭素排出係数は IPCC(2006)の基準を参照した。具体的パラメータは表8.9に示す。

表8.9 エネルギー低位発熱量と炭素排出係数

	石炭	コーラ	原油	ガソリン	灯油	ディーゼル燃料	燃料油	天然ガス
NCV	20908	28435	41816	43070	43070	42652	41816	38931
CEF	95977	105996	73333	70033	71500	74067	77367	56100

注：①低位発熱量は『エネルギー統計年鑑』付表から取得し、石炭については

原炭の対応値を採用した。②炭素排出係数は IPCC（2006）基準に基づき算出した。③1TJ=10^9kJ。

以上のプロセスを通じて、中国各産業および全体の二酸化炭素排出量の推計結果を得た。表8.10と図8.2には、それぞれサンプル期間内における二酸化炭素排出量の産業構造変化および成長率の変動状況を示している。

表8.10　中国の二酸化炭素排出総量およびその構造変動

年	二酸化炭素排出量 合計 量（ 万 トン ）	一次産業（%）	第二次産業（%）	第三次産業（%）
2000	359143	1.27	84.17	14.55
2001	368769	1.26	84.33	14.41
2001	388873	1.29	84.56	14.15
2003	455272	1.25	85.48	13.26
2004	508634	1.36	84.92	13.72
2005	577035	1.35	85.62	13.03
2006	629965	1.27	85.91	12.82
2007	670830	1.13	86.00	12.87
2008	692623	1.04	86.38	12.58
2009	788826	1.07	86.81	12.13
2010	853183	1.03	86.82	12.15
2011	945944	0.97	87.15	11.88
2012	1002687	0.95	86.98	12.07
2013	1019767	1.01	86.41	12.58
2014	1004832	1.06	85.90	13.03
2015	975758	1.11	84.67	14.22
2016	961156	1.16	84.18	14.66
2017	971447	1.18	84.00	14.83
2018	1002745	1.20	83.75	15.05
2019	1025670	1.18	84.07	14.76
2020	1052023	1.22	84.51	14.28

算定結果によれば、第一に、各産業の炭素排出比率の変動幅は非常に小さく、長期的には相対的に安定しており、高い順に第2次産業、第3次産業、第1次産業となっている。その中で、2011年には第2次産業の炭素排出比率が本世紀最高水準である87.15%に達したが、その後は低下を続け84.51%となった。また、炭素排出総量と第2次産業炭

素排出量の変化率曲線はほぼ重なっており、工業製造業経済の発展が社会全体の炭素排出総量と密接に関連し、二酸化炭素発生の主要な要因であることが分かる。国家の「第12次五カ年計画」「第13次五カ年計画」綱要では、緑色発展理念の実践が明確に提起され、生態環境、エネルギー資源、気候変動など多方面から産業発展への要求が示された。強力な政策支援も顕著な成果を上げ、2013～2016年には中国全体の炭素排出水準が持続的に低下した。第二に、長期的な変化を見ると、各産業の炭素排出増加率は弱まりつつあり、増加率の変動幅も安定化している。異なる産業間で炭素排出増加率が徐々に収斂し、産業間の「発展コスト」の差異が縮小している。推計結果によれば、2020年には第1次産業と第2次産業の炭素排出量増加率がやや加速し、その結果、同年の総排出量が短期的に比較的速い増加を示すこととなる。

図8.2の棒グラフは、第3次産業のうち交通運輸、倉庫・郵便業、生活消費の2大部門における歴年の炭素排出増加率の変化を示している。比較から分かるように、産業間の局所的な差異と長期的な共通傾向が併存している。全体的に見ると、各産業部門の炭素排出増加率は2009年以前に「先に増加しその後減少する」という一連の変化サイクルを経験し、2009年に急激な反発を経た後は、増加率が徐々に鈍化し、さらにはマイナス値を示すようになった。炭素排出総量と構造的特徴の分析を通じて、関連政策や経済発展計画によって推進された中国のマクロ経済発展状況が、社会全体の炭素排出水準の変化に非常に顕著な積極的効果をもたらしたことが明らかである。

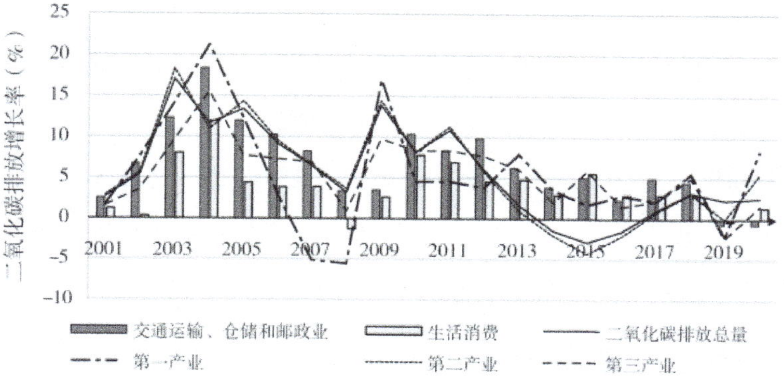

図8.2 産業別二酸化炭素排出量の増加率

8.2.2　モデル構築と形式の決定

モデル予測精度をできる限り高め、予測結果の信頼性を保証するために、四半期GDP、四半期工業付加価値を用いたサンプル内予測効果をそれぞれ検討し、最適なモデル形式を決定する。GDP、工業付加価値はいずれも価値型の四半期系列であるため、分析を容易にする目的で2000年を基準年とし、GDP指数、工業付加価値指数を用いて原系列を基準化処理した上でX-12季節調整を行い、処理後の指標を用いて最適モデルを選択した。

複数回のシミュレーション結果および実務経験を踏まえ、モデル次数を（1,4）に設定した。すなわち、低頻度系列のラグ数を1、高頻度系列のラグ数を4とし、当年度の炭素排出総量は前年の炭素排出総量および過去1年間の四半期GDP（または工業付加価値）の影響を受けると仮定する。分析比較を容易にするため、モデル構築の際は2017年の炭素排出量を基準とし、その上で1期から5期のサンプル内多期予測効果を基準に最適モデル形式を決定した。

同一の指標であっても、モデルの重み付け基準や推計方法が異なれば、予測結果と実際値の乖離度合いも異なる。そのため、同期間の予測における異なるモデル設定下での予測精度をさらに比較する必要がある。具体的には、Beta、BetaNN、ExpAlmon、UMIDAS、StepF、Almon の6種類の重み付け基準を採用し、それぞれ固定ウィンドウ、ローリングウィンドウ、逐次識別の3種類の計算方法の下でサンプル内予測効果を検証した。指標の単一形式・組合せ形式に基づき構築されたモデルのサンプル内予測精度は、いずれも二乗平均平方誤差（RMSE）によって測定された。

8.2.2.1 単一指標に基づくサンプル内予測

表8.11には、四半期GDPおよび四半期工業付加価値を基に、異なる重み付け基準と計算方法を用いたサンプル内多期予測RMSEが示されている。例えば、1期サンプル内予測を行う場合、四半期GDP系列に基づき、Beta重み付け・固定ウィンドウ法でモデルを設定した場合の予測RMSEは0.173であり、他も同様である。比較の結果、四半期GDPに基づく1期から5期のサンプル内予測の最適形式は順に、BetaNN重み付け＋固定ウィンドウ、UMIDAS重み付け＋固定ウィンドウ、UMIDAS重み付け＋逐次識別、BetaNN重み付け＋逐次識別、Beta重み付け＋ローリングウィンドウであった。同様に、四半期工業付加価値に基づくモデル選択は順に、StepF重み付け＋固定ウィンドウ、UMIDAS重み付け＋固定ウィンドウ、UMIDAS重み付け＋逐次識別、Beta重み付け＋逐次識別、Beta重み付け＋ローリングウィンドウであった。

さらに表8.11から観察できる点として、第一に、モデル全体の予測効果は良好であり、最適モデルのRMSEはいずれも6.200以下に収まり、最小値はわずか0.073であり、四半期工業付加価値の予測効果は四半期GDPよりもやや優れている。第二に、四半期GDPに基づく場合でも四半期工業増加値に基づく場合でも、RMSEは期数の増加に伴って徐々に大きくなり、すなわち予測期間が延びるほど予測効果が弱まることが示されている。

表8.11四半期ベース GDPと四半期産業付加価値の炭素排出量のサンプル内予測のRMSE

予測期間	重み付け基準	四半期GDPに基づく			四半期産業付加価値に基づく		
		固定時間枠	ローリングタイムウィンドウ	再帰認識	固定時間枠	ローリングタイムウィンドウ	再帰認識
1	Beta	0.1732	0.1732	0.1732	0.7276	0.7276	0.7276
	BetaNN	0.1629*	0.1629*	0.1629*	0.7242	0.7242	0.7242
	ExpAlmon	0.2673	0.2673	0.2673	0.7214	0.7214	0.7214
	UMIDAS	0.6886	0.6886	0.6886	0.6524	0.6524	0.6524
	StepF	0.1629	0.1629	0.1629	0.0729*	0.0729*	0.0729*
	Almon	0.6886	0.6886	0.6886	0.6524	0.6524	0.6524
2	Beta	1.9682	1.8789	1.8769	0.8268	1.0818	0.9317
	BetaNN	1.7894	1.7133	1.7044	0.9643	1.4637	1.0678
	ExpAlmon	1.8860	1.7795	1.7828	0.8305	1.0844	0.9343
	UMIDAS	1.0306	1.0646	1.1269	0.6120°	0.8941	0.7072
	StepF	1.7894	1.7133	1.7044	1.7771	1.7099	1.6944
	Almon	1.0306	1.0646	1.1269	0.6120	0.8941	0.7072
3	Beta	5.4705	4.5191	4.4360	4.6484	4.1035	3.8587
	BetaNN	5.2103	4.5534	4.2280	5.5794	4.5096	4.3117
	ExpAlmon	5.3319	4.5366	4.3176	4.6484	4.1036	3.8591
	UMIDAS	5.1373	4.3346	4.0674*	4.4152	3.9547	3.6736*
	StepF	5.2103	4.4050	4.2280	5.5794	4.6120	4.4435
	Almon	5.1373	4.3346	4.0674	4.4152	3.9547	3.6736
4	Beta	9.1577	6.2081	6.2517	7.9013	5.6106	5.4516*
	BetaNN	8.7958	6.3946	5.9742*	9.1350	5.7741	5.9774
	ExpAlmon	8.9202	6.3872	6.0925	7.9013	5.6105	5.4518
	UMIDAS	18.0478	9.9244	9.759	15.3345	8.7999	8.6288
	StepF	8.7958	6.2748	5.9742	9.1350	6.3092	6.0494
	Almon	18.0478	9.9244	9.7590	15.3345	8.7999	8.6288
5	Beta	10.5307	6.1027*	6.6596	9.1332	5.5585*	5.8841
	BetaNN	10.7075	6.7573	6.6703	10.7464	6.7105	6.6827
	ExpAlmon	10.4996	6.9171	6.6637	10.3537	6.3519	6.1662
	UMIDAS	17.5838	9.0175	9.4026	15.586	10.4908	8.3517
	StepF	10.7075	6.8231	6.6703	10.7464	6.8151	6.7343
	Almon	17.5838	9.0175	9.4026	15.5860	10.4908	8.3517

8.2.2.2　組合せに基づくサンプル内予測

組合せに基づくサンプル内予測は、前述の単一指標予測の最適結果に基づき、加重によって得られたものであり、実証過程では複数の基準を定重の根拠として採用した。具体的には、AIC、BIC、DMSFE、

EW、MSFE が含まれる。表8.12 は各種形式におけるモデルの組合せ予測誤差結果である。1期サンプル内予測を行う際には、固定ウィンドウの下で選択された四半期GDP予測モデルのパラメータは固定ウィンドウ下の最適重み付け設定、すなわちBetaNN重み付けであり、選択された四半期工業付加価値予測モデルの対応パラメータはStepF重み付けであった。他の場合も同様である。予測誤差の最適結果によれば、多期予測誤差の最小値は0.074%、最大でも0.653%であり、全体的な効果は理想的である。比較を通じて、1～5期の組合せ予測の最適形式は順に、BIC 定重＋固定ウィンドウ、EW定重＋固定ウィンドウ、AIC定重＋逐次識別、EW定重＋逐次識別、EW 定重＋逐次識別と確認された。

炭素排出総量予測の多期サンプル内推計を通じて、四半期GDP・四半期工業付加価値に基づくMIDAS（1,4）混合頻度データ予測効果はいずれも理想的であり、後者が前者より優れている。組合せ予測結果は、モデルの予測誤差が合理的範囲内に安定的に収まり、全体的に低水準であることを示しており、したがって本モデルによって将来の炭素排出総量予測を実現できると考えられる。

表8.12組合せに基づく炭素排出サンプル内予測誤差（%）

予測期間	推定方法	AIC	BIC	DMSFE	EW	MSFE
1	固定時間枠	0.0759	0.0736*	0.0879	0.1180	0.0879
	ローリングタイムウィンドウ	0.0759	0.0736*	0.0879	0.1180	0.0879
	再帰認識	0.0759	0.0736*	0.0879	0.1180	0.0879
2	固定時間枠	-0.4015	-0.4015	-0.3722	-0.3290*	-0.3709
	ローリングタイム	-0.9632	-0.9632	-0.7910	-0.7276	-0.7759

予測期間	推定方法	AIC	BIC	DMSFE	EW	MSFE
	ウィンドウ					
	再帰認識	-0.6528	-0.6528	-0.6600	-0.6683	-0.6604
3	固定時間枠	2.3404	2.3404	2.5075	2.5433	2.5053
	ローリングタイムウィンドウ	-2.6632	-2.6632	-2.6302	-2.6252	-2.6301
	再帰認識	-0.6528*	-0.6528*	-0.6665	-0.6683	-0.6664
4	固定時間枠	5.5643	5.5643	5.9842	6.0439	5.9806
	ローリングタイムウィンドウ	-2.6245	-2.6245	-2.4122	-2.3778	-2.4089
	再帰認識	-0.6962	-0.6962	-0.3216	-0.2819	-0.3225
5	固定時間枠	8.6197	8.6197	7.9979	8.1128	7.9954
	ローリングタイムウィンドウ	-2.5348	-2.5348	-2.2684	-2.2352	-2.2659
	再帰認識	-0.6091	-0.6091	-0.3302	-0.2768	-0.3321

8.2.2.3　産業別サンプル内予測

炭素排出構造の分析を実現するために、四半期GDP、四半期工業付加価値および両者の組合せに基づき、産業別サンプル内多期予測を行い、最適モデルを決定する。中国の三大産業区分に従って、第一産業は農業・林業・畜産業・漁業・水利業から生じる炭素排出、第二産業は主に工業・建設業の二大部門から生じる炭素排出、第三産業の炭素排出源はさらに交通運輸・倉庫・郵便業、卸売小売業・宿泊飲食業、生活消費、その他産業に細分される。本節では、第一・第二・第三産業を基に炭素排出量を構造的に考察するとともに、第三産業のうち交通運輸・倉庫・郵便業、生活消費の二大部門における炭素排出について予測分析を行う。

表8.13 は最適設定下に対応するサンプル内予測誤差を示している。表中の各数値は、それぞれ最適モデルにおける誤差推計結果を表している。例えば、四半期GDP に基づく第一・第二・第三産業、交通運輸・倉庫・郵便業、生活消費の炭素排出量の1期予測誤差値はそれぞれ5.215%、0.019%、2.756%、0.895%、0.277%であり、対応するモデル形式は順に：Beta重み＋固定ウィンドウ、ExpAlmon 重み＋固定ウィンドウ、ExpAlmon重み＋固定ウィンドウ、BetaNN重み＋固定ウィンドウ、ExpAlmon重み＋固定ウィンドウとなる。他の項目の推計も同様である。

結果によれば、四半期工業付加価値に基づく産業予測誤差値はいずれも2.714%を超えず、四半期GDP に基づく予測誤差値はいずれも5.934%を超えなかった。前者の全体的な予測効果の方が明らかに優れている。前述の総合分析を経て、中国の将来の炭素排出量およびその構造の予測には、四半期工業付加価値を用いることを最適と判断した。

表8.13　　産業別炭素排出量サンプル内多期予測誤差（%）

予測期間	エネルギーの種類	GDPに基づく	産業付加価値に基づく	複合予測
1	第一次産業	5.2145	2.7143*	2.7462
	第二次産業	-0.0185	0.0042	-0.0001*
	第三次産業	2.7564	2.3879*	2.546
	運輸、倉庫、郵便サービス	-0.8953	-0.7045*	-0.7774
	生活費	-0.2774	0.0134	0.0127*
2	第一次産業	5.9347	1.4412*	1.4925
	第二次産業	-0.7404	-0.7016*	-0.7405
	第三次産業	4.0324	2.7093*	3.1486

予測期間	エネルギーの種類	GDPに基づく	産業付加価値に基づく	複合予測
	運輸、倉庫、郵便サービス	-1.0052	-0.4952*	-0.7281
	生活費	0.132	0.0134*	-0.1321
3	第一次産業	4.4289	1.2616	1.3656
	第二次産業	-1.0535	-0.7016*	-0.7405
	第三次産業	2.7564	1.8835*	2.4374
	運輸、倉庫、郵便サービス	-1.2175	-0.5439*	-0.8
	生活費	0.6007	0.5284*	0.5615
4	第一次産業	4.3267	0.4681	0.5178
	第二次産業	-0.0191*	-0.8515	-0.4362
	第三次産業	2.859	2.3879	2.5836
	運輸、倉庫、郵便サービス	-0.4649	-0.4676	-0.1603*
	生活費	1.0675	0.4488	-0.2689*
5	第一次産業	3.8006	-1.267	0.5835*
	第二次産業	-2.1975	-2.7708	-0.4428*
	第三次産業	2.859	2.3879*	2.5793
	運輸、倉庫、郵便サービス	-1.3639	-0.8902	-0.1746*
	生活費	1.0269	0.8429	0.7679*

8.2.3　予測結果と分析

近年の中国における工業付加価値の成長変動、および現在の国内経済市場全体の状況を踏まえ、ここでは2021～2025年における工業付加価値指標の変動傾向について合理的な予測を行う。経済構造など多方面の要因を総合的に考慮し､その上で 2020～2024年の各四半期における工業付加価値変動のシナリオ設定を表8.14 に示す。楽観シナリオでは、今後の中国経済は持続的かつ安定的な成長を遂げると予測される。常規シナリオでは、工業付加価値は低速の水準を維持する。一方、シナリオ悪化の極端な可能性を考慮すると、将来の不確実性はさらに国内産業の発展および輸出入水準に深刻な影響を及ぼし、これにより国内経済の成長と回復はより緩慢になると予想される。

表8.14 2020～2024年　中国工業付加価値成長率の設定（%）

予測期間	楽観的な期待		中立と予想される		悲観的な期待	
	前月比成長率	前年比成長率	前月比成長率	前年比成長率	前月比成長率	前年比成長率
2020年第4四半期	1.60	4.86	1.30	4.25	0.90	3.42
2021年第1四半期	1.40	20.60	1.30	19.80	1.10	18.60
2021年第2四半期	1.40	6.14	1.30	5.30	1.10	4.06
2021年第3四半期	1.40	5.93	1.30	5.30	1.10	4.27
2021年第4四半期	1.40	5.72	1.30	5.30	1.10	4.47
2022年第1四半期	1.50	5.82	1.20	5.20	1.20	4.58
2022年第2四半期	1.50	5.93	1.20	5.09	1.20	4.68
2022年第3四半期	1.50	6.03	1.20	4.99	1.20	4.78
2022年第4四半期	1.50	6.14	1.20	4.89	1.20	4.89
2023年第1四半期	1.40	6.03	1.15	4.84	1.10	4.78
2023年第2四半期	1.40	5.93	1.15	4.78	1.10	4.68
2023年第3四半期	1.40	5.82	1.15	4.73	1.10	4.58
2023年第4四半期	1.40	5.72	1.15	4.68	1.10	4.47
2024年第1四半期	1.40	5.72	1.15	4.68	1.10	4.47
2024年第2四半期	1.40	5.72	1.15	4.68	1.10	4.47
2024年第3四半期	1.40	5.72	1.15	4.68	1.10	4.47
2024年第4四半期	1.40	5.72	1.15	4.68	1.10	4.47

表8.14における工業付加価値のシナリオに基づき、サンプル内予測の最適選択を用いて予測モデルのパラメータを設定し、2021～2025年の中国における二酸化炭素排出総量および産業別排出量の推計結果を得た。表8.14の工業付加価値シナリオに基づき、サンプル内予測の最適選択によって予測モデルのパラメータを設定し、2021～2025年の中国二酸化炭素排出総量および産業別排出量の推計結果を得た。表8.15から得られる結論は以下のとおりである。第一に、生産のさらなる回復に伴い、2021年の炭素排出量の増加率は3.71%となり、これは第2次産業関連分野がいち早く生産正常化へと回復したことと密接に関連している。長期的に見ると、社会経済の発展が安定を取り戻すにつれて、2022年・2023年にはそれぞれ－1.07%、1.03%と低水準

に落ち込み、「第14次五カ年計画」中後期には増加率が2%以内で安定する。第二に、炭素排出構造は比較的安定しており、第2次産業の比率はわずかに上昇し、順に83.48%、85.03%、84.76%、83.55%、82.46%を示す。第3次産業は13～15%の範囲で安定している。交通運輸・倉庫・郵便業の炭素排出量の年間増加率は8.65%、4.46%、3.33%、4.19%、2.39%であり、生活消費による炭素排出の増加率は3%以内にとどまっている。

構造的な観点から見ると、以下の点が明らかになる。一つ目に、全体的な増加率については、2021年には全産業の二酸化炭素排出が大幅に増加すると予測されるが、より長期の予測期間では排出増加率はさらに鈍化する。2025年度の二酸化炭素総排出量は115億トンを下回り、中国の二酸化炭素排出量は予定より早くピークに達し、そのピーク量も当初の130億トンという予測を下回る可能性が高い。二つ目に、炭素排出構造の変化に関しては、第2次産業の総比率が依然として85%前後を維持しており、工業・建設業が引き続き全社会の炭素排出の最も重要な源泉であり続ける。今後も社会全体の炭素排出総量の変動は第2次産業の変動と連動すると考えられる。三つ目に、サービス産業については、国内交通および現代物流産業の急速な発展により、二酸化炭素排出は今後もおおむね2.30%～4.50%の速い成長を維持し、2021年には8.50%以上に達する可能性がある。社会全体の物流産業は経済全体とほぼ同様の変動を示す。

結論として、予測期間中の中国の炭素排出量は「増加はコントロール可能であり、増加率は緩やかになる」という全体的な傾向を示している。今後の中短期における中国経済成長率に対する合理的な予測に基づき、本実証における社会全体の炭素排出総量および構造予測の関連結論とあわせて判断すると、前提条件が不変である限り、国内の炭素排出強度を持続的に低下させることは合理的かつ実行可能であるといえる。

表8.15 2021～2025年 中国二酸化炭素排出総量および産業別予測（万トン）

予測期間	合計			第一次産業		
	楽観	中性	悲観的	楽観	中性	悲観的
2021	1086505	1091075	1097219	8083	8181	8314
2022	1074701	1075358	1086688	9058	9137	9275
2023	1080967	1090425	1095676	9745	10027	10087
2024	1106850	1112173	1116680	13413	13546	13606
2025	1103073	1128464	1144047	13353	13454	13601
予測期間	第二次産業			第三次産業		
	楽観	中性	悲観的	楽観	中性	悲観的
2021	908180	910785	928830	143452	143191	142841
2022	913214	917739	922793	150702	150362	149966
2023	916421	924273	928830	151226	150696	150481
2024	928756	929166	930768	155330	154323	154123
2025	919471	930534	937177	155327	154321	154121
予測期間	運輸、倉庫、郵便サービス			生活費		
	楽観	中性	悲観的	楽観	中性	悲観的
2021	88563	87877	87007	42001	41797	41526
2022	93051	91886	90277	42575	42488	42439
2023	97166	95001	93192	41780	41626	41668
2024	101895	99068	97041	42803	42681	42658
2025	105414	101463	99189	43486	43431	43420

8.2.4 結論

本節では、ADL-MIDASモデルを用いてマクロ経済系列を基に中国「第14次五カ年計画」期間の二酸化炭素排出量について総量および構造予測を行い、以下の結論を得た。

第一に、2025年までに中国の炭素排出量の増加率は明らかに鈍化する傾向を示し、「第14次五カ年計画」中後期には年間二酸化炭素排出量の増加率が0.02未満となり、総量は115億トン以下の管理可能な範囲にとどまると予測される。産業別に見た炭素排出構造は基本的に安定しており、製造業を代表とする現代的工業生産が依然として炭素排出の主要源であり、その比率は83.5%～85%を維持している。

この相対的に横ばいの状態は、「第13次五カ年計画」以降、国家が製造業の低炭素化を強力に推進してきた進展と符合している。一方で、交通・物流産業の炭素排出量は急速な増加を迎える。第三次産業の発展が新段階に入り、社会全体の消費観念・消費形態が変化し、科学技術の支援によりオンライン消費および物流産業チェーンが成熟・安定し、新常態化によってオンライン消費の普及が一層進展する。社会全体の産業構造転換と高度化が製品供給水準を引き上げ、社会全体の生産・消費循環チェーンが今後の国内交通運輸、倉庫、郵便業の急速な発展を力強く後押しする。

第二に、突発的な感染症の流行による中国の炭素排出量への影響は総じて管理可能である。2020年第1四半期には国民の生産生活範囲が短期間大きく制限され、炭素排出量は減少した。その後、防疫体制が常態化する中で、各産業が厳格な管理下で徐々に操業再開し、とりわけ火力発電やセメント生産などの基盤産業は他産業よりも早く再稼働した。同時に、経済回復を支援するため、中国政府は2020年に初めて年間経済成長目標を設定せず、一時的に「グリーン」目標を棚上げした。短期的には炭素排出の反発的増加が起こる可能性が高い。しかし中長期的には、炭素排出増加率の鈍化は新たな発展段階における必然的な傾向であり、今後も中国の炭素排出強度は持続的に低下する見込みである。

第三に、今後一定期間、中国の二酸化炭素排出量と経済成長率の間には一定程度の「逆連動」が存在する。楽観、中立、悲観の三つのシナリオにおける同期予測結果を総合すると、経済成長率が過度に低い場合、むしろ高い炭素排出増加率が予測される。この現象は主に第一次産業と第二次産業において発生する。つまり、経済運行速度が過度に低下した場合、社会の基本的発展需要を満たすために基幹産業に依存して景気を刺激する傾向があり、その結果、炭素排出の急増を招く可能性がある。

実証分析から以下の二点の示唆が得られる。

まず、本節では主に経済成長率に依拠して予測を行い、「第14次五カ年計画」期間に中国の産業構造高度化と生産技術水準の向上が基本的に安定して維持されると仮定した。もしこの期間に産業構造調整が加速し、サービス業による工業代替効果が明らかに強まり、低炭素・グリーン生産技術が突破的進展を遂げれば、2025年の炭素排出総量は予測値を下回る可能性がある。逆に、サービス業の発展が予想に届かず、産業構造調整が遅れ、低炭素・グリーン技術が大規模に普及しなければ、経済成長における炭素排出需要の硬直性により、炭素排出総量は予測値を上回り、目標値を超える可能性すらある。いずれにせよ、中国は引き続き「節約優先」と「低炭素・環境保護」を産業政策の基本戦略として堅持し、技術進歩を推進し、積極的な省エネ・排出削減措置を実施し、エネルギー利用効率を高め、単位GDPあたりのエネルギー消費を継続的に低減すべきである。さらに、エネルギー分野の市場化改革を推進し、クリーンエネルギー市場需要を拡大し、石炭に対するクリーンエネルギーの代替を強化することは「第14次五カ年計画」期間においても堅持すべき戦略的決断である。

次に、経済の高品質な発展を実現し維持することは、「経済建設と低炭素持続可能性」を並行させる良性循環を促進するのに有利であり、社会全体が低炭素持続可能な発展を実現する上で重要な現実的意義を有する。中国「第14次五カ年計画」は「炭素排出総量管理システムを設立し、炭素排出の絶対量削減への移行を段階的に進め、

2030年さらにはより長期的な削減目標の実現に向けた基盤を築く」と明確に示している。現下の複雑かつ厳しい国際・国内経済情勢を踏まえ、中国共産党第19期五中全会は新たな経済運営戦略を打ち出し、「経済の高品質発展」をテーマとし、供給側構造改革を引き続き推進し、国内国際の「双循環」が相互に促進し合う新たな発展構造を形成するとした。これにより、中国の「第14次五カ年計画」における排出削減の取り組みと経済の高品質発展は、双方にとって有利な成果を実現する見通しである。

参考文献

［1］ Acemoglu, D., P.Aghion, and L.Bursztyn.The Environment and Directed Technical Change ［J］ .American Economic Review, 2012,102(1): 131-166.

［2］ Ahmad AS, Hassan MY, Abdullah MP, Rahman HA, Hussin F, Abdullah H, Saidur R.A review on applications of ANN and SVM for building electrical energy consumption forecasting ［J］ .Renewable and Sustainable Energy Reviews,2014(33):102-109.

［3］ Ahmad, Najid, et al.Modelling the CO2 emissions and economic growth in Croatia: is there any Environmental Kuznets Curve? ［J］ . Energy,2017(123): 164-172.

［4］ Ahmed A, Uddin G S, Sohag K.Biomass energy, technological progress and the environmental Kuznets curve: evidence from selected European countries ［J］ .Biomass and Bioenergy, 2016(90): 202-208.

［5］ Akay D, Atak M.Grey prediction with rolling mechanism for electricity demand forecasting of Turkey ［J］ .Energy, 2007, 32(9): 1670-1675.

［6］ Akbostanc E, TÜrÜt-AŞik S, Tun Gi.The relationship between income and environment in Turkey: is there an environmental Kuznets curve? ［J］.Energy policy, 2009, 37(3): 861-867.

［7］ Alam M M, Murad M W, Noman A H M, et al.Relationships among carbon emissions, economic growth, energy consumption and population growth: testing Environmental Kuznets Curve hypothesis for Brazil, China, India and Indonesia ［J］ .Ecological Indicators, 2016(70): 466-479.

［8］ Albrizio, S., T.Kozluk and V.Zipperer.Environmental policies and productivity growth: evidence across industries and firms ［J］ .Journal of Environmental Economics and Management, 2017(81): 209-226.

［9］ Al-Iriani M A.Energy-GDP relationship revisited: an example from GCC countries using panel causality ［J］ .Energy Policy, 2006, 34(17): 3342-3350.

［10］ Al-Mulali U, Saboori B, Ozturk I.Investigating the Environmental Kuznets Curve hypothesis in Vietnam ［J］ .Energy Policy, 2015(76): 123-131.

［11］ Aloui C, Hkiri B, Hammoudeh S, et al.A multiple and partial wavelet analysis of the oil price, inflation, exchange rate, and economic growth nexus in Saudi Arabia ［J］.Emerging Markets Finance & Trade, 2018.

［12］ Alpay, E., S.Buccola and J.Kerkvliet.Productivity growth and environmental regulation in Mexican and US food manufacturing［J］.American Journal of Agricultural Economics, 2002,84(4): 887-901.

［13］ Alshehry AS, Belloumi M.Energy consumption, carbon dioxide emissions and economic growth: the case of Saudi Arabia ［J］.Renewable and Sustainable Energy Reviews,2015(41):237-247.

［14］ Amri F.Intercourse across economic growth, trade and renewable energy consumption in developing and developed countries［J］.Renewable and Sustainable Energy Reviews,2017(69):527-534.

［15］ Andersen P, Petersen N C. A global malmquist-luenberger productivity index ［J］.Journal of Roductivity Analysis, 2010, 34(3)：183-197.

［16］ Andreou E, Ghysels E, Kourtellos A.Regression models with mixed sampling frequencies ［J］.Journal of Econometrics, 2010, 158(2):246-261.

［17］ Andreou E, Ghysels E, Kourtellos A.Should macroeconomic forecasters use daily financial data and how? ［J］.Journal of Business & Economic Statistics, 2013, 31(2): 240-251.

［18］ Ang B W.Monitoring changes in economy-wide energy efficiency: from energy-GDP ratio to composite efficiency index［J］.Energy Policy, 2006, 34(5): 574-582.

［19］ Apergis N, Ozturk I.Testing environmental Kuznets curve hypothesis in Asian countries ［J］.Ecological Indicators, 2015(52): 16-22.

［20］ Apergis N.Environmental Kuznets curves: new evidence on both panel and country-level CO2 emissions ［J］.Energy Economics, 2016(54): 263-271.

［21］ Arbulú I, Lozano J, Rey-Maquieira J.Tourism and solid waste generation in Europe: A panel data assessment of the Environmental Kuznets Curve ［J］.Waste Management, 2015(46): 628-636.

[22] Arik Levinson, M Scott Taylor. Unmasking the pollution haven effect [J] .International Economic Review, 2008, 49(1).

[23] Arimura Toshi H, Sugino M. Does stringent environmental regulation stimulate environment related technological innovation? [J] .Sophia Economic Review, 2007(52) : 1-14.

[24] Armesto M T, Engemann K M, Owyang M T.Forecasting with mixed frequencies [J] .Federal Reserve Bank of St.Louis Review, 2010, 92(6): 521-536.

[25] Assareh E, Nedaei M.A metaheuristic approach to forecast the global carbon dioxide emissions [J] .International Journal of Environmental Studies, 2018, 75(1): 99-120.

[26] Azomahou T, Laisney F, Van P N.Economic development and CO2 emissions: a nonparametric panel approach [J] .Journal of Public Economics, 2006, 90(6): 1347-1363.

[27] Baek J.Environmental Kuznets curve for CO2 emissions: the case of Arctic countries [J] .Energy Economics, 2015(50): 13-17.

[28] Baffes J.More on the energy/nonenergy price link [J] .Applied Economics Letters, 2010, 17(16): 1555-1558.

[29] Bahmani-Oskooee M, Gelan A.Kuznets inverted-U hypothesis revisited: a time-series approach using US data [J] .Applied Economics Letters, 2008, 15(9): 677-681.

[30] Bahrami S, Hooshmand RA, Parastegari M.Short term electric load forecasting by wavelet transform and grey model improved by PSO (particle swarm optimization) algorithm [J] .Energy,2014(72):434-442.

[31] Balaguer J, Cantavella M.Estimating the environmental Kuznets curve for Spain by considering fuel oil prices (1874-2011) [J] .Ecological Indicators, 2016(60): 853-859.

[32] Balke N S, Brown S P A, Yücel M K.Oil price shocks and the US economy: where does the asymmetry originate? [J] .The Energy Journal, 2002,23(3): 27-52.

[33] Bao Q, Ling Tang and Zhang Zhongxiang.Impacts of border carbon adjustments on China's sectoral emission: simulations with a dynamic computable general equilibrium model [J] .China Economic Review, 2013(24): 77-94.

[34] Bao Q, Peng SH J, Yang X X.Is there an inverted U-shaped environmental Kuznets curve in China? An empirical study based on six pollution indicators [J] .Shanghai Economic Review, 2005(12):3-13.

[35] Baumeister C, Durinck E J, Peersman G.Liquidity, inflation and asset prices in a time-varying framework for the euro area [R] .National Bank of Belgium Working Paper, 2008(142).

[36] Bauwens L, Preminger A, Rombouts JV.Theory and inference for a Markov switching GARCH model [J] .The Econometrics Journal,2010,13(2):218-244.

[37] Bayoumi T, Martin Mühleisen.Energy, the exchange rate, and the economy: macroeconomic benefits of Canada's oil sands production [J] .IMF Working Papers, 2006,6(70).

[38] Bekhet H A, Othman N S.Impact of urbanization growth on Malaysia CO2 emissions: evidence from the dynamic relationship [J] .Journal of Cleaner Production, 2017(154): 374-388.

[39] Benati L.The "great moderation" in the United Kingdom [J] .Journal of Money, Credit and Banking, 2008, 40(1): 121-147.

[40] Berument H, Taşç H.Inflationary effect of crude oil prices in Turkey [J] .Physica A: Statistical Mechanics and its Applications, 2002, 316(1): 568-580.

[41] Bhattacharya M, Paramati SR, Ozturk I, Bhattacharya S.The effect of renewable energy consumption on economic growth: evidence from top 38 countries [J] .Applied Energy,2016(162):733-741.

[42] Bhattarai M, Hammig M.Institutions and the Environmental Kuznets Curve for deforestation: a crosscountry analysis for Latin America, Africa and Asia [J] .World development, 2001, 29(6): 995-1010.

[43] Bilgili F, Kocak E, Bulut Ü.The dynamic impact of renewable energy

consumption on CO2 emissions: a revisited Environmental Kuznets Curve approach ［J］.Renewable and Sustainable Energy Reviews, 2016(54): 838-845.

［44］Blanchard，O.J and Gali，J.The macroeconomic effects of oil shocks：why are the 2000s so different from the 1970s［R］.National Bureau of Economic Research,2007.［45］Bloch H, Rafiq S, Salim R.Economic growth with coal, oil and renewable energy Consumption in China: prospects for fuel substitution［J］.Economic Modelling,2015(44):104-115.

［46］Boyarchenko S, Levendorskii S.Exit problems in regime-switching models ［J］.Journal of Mathematical Economics, 2008, 44(2): 180-206.

［47］Brajer V, Mead R W, Xiao F.Health benefits of tunneling through the Chinese environmental Kuznets curve (EKC)［J］.Ecological Economics, 2008, 66(4): 674-686.

［48］Brajer V, Mead R W, Xiao F.Searching for an Environmental Kuznets Curve in China's air pollution［J］.China Economic Review, 2011, 22(3): 383-397.

［49］Brunnermeier, S.B.and M.A.Cohen.Determinants of environmental innovation in US manufacturing industries［J］.Journal of Environmental Economics and Management, 2003.45(2): 278-293.

［50］Caviglia-Harris J L, Chambers D, Kahn J R.Taking the "U" out of Kuznets: a comprehensive analysis of the EKC and environmental degradation［J］.Ecological Economics, 2009, 68(4): 1149-1159.

［51］Cevik, Erduman.Measuring monetary policy uncertainty and its effects on the economy: the case of turkey［J］.Eastern European Economics,2020, 58(5):436-454.

［52］Chen C, Duan S, Cai T, Liu B.Online 24-h solar power forecasting based on weather type classification using artificial neural network［J］.Solar Energy,2011,85(11):2856-2870.

［53］Chen H, Hao Y, Li J, et al.The impact of environmental regulation, shadow economy, and corruption on environmental quality: theory and empirical evidence from China［J］.Journal of Cleaner Production, 2018(195): 200-214.

［54］Chen S S.Oil price pass-through into inflation［J］.Energy Economics, 2009,

31(1): 126-133.

［55］ Cheng Z, Li L, Liu J.Industrial structure, technical progress and carbon intensity in China's provinces ［J］ .Renewable and Sustainable Energy Reviews, 2018(81): 2935-2946.

［56］ Cifter A.Forecasting electricity price volatility with the Markov-switching GARCH model: Evidence from the Nordic electric power market ［J］ .Electric Power Systems Research,2013(102):61-67.

［57］ Clark T E.Do producer prices lead consumer prices? ［J］ .Economic Review-Federal Reserve Bank of Kansas City, 1995, 80(3): 25-39.

［58］ Clements M P, Galvão A B.Forecasting US output growth using leading indicators: an appraisal using MIDAS models ［J］ .Journal of Applied Econometrics, 2009, 24(7): 1187-1206.

［59］ Clements M P, Galvão A B.Macroeconomic forecasting with mixed-frequency data: forecasting output growth in the United States ［J］.Journal of Business & Economic Statistics, 2008, 26(4): 546-554.

［60］ Clements M P, Galvão A B.Macroeconomic forecasting with mixed-frequency data: forecasting output growth in the United States ［J］.Journal of Business & Economic Statistics, 2008, 26(4): 546-554.

［61］ Cole M A， Neumayer E.Examining the impact of demographic factors on air pollution ［J］ .Population and Environment， 2004， 26(1) ： 5-21.

［62］ Cologni A, Manera M.Oil prices, inflation and interest rates in a structural cointegrated VAR model for the G-7 countries ［J］ .Energy Economics, 2008, 30(3): 856-888.

［63］ Commoner B.Poverty of power: energy and the economic crisis ［M］ .New York:Knopf, 2015.

［64］ Conrad,K., and D.Wastl.The impact of environmental regulation on productivity in German industries ［J］ .Empirical Economics, 1995,20(4): 615-633.

［65］ Copeland,B.R.,and M.S.Taylor.Trade,growth and the environment ［J］.Journal of Economic Literature,2004,42(1): 7-71.

[66] Cuñado J, de Gracia F P.Do oil price shocks matter? Evidence for some European countries [J] .Energy Economics, 2003, 25(2): 137-154.

[67] Cunado J, de Gracia F P.Oil price shocks and stock market returns: evidence for some European countries [J] .Energy Economics, 2014, 42(3): 365-377.

[68] Cunado J, De Gracia F P.Oil prices, economic activity and inflation: evidence for some Asian countries [J] .The Quarterly Review of Economics and Finance, 2005, 45(1): 65-83.

[69] Cushing M J, McGarvey M G.Feedback between wholesale and consumer price inflation: a reexamination of the evidence [J] .Southern Economic Journal, 1990,56(4): 1059-1072.

[70] D'Agostino A, Gambetti L, Giannone D.Macroeconomic forecasting and structural change [J] .Journal of Applied Econometrics, 2013, 28(1): 82-101.

[71] Danaeifar I.The estimation parameters of Kuznets Spatial Environmental Curve in European countries:a case study of CO2 and PM10 [J] .Academic Journal of Research in Business & Accounting, 2014, 2(8): 17-25.

[72] Darby M R.The price of oil and world inflation and recession [J] .The American Economic Review, 1982, 72(4): 738-751.

[73] De Bruyn S M, van den Bergh J C J M, Opschoor J B.Economic growth and emissions: reconsidering the empirical basis of Environmental Kuznets Curves [J] .Ecological Economics, 1998, 25(2): 161-175.

[74] De Jong P, Shephard N.The simulation smoother for time series models [J] .Biometrika, 1995, 82(2): 339-350.

[75] Dechezleprêtre,A., M.Glachant,I.Hascic,N.Johnstone,and Y.Ménière.Invention and transfer of climate change-mitigation technologies: a global analysis [J] .Review of Environmental Economics and Policy, 2011,5(1):109-130.

[76] Deily Mary E, Gray Wayne B. Enforcement of pollution regulations in a declining industry [J] .Journal of Environmental Economics and Management,1991, 21(3).

［77］ Del Negro M, Giannoni M P, Schorfheide F.Inflation in the great recession and new keynesian models ［J］ .American Economic Journal: Macroeconomics, 2015, 7(1): 168-196.

［78］ Demirer R, Kutan A M.The behavior of crude oil spot and futures prices around OPEC and SPR announcements: an event study perspective ［J］ .Energy Economics, 2010, 32(6): 1467-1476.

［79］ Deng X L, Yan ZH M, Wu Y Y.Does the inverted-U-shaped relationship between carbon emission and economic development exist?A reexamination of the Environmental Kuznets Curve hypothesis ［J］ .Finance & Trade Economics, 2014 （2） :19-29.

［80］ Dinda S.A theoretical basis for the Environmental Kuznets Curve ［J］ .Ecological Economics, 2005, 53(3): 403-413.

［81］ Dinda S.Environmental Kuznets Curve hypothesis: a survey ［J］ .Ecological economics, 2004, 49(4): 431-455.

［82］ Dong K, Hochman G, Kong X, et al.Spatial econometric analysis of China砝s PM10 pollution and its influential factors: evidence from the provincial level ［J］ .Ecological indicators, 2019(96): 317-328.

［83］ Dong K, Sun R, Li H, et al.Does natural gas consumption mitigate CO2 emissions: testing the environmental Kuznets curve hypothesis for 14 Asia-Pacific countries ［J］ .Renewable and Sustainable Energy Reviews, 2018(94): 419-429.

［84］ Doroodian K, Boyd R.The linkage between oil price shocks and economic growth with inflation in the presence of technological advances: a CGE model ［J］ .Energy Policy, 2003, 31(10): 989-1006.

［85］ Du G, Liu S, Lei N, et al.A test of Environmental Kuznets Curve for haze pollution in China: evidence from the penal data of 27 capital cities ［J］ .Journal of Cleaner Production, 2018(205): 821-827.

［86］ Duangnate K, Mjelde J W.Comparison of data-rich and small-scale data time series models generating probabilistic forecasts: an application to US natural gas gross withdrawals ［J］ .Energy Economics,2017.

[87] Durbin J, Koopman S J.A simple and efficient simulation smoother for state space time series analysis [J] .Biometrika, 2002, 89(3): 603-616.

[88] Eden S H, Jin J C.Cointegration tests of energy consumption, income, and employment [J] .Resources and Energy, 1992, 14(3): 259-266.

[89] Ediger V Ş, Akar S.ARIMA forecasting of primary energy demand by fuel in Turkey [J] .Energy Policy, 2007, 35(3): 1701-1708.

[90] Farhani S, Mrizak S, Chaibi A, et al.The environmental Kuznets curve and sustainability: a panel data analysis [J] .Energy Policy, 2014(71): 189-198.

[91] Fatima M.Abdulkarim,Mustapha I.Akinlaso,Baharom Abdul Hamid,Hamisu S.Ali.The nexus between oil price and islamic stock markets in Africa: a wavelet and multivariate-GARCH approach [J] .Borsa Istanbul Review,2020,20(2).

[92] Fawcett C B.Distribution of the urban population in Great Britain, 1931 [J] .The Geographical Journal, 1932, 79(2) : 100-113.

[93] Feng Wang,Fang Yang.A review of research on China銛s carbon emission peak and its forcing mechanism [J] .Chinese Journal of Population,Resources and Environment,2018,16(1):49-58.

[94] Fodha M, Zaghdoud O.Economic growth and pollutant emissions in Tunisia: an empirical analysis of the Environmental Kuznets Curve [J] .Energy Policy, 2010, 38(2): 1150-1156.

[95] Fouquau J, Hurlin C, Rabaud I.The Feldstein-Horioka puzzle: a panel smooth transition regression approach [J] .Economic Modelling, 2008, 25(2): 284-299.

[96] Frale, C., and L.Monteforte, FaMIDAS: a mixed frequency factor model with MIDAS structure [J] . Economic Working Paper,2011(788).

[97] Fredriksson,P.G., and D.L.Millimet.Strategic interaction and the determination of environmental policy across U.S.States [J] .Journal of Urban Economics, 2002,51(1):101-122.

[98] Friedl B, Getzner M.Determinants of CO2 emissions in a small open economy

[J] .Ecological economics, 2003, 45(1): 133-148.

[99] Fussler C, James P. Driving co-Innovation : a break thorough discipline for innovation and sustainability [M] .London : Pitman Publishing, 1996.

[100] Galeotti M, Lanza A.Desperately seeking environmental Kuznets [J] .Environmental Modelling & Software, 2005, 20(11): 1379-1388.

[101] Ghosh S.Electricity supply, employment and real GDP in India: evidence from cointegration and Granger-causality tests [J] .Energy Policy, 2009, 37(8): 2926-2929.

[102] Ghysels E, Santa-Clara P, Valkanov R .The MIDAS touch: mixed data sampling regression models [J] .Anderson Graduate School of Management, UCLA, 2004.

[103] Ghysels E, Ozkan N.Real-time forecasting of the US federal government budget: a simple mixed frequency data regression approach [J] .International Journal of Forecasting, 2015, 31(4): 1009-1020.

[104] Ghysels E, Santa-Clara P, Valkanov R.Predicting volatility: getting the most out of return data sampled at different frequencies [J] .Journal of Econometrics, 2006, 131(1): 59-95.

[105] Ghysels E, Santa-Clara P, Valkanov R.The MIDAS touch: mixed data sampling regressions, models [R] .CIRANO Working Papers,2004(5).

[106] Ghysels E, Sinko A, Valkanov R.MIDAS regressions: Further results and new directions [J] .Econometric Reviews, 2007, 26(1): 53-90.

[107] González A, Terasvirta T, Van Dijk D.Panel smooth transition regression models [J] .SSE/EFI Working Paper Series in Economics and Finance, 2005(604).

[108] Gottmann J.Megalopolis or the urbanization of the northeastern seaboard [J] .Economic Geography, 1957, 33(3) : 189-200.

[109] Gray W B, Shadbegian R J Environmental regulation and manufacturing productivity at the plant level [Z] .NBER Working Papers,1993(4321).

[110] Gray, W.B., and R.J.Shadbegian.Plant vintage, technology and environment regulation [J] .Journal of Environmental Economics and Management, 2003(46): 384-402.

[111] Greenstone,M., J.A.List,and C.Syverson.The effect of environmental regulation on the competitiveness of U.S.manufacturing [R] .NBER Working Paper,2012.

[112] Greyson, James.An economic instrument for zero waste, economic growth and sustainability [J] . Journal of Cleaner Production,2007(9):1382-1390.

[113] Grifin J M, Teece D J.OPEC behavior and world oil prices [M] .London: George Allen and Unwin, 1982.

[114] Grossman G M, Krueger A B.Environmental impacts of a North American free trade agreement [R] .National Bureau of Economic Research Working Paper, 1991(3914).

[115] Grossman G M, Krueger A B.The inverted-U: what does it mean? [J] .Environment and Development Economics, 1996, 1(1): 119-122.

[116] Hall P G, Pain K. The polycentric metropolis : learning from mega-city regions in europe [M] .London:Earthscan,2006:167-170.

[117] Hamamoto M, Environmental regulation and the productivity of Japanese manufacturing industries [J] Resource and energy economics, 2006(4) : 299-312.

[118] Hamilton J D.A new approach to the economic analysis of nonstationary time series and the business cycle [J] .Econometrica: Journal of the Econometric Society, 1989, 57(2):357-384.

[119] Hamilton J D.Oil and the macroeconomy since World War II [J] .The Journal of Political Economy, 1983, 91(2): 228-248.

[120] Han C H, Zhang W G, Dan S H.Regulatory governance, public demands and environmental pollution-an empirical analysis based on interregional interactions of environmental governance strategies [J] .Finance & Trade Economics, 2016(9):144-161.

[121] Han Y J, Lu Y.The relationship between economic growth and the environment-an empirical study based on the Environmental Kuznets Curve for CO2

[J] .Economic Theory and Business Management, 2009(3):5-11.

[122] Hao Y, Deng Y, Lu Z N, et al.Is environmental regulation effective in China? Evidence from city-level panel data [J] .Journal of Cleaner Production, 2018(188): 966-976.

[123] Hao Y, Liao H, Wei Yi-Ming.Environmental Kuznets Curves for China 's per capita energy consumption and electricity consumption: an empirical estimation based on spatial panel data econometric analysis [J] .China Soft Science, 2014(1):134-147.

[124] Harrison,A., B.Hyman,L.Martin,and S.Nataraj.When do firms go green? Comparing price incentives with command and control regulations in India [R] .NBER Working Paper,2015.

[125] He J, Richard P.Environmental Kuznets curve for CO2 in Canada [J] .Ecological Economics, 2010, 69(5): 1083-1093.

[126] He Y, Lin B.Forecasting China's total energy demand and its structure using ADL-MIDAS model [J] .Energy, 2018(151): 420-429.

[127] Hoegh-Guldberg O, Jacob D, Taylor M, et al.Impacts of 1.5℃ global warming on natural and human systems [R] .World Meteorological Organization,2018.

[128] Hoffmann A N.Imperfect competition in computable general equilibrium models-a primer [J] .Economic Modelling, 2002, 20(1): 119-139.

[129] Hong T, Pinson P, Fan S, et al.Probabilistic energy forecasting: global energy forecasting competition 2014 and beyond [J] .International Journal of Forecasting, 2016, 3(32): 896-913.

[130] Hong WC.Traffic flow forecasting by seasonal SVR with chaotic simulated annealing algorithm [J] .Neurocomputing,2011,74(12):2096-2107.

[131] Hooker M A.Are oil shocks inflationary?: asymmetric and nonlinear specifica-tions versus changes in regime [J] .Journal of Money, Credit, and Banking, 2002, 34(2): 540-561.

[132] Jaffe A B, Palmer K, Environmental regulation and innovation : a paneldata

study [J] .Review of Economics and Statistics, 1997, 79(4) : 610-619.

[133] Jaffe, A.B., and K.Palmer.Environmental regulation and innovation: a panel data study [J] .Review of Economics and Statistics, 1997,79(4): 610-619.

[134] Jalil A, Mahmud S F.Environment Kuznets Curve for CO2 emissions: a cointegration analysis for China [J] .Energy policy, 2009, 37(12): 5167-5172.

[135] Jayadevappa R, Chhatre S.International trade and environmental quality: a survey [J] .Ecological Economics, 2000, 32(2): 175-194.

[136] Jebli M B, Youssef S B, Ozturk I.Testing Environmental Kuznets Curve hypothesis: the role of renewable and non-renewable energy consumption and trade in OECD countries [J] .Ecological Indicators, 2016(60): 824-831.

[137] Jennifer Lai, Paul D.McNelis.Offshore fears and onshore risk: exchange rate pressures and bank volatility contagion in the People's Repubic of China [J] . ADB Economics Working Paper Series,2019(602).

[138] Johnstone,N., I.Haščič,and D.Popp.Renewable energy policies and technological innovation: evidence based on patent counts [J] .Environmental and Resource Economics,2010, 45(1): 133-155.

[139] Kal E C, Van der Kamp J, Houdijk H.External attentional focus enhances movement automatization: a comfprehensive test of the constrained action hypothesis [J] .Human Movement Science, 2013, 32(4): 527-539.

[140] Kalt J P. The impact of domestic environmental regulation polices on US international competitiveness [J] .Spence A, Flazar H. International competi-tiveness. Cambridge, MA : Harper and Row, 1988, 43(3).

[141] Kang Y Q, Zhao T, Yang Y Y.Environmental Kuznets Curve for CO2 emissions in China: a spatial panel data approach [J] .Ecological Indicators, 2016(63): 231-239.

[142] Kang Y Q, Environmental Kuznets Curve for CO2 emissions in China : a spatial panel data approach [J] .Ecological Indicators, 2016, 63(1) : 231-239.

［143］Kaouthar Gazdar,M.Kabir Hassan,M.Faisal Safa,Rihab Grassa.Oil price volatility, Islamic financial development and economic growth in Gulf Cooperation Council (GCC) countries ［J］.Borsa Istanbul Review,2019,19(3).

［144］Keller,W., and A.Levinson.Pollution abatement costs and foreign direct investment inflows to U.S.states［J］.Review of Economics and Statistics,2002,84(4):691-703.

［145］Kijima M, Nishide K. Ohyama A.Economic models for the Environmental Kuznets Curve: a survey ［J］.Journal of Economic Dynamics and Control, 2010, 34(7): 1187-1201.

［146］Kivyiro P, Arminen H.Carbon dioxide emissions, energy consumption, economic growth, and foreign direct investment: causality analysis for Sub-Saharan Africa ［J］.Energy,2014(74):595-606.

［147］Konan D E, A V Assche.Regulation, market structure and service trade liberalization ［J］.Economic Modelling, 2007, 24(6): 895-923.

［148］Konisky,D.Regulatory competition and environmental enforcement:is there a race to the bottom ［J］.American Journal of Political Science,2007,51(4):853-872.

［149］Kraft J, Kraft A.Relationship between energy and GNP ［J］.J.Energy Dev.(United States), 1978, 3(2)：401-403.

［150］Krolzig H M.Markov-switching vector autoregressions: modelling, statistical inference, and application to business cycle analysis ［J］.Springer Science & Business Media, 2013(454).

［151］Kuzin V, Marcellino M, Schumacher C.MIDAS vs.mixed-frequency var: nowcasting GDP in the euro area ［J］.International Journal of Forecasting, 2011, 27(2): 529-542.

［152］Lanjouw,J.O., and A.Mody.Innovation and the international diffusion of environmentally responsive technology ［J］.Research Policy,1996,25(4):549-571.

［153］Lanoie, P Laurent-Lucchetti, J, Johnstone, N, Ambec, S. Environmental policy, innovation and performance：new insights on the porter hypothesis［J］.Journal of Economics & Managemnt Strategy,2011(3).

[154] Lee,M. Environmental regulations and market power: the case of the korean manufacturing industries [J] .Ecological Economics, 2008, 68(1-2): 205-209.

[155] Li Da, Wang CH X.Relationship between economic growth and air pollutant emissions in China-an empirical analysis on provincial panel data [J] .Finance and Economics, 2007(2):43-50.

[156] Li J, Shen W.Environmental regulation and industrial green total factor productivity in China–an empirical re-examination on Porter hypothesis [J] .Journal of Shanxi Finance and Economics University, 2012(2):56-65.

[157] Li T, Wang Y, Zhao D.Environmental Kuznets Curve in China: new evidence from dynamic panel analysis [J] .Energy Policy, 2016(91): 138-147.

[158] Li X, Wen J, Bai E W.Developing a whole building cooling energy forecasting model for on-line operation optimization using proactive system identification [J] .Applied Energy, 2016, 164(2): 69-88.

[159] Li X, Wen J, Bai E W.Developing a whole building cooling energy forecasting model for on-line operation optimization using proactive system identification [J] .Applied Energy,2016(164):69-88.

[160] Li Z, Li Y, Shao S.Analysis of influencing factors and trend forecast of carbon emission from energy consumption in China based on expanded STIRPAT model [J] .Energies, 2019, 12(16): 3054.

[161] Li, Li, Yuan, et al.Does economic policy uncertainty in the U.S.influence stock markets in China and India? [J] .Time-frequency Evidence,2020, 52(39):4300-4316.

[162] Lin B Q, Jiang ZH J.Prediction of the environmental Kuznets curve for China's carbon dioxide emissions and analysis of its influencing factors [J] .Management World, 2009(4):27-36.

[163] Lin C C, He R X, Liu W Y.Considering multiple factors to forecast CO2 emissions: A hybrid multivariable grey forecasting and genetic programming approach

［J］.Energies, 2018, 11(12): 3432.

［164］Lin, B.Q., Omoju, O.E., Nwakeze, N.M., Okonkwo, U.J.and Megbowon, E.T.Is the environmental Kuznets curve hypothesis a sound basis for environmental policy in Africa?［J］.Journal of Cleaner Production, 2016(133): 712-724.

［165］Lindmark M.An EKC-pattern in historical perspective: carbon dioxide emissions, technology, fuel prices and growth in Sweden 1870-1997［J］.Ecological economics, 2002, 42(1-2): 333-347.

［166］List,J.A.,W.W.McHone,and D.L.Millimet.Effects of Air Quality Regulation on the Destination Choice of Relocating Plants［J］.Oxford Economic Papers,2003,55(4):657-678.

［167］Liu D, Niu D, Wang H, Fan L.Short-term wind speed forecasting using wavelet transform and support vector machines optimized by genetic algorithm［J］.Renewable Energy,2014(62):592-597.

［168］Liu H, Tian HQ, Pan DF, Li YF.Forecasting models for wind speed using wavelet, wavelet packet, time series and Artificial Neural Networks［J］.Applied Energy,2013(107):191-208.

［169］Liu L, Zong H, Zhao E, et al.Can China realize its carbon emission reduction goal in 2020: From the perspective of thermal power development［J］.Applied Energy, 2014(124): 199-212.

［170］Liu X，Mao G，Ren J，et al.How might China achieve its 2020 emissions target? a scenario analysis of energy consumption and CO2 emissions using the system dynamics model［J］.Journal of Cleaner Production, 2015(103):401-410.

［171］Liu X，Derudder B，Wang M.Polycentric urban development in China：a multi-scale analysis［J］.Environment and Planning B：Urban Analytics and City Science，2018，45(5)：953-972.

［172］Liu Y, Chen SH P.Study on the relationship between economic growth and carbon emissions in typical developed countries based on IPAT equation［J］.Ecological Economy,2009(11):28-30.

［173］ Lü X, Lu T, Kibert C J, et al.Modeling and forecasting energy consumption for heterogeneous buildings using a physical-statistical approach ［J］ .Applied Energy, 2015, 144(4): 261-275.

［174］ Lü X, Lu T, Kibert C J, Viljanen M.Modeling and forecasting energy consumption for heterogeneous buildings using a physical-statistical approach ［J］ .Applied Energy,2015(144):261-275.

［175］ Maddison D.Environmental Kuznets curves: a spatial econometric approach ［J］ .Journal of Environmental Economics and management, 2006, 51(2): 218-230.

［176］ Madsen D.V. Adjusting the measurement of US manufacturing productivity for air pollution emission control ［J］ .Resource and Energy Economics，2003，25(4).

［177］ Martínez-Zarzoso I，Maruotti A.The impact of urbanization on CO2 emissions：evidence from developing countries ［J］ .Ecological Economics，2011，70(7)：1344-1353.

［178］ Matthew A Cole，Robert J R Elliott，Shanshan Wu. Industrial activity and the environment in China：an industry-level analysis ［J］ .China Economic Review，2008，19(3):393-408.

［179］ McMenamin J S, Monforte F A.Short term energy forecasting with neural networks ［J］ .The Energy Journal, 1998, 19(4): 43-61.

［180］ Meier B，Cohen M A. Determinants of environmental innovation in US manufacturing industries ［J］ .Journal of Environmental Economics and Managerment，2003，45(2)：278-293.

［181］ Menegaki A N.On energy consumption and GDP studies: a meta-analysis of the last two decades ［J］ .Renewable and Sustainable Energy Reviews, 2014, 29(1): 31-36.

［182］ Meng.The time-frequency dependence of unemployment on real input prices: a wavelet coherency and partial coherency approach ［ J ］ .Applied Economics,2020,52(10).

［183］ Mensah J T.Carbon emissions, energy consumption and output: a threshold analysis on the causal dynamics in emerging African economies ［J］.Energy Policy,2014(70):172-182.

［184］ Milani, S. The impact of environmental policy stringency on industrial R&D conditional on pollution intensity and relocation costs ［J］.Environmental & Resource Economics, 2017,68(3): 595-620.

［185］ Mishra V, Smyth R, Sharma S.The energy-GDP nexus: evidence from a panel of Pacific Island countries ［J］.Resource and Energy Economics, 2009, 31(3): 210-220.

［186］ Monteforte L, Moretti G.Real-time forecasts of inflation: the role of financial variables ［J］.Journal of Forecasting, 2013, 32(1): 51-61.

［187］ Muhammad Ali Nasir, Toan Luu Duc Huynh, Xuan Vinh Vo.Exchange rate pass-through & management of inflation expectations in a small open inflation targeting economy ［J］.International Review of Economics & Finance,2020(69):178-188.

［188］ Nakajima J, Kasuya M, Watanabe T.Bayesian analysis of time-varying parameter vector autoregressive model for the Japanese economy and monetary policy ［J］.Journal of the Japanese and International Economies, 2011, 25(3): 225-245.

［189］ V J B, Bonner R F, Hamilton I P.Application of wavelet transforms to experimental spectra: smoothing, denoising, and data set compression ［J］.Analytical Chemistry, 1997, 69(1):78-90.

［190］ Niu H P, Zhu S, Yin X G, Zhang P D.Empirical study on the relationship among economic structure, economic development and pollutant emission ［J］.China Soft Science, 2012(4):160-166.

［191］Omri A, Kahouli B.Causal relationships between energy consumption, foreign direct investment and economic growth: fresh evidence from dynamic simultaneous-equations models ［J］.Energy Policy,2014(67):913-922.

［192］ Omri, A.Entrepreneurship, sectoral outputs and environmental improvement: international evidence ［J］.Technological Forecasting and Social Change,2017.

［193］ Onafowora O A, Owoye O.Bounds testing approach to analysis of the environment Kuznets curve hypothesis ［J］.Energy Economics, 2014（44）: 47-62.

［194］ Özokcu S, Özdemir Ö.Economic growth, energy, and environmental Kuznets curve ［J］ .Renewable and Sustainable Energy Reviews, 2017(72): 639-647.

［195］ Pal D, Mitra S K.The environmental Kuznets curve for carbon dioxide in India and China: growth and pollution at crossroad ［J］ .Journal of Policy Modeling, 2017, 39(2): 371-385.

［196］ Pan Q, Zhang L, Dai G, et al.Two denoising methods by wavelet transform ［J］ .IEEE Transactions on Signal Processing, 1999, 47(12):3401-3406.

［197］ Panayotou T.Empirical tests and policy analysis of environmental degradation at different stages of economic development ［R］ .International Labour Organization, 1993.

［198］ Pandej Chintrakarn, Environmental regulation and U.S. states鈥 technical inefficiency ［J］ .Economics Letters, 2008(3) : 363-365.

［199］ Pao H T, Fu H C, Tseng C L.Forecasting of CO2 emissions, energy consumption and economic growth in China using an improved grey model ［J］ .Energy,2012,40(1):400-409.

［200］ Papyrakis,E., and R.Gerlagh.The resource curse hypothesis and its transmission channels ［J］ .Journal of Comparative Economics, 2004, 32(1):181-193.

［201］ Pascual J, Barricarte J, Sanchis P, et al.Energy management strategy for a renewable-based residential microgrid with generation and demand forecasting ［J］ .Applied Energy, 2015, 158(11): 12-25.

［202］ Phan D H B, Sharma S S, Narayan P K.Oil price and stock returns of consumers and producers of crude oil ［J］ .Journal of International Financial Markets, Institutions and Money, 2015, 34(1): 245-262.

［203］ Pindoriya N M, Singh S N, Singh S K.An adaptive wavelet neural network-based energy price forecasting in electricity markets ［J］ .IEEE Transactions on Power Systems, 2008, 23(3):1423-1432.

［204］ Poon J P H, Casas I, He C.The impact of energy, transport, and trade on air pollution in china ［J］ .Eurasian Geography and Economics, 2006, 47(5): 568-584.

［205］ Popp.D., R.G.Newell, and A.B.Jaffe.Energy, the environment, and technological change ［R］ .NBER Working Paper, 2009.

［206］ Porter M E, Van Der Linde C.Toward a new conception of the environment-competitiveness relationship ［J］ .Journal of Economic Perspectives, 1995, 9(4) : 97-118.

［207］ Poudineh R, Jamasb T.Distributed generation, storage, demand response and energy efficiency as alternatives to grid capacity enhancement ［J］ .Energy Policy,2014(67):222-231.

［208］ Poumanyvong P, Kaneko S.Does urbanization lead to less energy use and lower CO2 emissions? A cross-country analysis ［J］ .Ecological Economics, 2010, 70(2) : 434-444.

［209］ Primiceri G E.Time varying structural vector autoregressions and monetary policy ［J］ .The Review of Economic Studies, 2005, 72(3): 821-852.

［210］ Qi H Q, Wang Z H T, He Y D.Does undertaking pollution-intensive industries increase the residents' health costs: an empirical analysis based on provincial spatial panel data in central and western provinces ［J］ .Journal of Shanxi University of Finance and Economics, 2015(9):15-26.

［211］ Qi H Q, Wang Z H T.Differential variations of pollution emissions in China and governance measures based on income zoning ［J］ .Journal of Quantitative & Technical Economics, 2015(12):57-72.

［212］ Qi Y, Lu H Y, Zhang N C H.Can environmental regulation achieve a win-win in "reducing pollution" and "enhancing performance" ? –Quasi-experimental evidence from "compliant" and "non-compliant" key environmental protection cities. ［J］ .Finance & Trade Economics, 2016(9):126-143.

［213］ Quilumba F L, Lee W J, Huang H, et al.Using smart meter data to improve the accuracy of intraday load forecasting considering customer behavior similarities ［J］ .IEEE Transactions on Smart Grid, 2015, 6(2): 911-918.

［214］ Ram R, Ramsey D D.Government capital and private output in the United

States: additional evidence [J] .Economics Letters, 1989, 30(3): 223-226.

[215] Ramsey J B, Lampart C.The decomposition of economic relationships by time scale using wavelets: expenditure and income [J] .Studies in Nonlinear Dynamics & Econometrics, 1998, 3(1):49-71.

[216] Ranjan D赵Mello, Francesca Toscano.Economic policy uncertainty and short-term financing: the case of trade credit [J] .Journal of Corporate Finance,2020,64(c).

[217] Rasche R, Tatom J.Energy price shocks, aggregate supply and monetary policy: the theory and the international evidence [R] .Carnegie-rochester conference series on public policy,1981.

[218] Raza M Q, Khosravi A.A review on artificial intelligence based load demand forecasting techniques for smart grid and buildings [J] .Renewable and Sustainable Energy Reviews,2015(50):1352-1372.

[219] Rebeca Jiménez-Rodríguez, Amalia Morales-Zumaquero.Impact of commodity prices on exchange rates in commodity-exporting countries [J] .The World Economy,2020, 43(7):1868-1906.

[220] Reboredo J C, Rivera-Castro M A .A wavelet decomposition approach to crude oil price and exchange rate dependence [J] .Economic Modelling, 2013, 32(Complete):42-57.

[221] Reilly J, Prinn R, Harnisch J, et al.Multi-gas assessment of the Kyoto Protocol [J] .Nature, 1999, 401(6753): 549-555.

[222] Richmond A K, Kaufmann R K.Is there a turning point in the relationship between income and energy use and or carbon emissions? [J] .Ecological economics, 2006, 56(2): 176-189.

[223] Riguelle F, Thomas I, Verhetsel A.Measuring urban polycentrism : a European case study and its implications [J] .Journal of Economic Geography, 2007, 7(2) : 193-215.

[224] Riti J S, Song D, Shu Y, et al.Decoupling CO2 emission and economic growth

in China: is there consistency in estimation results in analyzing environmental Kuznets curve?［J］.Journal of cleaner production, 2017（166）: 1448-1461.

［225］Rosenzweig C, Parry M L.Potential impact of climate change on world food supply［J］.Nature, 1994, 367(6459): 133-138.

［226］Rothman D S, De Bruyn S M.Probing into the environmental Kuznets curve hypothesis［J］.Ecological Economics, 1998, 25(2): 143-146.

［227］Ryuji Ishizaki, Masayoshi Inoue.Analysis of local and global instability in foreign exchange rates using short-term information entropy.2020, 555.

［228］Saboori B, Sulaiman J, Mohd S.Economic growth and CO2 emissions in Malaysia: a cointegration analysis of the environmental Kuznets curve［J］.Energy policy, 2012(51): 184-191.

［229］Sadorsky P.Do urbanization and industrialization affect energy intensity in developing countries?［J］.Energy Economics,2013(37):52-59.

［230］Salahuddin M, Gow J.Economic growth, energy consumption and CO2 emissions in Gulf Cooperation Council countries［J］.Energy,2014(73):44-58.

［231］Shafiei S, Salim R A.Non-renewable and renewable energy consumption and CO2 emissions in OECD countries: a comparative analysis［J］.Energy Policy, 2014, 66(3): 547-556.

［232］Shephard N, Pitt M K.Likelihood analysis of non-Gaussian measurement time series［J］.Biometrika, 1997, 84(3): 653-667.

［233］Sinha A, Bhatt M Y.Environmental Kuznets curve for CO2and NOx emissions: a case study of India［J］.European Journal of Sustainable Development, 2017, 6(1): 267-276.

［234］Solarin S A, Al-Mulali U, Ozturk I.Validating the environmental Kuznets curve hypothesis in India and China: The role of hydroelectricity consumption［J］.Renewable and Sustainable Energy Reviews, 2017(80): 1578-1587.

［235］Song T, Zheng T G, Tong L J, Zhao Y.Environmental analysis of China's provinces based on panel data model［J］.China Soft Science, 2006(10):121-127.

[236] Soytas U, Sari R.Energy consumption and GDP: causality relationship in G-7 countries and emerging markets [J] .Energy economics, 2003, 25(1): 33-37.

[237] Soytas U, Sari R.Energy consumption, economic growth, and carbon emissions: challenges faced by an EU candidate member [J] .Ecological Economics,2009,68(6):1667-1675.

[238] V J Barclay, R F Bonner, I P Hamilton. Application of wavelet transforms to experimental spectra:smoothing, denoising, and data set compression [J] .Analytical Chemistry, 1997, 69(1):78-90.

[239] Stern D I.The rise and fall of the environmental Kuznets curve [J] .World development, 2004, 32(8): 1419-1439.

[240] Stevans L K, Sessions D N.Calculating and interpreting multipliers in the presence of non-Stationary time series: the case of US federal infrastructure spending [J] .American Journal of Social and Management Science, 2010, 1(1): 24-38.

[241] Stigler, G J. The theory of economic regulation [J] .Bell Journal of Economics & Management Science, 1971, 2(1) : 3-21.

[242] Sudi A, Erhan A. Global competitiveness in the EU through green innovation technologies and knowledge production [J] .Social and Behavioral Sciences, 2015, 181(5) : 207-217.

[243] Suganthi L, Samuel A A.Energy models for demand forecasting–a review [J] .Renewable and Sustainable Energy Reviews,2012,16(2):1223-1240.

[244] Sutthichaimethee P, Ariyasajjakorn D.Forecast of carbon dioxide emissions from energy consumption in industry sectors in Thailand [J] .Environmental and Climate Technologies, 2018, 22(1): 107-117.

[245] Sutthichaimethee P.Varimax model to forecast the emission of carbon dioxide from energy consumption in rubber and petroleum industries sectors in Thailand [J] .Journal of Ecological Engineering, 2017, 18(3): 112-117.

[246] Tamazian A, Bhaskara Rao B.Do economic, financial and institutional developments matter for environmental degradation? Evidence from transitional

economies [J] .Energy Economics, 2010, 32(1) : 137-145.

[247] Tang B, Li R, Yu B, et al.How to peak carbon emissions in China's power sector: a regional perspective [J] .Energy Policy, 2018(120):365-381.

[248] Tollefson J.China's carbon emissions could peak sooner than forecast: five-year plan advances policy to reduce reliance on coal and expand renewable energy [J] .Nature, 2016, 531(7595): 425-427.

[249] Torrence C, Compo G P.A practical guide to wavelet analysis [J] .Bulletin of the American Meteorological Society, 1998, 79(79):61-78.

[250] Tsai C K, Shana S A systematic review of technologies involving eco-innovation for enterprises moving towards sustainability [J] .Journal of Cleaner Production, 2018, 192(8) : 207-220.

[251] Tsurumi T, Managi S.Decomposition of the environmental Kuznets curve: scale, technique, and composition effects [J] .Environmental Economics and Policy Studies, 2010, 11(1-4): 19-36.

[252] Tutulmaz O.Environmental Kuznets curve time series application for Turkey: why controversial results exist for similar models? [J] .Renewable and Sustainable Energy Reviews, 2015(50): 73-81.

[253] Van den Bergh, Jeroen C J M.Environment versus growth-a criticism of "degrowth" and a plea for "a-growth" [J] . Ecological Economics,2011,70(5):881-890.

[254] Wagner M. On the relationship between environmental management, environmental innovation and patenting : evidence from German manufacturing firms [J] .Research policy, 2007(10) : 1587-1602.

[255] Wang F CH, Guo Q Y.The influence of economic growth to environmental pollution and regional heterogeneity-evidence from provincial dynamic panel data model [J] .Journal of Shanxi Finance and Economics University, 2014(4):14-26.

[256] Wang H, Wheeler D.Financial incentives and endogenous enforcement and effectiveness in China's pollution levy system [J] .Journal of Environmental Economics

& Management,2005,49(1):174-196.

[257] Wang Y, Han R, Kubota J.Is there an environmental Kuznets curve for SO2 emissions? A semi-parametric panel data analysis for China [J] .Renewable and Sustainable Energy Reviews, 2016(54): 1182-1188.

[258] Wang Y, Zhang C, Lu A, et al.A disaggregated analysis of the environmental Kuznets curve for industrial CO2 emissions in China [J] .Applied energy, 2017(190): 172-180.

[259] Wang Z X, Ye D J .Forecasting Chinese carbon emissions from fossil energy consumption using non-linear grey multivariable models [J] .Journal of Cleaner Production, 2017, 142(pt.2):600-612.

[260] Wang Z, Bu C, Li H, et al.Seawater environmental Kuznets curve: evidence from seawater quality in China's coastal waters [J] .Journal of Cleaner Production, 2019(219): 925-935.

[261] Wang Z, Jia H, Xu T, et al.Manufacturing industrial structure and pollutant emission: an empirical study of China [J] .Journal of cleaner production, 2018(197): 462-471.

[262] Webber D J, Allen D O.Environmental Kuznets curves: mess or meaning? [J] .International Journal of Sustainable Development & World Ecology, 2010, 17(3): 198-207.

[263] Wen L, Liu Y.A research about Beijing's carbon emissions based on the IPSO-BP model [J] .Environmental Progress & Sustainable Energy, 2017, 36(2): 428-434.

[264] Widén J, Carpman N, Castellucci V, et al.Variability assessment and forecasting of renewables: a review for solar, wind, wave and tidal resources [J] .Renewable and Sustainable Energy Reviews, 2015, 44(3): 356-375.

[265] Woods,N.Interstate competition and environmental regulation:a test of the race-to-the-bottom thesis [J] .Social Science Quartely,2006(87):174-189.

[266] Wright,G.,and J.Czelusta.Resource-based growth past and present [R] // Lederman,D.and W.F.Maloney.Naturual resouces,neither curse nor destiny.Washington

DC:World Bank, 2007:183-211.

［267］ Wu,H.,H.Guo,B.Zhang,and M.Bu.Westward.Movement of new polluting firms in China:pollution reduction mandates and location choice ［J］ .Journal of Comparative Economics,2017,45(1):119-138.

［268］ Xiao B, Niu D, Guo X .Can China achieve its 2020 carbon intensity target? A scenario analysis based on system dynamics approach ［J］ .Ecological Indicators, 2016 (71):99-112.

［269］ Xiao L, Wang J, Dong Y, et al.Combined forecasting models for wind energy forecasting: a case study in China ［J］ .Renewable and Sustainable Energy Reviews, 2015, 44(4): 271-288.

［270］ Xiao T, Liu H.An empirical study on industrial structural adjustments and issues in energy conservation and emission reduction ［J］ .Economist, 2014(9):58-68.

［271］ Xie N, Yuan C, Yang Y.Forecasting China''s energy demand and self-sufficiency rate by greyforecasting model and Markov model ［J］ .International Journal of Electrical Power & Energy Systems, 2015, 66(3): 1-8.

［272］ Xing Z, Shu W.The research on carbon emission forecast based on GM (1,1) model in China ［J］ .Journal of Applied Science and Engineering Innovation, 2019, 6(4): 206-209.

［273］ Xu G Y, Hong D Y.An empirical study of the environmental Kuznets curve for China's carbon emissions ［J］ .China Industrial Economics, 2010(5):37-47.

［274］ Xu Q, Dong Y, Yang R.Urbanization impact on carbon emissions in the Pearl River Delta Region: Kuznets curve relationships ［J］ .Journal of cleaner production, 2018(180): 514-523.

［275］ Xu T.Investigating environmental Kuznets curve in China-aggregation bias and policy implications ［J］ .Energy policy, 2018(114): 315-322.

［276］ Yao X, Zhou H, Zhang A, Li A.Regional energy efficiency, carbon emission performance and technology gaps in China: a meta-frontier non-radial directional distance function analysis ［J］ .Energy Policy,2015(84):142-154.

[277] Ye M, Zyren J, Shore J.Forecasting crude oil spot price using OECD petroleum inventory levels [J] .International Advances in Economic Research, 2002, 8(4): 324-333.

[278] Yıldırım E, Sukruoglu D, Aslan A.Energy consumption and economic growth in the next 11 countries: the bootstrapped autoregressive metric causality approach [J] .Energy Economics,2014(44):14-21.

[279] Yu S W, Zhu K J.A hybrid procedure for energy demand forecasting in China [J] .Energy,2012,37(1):396-404.

[280] zadeh A, Arab R, Behfard S.An adaptive intelligent algorithm for forecasting long term gasoline demand estimation: the cases of USA, Canada, Japan, Kuwait and Iran [J] .Expert Systems with Applications, 2010, 37(12): 7427-7437.

[281] Zhang C, Lin Y.Panel estimation for urbanization, energy consumption and CO2 emissions: a regional analysis in China [J] .Energy Policy,2012(49):488-498.

[282] Zhang L, Jiang Z, Liu R, et al.Can China achieve its CO2 emission mitigation target in 2030: a system dynamics perspective [J] .Polish Journal of Environmental Studies, 2018, 27(6):2861-2871.

[283] Zhang Y J, Da Y B.The decomposition of energy-related carbon emission and its decoupling with economic growth in China [J] .Renewable and Sustainable Energy Reviews,2015(41):1255-1266.

[284] Zhang, R., Wei, T., Sun, J.and Shi, Q., Wave transition in household energy use [J] .Technological Forecasting and Social Change,2016(102):297-308.

[285] Zhang, Y.J., Jin, Y.L., Chevallier, J.and Shen, B.The effect of corruption on carbon dioxide emissions in APEC countries: a panel quantile regression analysis [J] .Technological Forecasting and Social Change,2016(112):220-227.

[286] Zhao M, Tan L, Zhang W, Ji M, Liu Y, Yu L.Decomposing the influencing factors of industrial carbon emissions in Shanghai using the LMDI method [J] .Energy,2010,35(6):2505-2510.

[287] Zhenghui Li, Junhao Zhong.Impact of economic policy uncertainty shocks

on China's financial conditions［J］.Finance Research Letters,2020,35(c).

［288］Zou Q, Chen X, Lv J N.Study on the coordinated development of economic growth and the environment in China: analysis based on endogenous growth model and the EKC hypothesis［J］.Journal of Central University of Finance & Economics, 2014(9):89-97.

［289］Zoundi Z.CO2 emissions, renewable energy and the Environmental Kuznets Curve, a panel cointegration approach［J］.Renewable and Sustainable Energy Reviews, 2017(72): 1067-1075.

［290］彼得·霍爾，錢雯.多中心大都市：西欧巨型城市区透视［J］.城市與區域規劃研究，2009(3)：1-17.

［291］蔡彤娟,張曉延,楊崇兵.利率市场化改革背景下我国货币政策中介目标的选择——基于SVAR模型的实证分析［J］.宏觀經濟研究,2014(10):85-98.

［292］曹紅.国际原油价格变动对中国股票市场的影响分析［D］.成都：西南財經大學,2014.

［293］曹孜,陳洪波.城市化和能源消费的门槛效应分析与预测［J］.中國人口·資源與環境, 2015 (11): 59-68.

［294］曹子陽，吳志峰，匡耀求.DMSP/OLS夜间灯光影像中国区域的校正及应用［J］.地球資訊科學學報，2015(9)：88-98.

［295］曾秋根.商品指數基金,油价上涨与通货膨胀预期的自我实现［J］.國際金融研究, 2005 (12): 42-44.

［296］陳超凡.中国工业绿色全要素生产率及其影响因素——基于ML生产率指数及动态面板模型的实证研究［J］.統計研究，2016，33（3）：53-62.

［297］陳東.治霾新途径：能源结构调整与发展清洁能源［J］.生態經濟，2014（6）：10-13.

［298］陳國進,王少謙.经济政策不确定性如何影响企业投资行为［J］.財貿經濟,2016(5):5-21.

［299］陳勁，劉景江，楊發明.绿色技术创新审计指标测度方法研究［J］.科研

管理，2001(6)：69-75.

［300］陳衛東,朱紅傑.基于粒子群优化算法的中国能源需求预测［J］.中國人口·資源與環境, 2013(3):39-43.

［301］陳星明.人民币汇率波动对CPI的动态影响分析［D］.南昌：江西財經大學,2020.

［302］陳宇峰,陳啟清.国际油价冲击与中国宏观经济波动的非对称时段效应:1978—2007［J］.金融研究,2011（5）:86-99.

［303］陳宇峰,陳准准.能源冲击对中国部门间劳动力市场需求结构的影响［J］.國際貿易問題,2012（4）:16-29.

［304］陳羽瑱.基于小波分析的原油期货价格与人民币汇率的风险溢出效应研究［D］.杭州：浙江財經大學，2017.

［305］崔婕,黄傑,李凱.基于VAR的碳排放权现货价格、能源价格及道中指数关系研究［J］.經濟問題,2018(7):27-33.

［306］鄧創,徐曼.中国的金融周期波动及其宏观经济效应的时变特征研究［J］.數量經濟技術經濟研究,2014(9):75-91.

［307］丁志華,李文博.石油价格波动对我国物价水平的影响研究——基于高对外依存度的视角分析［J］.價格理論與實踐,2014（10）:68-70.

［308］董敏傑.环境规制对中国产业国际竞争力的影响［D］.北京：中國社會科學院研究生院，2011.

［309］董銳.经济政策不确定性对经济波动的影响研究［J］.現代管理科學,2020(1):18-20.

［310］董直慶,焦翠紅,王芳玲.环境规制陷阱与技术进步方向转变效应检验［J］.上海財經大學學報,2015，17（3）：69-78.

［311］董直慶,王輝.环境规制的“本地—邻地”绿色技术进步效应［J］.中國工業經濟,2019（1）：100-118.

［312］杜江，劉渝.城市化与环境污染：中国省际面板数据的实证研究［J］.長

江流域資源與環境，2008(6)：825-830.

［313］杜強,陳喬，楊銳.基于Logistic模型的中国各省碳排放预测［J］.長江流域資源與環境,2013,22(2):140.

［314］段博川，孫祥棟.城镇化进程与环境污染关系的门槛面板分析［J］.統計與決策，2016(22)：102-105.

［315］段端.汇率波动与国际收支及宏观经济关系研究［J］.當代金融研究,2019(6):44-58.

［316］段海燕,肖依靜,丁哲,王憲恩.区域人口,经济,能源环境协调发展情景预测研究［J］.人口學刊,2017(2):47-56.

［317］段梅,陳福生.中国省际低碳经济发展能力测度与评价［J］.廣東財經大學學報,2015(1):23-32.

［318］範承澤，胡一帆，鄭紅亮.FDI对国内企业技术创新影响的理论与实证研究［J］.經濟研究,2008(1)：89-102.

［319］馮美星.中国经济政策不确定性与原油价格动态相关性研究［D］.南京：南京農業大學，2017.

［320］馮鈺瑤,劉暢,孫曉蕾.不确定性与原油市场的交互影响测度:基于综合集成的多尺度方法论［J］.管理評論,2020,32(7):29-40.

［321］付立東,張金鎖,馮雪.GA-SA模型预测中国能源需求［J］.系統工程理論與實踐,2015(3):780-789.

［322］付亞蒙.经济政策不确定性对国际资源价格冲击研究［D］.南昌：江西財經大學，2020.

［323］付哲.国际原油价格与汇率长期相关性及其宏观影响因素研究［D］.長沙：湖南大學，2019.

［324］傅京燕，胡瑾，曹翔.不同来源FDI、环境规制与绿色全要素生产率［J］.國際貿易問題，2018(7)：134-148.

［325］幹春暉，鄭若谷，餘典範.中国产业结构变迁对经济增长和波动的影响

［J］.經濟研究,2011（5）:4-16.

［326］高麗娜.多中心化与城市群经济发展关系研究——以长三角城市群为例［J］.科技進步與對策，2018，35(19)：46-52.

［327］高明，郭峰.城市化对空气质量的影响研究——以京津冀城市群为例［J］.環境經濟研究，2018，3(3)：88-105.

［328］高藝，楊高升，謝秋皓.公众参与理论视角下环境规制对绿色全要素生产率的影响——基于空间计量模型与门槛效应的检验［J］.科技管理研究，2020，40(11)：232-240.

［329］龔建立.政府在中小企业绿色技术创新中的地位和作用［J］.中國人口·資源與環境，2002(1)：112-115.

［330］龔玉婷,陳強,鄭旭.谁真正影响了股票和债券市场的相关性?——基于混频 Copula 模型的视角［J］.經濟學 (季刊),2016(2):1205-1224.

［331］顧夏銘,陳勇民,潘士遠.经济政策不确定性与创新——基于我国上市公司的实证分析［J］.經濟研究,2018,53(2):109-123.

［332］韓國高.国际油价冲击对制造业企业投资影响的分析［J］.山西財經大學學報,2016(7):50-59.

［333］韓晶，陳超凡，馮科.环境规制促进产业升级了吗？——基于产业技术复杂度的视角［J］.北京師範大學學報（社會科學版），2014（1）：148-159.

［334］韓微.人民币汇率波动如何影响我国金融服务贸易流量［J］.全國流通經濟,2020(4):148-149.

［335］郝江北.雾霾产生的原因及对策［J］.宏觀經濟管理，2014（3）：42-43.

［336］賀婷婷.经济政策不确定性对汇率市场的影响研究［D］.合肥:合肥工業大學，2019.

［337］赫永達,孫巍,張帥.我国经济增长与能源消费的非对称冲击效应研究［J］.經濟問題,2016(4):33-40.

［338］胡光輝,孟豔莉.国际石油价格波动对我国就业水平的影响［J］.特區經

濟,2013(4):173-174.

［339］胡建雄,趙春玲.不同自然资源对经济增长影响的差异性研究——基于中国省际面板数据的分析［J］.山西財經大學學報,2014(4):1-13.

［340］胡宗義,劉亦文.能源要素价格改革对我国经济发展的影响分析——基于一个动态可计算一般均衡（CGE）模型［J］.系統工程,2009(11):1-6.

［341］花玲,謝乃明.政策冲击影响下中国能源消费预测分析及控制策略［J］.中國管理科學,2014(7):18-25.

［342］黄燦,俞勇,鄭鴻.经济政策不确定性与企业并购:中国的逻辑［J］.財貿經濟,2020,41(8):95-109.

［343］黄廣儀,葉藝虹,黄澤鋒.离岸人民币汇率与WTI原油期货价格变动关系的研究——基于DCC-MVGARCH模型的实证分析［J］.中國市場,2019(16):15-16,24.

［344］黄金川，方創琳，馮仁國.三峡库区城市化与生态环境耦合关系定量辨识［J］.長江流域資源與環境，2004(2)：153-158.

［345］黄磊，吳傳清.长江经济带城市绿色技术创新效率及其动力机制研究［J］.重慶大學學報(社會科學版),2020(3):1-14.

［346］黄志剛,王棋,吳施娟.石油价格对人民币汇率冲击的非对称性研究［J］.福建論壇(人文社會科學版),2017(4):45-52.

［347］紀建悅，張懿，任文菡.环境规制强度与经济增长——基于生产性资本和健康人力资本视角［J］.中國管理科學，2019，27(8)：57-65.

［348］賈軍，張偉.绿色技术创新中路径依赖及环境规制影响分析［J］.科學學與科學技術管理，2014，35(5)：44-52.

［349］董春海.基于VAR模型的原油价格与汽、柴油零售价格传导机制实证研究: 2003—2011年［J］.宏觀經濟研究, 2013 (4): 28-38.

［350］蔣伏心，王竹君，白俊紅.环境规制对技术创新影响的双重效应——基于江苏制造业动态面板数据的实证研究［J］.中國工業經濟，2013(7)：44-55.

［351］蔣洪強，張靜，張偉.以技术创新推动环保产业发展的思路与建议［J］.

環境保護，2015(8)：36-39.

［352］金剛，沈坤榮.以邻为壑还是以邻为伴？——环境规制执行互动与城市生产率增长［J］.管理世界，2018（12）：43-55.

［353］金浩,舒帥傑.经济政策不确定性对我国股票市场波动性的影响研究［J］.現代商貿工業,2020,41(7):92-94.

［354］冷豔麗，杜思正.产业结构、城市化与雾霾污染[J].中國科技論壇，2015(9)：49-55.

［355］李斌，彭星，陳柱華.环境规制、FDI与中国治污技术创新——基于省际动态面板数据的分析［J］.財經研究，2011（10）：92-102.

［356］李斌，彭星.环境规制工具的空间异质效应研究——基于政府职能转变视角的空间计量分析［J］.產業經濟研究，2013(6)：38-47.

［357］李斌，彭星，歐陽銘珂.环境规制、绿色全要素生产率与中国工业发展方式转变［J］.中國工業經濟，2013，301（4）：56-68.

［358］李翠萍.国际油价波动对哈萨克斯坦经济的影响——基于VAR模型的实证分析［J］.西伯利亞研究,2016,43(5):10-14.

［359］李丹，楊建君.国内绿色技术创新文献特色及前沿探究［J］.科研管理，2015，36(6)：109-118.

［360］李鳳羽,史永東.经济政策不确定性与企业现金持有策略——基于中国经济政策不确定指数的实证研究［J］.管理科學學報,2016,19(6):157-170.

［361］李佳洺，張文忠，孫鐵山.中国城市群集聚特征与经济绩效［J］.地理學報，2014，69(4)：474-484.

［362］李晶.国际油价冲击对中国的通胀效应研究［D］.上海：復旦大學,2012.

［363］李力,王博,劉瀟瀟,郝大鵬.短期资本,货币政策和金融稳定［J］.金融研究,2016(9):18-32.

［364］李平.论绿色技术创新主体系统［J］.科學學研究，2005(3)：414-418.

［365］李強,魏巍.国际资源价格冲击对中国宏观经济的影响研究［J］.廣西財經

學院學報,2015（5）:1-8.

［366］李瑞琴.市场化进程提升了环境规制的有效性吗?——基于绿色技术创新视角的“波特假说”再检验［J］.西南政法大學學報，2020，22(2)：125-139.

［367］李詩航.多中心空间发展程度对地区创新效率的影响效应研究［D］.南昌:江西財經大學，2018.

［368］李姝.城市化、产业结构调整与环境污染［J］.財經問題研究，2011(6)：38-43.

［369］李婉紅，畢克新，孫冰.环境规制强度对污染密集行业绿色技术创新的影响研究——基于2003—2010年面板数据的实证检验[J].研究與發展管理，2013，25(6)：72-81.

［370］李曉鐘，張小蒂.外商直接投资对我国技术创新能力影响及地区差异分析［J］.中國工業經濟，2008(9)：77-87.

［371］李優樹,周超,唐吉.中国石油供求变化趋势及石油安全问题分析［J］.雲南財經大學學報,2014(1):154-160.

［372］李正輝,鄭玉航.基于混频数据模型的中国经济周期区制监测研究［J］.統計研究,2015(1):33-40.

［373］李智,林伯強,許嘉峻.基于MSVAR的国际原油期货价格变动研究［J］.金融研究，2014(1):99-109.

［374］李竹芸.国际原油价格波动对我国股市的影响研究——基于不同行业的分析［J］.金融經濟,2020(4):54-66.

［375］廖進球,徐加濤.企业创新与能源强度［J］.當代財經,2019(1):108-118.

［376］林伯強,蔣竺均.中国二氧化碳的环境库兹涅茨曲线预测及影响因素分析［J］.管理世界,2009,4(4):27-36.

［377］林伯強,牟敦國.能源价格对宏观经济的影响——基于可计算一般均衡(CGE) 的分析［J］.經濟研究,2008(11):88-101.

［378］林伯強,王鋒.能源价格上涨对中国一般价格水平的影响［J］.經濟研

究,2009(12):66-79.

［379］林伯強,孫傳旺.如何在保障中国经济增长前提下完成碳减排目标［J］.中國社會科學,2011(1):64-76,221.

［380］林伯強.危机下的能源需求和能源价格走势以及对宏观经济的影响［J］.金融研究，2010(1):46-57.

［381］林成.国际原油价格、货币政策对我国农产品价格的影响机理与效应［J］.價格月刊,2020(1):30-35.

［382］林永生.能源价格对经济主体的影响及其传导机制——理论和中国的经验［J］.北京師範大學學報(社會科學版),2008(1):127-133.

［383］劉愛芹.山东省能源消费与工业经济增长的灰色关联分析［J］.中國人口·資源與環境,2008(3):103-107.

［384］劉伯龍，袁曉玲，張占軍.城镇化推进对雾霾污染的影响——基于中国省级动态面板数据的经验分析［J］.城市發展研究，2015，22(9)：23-27.

［385］劉晨躍，徐盈之.城镇化如何影响雾霾污染治理?——基于中介效应的实证研究［J］.經濟管理，2017，39(8)：6-23.

［386］劉華軍，劉傳明，楊騫.环境污染的空间溢出及其来源——基于网络分析视角的实证研究［J］.經濟學家，2015(10)：28-35.

［387］劉起運,任澤平.价格影响模型的技术评估与实证研究［J］.中國物價,2006(12):35-39.

［388］劉強.石油价格变化对中国经济影响的模型研究［J］.数量經濟技術經濟研究,2005(3):16-27.

［389］劉偉，薛景.环境规制与技术创新：来自中国省际工业行业的经验证据［J］.宏觀經濟研究，2015(10)：72-80,119.

［390］劉偉明.中国的环境规制与地区经济增长研究［D］.上海：復旦大學，2012.

［391］劉衛東,仲偉周,石清.2020 年中国能源消费总量预测——基于定基能源

消费弹性系数法［J］.資源科學,2016,38(4):658-664.

［392］劉曉紅，江可申.我国城镇化、产业结构与雾霾动态关系研究——基于省际面板数据的实证检验［J］.生態經濟，2016，32(6)：19-25.

［393］劉曉雪,徐鵬,閆彩雲.INE原油期货对现货价格引导关系比较研究——基于G-S模型和小波相干模型的分析［J］.價格理論與實踐,2020(4):96-99,177.

［394］劉修岩，李松林，秦蒙.城市空间结构与地区经济效率——兼论中国城镇化发展道路的模式选择［J］.管理世界，2017(1)：51-64.

［395］劉修岩，文意豪.中国省域城市体系多中心发展水平的测度与影响因素［J］.浙江學刊，2020(1)：100-110.

［396］劉耀彬，冷青松.人口集聚对雾霾污染的空间溢出效应及门槛特征［J］.華中師範大學學報(自然科學版)，2020，54(2)：258-267.

［397］劉亦文,胡宗義.中国碳排放效率区域差异性研究——基于三阶段DEA模型和超效率DEA模型的分析［J］.山西財經大學學報,2015(2):23-34.

［398］劉振華.经济政策不确定性下国际原油价格冲击对中国股票市场的影响研究［D］.徐州：中國礦業大學，2019.

［399］盧瀟.国际石油价格波动对中国经济影响及传导机制研究［D］.徐州：中國礦業大學,2015.

［400］陸鵬飛.绿色金融、环境规制对绿色技术创新的影响研究［D］武漢：武漢理工大學，2019.

［401］羅能生，李建明.产业集聚及交通联系加剧了雾霾空间溢出效应吗?——基于产业空间布局视角的分析［J］.產業經濟研究，2018(4)：52-64.

［402］羅毅丹,樊琦.一种新扩展的向量自回归模型及应用［J］.統計研究,2010(7):95-100.

［403］羅震東，何鶴鳴，耿磊.基于客运交通流的长江三角洲功能多中心结构研究［J］.城市規劃學刊，2011(2)：16-23.

［404］駱潔.PPI波动对经济增长的影响［J］.合作經濟與科技,2020(4):28-29.

［405］吕靖烨,郭澤,肖路.国际油价与人民币汇率的非对称溢出效应研究——基于VEC-BEKK-GARCH模型［J］.價格月刊,2020(1):23-29.

［406］馬斌.人民币汇率波动对我国海外投资的影响分析［C］//武汉市创读时代出版策划有限公司.中部社科研讨会论文集（1）.武漢:武漢市創讀時代出版策劃有限公司,2019:2.

［407］馬丹,盧麗萍.不同资本账户开放程度下汇率波动对经济增长的非线性效应——基于面板门限模型的分析［J］.浙江金融,2020(1):28-39.

［408］馬富萍，茶娜.环境规制对技术创新绩效的影响研究——制度环境的调节作用［J］.研究與發展管理，2012，24(1)：60-66,77.

［409］馬麗梅，劉生龍，張曉.能源结构、交通模式与雾霾污染——基于空间计量模型的研究［J］.財貿經濟，2016，37(1)：147-160.

［410］馬麗梅，張曉.中国雾霾污染的空间效应及经济、能源结构影响［J］.中國工業經濟，2014（4）：19-31.

［411］馬淑琴，戴軍，溫懷德.贸易开放、环境规制与绿色技术进步——基于中国省际数据的空间计量分析［J］.國際貿易問題，2019(10)：132-145.

［412］馬秀馨，劉耀林，鱃芳.时间异质性视角下对中国城市形态多中心性演化的探究［J］.地理研究，2020，39(4)：787-804.

［413］孟慶斌,師倩.宏观经济政策不确定性对企业研发的影响:理论与经验研究［J］.世界經濟,2017,40(9):75-98.

［414］牟敦果,林伯強.中国经济增长、电力消费和煤炭价格相互影响的时变参数研究［J］.金融研究,2012(6):42-53.

［415］聶煒.国际原油价格对中国工业行业动态影响研究——基于VAR模型的脉冲响应分析［J］.價格理論與實踐,2020(1):87-90,178.

［416］裴瀟，蔣安璐，葉雲，汪發元.民间投资、环境规制与绿色技术创新——长江经济带11省市空间杜宾模型分析［J］.科技進步與對策，2019，36(8)：44-51.

［417］彭潔.国际原油价格对中国股市收益影响研究［J］.時代金融,2020(4):39-40.

[418] 蒲志仲,劉新衛,毛程絲.能源对中国工业化时期经济增长的贡献分析[J].數量經濟技術經濟研究,2015(10):3-19.

[419] 齊紅倩,席旭文,高群媛.中国城镇化发展水平测度及其经济增长效应的时变特征［J］.經濟學家,2015(11):26-34.

[420] 任春豔，吳殿廷，董鎖成.西北地区城市化与空气质量变化关系研究[J].北京師範大學學報(自然科學版)，2005(2)：204-208.

[421] 任澤平,劉起運,潘文卿.原油价格波动对中国物价的影响——基于投入产出价格模型［J］.統計研究,2008(11):22-28.

[422] 任澤平.能源价格波动对中国物价水平的潜在与实际影响［J］.經濟研究,2012（8）:59-69.

[423] 邵帥，李欣，曹建華，楊莉莉.中国雾霾污染治理的经济政策选择［J］.經濟研究，2016(9)：73-88.

[424] 沈坤榮，金剛，方嫻.环境规制引起了污染就近转移吗?[J].經濟研究，2017，52(5)：44-59.

[425] 沈能，周晶晶.技术异质性视角下的我国绿色创新效率及关键因素作用机制研究：基于 Hybrid DEA 和结构化方程模型[J].管理工程學報，2018,32（4）:46-53.

[426] 沈中元.原油价格对中国物价的影响［J］.國際石油經濟,2004(11):45-49.

[427] 舒雅楠，劉軍.基于节能环保视野下的企业技术创新［J］.吉林工程技術師範學院學報，2015，31(1)：5-7,12.

[428] 宋德勇,盧忠寶.中国碳排放影响因素分解及其周期性波动研究[J].中國人口·資源與環境,2009,19(3):18-24.

[429] 宋冬林，王林輝,董直慶.资本体现式技术进步及其对经济增长的贡献率(1981—2007)［J］.中國社會科學，2011（2）：91-106.

[430] 宋傑鯤.基于LMDI的山东省能源消费碳排放因素分解［J］.資源科學,2012,34(1):35-41.

［431］宋馬林，王舒鴻.环境规制、技术进步与经济增长［J］.經濟研究，2013（3）：122-134.

［432］宋瑩.我国省域工业企业绿色创新产出空间溢出效应研究［D］.蚌埠：安徽財經大學，2018.

［433］蘇經緯.经济政策不确定性对我国对外净资产的影响［D］.蚌埠：安徽財經大學,2020.

［434］孫斌棟，華傑媛，李琬.中国城市群空间结构的演化与影响因素——基于人口分布的形态单中心—多中心视角［J］.地理科學進展，2017，36(10)：1294-1303.

［435］孫紅霞，李森.大气雾霾与煤炭消费、环境税收的空间耦合关系——以全国31个省市地区为例［J］.經濟問題探索，2018(1)：155-166.

［436］孫甯華,江學迪.能源格与中国宏观经济:动态模型与校准分析［J］.南開經濟研究,2012(2):20-32.

［437］孫攀，吳玉鳴，鮑曙明.经济增长与雾霾污染治理：空间环境库兹涅茨曲线检验［J］.南方經濟，2019(12)：100-117.

［438］孫穩存.能源冲击对中国宏观经济的影响［J］.經濟理論與經濟管理,2007(2):31-36.

［439］孫曉華，王昀.企业所有制与技术创新效率［J］.管理學報，2013，10(7)：1041-1047.

［440］孫宇.汇率波动对中美贸易的影响研究［D］.大連：東北財經大學,2019.

［441］譚蓉娟，劉貽新.战略性新兴产业科技创新与金融创新耦合效率研究——基于上市公司数据的实证分析［J］.科技管理研究，2015(24)：110-115.

［442］唐琳,談正達,胡海鷗.基于 MS-VAR 的“三元悖论”约束及对经济影响研究［J］.國際金融研究,2015(9):35-44.

［443］唐蕊.京津冀地区环境规制对雾霾治理的作用研究［D］.哈爾濱：哈爾濱商業大學，2020.

［444］唐運舒,焦建玲.油价冲击、货币政策调整与产出波动——基于中国的经验证据［J］.經濟理論與經濟管理,2012(7):17-27.

［445］陶鋒，王餘妃.环境规制、研发偏向与工业绿色生产率——波特假说再检验［J］.暨南學報，2018(5)：46-59.

［446］田磊,林建浩,張少華.政策不确定性是中国经济波动的主要因素吗——基于混合识别法的创新实证研究［J］.財貿經濟,2017,38(1):5-20.

［447］童磊,王運鵬.省域碳排放的空间网络结构特征与影响因素研究——基于产业转移视角［J］.經濟問題,2020(3):18-24.

［448］童玉芬，王瑩瑩.中国城市人口与雾霾：相互作用机制路径分析［J］.北京社會科學，2014(5)：4-10.

［449］王晗,王佳琪.互联网金融、股票市场与宏观经济——基于SVAR模型的实证研究［J］.當代金融研究,2018(5):117-130.

［450］王洪慶.人力资本视角下环境规制对经济增长的门槛效应研究［J］.中國軟科學，2016(6)：52-61.

［451］王家庭，王璿.我国城市化与环境污染的关系研究——基于28个省市面板数据的实证分析［J］.城市問題，2010(11)：9-15.

［452］王娟茹，張渝.环境规制、绿色技术创新意愿与绿色技术创新行为［J］.科學學研究，2018，36(2)：352-360.

［453］王凱.经济政策不确定性与人民币汇率［D］.廈門:廈門大學，2019.

［454］王臘芳,王紹君.国际能源价格波动的传导机制分析［J］.經濟數學,2014(2):38-42.

［455］王磊，李成麗.我国中部地区城市群多中心结构的增长效应［J］.長江流域資源與環境，2018，27(10)：2231-2240.

［456］王林輝，袁禮.要素结构变迁对要素生产率的影响——技术进步偏态的视角［J］.財經研究，2012（11）：38-48.

［457］王少平,楊繼生.中国工业能源调整的长期战略与短期措施——基于12个

主要工业行业能源需求的综列协整分析［J］.中國社會科學, 2006 (4): 88-96.

［458］王少平，歐陽志剛.中国城乡收入差距对实际经济增长的阈值效应［J］.中國社會科學,2008（2）:54-66.

［459］王韜，葉文奇.电力和天然气补贴对经济及产业结构的影响——基于CGE建模的分析［J］.系統工程,2014（9）:61-67.

［460］王維國,於揚.基于混频回归类模型对中国季度 GDP 的预报方法研究[J].數量經濟技術經濟研究,2016(4):108-125.

［461］王琰.多维度城市化对空气质量的影响：基于中国城市数据的实证检验［J］.東南大學學報(哲學社會科學版)，2017，19(4)：100-110.

［462］王雲清.能源价格冲击与中国的宏观经济:理论模型,数值分析及政策模拟［J］.經濟學動態,2014(2):44-57.

［463］魏濤遠.世界油价上涨对我国经济的影响分析［J］.數量經濟技術經濟研究,2002(5):17-20.

［464］魏巍賢,高中元,彭翔宇.能源冲击与中国经济波动——基于动态随机一般均衡模型的分析［J］.金融研究,2012(1):51-64.

［465］魏巍賢，馬喜立.能源结构调整与雾霾治理的最优政策选择［J］.中國人口·資源與環境，2015，25(7)：6-14.

［466］聞卓.经济政策不确定性条件下国际油价与人民币汇率的相关性问题研究［D］.南京:南京農業大學，2018.

［467］吳安兵.人民币实际汇率的动态决定及其经济效应研究［D］.長春：吉林大學,2018.

［468］吳朝霞.环境规制对中国区际污染产业转移的影响研究［D］.湘潭：湘潭大學，2016.

［469］吳俊培,萬甘憶.财政分权对环境污染的影响及传导机制分析——基于地市级面板数据的实证［J］.廣東財經大學學報,2016(6):37-45.

［470］吳磊，賈曉燕，吳超，彭甲超.异质型环境规制对中国绿色全要素生产率

的影响［J］.中國人口·資源與環境，2020，30(10)：82-92.

［471］吳麗華,傅廣敏.能源价格波动对一般价格水平的传导影响［J］.當代經濟科學,2014(5):81-90.

［472］吳偉平，何喬.“倒逼”抑或“倒退”?——环境规制减排效应的门槛特征与空间溢出［J］.經濟管理，2017，39(2)：20-34.

［473］吳振信,薛冰,王書平.基于VAR模型的油价波动对我国经济影响分析［J］.中國管理科學,2011,19(1):21-28.

［474］夏文蕾.宏观经济政策、绿色技术创新与企业绩效［D］.武漢：湖北工業大學，2018.

［475］肖興志，李少林.环境规制对产业升级路径的动态影响研究［J］.經濟理論與經濟管理，2013(6)：102-112.

［476］徐華林.国际石油价格波动对宏观经济的冲击效应研究［D］.青島：中國海洋大學,2014.

［477］徐建中，王曼曼.FDI流入对绿色技术创新的影响及区域比较［J］.科技進步與對策,2017,33(4)：53-57.

［478］徐學軍.对中国企业绿色经营的探索性研究［J］.科技管理研究，2009(7)：277-279.

［479］徐盈之，劉琦.产业集聚对雾霾污染的影响机制——基于空间计量模型的实证研究［J］.大連理工大學學報(社會科學版)，2018，39(3)：24-31.

［480］徐玉蓮，王玉冬，林豔.区域科技创新与科技金融耦合协调度评价研究［J］.科學學與科學技術管理，2011(12)：116-122.

［481］許志偉,王文甫.经济政策不确定性对宏观经济的影响——基于实证与理论的动态分析［J］.經濟學(季刊),2019,18(1):23-50.

［482］閆帥.经济不确定性对人民币汇率变动的影响研究［D］.廈門:廈門大學,2018.

［483］閆先東,裘蒂星.资本市场泡沫,经济波动与货币政策反应［J］.國際金融

研究, 2016 (10): 74-88.

［484］楊冬梅，萬道俠，楊晨格.产业结构、城市化与环境污染——基于山东的实证研究［J］.經濟與管理評論，2014，30(2)：67-74.

［485］楊發明，呂燕.绿色技术创新的组合激励研究［J］.科研管理，1998(1)：41-44.

［486］楊柳,李力.能源价格波动对经济增长与通货膨胀的影响——基于我国1996—2005年间的数据分析［J］.中南財經政法大學學報,2006(4):51-55.

［487］楊騫,劉華軍.中国碳强度分布的地区差异与收敛性——基于1995—2009年省际数据的实证研究［J］.當代財經,2012(2):87-98.

［488］楊嵘，郭欣欣，王傑.产业集聚与雾霾污染的门槛效应研究——以我国73个PM2.5重点监测城市为例［J］.科技管理研究，2018，38(19)：123-130.

［489］姚常成，吳康.多中心空间结构促进了城市群协调发展吗?——基于形态与知识多中心视角的再审视［J］.經濟地理，2020，40(3)：63-74.

［490］葉雅韻.原油价格对人民币有效汇率影响及传导路径研究［D］.徐州：中國礦業大學，2014.

［491］易成子.汇率不确定风险对企业投资的影响［J］.上海金融,2020(6):11-18.

［492］于渤,遲春潔,蘇國福.石油价格对国民经济影响测度模型［J］.數量經濟技術經濟研究,2002(5):74-76.

［493］袁丙兵.地方政府环境治理对雾霾的影响研究［D］.鄭州：河南財經政法大學，2020.

［494］張斌,徐建煒.石油价格冲击与中国的宏观经济:机制、影响与对策［J］.管理世界,2010（11）:18-27.

［495］張兵兵.碳排放约束下中国全要素能源效率及其影响因素研究［J］.當代財經,2014(6):13-22.

［496］張博,何明洋.基于全国统一碳市场下的中国各省市初始碳排放权分配方案研究［J］.雲南財經大學學報,2015(6):102-113.

［497］張成，陸暘，郭路，于同申.环境规制强度和生产技术进步［J］.經濟研究，2011（2）：113-124.

［498］張德園.中国经济不确定性及其宏观经济效应研究［D］.長春：吉林大學,2020.

［499］張浩然，衣保中.城市群空间结构特征与经济绩效——来自中国的经验证据［J］.經濟評論，2012(1)：42-47.

［500］張歡,成金華.中国能源价格变动与居民消费水平的动态效应——基于VAR模型和SVAR模型的检验［J］.資源科學,2011,33(5):806-813.

［501］張嫚.环境规制约束下的企业行为［D］.大連：東北財經大學，2005.

［502］張平，張鵬鵬.环境规制对产业区际转移的影响——基于污染密集型产业的研究［J］.財經論叢，2016(5)：96-104.

［503］張倩.环境规制对绿色技术创新影响的实证研究——基于政策差异化视角的省级面板数据分析［J］.工業技術經濟，2015，34(7)：10-18.

［504］張婷.人民币汇率对中国对外直接投资的影响研究［J］.廣西品質監督導報,2020(7):233,219.

［505］張曉光.一般均衡的理论与实用模型［M］.北京：中國人民大學出版社,2009.

［506］張欣欣,劉廣斌,蔡璐.基于 Granger 检验的中国能源消费和经济增长关系研究［J］.山西財經大學學報,2011(4):26-27.

［507］張旭，王宇.环境规制与研发投入对绿色技术创新的影响效应［J］.科技進步與對策，2017，34(17)：111-119.

［508］張玉鵬,王茜.政策不确定性的非线性宏观经济效应及其影响机制研究[J].財貿經濟,2016(4):116-133.

［509］張雲輝，韓雨萌.人口因素對霧霾污染的影響——基於省級面板資料的實證分析［J］.調研世界，2018(1)：9-16.

［510］趙進文,範繼濤.经济增长与能源消费内在依从关系的实证研究［J］.經濟

研究,2007(8):31-42.

［511］趙璟，党興華，王修來.城市群空间结构的演变——来自中国西部地区的经验证据［J］.經濟評論，2009(4)：27-34.

［512］趙茜.国际油价冲击对人民币汇率的影响——基于动态局部均衡资产选择模型的分析［J］.國際貿易問題,2017(7):164-176.

［513］趙昕.原油价格对进出口成品油贸易的影响［J］.化工設計通訊,2020,46(1):27,35.

［514］趙新剛,路凡餘,新旋,李彦斌.产业转移视角下中国能源强度的空间分布特征和收斂性研究［J］.工業技術經濟,2019(1):100-108.

［515］趙玉,張玉.美国量化宽松政策冲击下国际能源价格波动与传导研究［J］.資源科學,2014（8）:1590-1599.

［516］趙玉民，朱方明，賀立龍.环境规制的界定、分类与演进研究［J］.中國人口·資源與環境，2009，19(6)：85-90.

［517］鄭鵬程.我国人民币实际有效汇率的均衡与失调分析［J］.統計與管理,2020,35(9):4-7.

［518］鄭挺國,尚玉皇.基于金融指标对中国GDP的混频预测分析［J］.金融研究,2013(9):16-29.

［519］鐘茂初，李夢潔，杜威劍.环境规制能否倒逼产业结构调整——基于中国省际面板数据的实证检验［J］.中國人口·資源與環境，2015(8):107-115.

［520］鐘尋,陳豔余,蔡檸蔚.人民币汇率对中国对外直接投资的影响——基于“一带一路”沿线国家的研究［J］.內江師範學院學報,2020,35(6):95-100.

［521］種孟楠.企业绿色技术创新能力评价研究［D］.青島：中國海洋大學，2015.

［522］周傑琦，梁文光.环境规制能否有效驱动高质量发展？——基于人力资本视角的理论与经验分析［J］.北京理工大學學報(社會科學版)，2020，22(5)：1-13.

［523］周麗娜.环境规制对我国污染密集型产业区际转移的影响研究［D］.濟南：山東財經大學，2017.

［524］周夢雯.国际石油价格变动对人民币汇率的影响路径及实证研究［D］.濟南：山東大學,2019.

［525］周欣，何嘉慶.国际油价变化对人民币汇率影响的实证研究［J］.對外經貿，2015(3):20-22.

［526］朱德忠，王茜.基于SVAR-DCC-GARCH模型的经济政策不确定性与原油价格相关性研究［J］.東北農業大學學報(社會科學版)，2017，15(2):9-15.

［527］朱勤,彭希哲,陸志明,吳開亞.中国能源消费碳排放变化的因素分解及实证分析［J］.資源科學,2009,31(12):2072-2079.

［528］朱治雙.国际气价冲击对我国宏观经济的影响［J］.商業經濟,2015（3）:32-33.

［529］卓四清,王博,喬路.国际油价波动对俄罗斯实际有效汇率的影响研究［J］.價格理論與實踐,2017(1):82-85.

［530］左佳.我国环境规制法律体系的构成［J］.黨政幹部學刊，2013(5)：14-17.